国家自然科学基金青年项目（71904021），
教育部“春晖计划”合作科研项目（CQ2019001），
重庆市自然科学基金面上项目（cstc2020jcyj-msxmX0164），
重庆市社会科学规划青年项目（2019QNGL27），
重庆市教育委员会科学技术研究项目（KJQN201900830），
重庆工商大学管理科学与工程学院国家一流本科专业（物流管理）建设经费资助出版。

Study on Sustainable Development-oriented Emergency Resource Allocation Decisions in LARGE-SCALE NATURAL DISASTERS

面向可持续发展的大规模自然灾害应急资源配置决策研究

曹策俊　李从东　杨　琴　◎著

中国财经出版传媒集团
经济科学出版社
Economic Science Press

图书在版编目（CIP）数据

面向可持续发展的大规模自然灾害应急资源配置决策研究/曹策俊，李从东，杨琴著. --北京：经济科学出版社，2022.7

ISBN 978-7-5218-3851-0

Ⅰ.①面… Ⅱ.①曹…②李…③杨… Ⅲ.①自然灾害-资源配置-研究 Ⅳ.①F205

中国版本图书馆 CIP 数据核字（2022）第124647号

策划编辑：李　雪
责任编辑：袁　溦
责任校对：蒋子明
责任印制：邱　天

面向可持续发展的大规模自然灾害应急资源配置决策研究

曹策俊　李从东　杨　琴　著

经济科学出版社出版、发行　新华书店经销

社址：北京市海淀区阜成路甲28号　邮编：100142

总编部电话：010-88191217　发行部电话：010-88191522

网址：www.esp.com.cn

电子邮箱：esp@esp.com.cn

天猫网店：经济科学出版社旗舰店

网址：http://jjkxcbs.tmall.com

固安华明印业有限公司印装

710×1000　16开　20.5印张　270000字

2022年7月第1版　2022年7月第1次印刷

ISBN 978-7-5218-3851-0　定价：92.00元

序　言

应急资源配置（包括应急组织指派、救援物资分配）策略设计是应急响应决策制定过程中的首要任务。为了缓解幸存者痛苦与促进社会、经济和环境可持续地协调发展，研究如何设计面向可持续发展的应急资源配置策略是当前面临的重要挑战和机遇。基于此，本书以可持续发展理念为主线，从利益相关者间的“府际”关系视角，分别对任务导向的应急组织指派和救援物资分配问题进行了研究。本书的主要工作包括以下五个方面：

第一，结合可持续发展理念，基于语义X列表理论、双层优化与多目标优化理论，建立了一个新的任务导向的应急响应决策层次结构模型；从根本上回答了应急资源配置模型构建的内在机理，改变了理论框架与数学模型的分离现状，填补了战略决策与业务/操作决策间的缝隙。

第二，采用加权完成时间、碳排放和应急费用分别刻画了社会、环境和经济可持续发展，构建了一种新的考虑组织适用限制、工作负荷和访问路径的应急组织指派多目标0~1整数规划模型，从横向“府际”关系视角解决了协作效率低的问题；设计了融入分支定界法

（branch and bound approach，BBA）的混合全局准则法（hybrid global criteria method，HGCM）、新的带精英策略的改进遗传算法（improved genetic algorithm，IGA）求解此模型。结果表明：HGCM 和 IGA 都具有较高的求解效率，IGA 在各性能指标上都优于 GA。

第三，建立了新的上层最小化加权完成时间总和、碳排放总量与应急费用总和、下层最大化服务效用感知满意度总和的任务导向的应急组织指派双层 0～1 整数规划模型，解决了不同层级决策主体“联动性不足”的问题；设计了新的嵌套式遗传算法（nested genetic algorithm，NGA）对其进行求解。结果表明：所设计 NGA 的绩效优于 GA。

第四，构建了新的最小化加权行程时间总和、碳排放总量和应急费用总和的任务导向的救援物资跨区域分配整数规划模型，丰富了灾害运作管理模型库；设计了融入 BBA 的 HGCM、一种新的改进模拟植物生长算法（improved plant growth simulation algorithm，IPGSA）。结果表明：提出的 HGCM 和 IPGSA 在求解质量和计算时间方面都具有潜在的优势。

第五，建立了新的任务导向的救援物资跨区域分配双层整数规划模型，上层最小化加权需求未满足率总和、碳排放总量和应急费用总和，下层最大化幸存者感知满意度总和，提高了方案的科学性；提出了融入原始—对偶算法和 BBA 的 HGCM、一类新的嵌套式模拟植物生长算法（nested plant growth simulation algorithm，NPGSA）。结果表明：HGCM 和 NPGSA 均可获得满意方案，与 PGSA 比较，NPGSA 具有较强的优越性。

本书的创新之处主要体现在以下四个方面：

第一，将可持续发展理念融入传统应急资源配置决策问题的研究。运用数学规划方法研究了面向可持续发展的应急组织指派和救援物资分配问题，将“以人为本”的理念融入了传统三重底线模型，建立了可持续发展理论与灾害运作管理（disaster operations management，DOM）理论间的纽带，为应急资源配置决策制定提供了新的思路；提出的可持续发展测量指标，从管理者和幸存者两个维度剖析了社会可持续绩效，丰富了可持续发展指标体系；与传统聚焦于受影响区域的可持续发展不同，本书将可持续发展的焦点转移到满足灾害救援过程和对幸存者人文关怀的可持续要求，延伸了可持续发展的内涵，贯彻和落实了“以人为本”的 DOM 理念。

第二，将语义 X 列表、多目标优化和双层优化理论应用于应急响应决策框架的构建。继承并扩展了语义 X 列表理论，抽象、识别、提取和刻画了灾害响应决策系统的关键要素及其关联关系，为规范化形式化表达复杂系统提供了理论依据；结合可持续发展理念、双层优化与多目标优化理论，建立的任务导向的应急响应决策层次结构模型，从根本上回答了任务导向的应急资源配置决策模型建立的内在机理，或为运用数学规划方法对应急资源配置决策问题建模提供了理论依据，为改变理论框架与数学模型的分离现状提供了可能，为填补战略决策（strategic decision）与业务/操作决策（operational decision）间的缝隙提供了理论支撑。

第三，提出了任务导向的应急组织指派多目标与双层 0~1 整数规划模型及其求解策略。从“府际”关系视角，将不同维度的可持续发展理念、异质性、工作负荷与适用限制等要素考虑到任务导向的应急组织指派问题；采用加权完成时间刻画了管理者视角下的社会可持续绩效、服务效用感知满意度测量了幸存者视角下的社会可持续绩效，用碳排放和应急费用分别衡量了环境和经济可持续绩效，建立了一类新的应急组织指派多目标和双层整数规划模型；解决了利益相关者（如决策主体、应急组织）在横向与纵向上“联动性不足”的问题，提高了协作效率。为多目标整数规划模型求解，提供了融入分支定界法的混合全局准则法、新的带精英策略的改进遗传算法；为双层整数规划模型求解，提供了一种新的带精英策略的嵌套式遗传算法。将遗传算法扩展为支持“多层级多准则决策建模、高不确定性和复杂性求解"的启发式算法。与传统遗传算法相比较，所设计的算法在求解质量和求解效率方面具有明显的优势。不仅提高了指派方案的科学性，而且还呼吁了将社会、环境和经济可持续融入任务导向的应急组织指派策略的迫切性。

第四，提出了任务导向的救援物资跨区域分配多目标与双层整数规划模型及其求解算法。以"分配中心—需求点—受影响具体区域/应急任务"为主线，抽象和描述了灾后的应急物流活动；采用加权行程时间与加权需求未满足率刻画了管理者视角下的社会可持续，采用感知满意度测量了幸存者视角下的社会可持续，采用碳排放和应急费用分别测量了环境和经济可持续；针对利益相关者有/无层级关系，将其抽象形成了"集中模式"和"分散模式"两类典型的决策结构，建立了一类新的救援物资跨区域分配多目标与双层整数规划模型，提高了救援物资的利用率。为多目标整数规划模型求解，提供了融入分支定界法的混合全局准则法、新的带精英策略的改进模拟植物生长算法；为双层整数规划模型求解，提供了融入分支定界法与原始—对偶算法的混合全局准则法、新的带精英策略的嵌套式模拟植物生长算法。将模拟植物生长算法扩展为支持"多层级多准则决策建模、高不确定性和复杂性求解"的启发式算法，改善了求解效率和求解质量。不仅提高了分配方案的科学性，而且还呼吁了将可持续发展理念融入任务导向的救援物资跨区域分配策略的重要性和紧迫性。

本书由国家自然科学基金青年项目"模糊环境下面向可持续发展的应急组织指派与协作优化策略研究"（71904021），教育部"春晖计划"合作科研项目"面向可持续性发展的救援物资跨区域分配优化问题研究"（CQ2019001），重庆市自然科学基金面上项目"面向可持续发展的多类型灾害垃圾逆向物流选址－运输集成优化问题"（cstc2020jcyj－msxmX0164），重庆市社会科学规划青年项目"新时代社会组织参与城市公共安全重大风险治理机制与模式研究”(2019QNGL27),重庆市教育委员会科学技术研究项目“新时代基于集成视角的应急组织指派双层优化模型与算法研究”(KJQN201900830),重庆工商大学管理科学与工程学院国家一流本科专业(物流管理)建设经费资助出版。值此表示衷心的感谢!

曹策俊

2022 年 7 月

目录

CONTENTS

第 1 章

绪　　论

1.1　研究背景与问题提出

1.1.1　研究背景

党的十九大报告指出，我国社会主要矛盾已经转化为人民日益增长的美好生活需要和不平衡不充分的发展之间的矛盾。矛盾的转化意味着出现了很多新变化，社会矛盾更复杂。例如，在公共安全领域，灾害运作管理水平与社会发展要求/需求不适应、不协调的问题突出。这就要求灾害运作管理必须升级，提高灾害运作管理的绩效，提升防灾减灾救灾能力，使人民的安全感更有保障、更可持续。此外，十九大报告和《关于推进城市安全发展的意见》明确提出了可持续发展战略，强调了完善应急救援联动机制、健全应急物资储备和调用机制、优化配置城市管理资源、树立可持续的新安全观的重要性。因此，从国家需求层面而言，面向可持续发展的灾害运作管理研究是我国公共安全领域当前亟待解决的重大理论和实践问题。

另外，联合国通过的《为了一个更安全的世界：横滨战略和行动计划》（1994 年）、《兵库行动框架》（2005 年）、《仙台减少灾害风险框架》（2015 年）和《变革我们的世界：2030 年可持续发展议程》（2015 年）均在不同程度上从不同方面强调了可持续发展与灾害管理间的密切关系。因此，从国际趋势来看，融入可持续发展理念的灾害运作管理决策问题研究是公共安全领域未来重要发展趋势之一。在这样的情形下，本书认为面向可持续发展的灾害运作管理研究既符合我国公共安全体系发展的重大需求，也是理论上的国际趋势和前沿问题。

国际灾害数据库（EM - DAT）表明从 20 世纪初开始，自然灾害数量与受影响人数总体呈现出稳定上升趋势。而这些灾害对社会、环境和经济可持续发展构成了严重的威胁，使人民群众处于危险境地（即安全感不能得到有效的保障）。特别地，诸如唐山地震、汶川地震、尼泊尔地震、智利地震、印度尼西亚地震与海啸、印度洋海啸、南方大雪灾、美国卡特里娜飓风、天鸽和山竹台风等大规模自然灾害频繁发生造成的巨大损失（如人员伤亡、财产/经济损失和环境破坏）尤为突出（Anaya - Arenas et al.，2014；Zhou et al.，2018）。例如，《2008 年汶川地震救灾救援工作报告》指出，截至 2008 年 9 月 18 日 12 时，汶川特大地震造成了 69227 人死亡，374643 人受伤，以及 17923 人失踪。

尼齐赫·阿尔泰等（Nezih Altay et al.，2006）指出灾害运作管理的生命周期可分为预防/减缓（mitigation）、准备（preparedness）、响应（response）和恢复（recovery）四个阶段。然而，上述提到的大部分损失并非灾害本身直接造成，而是响应阶段无效/不合理的应急决策导致，或缺乏有效的应急响应决策导致（张海波，2017）。因此，如何优化应急响应决策是灾害运作管理的重要内容。另外，由于灾害发生频率急剧增加，为尽可能多地挽救生命、减轻幸存者痛苦、促进社会、环境与经济协调发展，研究面向可持续发展的应急响应决策问题是迫切需求的（Halldórsson et al.，2010；Haavisto et al.，2013；Haavisto et al.，2014；Klumpp et al.，2015；Oberhofer et al.，2015；Dubey et al.，2016；Cao et al.，2017；Kunz et al.，2017；Cao et al.，2018；Laguna - Salvado et al.，2019）。同时，联合国通过的《为了一个更安全的世界：横滨战略和行动计划》《兵库行动框架》和《仙台减少灾害风险框架》也都强调了可持续发展与应急响应决策间的交互关系。基于此，如何制定面向可持续发展的应急响应决策具有重要的现实意义。

实践表明，作为应急资源的救援物资与应急组织对应急响应决策的落地及其可持续绩效改善起着举足轻重的作用，且应急资源配置策略设计又是应急响应决策制定过程中的首要任务。原因在于：缺乏应急资源的灾害响应没有任何意义（Cao et al.，2018）；灾后涌现出的大量应急任务需要同时调用包括应急组织/人、救援物资/物在内的各种应急资源，即应急任务的完成在很大程度上依赖于整个系统所拥有的应急资源（Altay et al.，2006；Cao et al.，2017；Cao et al.，2018）。并且，其他学者（Van Wassenhove et al.，2006；Wex et al.，2014）的观点也支持上述结论。此外，有些学者（Haavisto et al.，2013；Dubey et al.，2016；Laguna – Salvado et al.，2019；Cao et al.，2021）还指出可持续发展和生态平衡在未来将成为应急资源配置策略制定考虑的重要因素之一。从这种意义而言，研究任务导向下面向可持续发展的应急资源配置决策问题也是迫切需求的。

在这样的情形下，面向可持续发展的应急资源配置决策的本质可描述为：在大规模自然灾害背景下，决策主体（或管理者）根据社会、环境和经济可持续发展原则约束下的救援目标，通过各种手段提取应急任务清单，设计、评估进而选择面向任务（或任务导向）的应急组织指派策略和救援物资分配策略，使应急资源配置决策可以最大限度地提高救援过程的可持续绩效，满足对幸存者或被救援者人文关怀的可持续要求，进而促进国家或区域的可持续发展。

1.1.2 问题提出

大规模自然灾害（如地震）发生后，涌现出的大量应急任务的落地需要使用或消耗救援物资（曹策俊等，2018；曹策俊等，

2019)，且需要应急组织来执行或实施（Wex et al.，2014；Cao et al.，2017)。因此，这些应急任务的完成需同时调用作为资源的应急组织（人）与救援物资（物)，两者缺一不可。在黄金救援阶段，由于受影响区域对应急资源需求的急剧增加；而救援物资预置库存数量和常态下可利用的应急组织数量都非常有限，其他来源的供给也还未及时送达/到达受影响区域，导致出现应急资源供给严重不足的现象/情形（Cao et al.，2018；Moreno et al.，2018)。换言之，在大规模自然灾害的背景下，应急资源的供应通常是不充分的。并且，埃马努埃莱·莱蒂埃里等（Emanuele Lettieri et al.，2009）强调了应急任务与应急资源间的不合理匹配可能会导致出现资源和时间浪费、人力和财产损失的现象。因此，应高度重视不充分供应条件下任务导向的应急资源配置决策问题。

应急资源配置决策不合理导致某些区域严重缺乏资源或相对缺乏资源，从而引发各种社会问题，进而影响社会稳定和社会可持续。例如，在2013年俄克拉何马州的大龙卷风应对过程中，由于缺乏血液，导致幸存者的痛苦不能得到有效缓解。在2005年美国卡特里娜飓风响应过程中，由于护士（应急组织）的严重缺乏，导致幸存者临时治疗任务的开始执行时间延迟，影响了救援过程的整体绩效。在2018年印度尼西亚地震与海啸响应过程中，由于食物和水的供给不及时，导致诸如抢劫超市和加油站的极端事件发生。很显然，这些不合理的应急资源配置决策还严重影响了幸存者对响应策略甚至整个救援活动的感知。毋庸置疑，处理这些问题所需的社会成本会急剧增加（Holguin – Veras et al.，2013；Moreno et al.，2018；Cantillo et al.，2018；Ni et al.，2018)。因此，将社会因素或可持续考虑到应急资源配置决策中是当前面临的重要挑战。

在高强度的环境压力下，曹等（Cao et al.，2017）和张等（Zhang et al.，2018）分别强调了在应急组织指派和救援物资分配活动中，不仅需要考虑经济维度，而且还应重视环境维度的可持续要求。与商业运作管理相似，运输在灾害运作管理应急资源配置活动中也起着举足轻重的作用。具体地，从分配中心向应急需求点、再向应急任务涉及的幸存者运送救援物资，从基地向应急任务所在位置、从当前任务所在位置向下一项任务所在位置派遣应急组织都属于运输活动。然而，这些运输活动又需要消耗汽油、电能等能源，故产生温室气体（如 CO_2）和有毒物质（如 CO）。从这种意义而言，应急资源配置决策涉及的运输活动对环境会产生有害影响（Jaehn，2016；Vega - Mejia et al.，2019）。这与绿色运输领域的观点一致。此外，高效且合理的应急资源配置决策（如路径选择、运输模式选择、分配数量选择）有助于减少对环境的有害影响（Wei et al.，2015；Cao et al.，2017；Laguna - Salvado et al.，2019）。彼得·奥伯霍夫等（Peter Oberhofer et al.，2015）还强调了应将诸如运输排放气体减少的环境友好行为视为长期追求的目标。基于此，将环境因素或可持续融入应急资源配置决策中也是当前亟待解决的重要问题。

与社会和环境因素/可持续相比较，在应急资源配置模型中考虑经济因素/目标更普遍。除学者（Wei et al.，2015；van Kempen et al.，2017；Cao et al.，2017；Zhang et al.，2018；Laguna - Salvado et al.，2019）之外，虽然文献中绝大多数的模型考虑了运输、库存和建设等费用，但并未清晰地将经济绩效与可持续联系起来。然而，本书明确地将应急费用作为测量经济可持续的指标。众所周知，灾害运作管理是非逐利的活动，但也并不意味着在救援过程中可以不计成本，因为资金本身是有限的。针对应急资源配置决策问题，供应点与需求点的不合理匹配、应急组织与应急任务的错误匹配都将会增加应急费用/成本；诸如分配数量、行驶/移动距离、车辆类型、加工能力等因素都会直接影响应急费用（Jaehn，2016）。因此，尽管灾害运作管理活动具有弱经济性，在资金有限的条件下，将经济因素或可持续考虑到救援物资分配和应急组织指派策略中仍然非常重要。

在这样的情形下，为减少/降低大规模自然灾害带来的严重损失/

后果（如人员伤亡、财产损失和环境破坏），在供应不充分的条件下，如何合理地设计任务导向下面向可持续发展的应急资源配置策略，提高灾害响应效率，降低需求未满足率（或提高需求满足率），减少救援过程中产生的碳排放量，降低执行救援活动发生的应急费用，以及提高服务效用感知满意度与衡量公平性的幸存者感知满意度（或减少幸存者的痛苦）是实践界和学术界当前面临的重要挑战和议题。

此外，宋瑶（2017）还强调了“府际”关系是应急响应决策（如应急资源配置）制定过程中产生持续作用的关键因素。特别地，在应急资源配置决策制定过程中，利益相关者间的“府际”关系包括纵向关系（如中央、地方与基层政府）和横向关系（如区域内同级政府间）两类（曹策俊等，2018；曹策俊等，2019；Cao et al.，2021）。无论是针对应急组织指派还是救援物资分配活动，“府际”关系都会直接影响整个救援活动的绩效/效果（张海波，2017；曹策俊等，2018）。具体地，横向“府际”关系视角下的决策主体拥有较大的权利，易于快速集中和调度应急资源来应对大规模自然灾害，从而控制灾害带来的各种影响。将横向“府际”关系考虑到应急资源配置策略中，在很大程度上，可有效避免救援过程中出现“打太极”“踢皮球”和“多龙治水”等混乱现象（曹策俊等，2017）。另一方面，《中华人民共和国突发事件应对法》中强调了统一领导、分级负责的管理体制，其在本质上体现了利益相关者间的纵向“府际”关系。在纵向“府际”关系中，高层级决策主体（起主导作用）对低层级决策主体进行有效控制和领导，低层级决策主体服从领导和接受监督。将纵向“府际”关系融入应急资源配置策略中，既可保证高层级决策主体的权威性，还能调动低层级决策主体的积极性，从而提高响应效率（宋瑶，2017）。并且，还能在某种程度上解决不同层级决策主体间“联动性不足”的问题。在应急资源配置实践活动中，不仅需要解决不同层级决策主体所追求目标的矛盾与冲突关系，而且还需要平衡同层级决策主体或不同部门间的不同利益诉求。因此，根据利益相关者间的“府际”关系，制定面向可持续发展的应急组织指派和救援物资分配策略是必要的。

在这样的情形下，从利益相关者间的“府际”关系视角而言，如何设计任务导向下面向可持续发展的应急资源配置策略实质是回答以下几个问题：如何设计横向“府际”关系视角下面向可持续发展的应急组织指派策略？如何设计纵向“府际”关系视角下面向可持续发展的应急组织指派策略？如何设计横向“府际”关系视角下面向可持续发展的救援物资分配策略？如何设计纵向“府际”关系视角下面向可持续发展的救援物资分配策略？然而，在回答上述几个问题前，还必须回答“府际”关系视角下面向可持续发展的应急响应决策（如应急资源配置）的机理机制是什么。因此，本书需要首先研究如何构建“府际”关系视角下面向可持续发展的应急响应决策框架。

总体而言，上述提出了本书拟解决的科学问题；从“府际”关系视角，对主要科学问题进行了分解，并强调了解决上述科学问题的必要性。下面将详细阐述上述几个子科学问题也是关键问题的依据。

第一，如何构建“府际”关系视角下面向可持续发展的应急响应决策框架。正如曹策俊等（2018）强调的，灾害响应决策系统是决策主体、应急组织/供给主体、幸存者/需求主体、可持续目标、应急任务、救援物资、“府际”关系、环境及其交互关系等多个要素的总称。由于大规模自然灾害具有高不确定性等特征，即使仅考虑单个要素，应急响应决策制定过程也相当复杂。然而，本书几乎涉及了所有的关键要素，如何规范地形式化表达灾害响应决策系统、抽象－识别－提取－刻画关键要素及其关联关系、刻画横向和纵向“府际”关系、测量可持续发展目标、落地“以人为本”的管理理念，这都大大增加了解决问题的难度。因此，在考虑利益相关者间“府际”关系的基础上，结合可持续发展理念，如何构建支撑任务导向的应急资源配置模型的应急响应决策框架或概念模型，是本书的首要任务和关键问题。

第二，如何设计横向和纵向“府际”关系视角下面向可持续发展的应急组织指派策略。应急组织是应急任务的执行者、应急服务的提供者、决策主体与需求主体或幸存者间的沟通桥梁（曹策俊等，2018；李从东等，2014）。与救援物资分配问题相比较，由于应急组织/人员有独立的思考能力、幸存者对任务的指派会有不同的偏好/感知，导致设计应急组织指派策略更为复杂和困难（张淑文，2018）。尽管已有学者开始运用数学规划方法来设计应急组织指派策略；但如何融入可持续发展理念、测量不同维度的可持续绩效、刻画横向和纵向“府际”关系，仍然相当困难（Cao et al.，2017）。因此，在构建的“应急响应决策框架”基础上，如何设计“府际”关系视角下面向可持续发展的应急组织指派策略，是本书的关键科学问题。

第三，如何设计横向和纵向“府际”关系视角下面向可持续发展的救援物资分配策略。救援物资是延续生命和完成应急任务的基本保障，缺少救援物资的应急响应没有任何意义（李从东等，2014；曹策俊等，2018；曹策俊等，2019；Cao et al.，2021）。大多数学者聚焦于传统的救援物资分配问题，将可持续发展理念融入救援物资分配策略的相关研究特别有限（Cao et al.，2018；Cao et al.，2021）。由于测量可持续发展的指标体系并未形成共识，如何针对救援物资分配问题，建立刻画可持续发展的指标仍然非常困难（Laguna – Salvado et al.，2019）。尽管大部分成果考虑了利益相关者间的横向“府际”关系，但如何刻画救援物资分配策略中的纵向“府际”关系仍具挑战性（Camacho – Vallejo et al.，2015；Lu et al.，2016）。因此，在构建的“应急响应决策框架”基础上，如何设计“府际”关系视角下面向可持续发展的救援物资分配策略，是本书的关键科学问题。

基于此，上述五个子科学问题的逻辑关系见图 1 – 1。

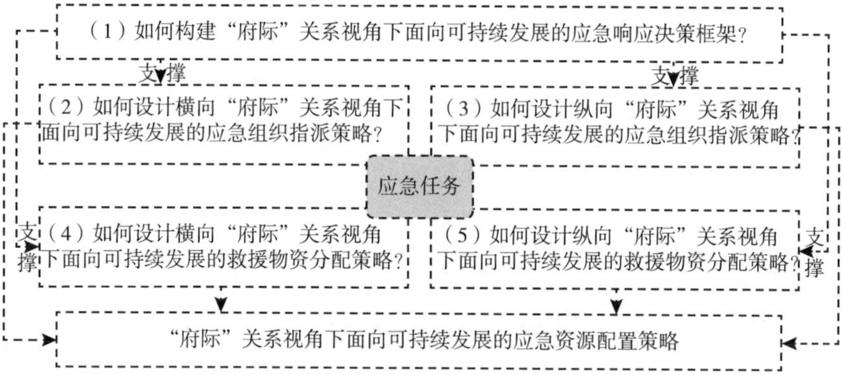

图1-1 科学问题的逻辑关系

根据图1-1可知，应急资源配置策略设计间的关系纽带是应急任务。换言之，本书聚焦于任务导向的应急组织指派和救援物资分配问题。特别地，在研究“府际”关系视角下应急组织指派问题时，假设应急需求点内应急任务所需的各类救援物资已经送达，应急任务的开始时间仅取决于应急组织是否可利用。同样地，在研究“府际”关系视角下救援物资分配问题时，假设应急任务所需的应急组织或人员已提前抵达任务所在位置；只要救援物资送达，则可开始执行应急任务。基于此，根据不同的情形，结合利益相关者间的“府际”关系，获得了不同情景下面向可持续发展的应急资源配置策略。

近年来，将可持续发展理念融入传统应急资源配置决策的交叉问题开始受到实践界与学术界的关注，并取得了一定的成果。尽管已有学者在此领域进行了有意义的尝试，但仍然处于起步阶段，需深入研究。

第一，大多数学者将可持续发展理念与商业问题（如商业运作管理）相结合，关注两者结合引发的交叉问题；尽管已有学者开始关注灾害情境下的可持续发展问题，但成果相当有限（Klumpp et al.，2015；Dubey et al.，2016；Habib et al.，2016；Laguna-Salvado et al.，2019）。此外，他们更多地聚焦于长期恢复重建阶段的可持续发展问题（聚焦于受影响区域的可持续发展要求）。如何诠释和理解灾害情境下短期响应阶段的可持续发展内涵（聚焦于救援过程的可持续发展要求）是重要且值得研究的主题（Anaya-Arenas et al.，2014）。

第二，已有文献主要致力于提出灾害情境下可持续发展的测量维度或指标，建立相应的理论框架，以及运用实证研究检验指标间的关联关系（Haavisto et al.，2014；Dubey et al.，2016）。换言之，他们关注灾害情境下可持续发展测量指标体系的构建，但如何运用 OR/MS 的定量方法刻画这些潜在指标（如社会、经济和环境可持续）仍需进一步研究（Laguna-Salvado et al.，2019）。

第三，尽管有些学者（Haavisto et al.，2013；Haavisto et al.，2014；Cao et al.，2017；Cao et al.，2018；曹策俊等，2020；曹策俊等，2021）强调了应该将不同维度的可持续发展理念融入诸如应急组织指派和救援物资分配的应急资源配置决策问题中，研究成果仍然相对较少；如何将社会、环境和经济维度的可持续目标与传统应急资源配置决策模型有机融合是值得继续关注的重要课题。

第四，大多数文献聚焦于救援物资运输、分配、调度和分配中心选址等问题，较少考虑应急组织（group）或应急人员（individual）在救援活动中的作用（张淑文，2018）。更确切地说，运用 OR/MS 方法对应急组织（人）进行建模的研究相对有限（Altay et al.，2006；Wex et al.，2014；Habib et al.，2016；Cao et al.，2017；曹策俊等，2021）。因此，如何从“府际”关系视角，运用数学规划方法，构建任务导向的应急组织指派模型是值得研究的重要主题。

第五，已有成果主要关注以“供应点—分配中心—应急需求点”为主线，基于横向“府际”关系与“物”的视角，考虑属地管理原则的救援物资分配模型（Anaya - Arenas et al.，2014；Habib et al.，2016；Cao et al.，2018；曹策俊等，2020）。然而，如何针对“分配中心—应急需求点—受影响具体区域”分配网络，综合考虑“人”与“物”两个要素，从横向和纵向“府际”关系视角，建立任务导向的救援物资跨区域分配模型需进一步探究。

第六，虽然有些学者（Altay et al.，2006；Van Wassenhove et al.，2012；Galindo et al.，2013；Ozdamar et al.，2015；Zheng et al.，2015；Gutjahr et al.，2016）强调了求解应急资源配置数学规划模型的方法对制定最佳响应决策的重要性和必要性，但如何设计针对应急资源配置多目标规划模型和双层规划模型的高效精确算法（如全局准则法、分支定界法、原始—对偶算法）和启发式算法（如遗传算法、模拟植物生长算法）仍需继续深入研究。

为了解决上述问题，提出了本书的研究框架，具体见图1－2。

具体而言，主要研究内容包括：在黄金救援阶段，（1）识别灾害响应决策系统的关键要素及其关联关系，构建任务导向下面向可持续发展的应急响应决策框架；（2）结合可持续发展理念，从“府际”关系视角，建立任务导向的应急组织指派与救援物资分配多目标规划模型与双层规划模型；（3）针对所构建的数学规划模型，设计高效的精确算法（如全局准则法、分支定界法和原始—对偶算法）和启发式算法（如遗传算法、模拟植物生长算法）；（4）以实际灾害案例为背景，构造具有不同特征的算例，从负荷水平、风险可接受度、求解策略、分配规则和问题规模等方面验证所建立模型和设计算法的有效性。

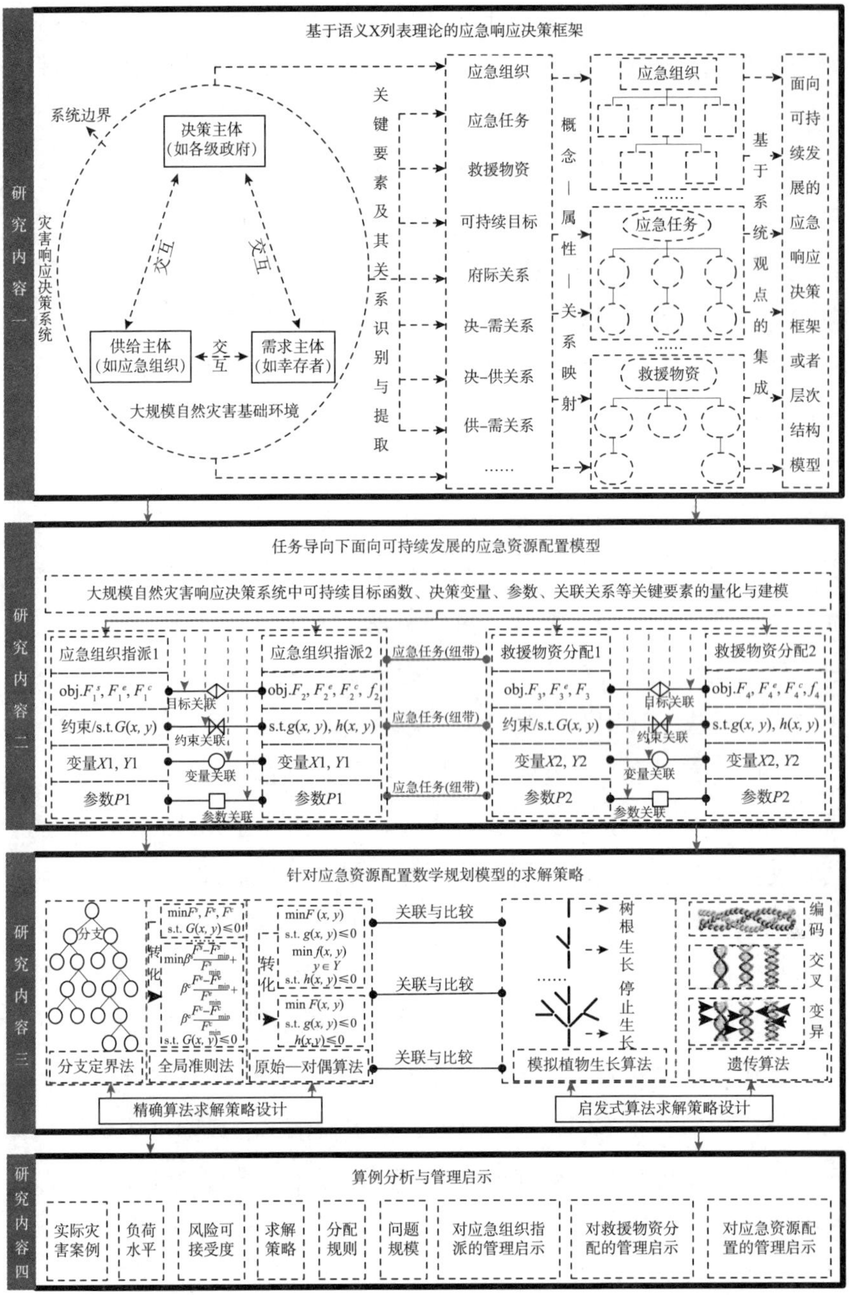

研究内容一
基于语义X列表理论的应急响应决策框架
系统边界
决策主体（如各级政府）
交互
供给主体（如应急组织）
需求主体（如幸存者）
灾害响应决策系统
大规模自然灾害基础环境
关键要素及其关系识别与提取
应急组织
应急任务
救援物资
可持续目标
府际关系
决-需关系
决-供关系
供-需关系
……
概念—属性—关系映射
基于系统观点的集成
面向可持续发展的应急响应决策框架或者层次结构模型
研究内容二
任务导向下面向可持续发展的应急资源配置模型
大规模自然灾害响应决策系统中可持续目标函数、决策变量、参数、关联关系等关键要素的量化与建模
应急组织指派1
应急组织指派2
救援物资分配1
救援物资分配2
目标关联
约束关联
变量关联
参数关联
约束/s.t.G(x, y)
s.t.g(x, y), h(x, y)
变量X1, Y1
参数P1
变量X2, Y2
参数P2
应急任务(纽带)
研究内容三
针对应急资源配置数学规划模型的求解策略
分支
转化
关联与比较
树根生长停止生长
编码
交叉
变异
分支定界法
全局准则法
原始—对偶算法
模拟植物生长算法
遗传算法
精确算法求解策略设计
启发式算法求解策略设计
研究内容四
算例分析与管理启示
实际灾害案例
负荷水平
风险可接受度
求解策略
分配规则
问题规模
对应急组织指派的管理启示
对救援物资分配的管理启示
对应急资源配置的管理启示

图1-2 研究框架

1.1.3 选题来源

本书选题主要来源于第一作者主持的国家自然科学基金青年项目“模糊环境下面向可持续发展的应急组织指派与协作优化策略研究”(71904021)、教育部“春晖计划”合作科研项目“面向可持续性发展的救援物资跨区域分配优化问题研究”(CQ2019001)、重庆市自然科学基金面上项目“面向可持续发展的多类型灾害垃圾逆向物流选址-运输集成优化问题”(cstc2020jcyj-msxmX0164)、重庆市社会科学规划青年项目“新时代社会组织参与城市公共安全重大风险治理机制与模式研究”(2019QNGL27)与重庆市教育委员会科学技术研究项目“新时代基于集成视角的应急组织指派双层优化模型与算法研究”(KJQN201900830)。作为主研人员参与的第二作者主持的国家自然科学基金面上项目“基于动态语义X列表互动知识空间的产品持续创新模型及其优化、应用”(71672074)与广东省哲学社会科学“十二五”规划项目“大数据时代城市公共安全风险演化路径与治理机制研究——基于前馈导控视角”(GD15CGL07)。

1.2 核心或关键概念

1.2.1 可持续发展

在不同的情境或领域中，可持续发展(sustainable development)可能会有不同的定义和内涵。借鉴劳拉·拉古纳-萨尔瓦多等(Laura Laguna-Salvado et al., 2019)的观点，本书提到的可持续发展与可持续(sustainability)含义相同，并未进行严格区分。早期传统的可持续发展仅关注环境问题。然而，随着时间的推移，可持续发展也开始涉及经济与社会问题。

通过梳理文献发现，“可持续(发展)”和“绿色(green)”这两个词有时是可以互换的（interchangeably）或含糊不清的（ambiguously）（Sarkis et al.，2011；Jabbour et al.，2019）。虽然，本书的目的不在于区分“可持续发展”与“绿色”间的差异；但为更清晰地定义可持续发展，需要先梳理两者间的区别与联系。有些学者（Ahi et al.，2013；Laguna－Salvado et al.，2019；Dubey et al.，2017）强调“绿色”仅涉及环境问题，而“可持续发展”同时考虑了环境、经济和社会三个维度。换言之，“可持续发展”是“绿色”理念的延伸，“绿色”仅体现“可持续发展”中的环境维度。

在商业情境下，联合国世界环境与发展委员会（1987 年）在文莱报告（Brundtland Report）中对可持续发展的定义被广泛应用。报告强调可持续发展是指既满足当代人的需要，又不损害后代人满足其需求的能力的发展。其实质强调了社会、经济和环境协调发展的理念/思想，关注经济活动的合理性，强调对资源和环境有利的经济活动应给予鼓励。帕伊曼·阿希等（Payman Ahi et al.，2013）认为商业可持续是一个组织的耐久力或持久力，或一个健康的环境、经济和社会系统。换言之，可持续的实质是考虑过程或组织的经济可行性、环境职责和社会福利。

在灾害或人道主义情境下，杰伊·维拉瓦德纳等（Jay Weerawardena et al.，2010）认为非营利性组织的可持续发展是指能够生存，以便于继续服务于其支持者，即可持续被理解为维持活动的连续性。翟进等（2015）认为灾后可持续恢复研究属于前沿的理论议题，也将可持续发展理解为活动的连续性。英诺森·伊贝格布纳姆等（Innocent Ibegbunam et al.，2012）指出可持续与有效的灾害响应和协作相关，可在某种程度上提高灾害响应效率。史培军等（2005）强调了减轻灾害风险与实现可持续发展目标存在密切的关系，加强减灾能力建设是可持续发展的核心任务。郑艳等（2012）指出将灾害管理与可持续发展目标进行有机融合，可促进社会、经济和环境的可持续。此外，联合国于 1994 年通过的《为了一个更安全的世界：横滨战略和行动计划》指出作为关键活动/要素的应急响应不仅来源于而且可促进可持续发展政策的实施。2005年与2015年分别通过的《兵库行动框架》与《仙台减少灾害风险框架》也都强调了应急响应决策（或灾害管理）与可持续发展间的交互关系。

此外，还有些关于可持续发展的概念并未明确强调特定的领域或情境。有些学者（Pojasek et al.，2012；Laguna – Salvado et al.，2019）将可持续（发展）界定为：在考虑利益相关者的同时，一个组织长期明确承担与环境职责（stewardship）、社会福利（wellbeing）和经济繁荣（prosperity）相关责任的能力。布莱克（Black et al.，1996）将可持续运输理解为既满足当代运输需求，又不损害后代满足其运输需求的能力。

在这样的情形下，本书认为可持续发展是指使系统的整体态势/状态朝着对各利益相关者在社会、环境和经济目标方面有利的方向协调发展的能力。此定义从系统视角剖析了研究对象，充分体现了社会、环境和经济间的整体关系（即协调发展），关注管理活动的合理性，强调应鼓励对整个系统有利的决策活动。特别地，本书更多地侧重于满足响应阶段救援过程和对幸存者人文关怀的可持续要求，较少关注恢复重建阶段受影响区域的可持续发展要求。

1.2.2 灾害运作管理

在对灾害运作管理（disaster operations management，DOM）的概念进行界定前，还需要梳理灾害（disaster）和运作研究或管理科学（operations research or management science，OR/MS）的定义。红十字会与红新月会国际联合会（International Federation of Red Cross and Red Crescent Societies，IFRC）在2012年将灾害定义为：严重扰乱社区或社会正常运转，伴随着人员（human）、物质（material）、经济（economic）和环境（environmental）损失的突发性和灾难性事件，且这些损失超出了社区或社会依靠自身资源来应对的能力（Anaya –

Arenas et al.，2014）。维基百科也给出了类似的定义，本书借鉴红十字会与红新月会国际联合会和维基百科对灾害的定义。

然而，关于OR/MS的定义，学者们并未达成共识（Altay et al.，2006）。有些学者（Churchman et al.，1957）认为OR/MS是指科学方法、技术和工具在系统运作问题中的应用，并为决策提供最优解。有些学者（Winston et al.，1994）将OR/MS定义为决策制定的科学方法，追求通过稀缺资源的配置，确定如何最佳地设计与运作系统。欧洲运筹学会协会（EURO）指出，尽管没有OR/MS的官方定义，但它仍然可被定义为：在复杂系统管理中，寻找问题解的科学方法。美国运筹学与管理学协会（INFORMS）强调OR是运用先进的解析方法辅助制定更好决策的学科。借鉴并拓展上述观点，本书将OR/MS定义为：以系统为对象，运用科学方法，合理配置稀缺资源，辅助制定最佳决策，实现既定目标的学科（Van Wassenhove et al.，2012）。

因此，结合灾害与OR/MS的定义，有些学者（Altay et al.，2006；Galindo et al.，2013）将DOM定义为灾前（事前）、灾中（事中）和灾后（事后）旨在减少死亡人数，降低灾害对经济的影响，使系统恢复常态的一系列活动。有些学者（Rawls et al.，2012；Hoyos et al.，2015）将DOM界定为减少伤亡人数、降低灾害损失、促进系统恢复的操作顺序。在此基础上，本书将DOM界定为：运用OR/MS方法，对各种稀缺应急资源（如应急组织/人、救援物资/物）进行有效与合理的配置（计划、组织、领导和控制），达到监测、响应、控制和管理灾害的目的，从而降低灾害带来的影响/损失，促使系统恢复常态的一系列活动。

根据美国联邦应急管理署（Federal Emergency Management Agency，FEMA）在2004对DOM阶段的划分，DOM的生命周期包括缓解（mitigation）、准备（preparedness）、响应（response）和恢复（recovery）四个阶段（Altay et al.，2006）。在应急决策过程中，为提供更科学的方法，DOM的不同阶段可能需要不同的OR/MS技术或方法。

例如，在响应阶段，决策主体通常运用数学规划方法来制定包括应急组织指派与救援物资分配的应急资源配置策略，或优化当前的资源配置方案。此外，曹等（Cao et al.，2018）指出响应阶段还可被继续细分为黄金救援、缓冲救援和应急恢复阶段。然而，本书仅聚焦于DOM中黄金救援阶段的应急资源配置决策问题。

1.2.3 可持续灾害运作管理

尽管学术界和实践界已经开始关注可持续发展与DOM相结合的交叉问题，但成果仍然相当有限。大多数文献聚焦于从供应链视角界定灾害情境下的可持续，或定义“可持续人道主义供应链”（sustainable humanitarian supply chain，SHSC），“可持续灾害供应链”（sustainable disaster supply chain，SDSC）与“可持续人道主义物流”（sustainable humanitarian logistics，SHL）。

例如，曹等（2017）强调SDSC旨在通过优化与人力资源（如应急组织）、救援物资（如食物、水）相关的应急响应决策，实现社会、经济和生态维度可持续的协调发展。曹等（2018）将SDSC定义为：通过提高灾害响应策略的效率，实现社会、环境和经济可持续的协调发展，尽可能多地挽救生命，降低灾民痛苦，促进发展。马蒂亚斯·克鲁姆普等（Matthias Klumpp et al.，2015）认为SHL是指通过既满足当代人需求、又不损害后代人满足其需求的能力的方式，计划、实施和控制高效的正向和逆向物流、物资、服务和整个供应链相关信息的储存，确保每个人及其家人健康和幸福生活（包括衣、食、住、医疗卫生和必要的社会服务等方面）标准/水平的目标，特别是在灾害和应急情形下。很显然，马蒂亚斯·克鲁姆普等（2015）更多地从人道主义物流方面对SHSC进行界定。劳拉·拉古纳－萨尔瓦多等（2019）对SHSC的概念进行了如下定义：参与不同过程和活动设计、管理与协作/协调的组织网络，这些活动包括从原始地到消耗/消费地提供应急物资和服务的准备、计划、采购、仓储、运输与分配，旨在缓解灾民痛苦和减少社区损失，且清晰地综合考虑来源于各利益相关者需求的经济、社会和环境可持续目标。曹策俊等（2018）认为 SDSC 是指将可持续发展理念融入灾害供应链，以期实现经济、社会和环境的协调发展，集成包括人力资本和救援物资在内的各种应急资源提高灾害响应效率，通过设计应急任务与资源间的有效匹配机制，减少碳排放量，降低应急费用，以及提高资源利用率和幸存者感知满意度，进而减少或缓解经济、社会和环境影响/后果。

基于此，结合可持续发展和 DOM 的定义，以及考虑上述文献界定的 SHSC 或 SDSC 的概念，本书将可持续灾害运作管理（sustainable disaster operations management，SDOM）界定为：基于发展（long-term）的视角，在有限的应急资源条件下，以“减少”（reduce）为核心思想，运用 OR/MS 方法，对包括应急组织/人员、救援物资/物在内的各种稀缺应急资源进行有效且合理的配置（计划、组织、领导和控制），使整个决策系统的态势/状态朝着对各利益相关者在社会、环境和经济目标方面有利的方向协调发展，实现缓解幸存者痛苦、降低灾害带来的各种损失、满足救援过程的可持续发展要求，促进灾害响应决策系统的可持续发展，以及贯彻和落实“以人为本”的 DOM 理念的目标。

SDOM 充分体现了社会、环境和经济可持续间的整体而非局部关系，关注 DOM 活动的合理性，强调应鼓励对整个系统有利的决策活动。根据上述定义可知，本书的可持续发展不仅关注大规模自然灾害救援过程（或应急资源配置过程）的可持续要求（包括社会/管理者视角、环境和经济三个方面），而且还考虑了对幸存者或被救援者人文关怀（以人为本）的可持续要求（社会维度/受益人视角）；而对受影响区域的可持续发展要求较少涉及，仅将其作为最终实现的目标。

1.2.4 可持续灾害运作管理绩效测量

尽管越来越多的学者开始研究 DOM 中的应急资源配置决策问题，

但将可持续发展理念融入DOM的研究仍然相对较少。因此，本书拟借鉴并拓展商业情境下的可持续绩效测量方法体系，提出SDOM绩效测量的切入点、视角、维度和方法等。本书提到的SDOM绩效也可表述为DOM的可持续绩效，两者具有相同含义。通过文献梳理发现：诠释DOM可持续绩效测量的切入点（理念）主要包括减少、再使用、恢复和循环（Acosta et al.，2013；Cao et al.，2017；Habib et al.，2017）；界定SDOM绩效测量的视角包括长期（即恢复重建阶段）和短期（即响应阶段或短期恢复阶段）（Acosta et al.，2013；Kunz et al.，2017；Habib et al.，2017；Cao et al.，2018；Laguna – Salvado et al.，2019）；分析SDOM绩效的维度主要包括社会、经济和环境三个方面（赵林度等，2008；Wei et al.，2015；Cao et al.，2017；Laguna – Salvado et al.，2019；Cao et al.，2021）；测量DOM可持续绩效的方法有：（1）传统的三重底线（triple bottom line，TBL）方法（Carter et al.，2008；Cao et al.，2017；Laguna – Salvado et al.，2019），即涉及社会、环境和经济可持续；（2）系统分析框架（system analysis framework，SAF）（Haavisto et al.，2013；Haavisto et al.，2014；Cao et al.，2018），包括社会（society）、受益人（beneficiary）、供应链（supply chain）和程序（programe）四个方面。因此，本书以“减少”为指导思想，将“以人（受益人）为本”的理念融入传统的三重底线方法，测量DOM中响应阶段救援过程的社会、环境和经济可持续绩效。

特别地，在回答可采用哪些指标来分别测量DOM社会、环境和经济可持续绩效（即不同维度的可持续绩效分别与哪些因素有关）前，还需要先厘清选择从社会、环境和经济三个维度测量应急资源配置决策问题中可持续发展的原因。

第一，传统的社会发展通常涉及社会和经济两个方面，但由于环境问题日益突出，故将环境维度也纳入衡量社会发展的指标体系，进而提出了可持续发展的概念（Laguna – Salvado et al.，2019；Vega –

Mejia et al.，2019）。传统的发展观是以消耗大量能源、破坏环境、丧失社会公平和降低生活质量为代价来换取经济增长。然而，可持续发展要求以尽可能少的社会和生态代价来实现经济的高质量增长，即体现了社会发展、经济增长和环境保护相协调的核心思想（Cao et al.，2017）。可持续发展在战略层面（strategic level）已被广泛接受，但在操作层面（operational level）的指标体系构建仍未达成共识，原因可能在于不同领域和不同问题的情况千差万别（Mori et al.，2012）。尽管如此，从可持续发展提出的背景来看，可从社会、经济和环境三个维度测量可持续发展。

第二，尽管学术界和实践界对商业和灾害/人道主义情境下的可持续发展的概念并未达成共识（Cao et al.，2017；Cao et al.，2018；Laguna－Salvado et al.，2019），但以下几点内容是被普遍接受的：（1）测量指标体系至少应该包括社会、经济和环境这三个方面的因素；（2）追求社会子系统、经济子系统和环境子系统相互协调地发展；（3）强调“以人为本”的理念，因为人既是整个系统的主体，也是客体。此外，三重底线方法/理论作为商业领域的经典方法/理论已被广泛应用于测量可持续发展的绩效（Carter et al.，2008），该方法/理论包括的主要维度正是社会、环境和经济三个方面。从某种意义而言，其为本书选择从社会、环境和经济三个方面测量 DOM 可持续发展绩效的可行性与合理性提供了理论依据（Cao et al.，2017；Laguna－Salvado et al.，2019；Cao et al.，2021）。因此，根据可持续发展的概念（包括本书的定义）可知，从社会、环境和经济三个维度，测量 DOM 的可持续绩效在很大程度上是合理的。

第三，正如前文所述，不恰当的应急资源配置策略，（1）将会引发各种社会问题，影响社会稳定和社会可持续，也会对幸存者的感知产生负面影响（Cao et al.，2018；Moreno et al.，2018）；（2）可能会增加环境负担，对环境产生有害影响（Wei et al.，2015；Jaehn，2016；Vega－Mejia et al.，2019）；（3）还会增加政府或其他决策主体的财政负担（Laguna - Salvado et al.，2019）。总体而言，不合理的应急资源配置策略，会导致出现资源和时间浪费、人力和财产损失，以及环境破坏的现象（Lettieri et al.，2009）。为了增强可读性，应急资源配置策略的合理性/有效性与社会、环境和经济可持续间的关系的详细描述见第1.1.2节。因此，从应急资源配置策略与可持续发展间的关系来看，DOM的可持续发展绩效在很大程度上体现在社会、环境和经济三个方面。

基于上述理由，本书选择从社会、环境和经济三个维度来测量SDOM中应急资源配置决策的可持续绩效。当然，这并不意味着只能从这三个维度来测量DOM的可持续绩效，感兴趣的学者可尝试融入其他指标，构建新的指标体系（不属于本书的研究范畴）进行深入研究。下面将详细阐述测量应急资源配置决策的社会、环境和经济可持续绩效的指标（或与哪些因素相关）及其理论依据。

针对SDOM社会维度的绩效，可采用与时间、资源数量和受益人感知相关的各类指标来测量。在阐述可用上述指标刻画社会可持续的原因前，需要先厘清社会责任的内容、“以人（受益人）为本”理念与社会可持续融合的机理。

在2010年，ISO26000将社会责任分为七类：组织治理、人权、劳动实践、环境、公平的运营实践、消费者问题及社区参与和发展。埃米莉·查尔丁-鲍曼（Emilie Chardine - Baumann et al.，2014）将环境与社会问题分为五个领域：工作条件、人权、社会承诺/责任、顾客/客户问题及商业。

根据受益人的不同角色/地位，可从管理者（如政府）（manager）、应急组织（employee）和幸存者（customer）三个视角对社会可持续进行细分，即管理者、应急组织和幸存者视角下的社会可持续。但并不意味着应急组织和幸存者在DOM活动中有绝对的主导权，整个救援过程仍然由管理者（政府）主导（或统一领导），只是在决策制定过程中，考虑应急组织或幸存者的社会可持续目标。特别地，管理者视角下的社会可持续绩效指标构建主要考虑时间和资源数量，而应急组织和幸存者视角下的社会可持续绩效指标建立主要考虑受益人的感知。然而，本书在建模过程中仅涉及管理者和幸存者视角下的社会可持续。

可采用与时间相关的指标测量社会可持续绩效，原因在于：（1）其与提高灾害响应效率的目标一致，在某种程度上体现了社会责任（Cao et al.，2017）；（2）有些学者（Fiedrich et al.，2000；Wilson et al.，2013）表明时间是影响社会目标实现的关键因素；（3）从社区参与和发展（属于社会责任）维度而言，其与灾害响应决策系统的发展密切相关；（4）借鉴学者（Zhang et al.，2014）的观点，尽管时间可被视为效率指标，但由于其与对幸存者的应急响应能力相关，故本书将时间视为社会因素。

可采用与资源数量相关的指标刻画社会可持续绩效，原因在于：（1）有些学者（Lin et al.，2011；Holguin－Veras et al.，2013；王旭坪等，2013；Cao et al.，2018；Moreno et al.，2018；张淑文，2018）指出应急资源的实际分配数量和需求数量间的差异可能会带来社会问题，甚至是极端事件；（2）从某种意义而言，资源数量分配可被视为与应急组织或幸存者相关的问题，即可被视为社会责任中的顾客/客户/消费者问题。

可采用与受益人感知相关的指标衡量社会可持续绩效，原因在于：（1）张等（Zhang et al.，2017）表明效用感知满意度刻画了应急组织指派方案的合理性和有效性，在某种程度上体现了管理者承担的社会责任；（2）有些学者（Haavisto et al.，2014；Cao et al.，2018）强调了融入可持续发展理念的分配方案能有效缓解灾民痛苦，且有些学者（李从东等，2014；Cao et al.，2016；Cao et al.，2017；Cao et al.，2018）尝试用幸存者感知满意度来刻画灾民的痛苦；从某种意义而言，其降低了管理者的社会成本。

在这样的情形下，针对任务导向的应急组织指派问题而言，本书采用加权完成时间总和刻画管理者视角下的社会可持续绩效，运用服务效用感知满意度测量幸存者视角下的社会可持续绩效；针对任务导向的救援物资分配问题而言，采用加权行程时间总和与加权需求未满足率总和测量管理者视角下的社会可持续绩效，运用幸存者感知满意度衡量幸存者视角下的社会可持续绩效。

针对 SDOM 环境维度的绩效，尽管可通过“三废”、碳排放量等指标来衡量，但根据问题特征，本书仅选择碳排放量来刻画。原因包括以下几点：（1）应急资源配置过程涉及许多运输/移动活动（如救援物资运输、应急组织移动），而这些活动需要借助某种或多种专业设备、运输工具等，这些设备和工具的动力来源于消耗各种能源（如汽油、电能），故有碳排放（Vega – Mejia et al.，2019）；（2）有些学者（Wei et al.，2015；Cao et al.，2017；Bai et al.，2017；Laguna – Salvado et al.，2019）强调了商业和人道主义情境下的运输过程都会产生碳排放；（3）物流活动对环境的影响可采用碳排放来衡量（Xiao et al.，2015；Wang et al.，2017）；（4）应将诸如运输排放气体减少的环境友好行为视为长期追求的目标（Oberhofer et al.，2015）。因此，无论是针对应急组织指派还是救援物资分配问题，本书均采用碳排放总量来刻画 SDOM 环境维度的绩效。

针对 SDOM 经济维度的绩效，采用应急费用来测量。原因包括以下几点：（1）与商业情境下的资源配置问题不同，本书聚焦于 SDOM 中的应急资源配置决策问题，是非逐利活动，故不能用商业领域的利润、效益等指标来直接测量经济可持续绩效；（2）诸如运输救援物资、执行应急任务等活动仍需花费成本，这些活动的开展仍需资金支持；（3）有些学者（Wei et al.，2015；Jaehn，2016；Cao et al.，2017；van Kempen et al.，2017；Kaur et al.，2019；Laguna – Salvado et al.，2019）表明可采用应急费用来刻画 DOM 的经济可持续绩效。基于此，针对应急组织指派和救援物资分配问题，本书均用应急费用总和来测量 DOM 的经济可持续绩效。

1.3 研究目标和意义

1.3.1 研究目标

针对不合理的应急资源配置决策导致后果恶化（如响应效率降低、需求未满足率增加、经济损失增加、环境破坏加剧、幸存者痛苦增加）等问题，从“府际”关系视角，研究面向可持续发展的应急资源配置决策问题。本书在抽象、识别并提取灾害响应决策系统关键要素及其关联关系的基础上，提出基于语义 X 列表理论的应急响应决策框架；根据社会、环境和经济可持续发展约束下的救援目标，结合“以人为本”的理念，从横向与纵向“府际”关系视角，分别构建任务导向的应急组织指派和救援物资分配多目标规划模型和双层规划模型；针对所建立的数学规划模型，设计包括全局准则法、分支定界法和原始—对偶算法的精确算法，以及提出包括遗传算法和模拟植物生长算法的启发式算法；以汶川特大地震为实际背景，构造具有不同特征的算例，验证所提出模型和算法的有效性；并提出相应的政策建议。

1.3.2 研究意义

本书拟从理论意义和应用价值两个方面阐述研究意义。

(1) 理论意义。

第一，将“以人为本”的思想融入传统可持续发展三重底线模型，将传统救援目标与社会、环境和经济可持续目标有机结合，将可持续发展理念融入应急资源配置决策；补充了“以人为本”的应急响应决策制定的思路，建立了可持续发展理论与传统 DOM 理论/问题间的纽带，树立了面向可持续发展的 DOM 理念。

第二，基于语义 X 列表理论建立的任务导向的应急响应决策层次结构模型；回答了任务导向的应急组织指派与救援物资分配模型建立的内在机理，打破了理论框架与定量模型间的壁垒，填补了战略决策与业务/操作决策间的缝隙。

第三，采用单层数学规划方法刻画不同部门利益相关者间的横向“府际”关系，运用双层规划方法刻画诸如中央、地方与基层政府间的纵向“府际”关系；解决了在横向与纵向上“联动性不足”的问题，补充了刻画利益相关者间“府际”关系的方法库，提高了灾害响应决策系统的可持续绩效。

第四，构建的任务导向的应急组织指派与救援物资分配单层多目标规划模型，平衡了同层级决策主体或不同部门在不同维度可持续目标方面的诉求；提出的任务导向的应急组织指派与救援物资分配双层规划模型（上层考虑三个可持续目标），解决了不同层级决策主体（如中央、地方与基层政府）在社会、环境和经济可持续目标方面的矛盾与冲突关系；补充了制定应急资源配置决策的模型库，满足了在救援过程中的可持续要求，促进了国家或区域的可持续发展。

（2）应用价值。

第一，针对横向“府际”关系视角下的应急组织指派和救援物资分配问题，建立的融入社会、环境和经济可持续的多目标规划模型，有助于提高应急资源的利用率；为 DOM 实践中制定平衡同层级决策主体在不同方面（或不同部门）诉求的应急资源配置策略，提供了针对性的决策支持；为实践者开发横向“府际”关系视角下的应急资源配置决策支持系统/原型系统，提供了模型模块支撑。

第二，针对纵向“府际”关系视角下的应急资源配置决策问题，建立的融入管理者和幸存者视角下的社会可持续目标、环境和经济可持续目标的双层规划模型，有助于协调不同层级决策主体在灾害应对过程中的冲突与矛盾、提高应急资源配置策略的科学性；有助于在灾害救援活动中贯彻和落地“以人为本”的救援理念；有助于减少人力资源的冗余、提高救援物资的利用率和提高灾害响应决策系统的整体（可持续）绩效。

第三，针对应急资源配置多目标规划模型，设计的融入分支定界法的混合全局准则法、改进遗传算法和改进模拟植物生长算法；针对应急组织指派双层规划模型，提出的带精英策略的嵌套式遗传算法；以及针对救援物资分配双层规划模型，设计的融入分支定界法和原始—对偶算法的混合全局准则法、嵌套式模拟植物生长算法；有助于提高灾害响应效率，即在尽可能短的时间内获得较优配置方案；为决策支持系统的开发，提供了算法模块的支撑。

第四，建立的应急资源配置多目标规划和双层规划模型，以及设计的混合全局准则法、改进遗传算法和模拟植物生长算法、嵌套式遗传算法与模拟植物生长算法，有助于应急管理部门开发或改进应急资源配置（如物流管理）软件；有助于持续完善应急资源配置方案；从而提高整体救援效果，进而使得灾害响应决策系统的态势朝着对救援目标有利的方向发展。

1.4 技术路线与篇章结构

1.4.1 技术路线

本书的技术路线见图 1 - 3，主要包括案例与文献研究、理论与方法研究和应用研究三个部分。

具体而言，在案例和文献梳理的基础上，（1）抽象、识别、提取、形式化表达与刻画灾害响应决策系统的关键要素及其关联关系→（2）识别、分类、定义和测量灾害情境下的可持续发展理念→（3）构建任务导向的应急响应决策框架/概念模型→（4）描述面向可持续发展的应急组织指派问题→定义面向可持续发展的救援物资分配问题→（5）分别给出应急组织指派与救援物资分配问题中可持续发展理念测量的表达式→构建模型中不同维度的可持续目标函数→分析、总结和量化各类约束条件→建立任务导向的多目标规划和双层规划模型→(6) 设计求解任务导向的应急资源配置多目标规划模型的算法→设计求解任务导向的应急资源配置双层规划模型的算法→(7) 以汶川特大地震为背景，构造具有不同特征的算例，验证所构建模型和所设计求解策略的有效性→(8) 向决策主体提供最佳的应急组织指派和救援物资分配方案→满足救援过程的可持续要求→(9) 总结、归纳和建立任务导向的应急组织指派和救援物资分配的理论与方法体系。

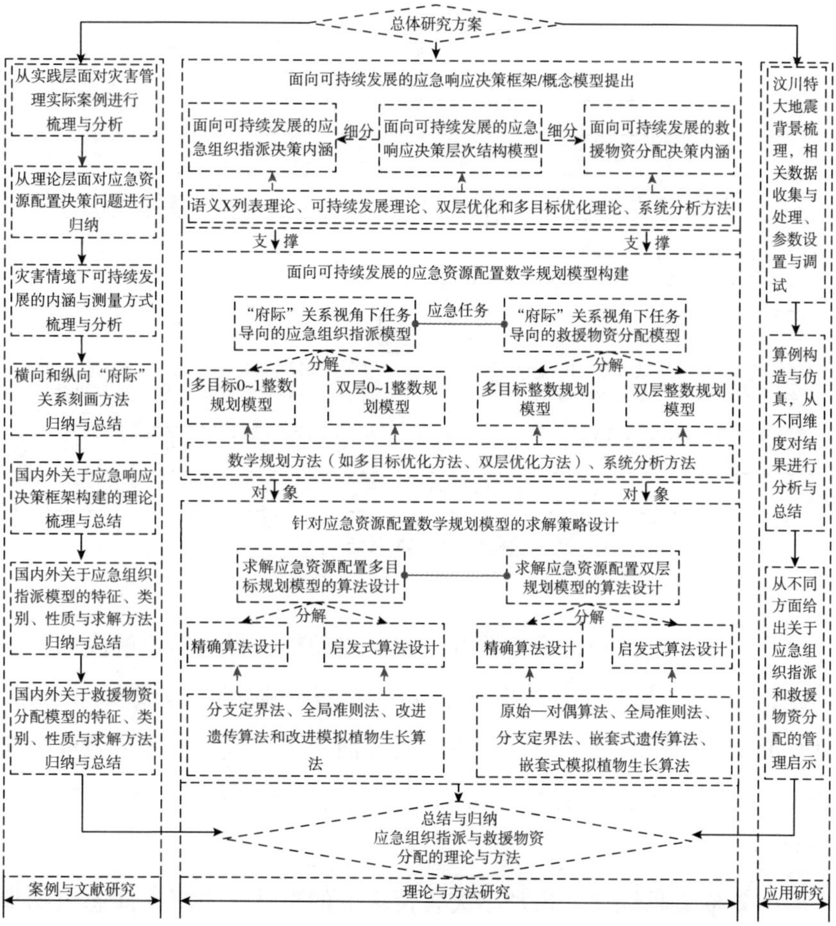

图1-3 技术路线

1.4.2 篇章结构

本书在考虑利益相关者横向与纵向“府际”关系的情况下，研究面向可持续发展的应急资源配置决策问题，包括横向“府际”关系视角下任务导向的应急组织指派与救援物资分配、纵向“府际”关系视角下任务导向的应急组织指派与救援物资分配四个子问题。本书结构见图1-4，共分为8章，具体内容如下：

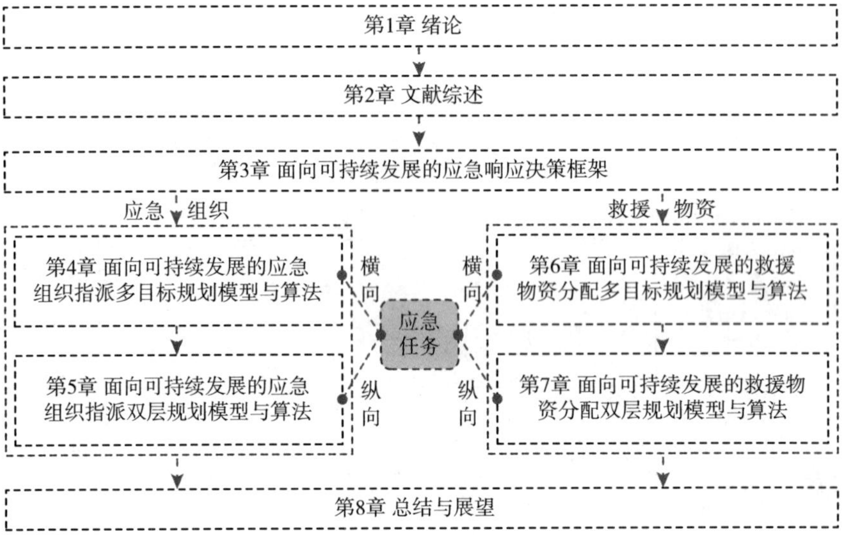

图1-4　本书结构

第1章绪论。介绍了选题背景和研究动机，提出了拟解决的科学问题，诠释了本书涉及的几个核心概念（包括可持续发展、DOM、SDOM、SDOM绩效测量），解析了研究面向可持续发展的应急资源配置决策问题的理论意义与应用价值，给出了本书的技术路线和主要内容。

第2章文献综述。梳理了灾害情境下的可持续发展、应急组织指派问题、救援物资分配问题和求解应急资源配置模型的算法研究现状，并从不同方面强调了本书与已有研究成果的联系与区别，找出本书的研究问题（gaps）。

第3章面向可持续发展的应急响应决策框架。结合语义X列表、双层优化与多目标优化理论，阐述了“府际”关系视角下面向可持续发展的应急响应决策框架构建的理论基础，建立了任务导向的应急响应决策层次结构模型，剖析了“府际”关系视角下面向可持续发展的应急组织指派与救援物资分配决策的内涵。

第4章面向可持续发展的应急组织指派多目标规划模型与算法。聚焦于横向“府际”关系视角下任务导向的应急组织指派问题，从社会（管理者视角）、环境和经济维度刻画了灾害情境下的可持续发展；构建了任务导向的应急组织多目标规划模型，旨在最小化加权完成时间总和、碳排放总量与应急费用总和；设计了包含分支定界法的混合全局准则算法、带精英策略的改进遗传算法求解建立的模型；结合汶川特大地震，构造了不同算例，从负荷水平和问题规模等方面，验证了所提出模型和算法的有效性。

第5章面向可持续发展的应急组织指派双层规划模型与算法。从纵向“府际”关系视角，研究带路径规划的应急组织指派问题；采用加权完成时间刻画管理者视角下的社会可持续，采用碳排放量测量环境可持续，采用应急费用衡量经济可持续，采用服务效用感知满意度刻画幸存者视角下的社会可持续；进而建立了任务导向的应急组织指派双层规划模型；设计了下层采用分支定界法且带精英策略的嵌套式遗传算法对上述模型进行求解；通过构造具有不同特征的算例，验证了研究方案的可行性和有效性。

第6章面向可持续发展的救援物资分配多目标规划模型与算法。从横向“府际”关系视角，强调了研究任务导向下面向可持续发展的救援物资分配问题的迫切性；在考虑跨区域联动管理原则和风险可接受度的情况下，用加权行程时间总和、碳排放总量和应急费用总和分别刻画社会（管理者视角）、环境和经济可持续发展，构建了任务导向的救援物资跨区域分配多目标规划模型；针对建立的模型，提出了包含分支定界法的混合全局准则法、改进模拟植物生长算法；以汶川特大地震为背景，构造了多个算例，验证了模型与求解策略的有效性。

第7章面向可持续发展的救援物资分配双层规划模型与算法。聚焦于纵向“府际”关系视角下任务导向的多供应点多需求点救援物资跨区域分配问题；建立了上层最小化需求未满足率总和（管理者视角下的社会可持续）、碳排放总量（环境可持续）与应急费用总和（经济可持续），下层最大化幸存者感知满意度总和（幸存者视角下的社会可持续）的救援物资跨区域分配双层规划模型；设计了融入原始—对偶算法（或KKT条件）和分支定界法的混合全局准则法、嵌套式模拟植物生长算法求解提出的双层规划模型；基于汶川特大地震构造不同算例，验证了所设计研究方案的可行性与有效性。

第8章总结与展望。总结了本书的主要工作，对主要结论和管理启示进行了梳理和归纳，分析了当前研究工作的局限性/不足，并对未来的研究方向进行了展望与设想。

第 2 章

文献综述

本书以"研究视角—问题与模型—求解策略"为主线，对应急资源配置决策问题的研究现状进行梳理与总结。具体而言，首先，对灾害情境下的可持续发展研究进行梳理，介绍其代表性成果，对国内外研究进展进行简要说明。然后，从不同维度分别对救援物资分配与应急组织指派问题的研究现状进行评述。接着，结合数学规划模型的性质，对求解应急资源配置模型的算法研究成果进行评述。最后，对已有研究成果进行系统分析和总结，提炼/归纳尚待探讨的问题，对未来研究方向进行展望，进而细化本书的科学问题。由于本章内容涉及文献回顾较多，为清晰起见，给出文献综述导读图，见图 2 - 1。

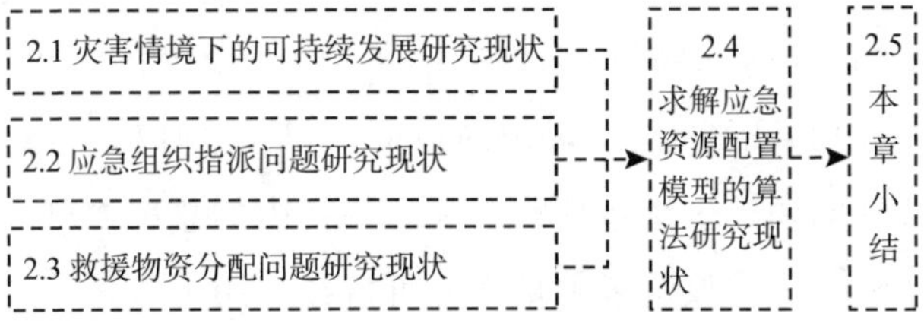

图 2 - 1　文献综述导读

2.1　灾害情境下的可持续发展研究现状

尽管有些学者（Kaivo-oja et al. , 2014；Wei et al. , 2015；Dubey et al. , 2016；Cao et al. , 2017；Cao et al. , 2018；Laguna - Salvado et al. , 2019；曹策俊等，2020；曹策俊等，2021；Cao et al. , 2021）强调了可持续（发展）是当前学术界的研究热点，但其在灾害运作管理领域的成果仍然相对较少，还处于起步阶段。第 1. 2. 1 节主要剖析和界定了灾害情境下可持续发展的概念和内涵，此处不再赘述。本节主要回顾与 DOM 可持续绩效刻画相关的文献。为增加可读性，下文仅详细描述采用 OR/MS 方法研究 SDOM 相关问题的成果。

埃内斯托 · D. R. 桑提巴内斯 - 冈萨雷斯（Ernesto DR Santibanez - Gonzalez et al. , 2016）指出可通过追求经济、环境、道德和社会目标的最佳平衡来实现向可持续公平社会过渡的目标。曹等（2017）考虑了 SDSC 中的应急组织指派问题，采用加权等待或准备时间总和来量化社会可持续目标，用碳排放总量刻画环境可持续目标，用应急费用测量经济可持续目标。曹等（2018）将可持续发展理念融入传统救援物资分配问题，采用灾民感知满意度来刻画不同层面受益人视角下的可持续。劳拉 · 拉古纳 - 萨尔瓦多等（2019）针对救援物资采购与分配问题，采用需求及时满足度和总成本刻画经济可持续、用碳排放总量衡量环境可持续、用当地投资测量社会可持续。在救援物资采购与分配问题中，谢等（Xie et al. , 2015）采用运输产生的碳排放量刻画环境维度的可持续、用成本测量经济维度的可持续、用向灾民及时分配的可靠性刻画社会维度的可持续。埃利萨 · 安东尼娅 · 范 · 肯彭等（Elisah Antonia van Kempen et al. , 2017）针对救援物资采购策略选择问题，采用包括购买和运输在内的总成本刻画经济可持续，通过二氧化碳排放量来测量环境可持续，用工作条件、人权、公平等因素来刻画社会可持续。胡等（Hu et al. , 2013）关注了灾害垃圾逆向物流管理问题，分别用心理成本、风险和成本/费用刻画了社会、环境和经济可持续绩效。塔尼娅 · 罗德里格斯 · 佩雷拉 · 拉莫斯等（Tania Rodrigues Pereira Ramos et al. , 2014）针对可持续逆向物流系统中垃圾收集问题，采用移动距离总和来刻画经济可持续目标，用二氧化碳的排放量来测量环境可持续目标，用司机（drivers）最大工作时间来衡量社会可持续目标。尽管塔尼娅·罗德里格斯·佩雷拉·拉莫斯等（2014）聚焦于日常而非灾害垃圾管理中的可持续绩效测量问题，但其对本书启发较大，故保留。

哈普里特·考尔等（Harpreet Kaur et al.，2019）研究了灾害韧性供应链中考虑碳排放的采购与物流运作问题，先对碳排放量进行经济评价，再用总成本刻画经济可持续绩效。单而芳等（2015）采用碳排放指标来刻画响应阶段应急物流选址—路径问题中的环境可持续绩效。阿尔弗雷多·莫雷诺等（Alfredo Moreno et al.，2018）采用掠夺/偏离成本（deprivation cost）来测量应急物资分配问题中的社会因素/可持续（social concerns）。王雷等（2017）采用掠夺成本测量了应急物流调度问题中的社会因素。诺埃尔·佩雷斯－罗德里格斯等（Noel Perez－Rodriguez et al.，2016）用社会成本刻画了灾后人道主义物流库存与分配活动涉及的社会问题。

综上，归纳和总结了与灾害情境下可持续绩效测量相关的部分文献，见表2－1。在表2－1中，“研究问题”列包括应急组织指派（1）、救援物资采购/运输/分配（2）和垃圾管理问题（3）；“概念界定”列表示是/否对可持续发展的概念进行清晰界定；“测量指标”列包括三重底线方法的社会、环境和经济维度，以及是否考虑受益人（如应急组织、幸存者）的感知。

通过文献梳理发现，大多数学者：

（1）聚焦于商业领域的可持续发展绩效测量，刻画灾害情境下可持续绩效的成果相对较少，对可持续发展概念进行清晰界定的文献相当有限。

（2）主要关注长期恢复重建阶段考虑可持续发展理念的救援物资分配与灾害垃圾管理问题，且聚焦于受影响区域的可持续发展要求，较少涉及短期响应阶段融入救援过程社会、环境和经济可持续发展要求的应急资源配置决策问题（如应急组织指派、救援物资分配）。

表 2－1　灾害情境下可持续绩效测量文献（部分）总结

文献	年份	研究问题	研究视角		概念界定		切入点（理念）				测量指标			
			长期	短期	是	否	减少	再使用	恢复	循环	社会	环境	经济	受益人
胡（Hu）等	2013	3	√			√		√		√	√	√	√	
拉莫斯（Ramos）等	2014	3	√			√		√		√	√	√	√	
谢炜（Xie Wei）等	2015	2		√		√	√				√	√	√	
单而芳等	2015	2		√		√	√					√		
佩雷斯·罗德里格斯（Perez－Rodriguez）等	2016	2		√		√	√				√			
范·肯彭（van Kempen）等	2017	2	√			√	√				√	√	√	
王雷等	2017	2		√		√	√				√			
曹（Cao）等	2017	1		√		√	√				√	√	√	
曹（Cao）等	2018	2		√		√	√				√			√
莫雷诺（Moreno）等	2018	2		√		√	√				√			
拉古纳·萨尔瓦多（Laguna－Salvado）等	2019	2		√	√		√				√	√	√	
考尔（Kaur）等	2019	2		√		√			√			√	√	
本书		1，2		√	√		√				√	√	√	√

（3）侧重于运用实证研究/定性分析方法建立 SDOM 绩效测量指标、剖析指标间的关联关系，运用 OR/MS 方法（如数学规划）刻画这些指标的成果相对缺乏。

（4）聚焦于以“再使用”“恢复”和“循环”为切入点，基于“物”的视角分析/理解灾害情境下的可持续发展，以“减少”为切入点，融入“以人为本”思想的可持续发展研究相对较少。

（5）侧重于经济可持续的刻画，研究社会和环境可持续发展的成果比较缺乏；与社会可持续相比较，对经济和环境可持续绩效的测量方式达成了共识（即用费用/成本测量经济可持续，用碳排放量刻画环境可持续）。

2.2 应急组织指派问题研究现状

有些学者（Chen et al.，2012；Cao et al.，2017）将应急组织定义为一类具有技术技能人员（personnel with technical skills）的集合。每个应急组织是由经过特殊训练的消防与救援人员、医生、医护人员、结构工程师、警犬驯导员/驯犬师、起重机司机等组成。有些学者（Wex et al.，2014；Cao et al.，2017）明确指出应急组织作为灾害响应决策系统的关键要素通常被视为决策主体与需求主体间的桥梁，其在 DOM 过程中起着重要的作用。并且，还有些学者（Altay et al.，2006；Haavisto et al.，2014；Lettieri et al.，2009）也都从不同方面强调了应急组织在 DOM 活动中的重要性。因此，如何合理地指派应急组织完成救援任务动成为关键问题之一。

近年来，虽然应急组织指派问题的关注度不断上升，但其仍处于起始阶段，成果相对较少。并且，有学者（Caunhye et al.，2011；Haavisto et al.，2014；Wex et al.，2014；张淑文，2018；曹策俊等，2021）强调了运用 OR/MS 技术对应急组织指派问题进行建模的成果相当有限。根据是否考虑应急组织的访问路径或路径规划问题（或应急任务的执行顺序），可将已有成果分为两类。

针对仅考虑应急组织分配问题，张等（2017）将应急救援队伍多阶段分配问题刻画为多目标 0～1 整数非线性规划模型，旨在最小化最大行程时间、最大化救援队伍分配的感知满意度。颜等（Yan et al.，2007）采用时空网络方法对巨灾后工作/救援队伍指派问题进行建模，构建了以应急修复时间长度最小化为目标函数的混合整数规划模型。巴勃罗·A. 玛雅·杜克等（Pablo A Maya－Duque et al.，2016）聚焦于单个出发点单个道路修复人员调度与路径规划问题，采用动态规划方法构建以移动时间最小化为目标的规划模型。任等（Ren et al.，2016）构建了考虑优先级的森林火灾救援队伍指派与分配 0～1 整数规划模型，以期最小化救援队伍总的行程距离。苏等（Su et al.，2016）针对多救援组织与多并行事件匹配问题，构建了以总加权行程时间和与总成本最小化为目标函数的多目标整数线性规划模型。莫罗·法拉斯卡等（Mauro Falasca et al.，2012）针对志愿者个体或群体分配问题，构建了最小化人力资源缺乏总成本和匹配不佳的任务（undesired task）总数量的多目标整数线性规划模型。雷等（Lei et al.，2015）针对充分供应条件下的医疗队伍/人员调度和医疗物资分配问题，构建了最小化滞后完成时间的 0～1 整数规划模型。凯尔·拉西特（Kyle Lassiter et al.，2015）运用鲁棒（Robust）优化方法建立了具有不同技能的志愿者指派多目标混合整数规划模型，旨在最小化累积加权未满足需求期望值和可行性惩罚函数。此外，有学者（Chen et al.，2012）针对城市灾害搜索－救援中应急组织布局优化问题，构建以最大化期望收益（如获救灾民的数量等）为目标函数的两阶段随机规划模型。还有学者（Lee et al.，2013）将医疗队伍和医疗物资分别视为可再生和非可再生资源，针对应急资源联合配置完成伤员治疗任务的问题，建立以总滞后惩罚成本最小化为目标函数的混合整数规划模型。

此外，张雷等（2013）针对考虑应急任务优先权的地震灾害救援队伍部署问题，建立了以最大化响应时间最短、最大化救援效率、最小化救援物资损耗为目标函数的 0 ~ 1 整数规划模型。樊治平等（2012）以应急任务为主线，构建了以最大化完成任务“效果”最佳为目标的救援人员指派模型。在樊治平等（2012）的基础上，袁媛等（2013）将救援人员派遣问题拓展为以应急救援时间满意度和总体胜任程度最大化为目标的 0 ~ 1 整数规划模型。在樊治平等（2012）与袁媛等（2013）的基础上，曹庆奎等（2017）将此问题扩展为最大化感知满意度和救援效果的 0 ~ 1 整数规划模型。初翔等（2015）基于最大幸福原则研究了多灾点医疗队支援指派问题，构建了以死亡人数最小化为目标函数的非线性整数规划模型。周荣辅等（2017）聚焦于地震灾害救援队伍派遣与道路重建问题，构建了以受困人员生存概率最大和救援队伍完成任务效果最佳为目标函数的 0 ~ 1 整数规划模型。

针对带路径规划的应急组织指派问题，已有学者进行了有意义的探索，并取得了一定的成果。例如，曹等（2017）将融入可持续发展理念且带任务顺序的应急组织指派问题刻画为多目标 0 ~ 1 整数规划模型，旨在最小化加权等待/准备时间总和、碳排放总量和应急费用总和。费利克斯·韦克斯等（Felix Wex et al.，2014）针对救援组织指派、组织与事件匹配问题，构建了以最小化加权完成时间总和为目标的单层 0 ~ 1 整数非线性规划模型。郑等（Zheng et al.，2015，2018）针对中国情境下的灾害救援物资运作过程，聚焦于多救援团队与多救援任务匹配问题，建立了最小化加权等待时间的多目标优化模型。埃里克·罗兰德（Erik Rolland et al.，2010）将异质的应急组织/人员指派、组织与任务匹配描述为资源受限项目调度问题，构建了以应急费用最小化为目标函数的单层 0 ~ 1 整数规划模型。刘艺等（2015）针对任务驱动的应急组织分配问题，构建了最小化响应时间与总成本的 0 ~ 1 整数线性规划模型。格哈德·劳切克等（Gerhard Rauchecker et al.，2018）将考虑任务顺序的救援组织调度问题描述为单目标0~1整数线性规划模型，旨在最小化加权完成时间总和。新浪·纳耶里等（Sina Nayeri et al.，2019）聚焦于考虑疲劳效应、应急任务执行顺序的救援组织指派与调度问题，并将其刻画为最小化加权响应时间与开始延迟时间总和的混合整数线性规划模型。此外，有学者（Wang et al.，2018）针对考虑任务执行顺序的应急医疗队伍指派问题，构建了以总服务完成时间最小化为目标函数的混合整数规划模型。

综上，梳理了应急组织指派相关文献，见表2-2。在表2-2中，“集成框架”列表示是/否清晰地建立了应急组织指派决策理论框架/概念模型，用于剖析内在机理；“可持续（发展）”列强调是/否清晰界定灾害情境下可持续（发展）的概念；“模型分类”列中“纯整数”和“混合整数”均包括了线性和非线性两种情况；“决策模式”列包括集中和分散两种模式，前者多采用单层数学规划模型衡量，后者用双层规划模型刻画。

综上，可知大多数研究成果：

（1）聚焦于救援物资运输、分配、调度和选址问题，运用OR/MS方法（如数学规划）对应急组织指派及其相关问题进行建模的文献相对较少。

（2）特别关注传统视角下的应急组织指派问题，对融入可持续发展理念的应急组织指派问题进行建模的文献极少。

（3）侧重于采用数学规划方法刻画利益相关者间的横向“府际”关系（集中决策模式），而对纵向“府际”关系视角（分散决策模式）下的应急组织指派问题较少关注。

（4）虽然已关注了组织、任务及其匹配关系多个系统要素，但对考虑任务顺序或结构（或路径规划）的应急组织指派问题关注度仍然不够；尽管此问题更为复杂，但其更贴近灾害运作管理实践。

表 2 - 2　　应急组织指派文献（部分）总结

文献	年份	系统要素			研究问题		集成框架		问题特征										
									组织分类		紧迫程度		工作负荷		适用限制		准备时间		其他
		组织	任务	匹配	分配	结构	是	否	同质	异质	是	否	是	否	是	否	是	否	
颜（Yan）等	2007	√			√			√	√			√		√		√		√	√
罗兰德（Rolland）等	2010	√	√	√	√	√		√		√		√	√			√		√	
陈（Chen）等	2012	√			√			√	√			√		√		√		√	√
法拉斯卡（Falasca）等	2012	√	√	√	√			√	√			√		√		√		√	√
樊治平等	2012	√	√	√	√			√		√		√	√			√		√	√
李（Lee）等	2013	√	√		√			√	√			√		√		√	√		
张雷等	2013	√	√		√			√	√		√		√			√		√	
袁媛等	2013	√	√	√	√			√		√		√	√			√		√	√
韦克斯（Wex）等	2014	√	√	√	√	√		√		√	√			√	√		√		
雷（Lei）等	2015	√	√		√			√	√			√		√		√	√		
拉西特（Lassiter）等	2015	√	√	√	√			√	√		√			√		√		√	√
初翔等	2015	√			√			√	√		√			√		√		√	
郑（Zheng）等	2015	√	√	√	√	√		√	√		√			√		√	√		
刘艺等	2015	√	√	√	√	√		√	√			√		√		√		√	√

续表

文献	年份	系统要素			研究问题		集成框架		问题特征										
									组织分类		紧迫程度		工作负荷		适用限制		准备时间		其他
		组织	任务	匹配	分配	结构	是	否	同质	异质	是	否	是	否	是	否	是	否	
任（Ren）等	2016	√			√			√	√			√	√			√		√	
苏（Su）等	2016	√	√		√			√	√			√		√		√		√	√
张（Zhang）等	2016	√			√			√	√			√		√	√			√	
曹（Cao）等	2017	√	√	√	√	√	√			√	√		√		√		√		
张（Zhang）等	2017	√			√			√		√	√			√		√		√	√
曹庆奎等	2017	√	√	√	√			√		√	√		√			√		√	√
周荣辅等	2017	√	√	√	√			√	√		√			√		√		√	√
劳切克（Rauchecker）等	2018	√	√	√	√	√		√		√	√			√	√		√		
王（Wang）等	2018	√	√		√	√		√	√			√		√		√	√		
纳耶里（Nayeri）等	2019	√	√	√	√	√		√	√		√				√		√		√
本书		√	√	√	√	√	√			√	√		√		√		√		√

续表

文献	年份	模型特征										可持续（发展）		决策模式	
		目标类型		目标函数					模型分类						
		单	多	时间	碳排放	费用	效用	其他	纯整数	混合整数	其他	是	否	集中	分散
颜（Yan）等	2007	√		√						√			√	√	
罗兰德（Rolland）等	2010	√				√			√				√	√	
陈（Chen）等	2012	√		√						√			√	√	
法拉斯卡（Falasca）等	2012		√			√		√	√				√	√	
樊治平等	2012	√						√	√				√	√	
李（Lee）等	2013	√				√				√			√	√	
张雷等	2013		√	√				√	√				√	√	
袁媛等	2013		√	√			√	√	√				√	√	
韦克斯（Wex）等	2014	√		√					√				√	√	
雷（Lei）等	2015	√		√					√				√	√	
拉西特（Lassiter）等	2015		√					√		√			√	√	
初翔等	2015	√						√	√				√	√	
郑（Zheng）等	2015		√	√							√		√	√	
张（Zhang）等	2016		√	√		√				√			√	√	

续表

文献	年份	模型特征										可持续（发展）		决策模式	
		目标类型		目标函数					模型分类						
		单	多	时间	碳排放	费用	效用	其他	纯整数	混合整数	其他	是	否	集中	分散
刘艺等	2015		√	√		√			√				√	√	
任（Ren）等	2016	√						√	√				√	√	
苏（Su）等	2016		√	√		√			√				√	√	
张（Zhang）等	2017		√	√			√		√				√	√	
曹（Cao）等	2017		√	√	√	√			√			√		√	
曹庆奎等	2017		√				√	√	√				√	√	
周荣辅等	2017		√					√	√				√	√	
劳切克（Rauchecker）等	2018	√		√					√				√	√	
王（Wang）等	2018	√		√						√			√	√	
纳耶里（Nayeri）等	2019	√		√						√			√	√	
本书			√	√	√	√	√		√			√		√	√

（5）聚焦于未考虑任务紧迫程度、工作负荷、适用限制和准备时间的同质应急组织指派问题，较少涉及融入可持续发展理念、考虑任务异质性、工作负荷、适用限制和准备时间的异质应急组织指派问题。

（6）将应急组织指派问题刻画为关注时间或费用的单目标整数规划模型，较少将其描述为追求时间（管理者视角下的社会可持续）、碳排放量（环境可持续）与应急费用（经济可持续）整体最优，且兼顾服务效用感知满意度（幸存者视角下社会可持续）的多目标整数规划模型。

2.3 救援物资分配问题研究现状

有些学者（李从东等，2014；Cao et al.，2018）表明救援物资的概念可从狭义和广义两个视角对其进行界定。从狭义视角而言，救援物资是指在灾害应对过程中所必需的保障性物资；从广义视角而言，救援物资是指在DOM过程中，所用各类物资（如保障居民的生活物资/食物、特殊物资/特殊药品、工作物资/专业设备）的总称。一方面，有些学者（Van Wassenhove et al.，2006；Cao et al.，2018）明确指出灾害运作管理中百分之八十的救援工作涉及物流活动。另一方面，还有一些学者（Wilson et al.，2013；Cao et al.，2018；Yu et al.，2018）强调了高效的救援物资分配策略有助于降低死亡人数或提高生存概率、缓解/减轻幸存者的痛苦（the suffering of survivors）或提高幸存者感知满意度与灾害响应效率，以及减少应急费用等，进而提高整体救援效果/绩效。在这样的情形下，如何合理和有效地分配这些救援物资是学术界和实践界亟待解决的重要问题。

近年来，救援物资分配问题受到国内外学者的广泛关注，并取得了较为丰硕的成果（Altay et al.，2006；Galindo et al. 2013；Anaya－Arenas et al.，2014；Habib et al.，2016；曹策俊等，2020）。已有研

究成果通常采用单层数学优化理论来刻画利益相关者间的横向“府际”关系，采用双层优化理论来刻画纵向“府际”关系。换言之，已有文献主要关注集中和分散决策模式下的救援物资分配问题。

在集中决策模式下的救援物资分配方面，部分学者构建了单目标规划模型，试图从某个视角实现与时间、成本、死亡人数等相关救援目标最优的目的。例如，谢等（2015）聚焦于考虑碳排放和分配可靠性的多灾点多需求点救援物资分配问题，构建了以总成本最小为目标函数的整数规划模型。弗兰克·费德里克等（Frank Fiedrich et al., 2000）建立了考虑多出救点、异质幸存者、多品种的机器或大型救援设备分配模型，旨在最小化由次生衍生事件、应急救援操作持续时间、缺乏救援行动、延迟运输或转移、运输持续时间内、缺乏转移导致的死亡人数。哈普里特·考尔等（2019）针对灾害韧性供应链可持续采购与物流运作问题，建立了以总成本（包括碳交易产生的费用）最小为目标的混合整数非线性规划模型。利内特·厄兹达玛等（Linet Ozdamar et al., 2004）、古莱·巴尔巴罗索格鲁等（Gulay Barbarosoglu et al., 2004）针对考虑多供应点、同质灾民的救援物资分配问题，分别构建了以未满足需求总和最小、以总成本最小为目标的单目标优化模型。布尔库·巴尔奇克等（Burcu Balcik et al., 2008）将考虑公平性原则、单供应点和同质灾民的人道主义物流配送问题刻画为以总成本最小为目标的数学规划模型。张等（Zhang et al., 2012）针对考虑次生灾害的多供应点应急资源分配问题，构建了以总成本最小为目标的混合整数规划模型。刘亚杰等（2013）针对考虑多灾点和公平性原则的选址—分配问题，构建了最大化综合满意度的随机混合整数规划模型。许钜秉等（Sheu et al., 2014）致力于研究考虑异质幸存者、多出发点和公平性的灾后救援物资服务集中物流分配问题，建立了以幸存者韧性最大和分配成本最小为目标的混合整数规划模型。陈钢铁等（2014）以应急医疗和生活物资为对象，针对考虑多灾点、同质灾民的应急资源优化调度问题，构建了最小化灾民伤亡期望人数的整数规划模型。王旭坪等（2016）将考虑灾民非理性攀比心理的多供给多需求点的应急物资分配问题描述为单目标非线性整数规划模型，旨在最小化攀比函数值。纳德·阿尔·塞布等（Nader Al Theeb et al.，2017）针对考虑异质灾民的车辆路径规划和救援物资分配问题，提出了以最小化未满足需求数量、未接受服务的伤员数量和未转移的工作人员数量为目标函数的单目标整数规划模型。张永领等（2017）以连续性应急活动为背景，聚焦于考虑多出救点的应急资源调度优化问题，提出了以总成本最小为目标的线性规划模型。并且，有学者（Li et al.，2017）聚焦于灾后考虑多出救点、同质灾民与公平性原则的汽油供应问题，建立最大化满足度和公平性的混合整数规划模型。有学者（Hwang et al.，1999）以饥荒自然灾害救援物资为研究对象，构建以最大程度减少饥饿和痛苦为目标函数的食物分配模型。还有学者（Sung et al.，2016）将单出救点、异质灾民的应急医疗资源分配问题描述为以最大化挽救生命能力为目标的混合整数非线性规划模型。

上述文献主要聚焦于将救援物资分配问题刻画为单目标数学规划模型。然而，何塞·奥尔金－维拉斯等（Jose Holguin－Veras et al.，2013）强调了多目标优化是人道主义物流中的主流方法。何建敏等（2001）与周亚飞等（2010）指出将灾害管理问题描述为多目标组合优化模型更贴近实际。正如何塞·奥尔金－维拉斯等（2013）、何建敏等（2001）与周亚飞等（2010）提到的，在实际DOM过程中，为了应对大规模自然灾害的高度不确定性和复杂性，决策主体通常需要考虑不同维度的利益诉求，实现系统的整体而非局部最优。换言之，决策主体在制定应急资源配置策略的过程中，需综合考虑不同的救援目标，平衡不同目标间的冲突关系。

例如，曹等（2018）关注了考虑异质灾民、社会可持续和属地管理原则的多灾点多阶段救援物资运输与分配问题，构建了最大化最小灾民感知满意度、最小化各需求点感知满意度最大偏差、最小化各阶段感知满意度最大偏差的多目标混合整数非线性规划模型。劳拉·拉古纳－萨尔瓦多等（2019）针对救援物资采购与分配问题，建立了最大化需求满足度、最小化采购与运输成本、最小化碳排放量、最大化地方投资的多目标整数规划模型。阿尔弗雷多·莫雷诺等（2018）针对应急物资分配问题，构建了最小化物流成本、最小化幸存者痛苦（采用掠夺/偏离成本衡量）的多目标混合整数规划模型。单而芳等（2015）针对应急物流选址—路径问题，构建了两阶段多目标规划模型；第1阶段建立了最小化设施风险、最大化覆盖人数的0～1整数非线性规划模型；第2阶段提出了以运输时间和碳排放量最小为目标函数的0～1整数线性规划模型。王雷等（2017）聚焦于应急物流调度问题，构建了最小化未满足需求、最大到达时间和掠夺成本的多目标非线性整数规划模型。余等（Yu et al.，2018）针对人道主义物流单供应点多需求点资源分配问题，构建了以总成本（包括获得成本、掠夺/偏离成本、惩罚成本）最小为目标函数的整数规划模型。

上述文献明确提到了社会、环境和经济可持续发展中的某个或某几个维度。然而，仍然有大量文献并未清晰地考虑可持续发展理念，但所建立的模型在某种程度上与社会、环境和经济可持续绩效存在联系。例如，黄等（Huang et al.，2015）针对人道主义物流中考虑公平性的应急资源运输与分配问题，构建了以最大化生命挽救效用、最小化延迟成本以及需求满足率和理想需求率差的平方和的多目标优化模型。王旭坪等（2013）针对多供应点多需求点的应急物资优化调度问题，构建了最小化公众心理风险感知、最小应急物资未满足度的混合整数规划模型。曾国雄等（Tzeng et al.，2007）构建了考虑同质灾民、多需求点与多供应点的救援物资分配多目标整数规划模型，以期实现最小化成本和时间、最大化最小满意度的救援目标。许钜秉等（2007）聚焦于综合考虑物资类型、灾民异质性、多供应点和需求满意率的应急物流分配问题，构建了以运输成本最小为目标的数学规划模型。王旭坪等（2013）将属地管理原则、多灾点多临时救援点特征考虑到应急资源分配问题中，建立了以最大化灾民响应时间、需求和效用感知满意度为目标函数的多目标非线性整数规划模型。王等（Wang et al.，2014）针对多灾点、多出救点、异质车辆、不充分供应和需求可拆分的救援物资分配问题，构建了开发选址—路径规划非线性整数规划模型，旨在最小化最大路径运输时间和总成本，以及最大化最小路径可靠性。陈莹珍等（2015）将考虑公平性原则、地区自救与互救的多类型多供应点多需求点的应急物资分配问题，刻画为以最大化物资需求满足量、最小化最大运输时间为目标的多目标整数规划模型。唐伟勤等（2016）聚焦于多供应点多灾点应急物资调度问题，构建了以物资需求满意度和时间综合满意度最大化为目标的多目标非线性灰色规划模型。学者们（Mohammadi et al.，2016，Zhou et al.，2016）针对考虑多供应点与同质灾民的应急资源调度问题，分别构建了以期望需求覆盖率最大化、总成本最小化和满意率最大偏差最小化为目标的混合整数非线性规划模型，以及建立以未满足资源所有类型的数量和运输风险最小化为目标函数的整数规划模型。此外，有学者（Lin et al.，2011）关注了考虑多车辆、单供应点和可拆分运输策略的关键救援物资分配问题，构建以最小化未满足需求、运输时间和满意率的差异性为目标函数的多目标整数规划模型。还有学者（Huang et al.，2012）将单出救点、充分供应的救援物资供应公平服务问题描述为以总成本、加权响应时间和不满意需求最小化为目标函数的整数规划模型。

在分散决策模式下的救援物资分配方面，针对选址—分配/路径规划决策问题，何塞·费尔南多·卡马乔－瓦列霍等（Jose Fernando Camacho－Vallejo et al.，2015）构建的救援物资分配双层整数规划模型中，上层决策旨在最小化救援物资运输总的响应时间，下层决策旨在最小化从其他国家和国际救援组织运输救援物资的运输成本。王苏生等（2008）针对多受灾点应急资源竞争和分配不均问题，构建了考虑及时性和公平性的双层规划模型。郑斌等（2014）聚焦于震后初期应急物流系统优化问题，建立了上层最小化有限的应急物资配送时间，下层最大化物资分配公平性的双层规划模型。西里萨克·康松萨库等（Sirisak Kongsomsaksakul et al.，2005）构建了大规模洪涝灾害后避难所选址的双层规划模型，上层决策目标为最小化疏散时间总和，下层决策目标为最小化灾民到避难所最少耗费时间。陈刚等（2014）针对应急物资配送中心和集散点选址及车辆路径规划问题，建立了上层以最小化最晚运达时间、最小化配送总成本与最大化车辆载重利用率为目标，下层以运输总成本最小为目标的 0～1 整数双层规划模型。沃尔特·J. 古特雅尔等（Walter J Gutjahr et al.，2016）聚焦于人道主义物流救援物资分配中心选址问题，构建了双目标双层规划模型，在上层决策中考虑了决策者最大化覆盖率和最小化建设成本的优化问题，在下层决策中考虑用户均衡因素。郑斌等（2017）针对震后多运输方式的应急物流选址—联运问题，构建了上层最大化物资运送时间满意度，下层最大化物资分配公平性的双层规划动态模型。阿卜杜勒·萨塔尔·萨法伊等（Abdul Sattar Safaei et al.，2018）针对需求和供应不确定的多供应多需求点救援物资供应—分配问题，提出了鲁棒双层整数规划模型，上层最小化救援活动总成本，下层最小化供应风险总和。阿卜杜勒·萨塔尔·萨法伊等（2018，2020）又在此基础上，构建了上层以最小化未满足需求总和与总成本为目标函数，下层以最小化供应风险总和为目标函数的救援物资分配双层双目标整数规划模型。陈等（Chen et al.，2020）针对多供应点多需求点救援物资分配问题，构建了上层最小化加权分配时间，下层最大化分配公平性的双层 0～1 整数规划模型。

针对应急车辆路径规划问题，夏红云等（2014）关注了多灾点多需求点多阶段的应急医疗资源运输车辆调度问题，建立了上层最大化需求点收益、下层最小化延迟成本的双层规划模型。俞武扬（2015）提出了上层以车辆总疏散时间最小为目标函数，下层以每种情景下的疏散时间最小为目标函数的双层混合整数规划模型。刘波等（2016）在考虑物资数量不确定、道路连通与行程时间可靠性的情况下，建立了应急物资车辆调度双层优化模型；上层问题旨在最小化应急救援行程时间，下层问题旨在最小化车辆调度成本。还有学者（Duan et al.，2015）将应急救援响应和车辆总花费时间、未满足需求惩罚作为上层决策的目标，将车辆再分配所耗费的时间作为下层决策的目标，进而构建应急车辆分配与再分配的双层规划模型。

综上，梳理了救援物资分配相关文献，见表2－3。在表2－3中，第1、2和4列的定义参考文献安娜·玛丽亚·安纳亚·阿雷纳斯（Ana Maria Anaya－Arenas et al.，2014）；“灾民”表示是否考虑了幸存者对数量/时间感知的差异性，即考虑幸存者的异质性；第6列（特征1）包括单目标和多目标两类；第7列（特征2）定义了模型类型，包括非线性（1）、线性（2）、整数（3）和混合整数（4）；第8列表示目标函数，包括经济（如成本/费用）（1）、社会成本（如公平性、未满足需求）（2）、速度（如运输和分配救援物资的时间）（3）、挽救生命（如死亡人数、边际效用）（4）、环境（如碳排放量）（5）和其他（如延迟风险）（6）；第9列至第11列分别表示是否考虑了社会因素（如公平性）、环境因素（如碳排放量）和经济因素（如成本/费用），尽管绝大多数文献并未明确地将其与可持续联系起来，但根据第1.2节对可持续（发展）、DOM与SDOM的定义，本书仍然将这些因素归为测量社会、经济和环境可持续绩效的指标；第12列表示制定的分配策略是否考虑了风险可接受度；第13列表示管理者采用的决策模式，包括集中和分散两类，分别用单层数学规划和双层规划模型来刻画；第14列表示从应急需求点向受影响具体区域分配救援物资的原则包括属地管理（regional management，RM）和跨区域联动管理（trans-regional management，TRM）两类。特别地，“—”表示在文献中未找到相关信息。

表 2-3　　救援物资分配文献（部分）总结

文献	年份	问题特征			模型特征			可持续发展			风险可接受度	决策模式	分配原则
		需求点	供应点	灾民	特征 1	特征 2	目标	社会	经济	环境			
费德里克（Fiedrich）等	2000	多	多	异质	单	1	4	是	否	否	否	集中	—
厄兹达玛（Ozdamar）等	2004	多	多	同质	单	4	2	是	否	否	否	集中	—
巴尔巴罗索格鲁（Barbarosoglu）等	2004	多	多	同质	单	2	1	否	是	否	否	集中	—
曾（Tzeng）等	2007	多	多	同质	多	3	1，2，3	是	是	是	否	集中	—
许（Sheu）等	2007	多	多	异质	多	3	1，2	是	是	否	否	集中	—
巴尔奇克（Balcik）等	2008	多	单	异质	单	4	1，2	是	是	否	否	集中	—
王苏生等	2008	多	多	同质	多	2	2，3	是	是	否	否	分散	—
林（Lin）等	2011	多	单	同质	多	4	2，3	是	否	否	否	集中	—
黄（Huang）等	2012	多	单	同质	多	3	2，3	是	否	否	否	集中	—
王旭坪等	2013	多	多	异质	多	3	1，2，3	是	是	否	否	集中	—
王旭坪等	2013	多	多	同质	多	3	2	是	否	否	否	集中	—
许（Sheu）等	2014	多	多	异质	单	4	1，2	是	是	否	是	集中	—
陈钢铁等	2014	多	多	同质	单	3	4	是	否	否	否	集中	—

续表

文献	年份	问题特征			模型特征			可持续发展			风险可接受度	决策模式	分配原则
		需求点	供应点	灾民	特征1	特征2	目标	社会	经济	环境			
郑斌等	2014	多	多	同质	多	3	2，3	是	否	否	否	分散	—
陈刚等	2014	多	多	同质	多	3	1，3，6	是	是	否	是	分散	—
夏红云等	2014	多	多	异质	多	3	1	否	是	否	否	分散	—
黄（Huang）等	2015	多	单	异质	多	1	1，2，4	是	是	否	否	集中	—
单而芳等	2015	多	多	同质	多	3	3，5，6	是	否	是	否	集中	—
陈莹珍等	2015	多	多	同质	多	3	2，3	是	否	否	否	集中	TRM
卡骄·瓦列霍（Camacho - Vallejo）等	2015	多	多	同质	多	3	1，3	是	是	否	是	分散	—
谢炜（Xie Wei）等	2015	多	多	同质	单	3	1，2	是	是	是	是	集中	—
古特雅尔（Gutjahr）等	2016	多	多	同质	多	3	1，2，6	是	是	否	否	分散	—
成仁京（Sung）等	2016	多	单	异质	单	4	4	是	否	否	否	集中	—
穆罕默德（Mohammadi）等	2016	多	多	同质	多	4	1，2，6	是	是	否	否	集中	—
刘波等	2016	多	多	同质	多	3	1，3	是	是	否	否	分散	—
王雷等	2017	多	多	同质	多	3	2，3	是	是	否	否	集中	—
周（Zhou）等	2017	多	多	同质	多	3	6	否	否	否	否	集中	—

续表

文献	年份	问题特征			模型特征			可持续发展			风险可接受度	决策模式	分配原则
		需求点	供应点	灾民	特征1	特征2	目标	社会	经济	环境			
郑斌等	2017	多	多	同质	多	3	2，3	是	否	否	是	分散	—
曹（Cao）等	2018	多	多	异质	多	4	2	是	否	否	是	集中	RM
莫雷诺（Moreno）等	2018	多	多	同质	多	4	1，2	是	是	否	否	集中	—
萨法伊（Safaei）等	2018	多	多	同质	多	3	1，6	是	是	否	否	分散	—
余（Yu）等	2018	多	单	—	多	3	1，2	是	是	否	是	集中	—
考尔（Kaur）等	2019	—	多	—	单	4	1，5	否	是	是	否	集中	—
拉古纳·萨尔瓦多（Laguna - Salvado）等	2019	多	多	同质	多	3	1，3，5	是	是	是	是	集中	—
萨法伊（Safaei）等	2020	多	多	同质	多	3	1，2，6	是	是	否	否	分散	—
陈（Chen）等	2020	多	多	同质	多	3	2，3	是	否	否	否	分散	—
本书		多	多	异质	多	3	1～3，5	是	是	是	是	综合	TRM

通过梳理文献发现，大多数成果：

（1）关注集中决策模式下的救援物资分配问题，对分散决策模式下融入可持续发展理念的救援物资分配问题的关注度不够。

（2）聚焦于“供应点—分配中心—需求点”间未考虑风险可接受度的救援物资区域分配问题，以“分配中心—需求点—受影响具体区域”为主线，考虑需求可拆分和风险可接受度的救援物资跨区域分配问题较少涉及；此外，“分配原则”列定义了需求点向受影响具体区域分配物资的原则，故绝大多数文献并未明确强调。

（3）尽管涉及了可持续发展理念的某个或两个维度，但也并未明确地强调与可持续发展的关系；清晰综合考虑社会、环境和经济可持续绩效的文献相对缺乏。

（4）通常采用碳或二氧化碳排放量来刻画环境可持续绩效，通过应急费用测量经济可持续绩效，而对社会可持续绩效的测量方式会因问题/领域的不同而有所差异，原因可能在于社会因素本身较难衡量。

（5）在集中决策模式下，聚焦于考虑同质幸存者的救援物资分配单目标决策问题，综合考虑多供应点、多需求点和异质幸存者的多目标决策问题较少涉及。

（6）在分散决策模式下，侧重于研究考虑同质幸存者的分配中心选址、车辆调度、路径规划等问题，融入“以人为本”的理念，考虑异质幸存者及其感知满意度的救援物资跨区域分配问题研究相对较少。

2.4 求解应急资源配置模型的算法研究现状

在 DOM 实践中，为了向决策主体提供更为精确和针对性的决策支持，除需要依靠上述提到的各类决策模型，还必须借助求解这些模型的各类策略/方法。为了应对灾害情境下的决策问题/模型的高度不确定性或随机性、复杂性，如何设计合理且高效的求解策略也是DOM 决策问题的主要内容。

诸如有些学者（Anaya – Arenas et al.，2014；Ozdamar et al.，2015；Zheng et al.，2015；Lu et al.，2016；Habib et al.，2016；Cao et al.，2018）指出求解应急资源配置模型的策略主要包括精确算法和启发式算法两类。前者主要适用于小规模问题，包括分支定界法（branch and bound approach，BBA）（Cao et al.，2017）、原始—对偶算法（primal-dual algorithm，PDA）（Camacho – Vallejo et al.，2015；Safaei et al.，2018；Safaei et al.，2020）、全局准则法（global criteria method，GCM）（Chakraborty et al.，2014）等；后者主要适用于大规模问题，包括遗传算法（genetic algorithm，GA）（曹策俊等，2012；Zhang et al.，2016；Cao et al.，2018）、模拟植物生长算法（plant growth simulation algorithm，PGSA）（李彤等，2012；王旭坪等，2016；曹策俊等，2017）、粒子群算法（曹策俊等，2012）等。基于此，本书运用 BBA、PDA 或 GCM 中的某种或几种精确算法来求解应急资源配置小规模问题，采用 GA 求解应急组织指派大规模问题，以及用 PGSA 来求解救援物资分配大规模问题。需要强调的是，问题规模大小的界定并未有严格或统一的标准，需视情况而定。特别地，灾后初期（即黄金救援阶段），由于可利用资源的稀缺性，救援物资分配中心、应急组织的数量都相对较小。然而，在大规模自然灾害背景下，应急需求点、受影响具体区域和应急任务的数量都相对较大。

近年来，国内外研究学者将精确算法与启发式算法分别应用于求解应急资源配置数学规划模型，并取得了丰硕的成果。在运用 BBA 求解单层数学规划模型方面，曹等（2017）采用 BBA 求解了应急组织指派多目标 0 ~ 1 整数规划模型。格哈德·劳切克等（2018）将列生成方法融入 BBA，提出分支定价算法求解以加权完成时间总和最小化为目标函数的救援组织调度 0 ~ 1 整数线性规划模型。马克·戈里克（Marc Goerigk et al.，2013）将BBA运用于求解针对疏散过程中车辆路径规划问题构建的单目标混合整数线性规划模型。詹等（Zhan et al.，2016）针对救援物资分配单目标混合整数线性规划模型，设计了包含贝叶斯与分支定界法的混合求解策略。

在运用PDA求解双层规划模型方面，何塞·费尔南多·卡马乔－瓦列霍等（2015）将灾后具有主从关系的救援物资分配问题刻画为双层整数线性规划模型，设计了以互补松弛条件为基础的原始—对偶算法，将原模型转化为单层混合整数线性规划模型进行求解。曹等（2017）运用PDA求解了考虑幸存者感知满意度的救援物资反应性调度双层规划模型。阿卜杜勒·萨塔尔·萨法伊等（2018，2020）针对不确定需求和供应的救援物资供应—分配网络，构建了鲁棒双层优化模型，并设计了带有互补松弛约束的KKT条件（即PDA）将双层规划模型转化为等价单层非线性规划模型进行求解。

在运用GCM求解数学规划模型方面，莫罗·法拉斯卡等（2012）针对人道主义组织中志愿者分配优化模型，提出了GCM（先分别求解单目标规划模型，获得对应的最优值，再将双目标转化单目标规划模型求解）。唐伟勤等（2016）运用GCM求解以应急需求和时间满意度最大化为目标的多目标灰色规划模型。迪潘卡·查克拉博蒂等（Dipankar Chakraborty et al.，2014）采用GCM求解了具有模糊不等式约束的多目标多种类的固体物资运输模型。

上述文献通过设计不同的精确算法来求解应急资源配置模型，从而获得最优方案。然而，正如郑等（2015）提到的，在DOM实践中，应急资源配置决策问题具有高度复杂性和随机性特征，具体表现为多层级关系、多救援目标、多约束条件、多应急任务、多应急组织、多类救援物资等方面的交叉关联性。因此，在有限时间内，采用这些精确算法，很难找到此类问题的最优解。并且，针对现实中的大规模决策模型，精确算法求解效率相对较低，更难找到最优解，甚至是近似最优解或可行解。基于此，学者们尝试引入启发式算法（如

GA、PGSA）提高求解效率，寻求此类问题的次优解或满意解。

在采用GA求解应急资源配置模型方面，针对单层规划模型，曹等（2018）针对可持续灾害供应链救援物资分配问题，建立了多目标混合整数非线性规划模型，提出了采用十进制矩阵编码的GA求解此模型。张等（2017）采用NSGA－Ⅱ求解了多阶段多目标应急救援队伍优化模型。王雷等（2017）运用改进NSGA－Ⅱ求解了应急物资分配多目标非线性规划模型。张等（2016）运用非支配排序GA求解救援队伍指派两阶段混合整数规划模型。陈刚等（2018）将兼顾公平和效率的应急物资分配问题刻画为双目标整数规划模型，并运用NSGA－Ⅱ对其进行求解。张等（Zhang et al.，2011）设计了带矩阵编码的自适应变异GA对应急资源调度或分配单目标整数规划模型进行求解，仿真结果表明GA可获得高质量的解。此外，有学者（Chang et al.，2014）针对应急物流调度问题，提出多目标优化模型，设计了包含贪婪搜索法和GA的混合算法求解救援物资分配模型。还有学者（Lin et al.，2011）构建了灾后应急物流分配多目标混合整数非线性规划模型，设计了包含分解与分配方法的GA对其进行求解。

针对双层规划模型，郑斌等（2014）针对考虑公平性原则的应急物资配送问题，构建了混合整数双层规划模型，并设计了基于分阶段解码方式的混合GA求解上述模型。郑斌等（2017）根据应急物流动态选址—联运问题的特征，提出了求解混合整数双层规划模型的混合GA。刘波等（2016）运用混合GA求解应急物资车辆调度0～1整数双层规划模型。刘波等（2014）设计了下层采用分支定界法的GA求解所构建的应急物资配送双层整数规划模型。

在采用PGSA求解应急资源配置模型方面，曹策俊等（2017）指出PGSA已被逐渐应用于求解DOM领域的组合优化问题，且强调了其重要性。王旭坪等（2016）运用PGSA求解了应急物资分配单目标非线性整数规划模型。曾敏刚等（2011）针对应急物流中心选址混合整数规划模型，设计了包含聚类分析的改进 PGSA。丁雪枫等（2012）设计了 PGSA 求解考虑公平性的应急物流中心选址 0～1 整数规划模型。

结合上述文献，总结和归纳了应急资源配置模型的求解策略相关成果，见表 2－4。在表 2－4 中，第 3 列的模型类型包括两类，分别为单层多目标（single-level multiple objectives，SM）规划模型和双层多目标（bi-level multiple objectives，BM）规划模型；第 4 列的求解策略类型包括精确算法（exac.）和启发式算法（heur.）两类；第 5 列表明采用的具体求解技术，分别为 BBA、PDA、GCM、GA（包括非支配排序遗传算法/NSGA－Ⅱ）和 PGSA。

表 2－4　求解应急资源配置模型的算法文献（部分）总结

文献	年份	模型类型	求解策略	具体技术
林（Lin）等	2011	SM	Heur.	GA
丁雪枫等	2012	SM	Heur.	PGSA
法拉斯卡（Falasca）等	2012	BM	Exac.	GCM
刘波等	2014	BM	Heur.	GA
郑斌等	2014	BM	Heur.	GA
常（Chang）等	2014	SM	Heur.	GA
卡马乔·瓦列霍（Camacho－Vallejo）等	2015	BM	Exac.	PDA
唐伟勤等	2016	SM	Exac.	GCM
张（Zhang）等	2016	SM	Heur.	GA
刘波等	2016	BM	Heur.	GA
郑斌等	2017	BM	Heur.	GA
王雷等	2017	SM	Heur.	GA
张（Zhang）等	2017	SM	Heur.	GA
曹（Cao）等	2017	SM	Exac.	BBA
萨法伊（Safaei）等	2018	BM	Exac.	PDA

续表

文献	年份	模型类型	求解策略	具体技术
萨法伊（Safaei）等	2020	BM	Exac.	PDA
曹（Cao）等	2018	SM	Heur.	GA
陈刚等	2018	SM	Heur.	GA
本书		集成	集成	集成

综上，可知大多数文献：

（1）采用启发式算法求解应急资源配置模型，较少关注精确算法与启发式算法的有机融合；

（2）聚焦于GA在应急资源配置多目标决策问题中的应用，运用PGSA求解此类问题仍然处于起步阶段；

（3）侧重于运用GA与PGSA求解单层多目标规划模型，将这些启发式算法应用于求解双层规划模型的研究相对较少。

2.5 本章小结

通过上述文献梳理可知，从利益相关者间的横向和纵向“府际”关系视角，结合语义X列表、多目标优化和双层优化理论，对面向可持续发展的应急响应决策框架、模型和求解策略等相关问题进行研究的成果相对较少。

第一，绝大多数文献聚焦于应急资源配置数学规划模型的构建、求解策略的设计等问题，但较少关注建立模型的内在机理，即未清晰回答其提出的可行性和合理性。因此，如何利用有效方法，结合相关理论，构建面向可持续发展的应急响应决策优化支撑框架/层次结构模型，尚需深入研究。针对上述问题，本书运用系统分析方法，结合语义X列表、多目标优化和双层优化理论，构建了包含智能决策代理列表、应急组织清单列表、应急任务清单列表、应急需求点列表、救援目标清单列表和应急情景清单列表的层次结构模型；剖析了“府际”关系视角下面向可持续发展的应急组织指派和救援物资分配的内涵。

第二，大多数成果侧重于救援物资分配问题，较少涉及应急组织指派问题，对融入可持续发展理念、工作负荷和路径规划的应急组织指派问题研究更少。因此，如何在考虑社会、环境和经济可持续绩效的情况下，研究任务导向的应急组织指派问题，有待深入研究。针对上述问题，本书构建了最小化加权完成时间总和、最小化碳排放总量与应急费用总和的多目标整数规划模型；分别设计了融入 BBA 的 HGCM（精确算法）、改进 GA（启发式算法）求解所提出的多目标规划模型。

第三，已有成果更多地关注横向“府际”关系视角下应急组织指派单目标决策问题，纵向“府际”关系视角下融入可持续发展理念的应急组织指派双层多目标决策问题相对较少。因此，如何从纵向“府际”关系视角，将可持续发展和“以人为本”理念融入应急组织指派问题，仍需进一步研究。针对上述问题，本书建立了面向可持续发展的应急组织指派双层 0～1 整数规划模型，上层问题旨在最小化加权完成时间总和、碳排放总量与应急费用总和，下层决策问题旨在最大化服务效用感知满意度总和；设计了下层采用 BBA 且带精英策略的嵌套式 GA 求解所构建的双层规划模型。

第四，大多数学者聚焦于“供应点—分配中心—需求点”间考虑同质幸存者、属地管理原则的救援物资分配单目标决策问题。如何从横向“府际”关系视角，以“分配中心—需求点—受影响具体区域/应急任务”为主线，融入可持续发展理念、风险可接受度和异质幸存者的多需求点多供应点救援物资跨区域分配多目标决策问题，值得深入研究。基于此，本书建立了以最小化加权行程时间总和、碳排放总量与应急费用总和为目标函数的多目标整数规划模型；分别设计了融入 BBA 的 HGCM、改进 PGSA 求解救援物资分配多目标整数规划模型。

第五，大多数文献侧重于横向“府际”关系视角下考虑同质幸存者的分配中心选址、车辆调度和路径规划等传统决策问题。如何从纵向“府际”关系视角，以“分配中心—需求点—受影响具体区域/应急任务”为主线，综合考虑风险可接受度、可拆分需求、异质幸存者及其感知满意度等因素，研究面向可持续发展的救援物资跨区域分配问题，需进一步讨论。基于此，本书构建了上层最小化需求未满足率总和、碳排放总量与应急费用总和，下层最大化幸存者感知满意度总和的双层整数规划模型；分别设计了融入 BBA 和 PDA 的 HGCM、带精英策略的嵌套式 PGSA 求解救援物资分配双层规划模型。

第3章

面向可持续发展的应急响应决策框架

3.1 引　　言

曹等（2017，2018）表明诸如汶川地震的大规模自然灾害给社会造成了巨大的损失，如人员伤亡、财产损失和环境破坏，这严重威胁着城市的可持续发展。张海波（2017）和曹策俊等（2018）明确指出大部分损失并非灾害本身直接造成，而是不合理或无效的应急响应决策框架/模式导致。张等（2017）也强调了提出恰当且合理的顶层设计框架，有助于为灾害响应策略（如应急资源配置策略）制定提供科学依据，有助于改善应急组织指派与救援物资分配策略的实施效果。因此，为减少或降低大规模自然灾害带来的严重损失和缓解幸存者的痛苦，如何融入可持续发展理念，综合考虑“人”和“物”两个因素，构建“府际”关系视角下任务导向的应急组织指派和救援物资分配决策框架，是当前亟待解决的重要问题。

面向可持续发展的应急响应决策框架为应急组织指派和救援物资分配数学规划模型的构建提供了强有力的理论支撑，实质上回答了应急组织指派和救援物资分配模型构建的内在机理。近年来，国内外研究学者对应急响应决策问题进行了有意义的研究，并取得了较为丰硕的成果。例如，郑等（2015）聚焦于集中决策模式下多救援团队与工程救援任务的匹配优化问题。沃尔特·J. 古特雅尔等（2016）针对分散决策模式下救援物资分配中心选址问题，设计了考虑决策和需求主体间纵向“府际”关系的响应机制。李从东等（2014）基于语义X列表理论，建立了考虑受灾群众满意度的多阶段应急资源调度层次结构模型。曹策俊等（2013）运用X列表理论，建立了云应急管理体系及其抽象层次结构模型。洪宇翔等（2016）结合X列表理论，构建了社会情绪图式模型与动力机制模型。谢等（Xie et al.，2016）基于语义X列表理论，提出了核应急响应集成与推理空间决策框架。

总体而言，尽管郑等（2015）探究了以“组织－任务”为主线的DOM决策优化问题，沃尔特·J. 古特雅尔等（2016）研究了以“物”为核心的救援物资分配主从优化问题，还有一些学者（曹策俊等，2013；李从东等，2014；洪宇翔等，2016；Xie et al.，2016）构建了应急响应集成决策框架，但与本章关注的问题都有差异，且均未同时考虑可持续发展理念、横向和纵向“府际”关系、带路径规划的应急组织指派、救援物资跨区域分配问题、应急响应决策顶层设计框架。针对上述问题，本章将救援过程的社会、环境和经济可持续发展要求融入应急资源配置决策问题，引入语义X列表理论抽象、识别、提取和刻画灾害响应决策系统，运用双层和多目标优化理论分别刻画利益相关者间的纵向和横向“府际”关系，构建面向可持续发展的应急响应决策框架，进而剖析面向可持续发展的带路径规划（任务顺序）的应急组织指派、考虑风险可接受度的救援物资跨区域分配决策内涵。

3.2 面向可持续发展的应急响应决策问题描述

有些学者（陈兴等，2010；Wang et al.，2014；Wex et al.，2014；

李从东等，2014；Zheng et al.，2015；Cao et al.，2017；Cao et al.，2018）表明灾害响应决策系统是决策主体（管理者）、应急组织（供给主体）、幸存者/灾民（需求主体）、应急任务、救援物资、灾害基础环境及其交互关系的总称。并且，这些要素并非独立和无序存在，彼此间存在着密切的联系（见图3－1）。

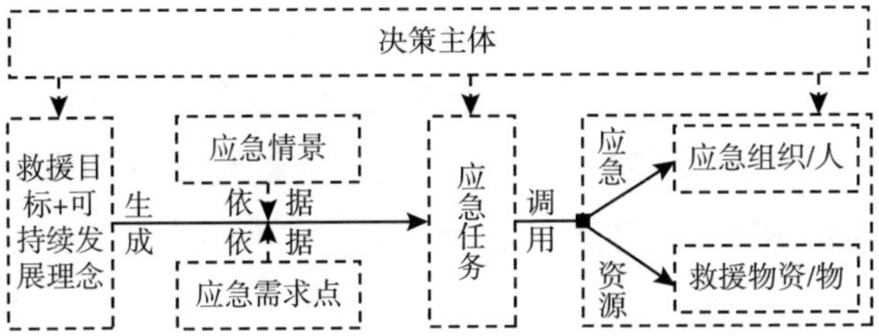

图3－1　灾害响应决策系统关键要素的关联关系

根据图3－1可知，决策主体根据社会、环境和经济可持续发展原则约束下的救援目标，在考虑应急情景与需求点边界的条件下，识别并提取各类应急任务，再通过调用包括应急组织（人）与救援物资（物）在内的应急资源，完成这些任务，从而使得灾害响应决策系统的整体态势/状态达到最佳，或促进灾害响应决策系统的可持续发展。很显然，作为系统中关键要素的应急任务是应急组织指派与救援物资分配策略的联结结点。原因在于灾害发生后涌现出的大量应急任务需要同时调用应急组织与救援物资，两者缺一不可（Lee et al.，2013；Lei et al.，2015；Wang et al.，2018）。一方面，应急任务的落地需要使用/消耗救援物资；另一方面，应急任务需要应急组织（人）来执行。

构建应急响应决策框架的理论基础包括双层优化理论、多目标优化理论和语义X列表理论。具体而言，双层优化理论是受斯坦伯格（Stankelberg）博弈理论的启发而提出的，属于主从优化问题（Camacho－Vallejo et al.，2015）。在灾害响应决策系统中，决策、供给和需求主体存在典型的层级关系（Camacho - Vallejo et al. , 2015；Gutjahr et al. , 2016）。例如，针对应急组织指派问题，决策主体/协调者（如专家）确定是否将应急任务分配给应急组织，旨在促进灾害响应决策系统的社会、环境和经济可持续发展；管理应急组织的主体需要确定每个组织上应急任务的执行顺序，从而提高服务效用整体感知满意度。针对救援物资分配问题，上层决策主体决定向应急需求点运输的数量，下层决策主体根据需求点获得的数量将其分配给受影响具体区域的幸存者或将其用于执行应急任务。在这样的情形下，运用双层优化理论刻画灾害响应决策系统中利益相关者的纵向"府际"或层级关系示意图（曹策俊等，2017），如图3-2所示。

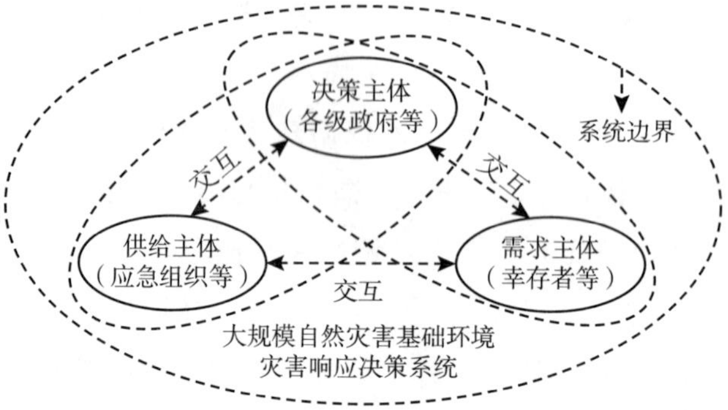

图3-2　灾害响应决策系统结构

多目标优化理论的提出最早可追溯至1886年法国经济学家帕累托（Pareto），自提出后，该理论被广泛应用于管理、经济等领域。特别地，何塞·奥尔金-维拉斯等（2013）指出多目标优化理论/方法被广泛应用于解决DOM决策问题。具体而言，在应急资源配置策略制定过程中，决策主体需要综合考虑以下两种情况：（1）基于横向"府际"关系视角，需要同时权衡同层级决策主体或不同部门在社会、经济和环境可持续目标方面的矛盾关系；（2）在纵向"府际"关系视角下，还需要融入具有不同层级关系的多元主体（如地方政府、协调者）在可持续目标方面的关联关系。例如，针对第一种情况，决策主体需要通过确定匹配关系、分配数量、访问路径等，使得灾害响应决策系统（整体）在应急费用、碳排放量和加权完成时间/行程时间等几方面达到某种平衡（trade-off）；针对多元主体的情形，还需要考虑地方政府（局部）的社会可持续目标（如服务效用感知满意度、幸存者感知满意度），从而实现灾害响应决策系统在社会、环境和经济维度的可持续发展。

语义X列表（sematic bill of X，S－BOX）理论是基于X列表（bill of X，BOX）理论，结合多主体代理理论和语义Web技术而提出的，最初用于描述企业系统的静态和动态运行特征。以物料清单（bill of material，BOM）为基础的BOX理论是李从东教授于2004年正式提出（李从东等，2004；曹策俊等2013；李从东等，2014；Xie et al.，2016）。决策主体、应急组织、应急任务、应急需求点、应急情景和救援目标等均是灾害响应决策系统要素在粗粒度视角下的映射结果，可对其进行细分（曹策俊等，2013；李从东等，2014）。从这种意义而言，灾害响应决策系统中的关键要素具有类似BOM的结构。因此，继承并拓展BOX理论、S－BOX理论在灾害管理与制造领域已有的研究成果，将其应用于抽象、识别、提取与刻画灾害响应决策系统的关键要素及其关联关系；结合双层优化和多目标优化理论，构建支撑任务导向的应急组织指派与救援物资分配建模的应急响应决策框架。

3.3　基于S－BOX理论的应急响应决策层次结构模型

结合双层优化理论和多目标优化理论，基于S－BOX理论将灾害响应决策系统的关键要素及其关联关系抽象为包含智能决策代理列表（bill of multi-agent intelligent decision，BMID）、应急组织清单列表

(bill of emergency organization list, BEOL)、应急任务清单列表（bill of emergency task list, BETL)、救援物资清单列表（bill of relief list, BRL)、应急需求点列表（bill of emergency demand point, BEDP)、救援目标清单列表（bill of rescue objective list, BROL)、应急情景清单列表（bill of emergency scenario list, BESL）的层次结构模型（见图 3－3)。

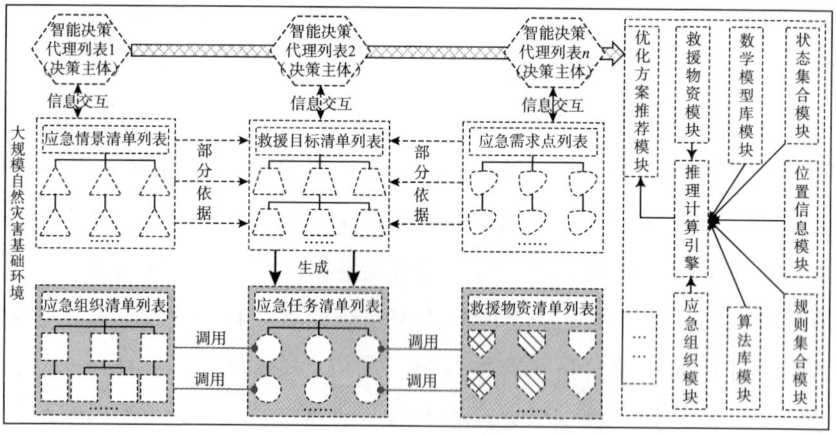

图 3－3　任务导向的应急响应决策层次结构模型

因此，基于集合的思想，任务导向的灾害响应决策系统可被结构化描述为：灾害响应决策系统 = {{BMID}，{BEOL}，{BETL}，{BRL}，{BEDP}，{BROL}，{BESL}}。特别地，除 BMID 外，其他六个列表可采用以下方式描述（曹策俊等，2013；李从东等，2014；李勇建等，2015)：列表名称 = {{对应元素 1}，{对应元素 2}，…}；对应元素 = {{类型}，{关键属性}，{从属属性}，{状态属性}，…}。

3.3.1　智能决策代理列表

应急响应决策层次结构模型包括多个 BMID，其体现了决策主体在 DOM 实践中的作用，也刻画了各主体间的层级关系。一方面，决策主体通过 BMID，借助其他技术手段，掌握灾害响应决策系统中应急组织、应急任务和救援物资的实时信息，并制定应急措施。另一方面，BMID 作为信息交互中枢，具有采集、处理/整合、分析和发布等功能，是决策主体与其他利益相关者（如应急组织、幸存者）进行有效沟通的中介。智能决策代理列表可被结构化描述为：BMID = {{优化方案推荐模块}，{推理计算引擎}，{应急组织模块}，{救援物资模块}，{数学模型库模块}，{算法库模块}，{状态集合模块}，{位置信息模块}，{规则集合模块}，…}。

位置信息模块的主要功能是通过各种先进技术（如大数据、云计算、物联网）获取与显示运输车辆的动态信息，救援物资分配中心、应急组织基地、应急需求点和受影响具体区域等的地理坐标，应急组织和救援物资的位置坐标，应急任务的地理坐标，从而辅助估计准备时间和运输时间等关键指标。

状态集合模块的初始数据来源于基础环境、BEOL、BETL、BRL 和 BEDP，记录了其历史和实时数据，供数学模型库模块等调用。规则集合模块指的是在决策制定过程中可供选择的基本规则/原则，如救援物资分配规则包括跨区域联动管理和属地管理原则，决策方式包括集中和分散决策模式。

数学模型库模块和算法库模块分别记录了任务导向的应急组织指派和救援物资分配过程中的数学模型及其求解策略。数学模型是灾害响应决策系统中救援目标、决策/变量与约束条件形式化表达的结果；而算法［如精确算法（PDA、BBA、HGCM）、启发式算法（GA、PGSA 等）］是为了获得应急组织指派和救援物资分配满意方案的求解策略或工具。

应急组织模块主要以 BEOL 和 BETL 为输入，基于细粒度视角，对 BEOL 和 BETL 进行分解；并将组织与任务的分解和匹配结果传输给 BMID，以辅助制定更具针对性的任务导向的应急组织指派策略。

救援物资模块主要以 BRL、BETL、应急预案和案例库等为输入，基于细粒度视角，对 BETL 进行分解，并将应急任务与救援物资的匹配结果返回给 BMID 辅助决策。

推理计算引擎通过调用相关模块来实现应急组织、救援物资与应急任务间的智能发现与匹配。优化方案推荐模块主要是任务导向的应急组织指派方案、任务导向的救援物资分配方案的集合，其可根据不同应急情景向决策主体推荐不同方案，从而实现救援过程中的可持续目标。

3.3.2 应急任务清单列表

有些学者（曹策俊等，2013；Wang et al.，2014；Cao et al.，2017）表明大规模自然灾害发生后，大量的应急任务（如搜救和运输伤员、疏散幸存者）需要立即被执行，以期达到降低各种损失和缓解幸存者痛苦的目的。借鉴学者们（Cao et al.，2017；李从东等，2014；Wang et al.，2014；Xie et al.，2016）的观点，本书讨论的每个应急任务都由一系列子任务组成。例如，临时安置任务包括避难所选择、幸存者与避难所的匹配方案制定、救援物资分配策略制定等子任务。

然而，这些应急任务的完成均需要调用应急组织（人）与救援物资（物）。一方面，应急任务需要被指派应急组织去完成/执行；另一方面，应急任务的落地需要依靠救援物资。并且，正如雷等（2015）强调的，应急组织和救援物资必须同时服务于应急任务，即仅有应急组织或救援物资，任务均不能开始执行。应急任务清单列表可被结构化描述为：BETL = {{应急任务 1}，{应急任务 2}，…}；应急任务 = {{搜索 - 救援任务，临时治疗任务，临时安置任务}，{紧迫程度，地理位置，数量，粒度大小，其他}，{需要应急组织的数量，需要救援物资的数量}，{名称，编号，其他}，{被执行，等待}}。

3.3.3　应急组织清单列表

正如有些学者（Altay et al.，2006；Chen et al.，2012；Wex et al.，2014；Lei et al.，2015；Cao et al.，2017）强调的，应急组织（供给主体）在决策执行或大规模自然灾害应对过程中扮演着至关重要的角色。它是应急任务的执行/完成者，是应急服务的提供者，是决策主体与需求主体（幸存者）间沟通的桥梁。特别地，在应急任务执行过程中，可从横向和纵向两个视角对利益相关者（如应急组织、决策主体和幸存者）间的“府际”或层级关系进行刻画。

应急组织清单列表可被结构化描述为：BEOL = {{应急组织 1}，{应急组织 2}，…}；应急组织 = {{高能力，低能力}，{数量，坐标/地理位置，规模，结构，边界，层级关系，其他}，{与决策主体的层级关系，与幸存者的层级关系，与应急任务的匹配关系，其他}，{忙碌，空闲}}。

3.3.4　救援物资清单列表

正如在第2.3节中提到的，救援物资可从狭义和广义两个维度对其进行定义，本书讨论的是广义上的救援物资（即在DOM过程中所用的各类物资总称）。根据文献（Altay et al.，2006；Van Wassenhove et al.，2006；Wilson et al.，2013；李从东等，2014；Cao et al.，2018）可知，救援物资是生命的延续、应急任务完成的基本保障，缺少救援物资的灾害响应没有任何意义。

救援物资清单列表可被结构化描述为：BRL = {{救援物资 1}，{救援物资 2}，…}；救援物资 = {{日常消耗类，日常使用类，医疗急救类}，{数量，地理位置，与应急需求点或应急任务所在位置的距离，其他}，{名称，编号，体积，其他}，{优，良，中，差}}。

3.3.5 应急需求点列表

应急需求点是各类幸存者的聚集地，其可被细分为不同类型的受影响具体区域，如搜索－救援区域、临时治疗和临时居住区域（Cao et al.，2016；Cao et al.，2018 曹策俊等，2018）。应急需求点对救援物资和应急组织的紧迫程度或幸存者的异质性可根据受灾程度、受伤程度等指标来衡量。此外，每个应急需求点内都有不同类型的应急任务需要/等待被完成，而应急任务的执行/完成又需要调用各类应急资源（如应急组织、救援物资）。

应急需求点列表可被结构化描述为：BEDP＝{{应急需求点 1}，{应急需求点 2}，…}；应急需求点＝{{极重灾区，较重灾区，一般灾区}，{搜索－救援类，临时治疗类，临时居住类}，{数量，地理位置，破坏等级，其他}，{名称，编号，伤亡人数，人口密度，经济损失，其他}，{接受服务，等待服务}，{应急组织，救援物资}}。

3.3.6 救援目标清单列表

救援目标是指决策主体根据应急情景制定出需要实现的目标（如提高响应效率、降低应急费用和环境破坏、缓解幸存者痛苦）。数学规划模型中构建的目标函数从不同维度刻画了 DOM 实践中的救援目标，两者具有类似或相同的本质。特别地，本书与 DOM 中讨论的传统救援目标不完全相同，主要关注灾害情境下救援过程的可持续目标，包括社会、经济和环境维度三类，而社会维度又可分为管理者和幸存者视角下的可持续。灾害响应决策系统中所有应急任务均由救援目标生成，故救援目标的紧迫程度直接影响应急任务的权重（Wang et al.，2014）。由于决策制定的主体可能是某类或某几类，故救援目标存在以下两种类型：（1）体现同层级某个或某类主体（或不同部门）在不同维度可持续方面的需求；（2）体现各利益相关者/

多元主体在社会、经济和环境可持续方面的不同需求，具有层级或主从关系。

救援目标清单列表可被结构化描述为：BROL = {{救援目标 1}，{救援目标 2}，…}；救援目标 = {{社会维度，经济维度，环境维度，其他}，{紧迫程度，数量，其他}，{线性，非线性}，{实现，未实现}}。

3.3.7　应急情景清单列表

早在 1967 年学者卡恩（Kahn）就对情景的概念进行了界定（Herman et al.，1967；李锋等，2016），他认为未来、潜在的结果、通往结果的途径都是多样的，而对潜在的未来和实现这种未来的途径的共同描述构成了情景。在这样的情形下，本章从静态和动态两个维度来理解应急情景，其既包括某时刻所有灾害要素的状态集合，也包含各要素在时间域上的演变诱因、演化路径和趋势等。换言之，应急情景是从更细粒度视角对大规模自然灾害进行描述。

应急情景清单列表可被结构化描述为：BESL = {{应急情景 1}，{应急情景 2}，…}；应急情景 = {{激变型，渐变型}，{承载载体，大规模自然灾害，灾害运作管理/DOM}，{名称，代码，其他}，{静态，动态}}。

3.4　面向可持续发展的应急组织指派决策内涵

面向可持续发展的应急组织指派决策过程需要调用 BMID、BROL、BESL、BEDP、BETL 和 BEOL 六个模块。有些学者（Zhou et al.，2011；Zhou et al.，2017；Yadav et al.，2018）指出合理的组织结构与清晰的权责分配制度，以及政府计划与协调领导力的集中性是影响 DOM 决策成功实施的关键因素。基于此，本节从横向和纵向

"府际"关系视角，构建以"BMID－BEOL－BEDP－BETL"为主线的应急组织指派决策概念模型（见图3－4）。

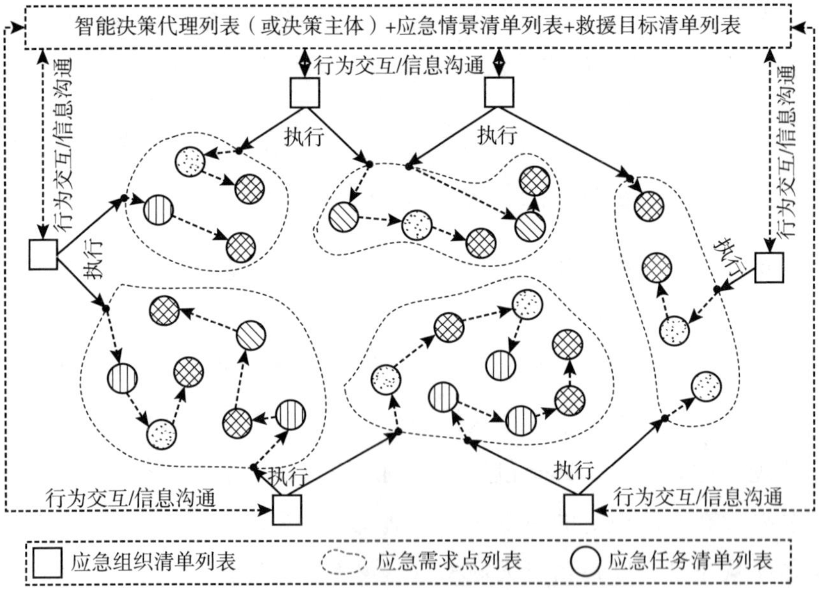

图3－4　应急组织指派决策概念模型

根据图3－4可知，一方面，在考虑横向"府际"关系的情形下，智能决策代理列表（或应急组织管理者）根据不同的应急情景和救援目标指派应急组织执行任务，同时确定任务结构（即访问路径）。另一方面，在考虑纵向"府际"关系的情形下，决策主体/协调者（如专家）在考虑负荷水平的情况下，确定应急组织与任务的匹配关系，而应急组织管理者需要确定应急任务的执行顺序（即每个应急组织的访问路径）。

针对上述两类问题，决策主体的目的在于实现应急组织指派过程中不同维度的可持续目标。特别地，采用加权完成时间总和、碳排放总量和应急费用总和分别来衡量社会（管理者视角）、环境和经济可持续目标。此外，通过服务效用感知满意度来测量幸存者视角下的社会可持续目标。基于此，从决策主体间的“府际”关系视角，将面向可持续发展的应急组织指派问题分为以下两类。

第一类：从横向“府际”关系视角，研究如何通过优化任务导向的应急组织指派策略来提高协作效率，以及应急组织与任务的匹配程度，从而解决组织协作效率低、碳排放量和应急费用过高的问题，满足救援过程的可持续要求，进而实现灾害响应决策系统的可持续发展。

具体而言，大规模自然灾害发生后，在黄金救援阶段，一方面，灾害响应决策系统中的各应急需求点（或受影响区域）涌现出大量的应急任务（如疏散幸存者、搜救—运输伤员、运输—分配救援物资）需要立即被执行或完成。另一方面，在接到决策主体或指挥中心的命令后，作为人力资源的应急组织需要立即奔赴被指定的应急需求点，完成相应的任务，实现既定目标。换言之，所有的应急组织需要共同协作，联合完成灾害响应决策系统中的全部任务。基于此，管理应急组织的主体可采用集中决策模式确定是否指派应急组织执行相应的任务，同时确定每个应急组织上已分配任务的结构（即每个应急组织的访问路径）。决策主体期望实现加权完成时间总和（管理者视角下的社会可持续）、碳排放总量（环境可持续）与应急费用总和（经济可持续）最优化的目标。在这样的情形下，通过上述问题来探究横向“府际”关系视角下面向可持续发展的应急组织指派机理，达到实现灾害响应决策系统可持续发展的目的。

第二类：从纵向“府际”关系视角，研究如何通过优化任务导向的应急组织指派策略来提高协作效率、应急组织与任务的匹配度，从而解决组织协作效率低、碳排放量和应急费用高、服务效用低的问题，满足救援过程的可持续要求，进而实现灾害响应决策系统的可持续发展。

除横向“府际”关系外，纵向“府际”关系也是灾害响应决策系统中利益相关者的重要特征，如省与市级政府、市与县级政府间存在典型的层级关系。因此，还需要采用分散方式来制定应急组织指派策略。具体而言，在分散决策模式下，针对上层决策问题，决策主体/协调者（如专家）确定是否将任务分配给恰当的应急组织，追求最优化社会、环境和经济可持续目标（与横向“府际”关系情形相似）；针对下层决策问题，应急组织管理者确定每个应急组织的访问路径（每个应急组织已分配任务的结构或完成顺序），追求最大化幸存者视角下的社会可持续目标（体现为以特定顺序执行应急任务所带来的效用）。在这样的情形下，通过上述问题来探究纵向“府际”关系视角下面向可持续发展的应急组织指派机理，进而实现灾害响应决策系统的可持续发展。

3.5 面向可持续发展的救援物资分配决策内涵

面向可持续发展的救援物资分配决策过程主要涉及 BMID、BROL、BESL、BEDP、BETL 和 BRL 六个模块。本书讨论的广义视角下的救援物资包括日常消耗类物资、日常使用类物资和医疗急救物资三类。此外，有些学者（Fiedrich et al., 2000；Sheu et al., 2014；Cao et al., 2018）强调了大规模自然灾害后，设计恰当和有效的救援物资分配网络是灾害响应的关键任务。通常情况下，救援物资分配网络的结构包括了供应端、分配中心和需求端三个主要环节（见图 3 - 5）。然而，与布尔库·巴尔奇克等（2008）和曹等（2018）相似，本书仅仅聚焦于受影响区域内的应急物流活动。换言之，本书从利益相关者间的“府际”关系视角，探究以“分配中心—应急需求点—受影响具体区域/应急任务”为主线的救援物资分配机理。

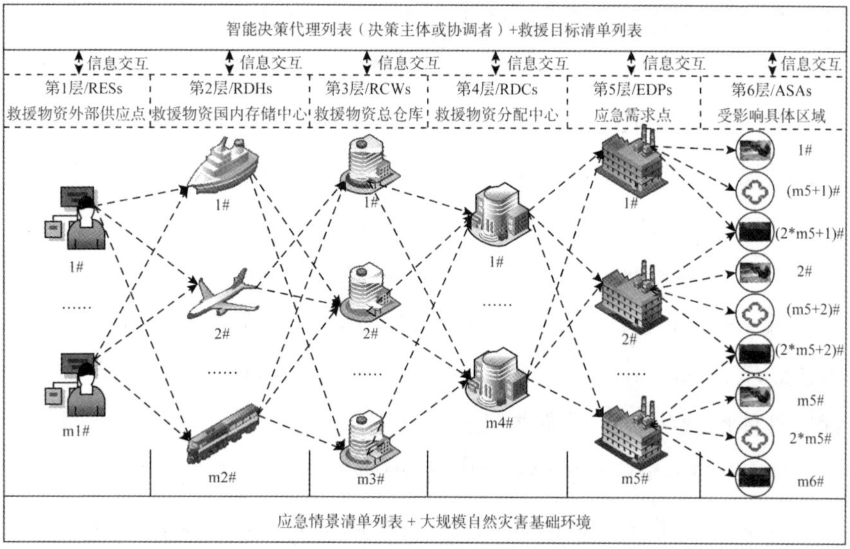

图 3－5　救援物资分配决策概念模型

在图 3－5 中，救援物资外部供应点（relief external suppliers，RESs）是国内和国际企业、非营利性组织等物资提供方的集合。救援物资国内存储中心（relief domestic hubs，RDHs）是指大型的港口、机场和车站等物资转运站。救援物资总仓库（relief central warehouses，RCWs）通常选址在非受影响区域内的大型城市，救援物资被分类后向分配中心运输。特别地，RESs、RDHs 和 RCWs 通常被统称为救援物资供应点（relief supply points，RSPs）。救援物资分配中心（relief distribution centers，RDCs）是指接收来自各供应点（如企业）的救援物资储存点，通常由省级或市级决策主体控制。例如，在汶川地震中，成都北站、双流机场和成都军用机场作为分配中心对灾区进行服务。其与灾害源距离较远，设在非（或弱）受影响区域内，需再次通过交通工具将救援物资运至需求点。应急需求点（emergency demand points，EDPs）是指受影响区域内接收救援物资或发出需求信号的临时点，通常由市级或县级决策主体控制。例如，汶川地震中汶川县、北川县和茂县等属于典型的重要需求点（即重灾区）。在黄金救援阶段，假定其位置固定或变化较小，可忽略不计。受影响具体区域（affected specific areas，ASAs）是指大规模自然灾害发生后，各类幸存者的主要聚集区域，其对各级决策主体制定的响应策略进行评价和信息反馈。例如，执行受伤程度未知幸存者搜索任务的现场救援区域（搜索－救援区域，search-rescue areas/SRAs）、执行受重伤幸存者治疗或处理任务的区域（临时治疗区域，temporary treatment areas/TTAs）、完成受轻伤或未受伤幸存者安置任务的临时庇护场所（临时居住区域，temporary settlement areas/TSAs）。实际上，不同类型的受影响具体区域代表了不同类型的应急任务。

根据图3－5可知，救援物资分配决策过程的典型特征包括多层级、多阶段、多主体、多需求点和多供应点等。一方面，在考虑横向“府际”关系的情形下，智能决策代理列表（或决策主体）根据应急情景，确定救援物资分配方案。另一方面，在考虑纵向“府际”关系的情形下，高层级决策主体确定从RDCs到EDPs的救援物资数量关系，低层级决策主体确定从EDPs到ASAs的数量关系。针对上述两类问题，决策主体旨在实现救援物资分配过程中的社会、环境和经济可持续目标。特别地，采用加权行程时间总和、碳排放总量和应急费用总和分别测量社会（管理者视角）、环境和经济可持续目标，采用幸存者感知满意度来刻画幸存者视角下的社会可持续。基于此，从决策主体间的“府际”关系视角，可将面向可持续发展的救援物资分配问题分为以下两类。

第一类：基于横向“府际”关系视角，以“RDCs－EDPs－ASAs”为主线，结合三重底线方法，研究如何通过优化任务导向的救援物资分配策略来提高灾害响应效率、减少碳排放量和应急费用，从而解决响应效率低、碳排放量和应急费用高的问题，满足救援过程的可持续要求，进而实现灾害响应决策系统的可持续发展。

具体而言，灾害发生后，不同类型的ASAs需要完成的主要任务不尽相同。正如前文所述，搜索－救援区域（SRAs）主要执行受伤程度未知幸存者搜索任务，临时治疗区域（TTAs）主要执行临时治疗或处理任务，临时居住区域（TSAs）主要完成受轻伤或未受伤幸存者安置任务。这些应急任务的执行或完成需要大量的救援物资。决策主体需要从 RDCs 向 EDPs 和 ASAs 及时供应紧急救援物资，以期将各种损失降至最低。基于此，决策主体可采用集中决策模式确定从 RDCs 向 EDPs 的运输数量，从 EDPs 向 ASAs 的分配数量。决策主体期望实现加权行程时间总和（管理者视角下的社会可持续）、碳排放总量（环境可持续）与应急费用总和（经济可持续）最优化的目标。在这样的情形下，通过上述问题来探究横向"府际"关系视角下面向可持续发展的救援物资分配机理，达到实现灾害响应决策系统可持续发展的目的。

第二类：基于纵向"府际"关系视角，以"RDCs – EDPs – ASAs"为主线，结合社会、环境和经济维度的可持续发展理念，研究如何通过优化任务导向的救援物资分配策略来降低救援物资需求未满足率、降低碳排放量和应急费用、提高幸存者感知满意度，从而解决需求满足率低、碳排放量和应急费用高、幸存者痛苦缓解/减少力度不够的问题，满足救援过程的可持续要求，进而实现灾害响应决策系统的可持续发展。

正如有些学者（Camacho – Vallejo et al.，2015；Lu et al.，2016；Safaei et al.，2018；Safaei et al.，2020）强调的救援物资分配策略还可采用分散模式进行制定。具体地，对上层决策问题而言，中央或省市级具有较高权利的决策主体确定从 RDCs 向 EDPs 运输的救援物资数量，追求最优化社会、环境和经济可持续目标（与横向"府际"关系情形相似）；对下层决策问题而言，市县级具有相对较低权利的决策主体确定从 EDPs 向 ASAs 分配救援物资的数量，追求最大化幸存者视角下的社会可持续目标（或缓解幸存者痛苦的救援目标）。基于此，通过上述问题来探究纵向"府际"关系视角下面向可持续发展的救援物资分配机理，进而实现灾害响应决策系统的可持续发展。

3.6 本章小结

本章结合语义 X 列表理论、双层优化理论和多目标优化理论，构建了任务导向下面向可持续发展的应急响应决策层次结构模型，包括 BMID、BEOL、BETL、BRL、BEDP、BROL 和 BESL 七个模块，剖析了任务导向下面向可持续发展的应急组织指派和救援物资分配的内涵。

总体而言，可得出如下几点启示：（1）规范和准确地形式化表达灾害响应决策系统，有助于高效地抽象、识别、提取和刻画关键要素及其关联关系，有助于科学地制定应急组织指派和救援物资分配策略；（2）有效地识别与刻画利益相关者间的横向与纵向“府际”关系，有助于提高应急组织协作效率和灾害响应效率，有助于降低碳排放量和应急费用；（3）综合考虑“人”与“物”两个因素对应急组织指派和救援物资分配策略的影响，有助于减轻/缓解幸存者的痛苦，有助于提高救援过程的整体绩效，有助于实现以“物”为核心的应急救援向以“人”为本的 DOM 模式转变，有助于实现灾害响应决策系统的可持续发展，即使得整个系统的态势/状态朝着对可持续目标有利的方向发展。

第4章

面向可持续发展的应急组织指派多目标规划模型与算法

4.1 引 言

大规模自然灾害发生后，在灾害响应决策系统中涌现出了大量的应急任务。一方面，为了尽可能多地减少各种损失，决策主体/管理者需要及时指派应急组织完成这些任务；另一方面，同层级不同部门需要通过制定合理的指派策略，实现其在不同方面的救援目标。此外，埃马努埃莱·莱蒂埃里等（2009）还指出应急组织间的错误协作、组织与应急任务间的不合理匹配都可能会导致出现资源和时间浪费、人力和财产损失的现象。加上灾后可利用的救援力量（即应急组织）特别有限，因此，如何高效利用这些救援力量显得尤为重要。基于此，从横向“府际”关系视角，如何合理地制定任务导向的应急组织指派策略，提高灾害响应决策系统的可持续绩效，实现同层级不同部门在救援目标上的平衡是值得研究的课题。

曹等（2017）指出作为可持续发展的重要组成部分，如何应对大规模自然灾害及其带来的严重后果直接影响着救援绩效和社会稳定。由于大规模自然灾害的发生频率急剧增加，为了促进社会、环境和经济的协调发展，将可持续发展理念融入应急组织指派策略是迫切需求的。同时，艾拉·哈维斯托等（Ira Haavisto et al.，2014）也强调了提高应急组织与环境的匹配度有利于改善救援过程的可持续绩效。此观点补充或加强了研究面向可持续发展的应急组织指派问题的必要性和重要性。在这样的情形下，如何通过融入可持续发展理念，合理地设计任务导向的应急组织指派策略，提高应急组织协作效率、降低救援过程中取决于路径选择的碳排放量、减少完成任务产生的应急费用，从而满足救援过程的可持续要求，进而实现灾害响应决策系统的可持续发展，是当前面临的重要挑战与机遇。

近年来，尽管国内外学者对应急组织指派问题进行了一定的探索，但其仍处于起步阶段，需深入研究。尽管有些学者（Wex et al.，2014；Cao et al.，2017；曹策俊等，2021）强调了运用 OR/MS 技术（如数学规划）对应急组织指派问题进行建模的重要性，但成果仍然相对较少。通过梳理文献发现：第一，大多数聚焦于传统视角下未考虑工作负荷的同质应急组织指派问题，融入可持续发展理念，综合考虑异质性、工作负荷和组织适用限制的相关问题，以及如何定量刻画灾害情境下的可持续发展均值得深入研究；第二，更多地关注只考虑组织单要素的分配问题，考虑组织、任务及其匹配关系、执行顺序的应急组织指派问题研究相对较少；第三，主要聚焦于以追求效率或费用最优的单目标规划模型，如何建立同时追求完成时间（社会可持续）、碳排放量（环境可持续）和应急费用（经济可持续）最优的多目标规划模型需深入研究。

尽管有些学者（Haavisto et al.，2013；Haavisto et al.，2014；Klumpp et al.，2015；Oberhofer et al.，2015；Xie et al.，2015；Dubey et al.，2016；Kunzet al.，2017；van Kempen et al.，2017；Cao et al.，2018；Laguna－Salvado et al.，2019）刻画了灾害情境下的可持续发展，有些学者（Rolland et al.，2010；Xie et al.，2014；Zheng et al.，2015；刘艺等，2015；Zheng et al.，2018）综合考虑了组织、任务及其匹配关系，有些学者（Falasca et al.，2012；张雷等，2013；袁媛等，2013；Lassiter et al.，2015；Zheng et al.，2015；

刘艺等，2015；Su et al.，2016；Zhang et al.，2016；Zhang et al.，2017；曹庆奎等，2017；周荣辅等，2017）构建了多目标规划模型，但与本章的研究均有差异，且未同时考虑这些问题。

基于此，本章聚焦于任务导向下面向可持续发展的应急组织指派策略设计问题。从社会、环境和经济维度描述与刻画了灾害情境下的可持续发展；构建了考虑不可拆分任务紧迫程度、组织适用限制、工作负荷和访问路径的多目标规划模型；设计了包括精确算法［融入 BBA 的混合全局准则法（hybrid global criteria method，HGCM）］和启发式算法［带精英策略的改进遗传算法（improved genetic algorithm，IGA）］的求解策略；根据汶川特大地震，构造了具有不同特征的算例，验证了所构建模型和所提出算法的有效性。

4.2　横向“府际”关系视角下应急组织指派问题描述

正如第 2.2 节所描述，本章讨论的应急组织（EOs）是指一类具有技术技能人员的集合。陈等（2012）还明确强调了每个 EO 可超过 100 位成员。例如，在海地地震救援过程中，作为美国联邦紧急事态或应急管理局特遣部队之一的弗吉尼亚特遣部队由 131 位成员组成，支撑了 EO 是由多位成员组成的观点（Chen et al.，2012）。总之，本章提到的 EOs 和应急任务（ETs）都是粗粒度视角下的结果。在这样的情形下，包括救援目标、EOs、ETs 及其关联关系的应急组织指派决策框架见图 4－1。

正如第 3.4 节强调的，应急组织指派过程需要调用应急响应决策层次结构模型中的 BMID、BROL、BESL、BEDP、BETL 和 BEOL 六个模块。上述决策框架是在充分吸收基于 S－BOX 理论的应急组织指派决策内涵的基础上而提出。根据图 4－1 可知，一方面，灾害响应决策系统中分散和具有不同能力的 EOs 被识别与虚拟化，从而形成了相应的 EOs 虚拟网络层。另一方面，在物理空间中，同层级决策主体或不同部门根据自身需求，从不同方面提出了相应的救援目标（Rescue Goals，RGs），这些 RGs 被识别后，可将其映射为 RGs 虚拟网络层。在 DOM 实践中，通过 RGs 可生成不同的 ETs，构成了 ETs 虚拟网络层（Wang et al.，2014）。因此，在横向“府际”关系视角下，决策主体需要通过集中方式确定虚拟网络层中 EOs 与 ETs 的匹配关系、每个 EO 的访问路径。换言之，具有不同能力的 EOs 将被指派完成灾害响应决策系统中的所有 ETs。

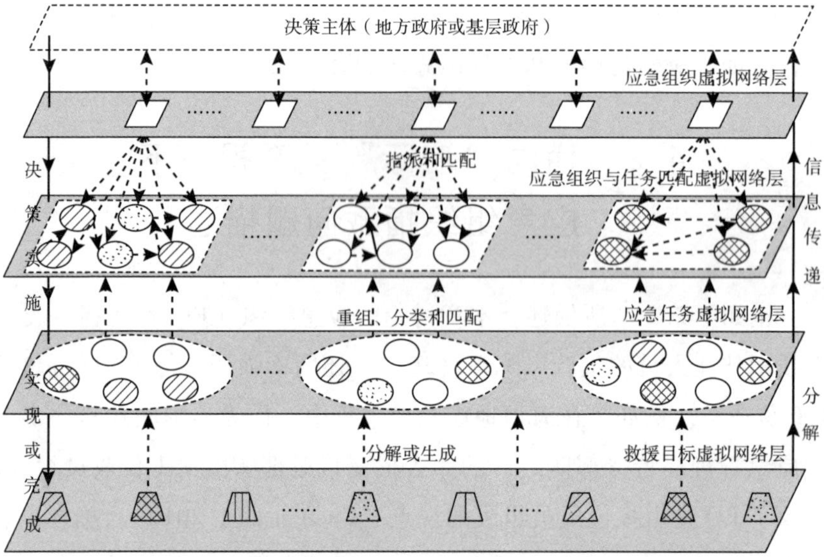

图 4－1　横向“府际”关系视角下任务导向的应急组织指派决策框架

在这样的情形下，本章试图设计黄金救援阶段综合考虑异质性、工作负荷、适用限制、路径规划、不可拆分任务紧迫性、横向“府际”关系和可持续发展理念的 EOs 最优指派策略。具体地，针对横向“府际”关系视角下的 EOs 指派问题，决策主体（或 EOs 管理者）采用集中决策方式先确定 ETs 是否分配给相应的 EOs，再确定每个 EO 上所分配 ETs 的执行顺序（即 EO 的访问路径），关注如何满足救援过程的可持续要求，实现灾害响应决策系统的可持续发展。

4.3　面向可持续发展的应急组织指派多目标规划模型

4.3.1　参数与符号

$r \in R$ 表示任意的 EO，数量记为 $\bar{r}$；$u \in U$ 表示任意的 ET，数量记为 $\bar{u}$；$u_r \in U_r$ 表示 EOr 上任意的 ET，数量记为$\overline{u_r}$；$l \in L$ 表示 EO 执行 ETs 的任意顺序/次序，数量记为 $\bar{l}$，且 $\bar{l} = \bar{u}$；$l_r \in L_r$ 表示 EOr 执行已分配 ETs 的任意顺序/次序，数量记为$\overline{l_r}$，且$\overline{l_r} = \overline{u_r}$；$M_u$ 代表组织或机器适用限制，表示能够完成 ETu 的组织或机器集合；w_u 表示 ETu 在系统中的权重，越紧迫，值越大，反之，越小；cap_u^r 表示 EOr 是否有能力执行 ETu，即不是每个 EO 都能执行/完成每项 ET，若 $r \in M_u$，则 $cap_u^r = 1$，否则，$cap_u^r = 0$；p_u^r 表示 EOr 执行/完成 ETu_r 的加工时间；$s_{u,l}^r$表示 EOr 以顺序 l_r 执行 ETu_r 的平均准备时间；C_l^r 表示 EOr 上顺序为 l_r 的 ETu_r 的完成时间；C^r 表示 EOr 上所有 ETs 的加权完成时间总和；$A_{u,l}^r$表示 EOr 以顺序 l_r 执行/完成 ETu_r 的准备或移动过程中单位时间产生的碳排放量；A_u^r 表示 EOr 执行/完成 ETu_r 的加工过程中单位时间产生的碳排放量；$a_{u,l}^r$表示在 EOr 上以顺序 l_r 执行 ETu_r 的平均准备时间的单位费率；a_u^r 表示 EOr 执行 ETu_r 的加工时间的单位费率；ξ^r表示 EOr 的工作负荷水平，即分配给 EOr 的 ETs 数量占总任务数量的比例。

决策变量包括以下两类：（1）x_u^r 表示 EOr 是否执行 ETu，若是，$x_u^r = 1$，否则，$x_u^r = 0$；（2）$y_{u,l}^r$表示 EOr 执行/完成 ETu_r 的顺序/次序是否为 l_r，若是，$y_{u,l}^r = 1$，否则，$y_{u,l}^r = 0$。

4.3.2 假设条件

假设4-1：ETs所需的必要救援物资已经到达相应位置，只要EOs抵达，便可开始执行ETs；换言之，执行ETs的开始时间仅取决于EO的到达时间。

假设4-2：ETs不可拆分，其执行过程不可中断，每项ET仅由单个EO执行单次，每个EO可执行多项ETs；且考虑ETs大于EOs总数量的情形。

假设4-3：所有ETs的执行与EOs的移动均需要依赖/借助于某种或多种专业设备、运输工具或其他，并消耗能源；换言之，ETs的执行和EOs的移动过程都是耗能的（如汽油、电能），故会有碳排放，影响环境。

假设4-4：EOs是异质的，分为全能型和专业型两类；且EOs具有不同的加工速度，导致即使针对相同ETs，不同EO也可能需要不同的加工时间。

假设4-5：考虑组织或机器适用限制，即不是每个EO都具有执行或完成每项ET的能力；换言之，每个EO执行ETs的能力可能不同。

假设4-6：为在某种程度上刻画灾害的不确定性，加工时间、顺序决定的准备时间、单位加工时间和平均准备时间的费率与碳排放量都服从均匀分布。

4.3.3 可持续发展指标测量

（1）可持续发展的社会维度刻画。

正如有些学者（Brandenburg et al.，2014；van Kempen et al.，2017；Dubey et al.，2017；Laguna-Salvado et al.，2019；Vega-Mejia et al.，2019）所强调的，与经济和环境维度的可持续发展相比较，社会可持续绩效的测量指标与刻画方法仍未形成统一认识，需视

情况而定。结合第 1.2.4 节的分析，本章采用 ETs 的完成时间来测量 EOs 指派问题或过程中的社会可持续绩效，且特指管理者视角下的社会可持续绩效。特别地，由于 ETs 的紧迫/严重程度（severity level）不同，为了体现 ETs 的异质性，本章将 ETs 的紧迫程度作为完成时间的权重，即通过加权完成时间来测量管理者视角下的社会可持续发展（Wex et al.，2014；Nayeri et al.，2019）。

针对 EOr 上执行顺序为 l_r 的 ETu_r 而言，其完成时间可记为：

$$C_l^r = \sum_{l=1}^{l_r} \sum_{u \in U_r} (s_{u,l}^r + p_u^r) y_{u,l}^r \tag{4-1}$$

针对 EOr 而言，已被分配$\overline{u_r}$项 ETs，各 ET 的紧迫程度（权重）不尽相同，该 EO 上所有 ETs 的加权完成时间总和可通过式（4-2）来计算。

$$\begin{aligned}
C^r &= \sum_{l \in L_r} C_l^r = \sum_{l=1}^{\overline{l_r}} \sum_{l=1}^{l_r} \sum_{u \in U_r} (s_{u,l}^r + p_u^r) y_{u,l}^r \\
&= \sum_{l=1}^{1} \sum_{u \in U_r} (s_{u,l}^r + p_u^r) y_{u,l}^r + \sum_{l=1}^{2} \sum_{u \in U_r} (s_{u,l}^r + p_u^r) y_{u,l}^r + \cdots + \sum_{l=1}^{\overline{l_r}} \sum_{u \in U_r} (s_{u,l}^r + p_u^r) y_{u,l}^r \\
&= \underbrace{\sum_{u \in U_r} w_u (s_{u,1}^r + p_u^r) y_{u,1}^r}_{\text{以顺序1执行ET的完成时间}} + \underbrace{\left[\sum_{u \in U_r} w_u (s_{u,1}^r + p_u^r) y_{u,1}^r + \sum_{u \in U_r} w_u (s_{u,2}^r + p_u^r) y_{u,2}^r \right]}_{\text{以顺序2执行ET的完成时间}} + \cdots \\
&\quad + \underbrace{\left[\sum_{u \in U_r} w_u (s_{u,1}^r + p_u^r) y_{u,1}^r + \sum_{u \in U_r} w_u (s_{u,2}^r + p_u^r) y_{u,2}^r + \cdots + \sum_{u \in U_r} w_u (s_{u,\overline{l_r}}^r + p_u^r) y_{u,\overline{l_r}}^r \right]}_{\text{以顺序}\overline{l_r}\text{执行ET的完成时间}} \\
&= \overline{l_r} \sum_{u \in U_r} w_u (s_{u,1}^r + p_u^r) y_{u,1}^r + (\overline{l_r} - 1) \sum_{u \in U_r} w_u (s_{u,2}^r + p_u^r) y_{u,2}^r + \cdots \\
&\quad + \sum_{u \in U_r} w_u (s_{u,\overline{l_r}}^r + p_u^r) y_{u,\overline{l_r}}^r \\
&= \sum_{l \in L_r} (\overline{l_r} + 1 - l) \sum_{u \in U_r} w_u (s_{u,l}^r + p_u^r) y_{u,l}^r \\
&= \sum_{l \in L_r} \sum_{u \in U_r} w_u (\overline{l_r} + 1 - l)(s_{u,l}^r + p_u^r) y_{u,l}^r
\end{aligned} \tag{4-2}$$

针对灾害响应决策系统，所有 EOs 上全部 ETs 的加权完成时间和可记为：

$$\sum_{r\in R}\sum_{l\in L_r}\sum_{u\in U_r} w_u(\bar{l_r}+1-l)(s^r_{u,l}+p^r_u)y^r_{u,l} \tag{4-3}$$

基于此，本章的第1个可持续目标函数（即管理者视角下的社会可持续目标）旨在最小化应急组织指派过程中的加权完成时间总和，具体表达式见式（4-4）。

$$\min_{y^r_{u,l}}\sum_{r\in R}\sum_{l\in L_r}\sum_{u\in U_r} w_u(\bar{l_r}+1-l)(s^r_{u,l}+p^r_u)y^r_{u,l} \tag{4-4}$$

（2）可持续发展的环境维度刻画。

在决策主体确定EOs与ETs的匹配关系后，各EO根据指令需从其所在的基地（emergency organization bases，EOBs）前往对应ETs的所在位置，可将此过程视为运输问题（即通过车辆/卡车将EOs运送至目的地）。同样地，EO在所分配ETs间的移动也同样可被视为运输问题。并且，有些学者（Xie et al.，2015；Cao et al.，2017；Bai et al.，2017；Laguna - Salvado et al.，2019；Vega - Mejia et al.，2019）也强调了运输过程会产生碳排放，从而对环境产生有害影响。此外，正如假设4-3提到的，本章考虑的ETs执行/加工过程也需要借助某种或多种专业设备、运输工具等，此过程是耗能的（如汽油、电能），故会产生碳排放。基于此，本章采用碳排放量来刻画应急组织指派过程中的环境可持续绩效。

特别地，本章关注的碳排放量的减少取决于应急组织分配策略和应急任务的执行顺序（即EO的访问路径）。借鉴学者们（Absi et al.，2013；Xie et al.，2015；Absi et al.，2016；Cao et al.，2017；Laguna - Salvado et al.，2019；Kaur et al.，2019）的观点，本章采用时间和单位碳排放量的线性函数来定义和计算碳排放总量。综上，本章的第2个可持续目标函数旨在最小化ETs执行和EOs移动过程产生的碳排放总量，具体表达式可记为：

$$\min_{x^r_u, y^r_{u,l}}\sum_{r\in R}\sum_{u\in U_r} A^r_u p^r_u x^r_u + \sum_{r\in R}\sum_{u\in U_r}\sum_{l\in L_r} A^r_{u,l} s^r_{u,l} y^r_{u,l} \tag{4-5}$$

（3）可持续发展的经济维度刻画。

无论是在商业还是人道主义情境下，可持续发展的经济维度通常都可采用费用/成本来刻画，如库存费用、采购费用、运输费用。EOs 在基地及 ETs 间的移动除了会消耗能源（产生碳排放）还需要资金的支持（产生费用）。并且，EOs 在执行/完成 ETs 的过程中也需要资金支持。总之，EOs 的移动和执行过程都需要资金支持。基于此，本章将这两部分活动产生的花费统称为应急费用，并将其作为刻画经济可持续绩效的指标。与环境可持续绩效刻画方法相似，仍然借鉴有些学者（Xie et al.，2015；Cao et al.，2017；Laguna – Salvado et al.，2019）的观点，将每部分的费用定义为执行或准备（等待）时间的线性比例函数。

在这样的情形下，本章的第 3 个可持续目标函数旨在最小化 ETs 执行和 EOs 移动过程所产生的应急费用总和，表达式可记为：

$$\min_{x_u^r, y_{u,l}^r} \sum_{r \in R} \sum_{u \in U_r} a_u^r p_u^r x_u^r + \sum_{r \in R} \sum_{u \in U_r} \sum_{l \in L_r} a_{u,l}^r s_{u,l}^r y_{u,l}^r \quad (4-6)$$

4.3.4　任务导向的应急组织指派多目标规划模型

在考虑利益相关者间横向“府际”关系的情形下，采用完成时间衡量社会维度的可持续发展，采用碳排放量刻画环境维度的可持续发展，采用应急费用测量经济维度的可持续发展。基于此，任务导向下面向可持续发展的应急组织指派问题被描述为以最小化加权完成时间总和、碳排放总量与应急费用总和为目标函数的 0～1 整数规划模型，见式（4–7）～式（4–23）。

$$\min_{x_u^r, y_{u,l}^r} \sum_{r \in R} \sum_{l \in L_r} \sum_{u \in U_r} w_u (\overline{l}_r + 1 - l)(s_{u,l}^r + p_u^r) y_{u,l}^r \quad (4-7)$$

$$\min_{x_u^r, y_{u,l}^r} \sum_{r \in R} \sum_{u \in U_r} A_u^r p_u^r x_u^r + \sum_{r \in R} \sum_{u \in U_r} \sum_{l \in L_r} A_{u,l}^r s_{u,l}^r y_{u,l}^r \quad (4-8)$$

$$\min_{x_u^r, y_{u,l}^r} \sum_{r \in R} \sum_{u \in U_r} a_u^r p_u^r x_u^r + \sum_{r \in R} \sum_{u \in U_r} \sum_{l \in L_r} a_{u,l}^r s_{u,l}^r y_{u,l}^r \quad (4-9)$$

$$\text{s.t.}\quad x_u^r \leqslant cap_u^r / \forall u \in U,\ r \in R/ \tag{4-10}$$

$$\sum_{u \in U} x_u^r \geqslant \lfloor \xi^r \bar{u} \rfloor / \forall r \in R/ \tag{4-11}$$

$$\sum_{u \in U} x_u^r \leqslant \bar{u} / \forall r \in R/ \tag{4-12}$$

$$\sum_{r \in R} x_u^r = 1 / \forall u \in U/ \tag{4-13}$$

$$\sum_{u \in U} \sum_{r \in R} x_u^r = \bar{u} \tag{4-14}$$

$$\sum_{l \in L_r} y_{u,l}^r = x_u^r / \forall u \in U_r,\ r \in R/ \tag{4-15}$$

$$\sum_{u \in U_r} \sum_{l \in L_r} y_{u,l}^r = \sum_{u \in U_r} x_u^r = \overline{u_r} / \forall r \in R/ \tag{4-16}$$

$$\sum_{r \in R} \sum_{u \in U_r} \sum_{l \in L_r} y_{u,l}^r = \sum_{r \in R} \sum_{u \in U_r} x_u^r = \bar{u} \tag{4-17}$$

$$\sum_{r \in R} \sum_{l \in L_r} y_{u,l}^r = 1 / \forall u \in U_r/ \tag{4-18}$$

$$y_{u,l}^r \leqslant x_u^r / \forall l \in L_r,\ u \in U_r,\ r \in R/ \tag{4-19}$$

$$\sum_{u \in U} y_{u,l}^r \leqslant 1 / \forall l \in L,\ r \in R/ \tag{4-20}$$

$$\sum_{u \in U_r} y_{u,l'}^r \geqslant \sum_{u \in U_r} y_{u,l}^r / \forall l' < l \in L_r,\ l \geqslant 2,\ r \in R/ \tag{4-21}$$

$$x_u^r \in \{0,\ 1\} / u \in U,\ r \in R/ \tag{4-22}$$

$$y_{u,l}^r \in \{0,\ 1\} / \forall l \in L_r,\ u \in U_r,\ r \in R/ \tag{4-23}$$

在模型中，式（4-7）~式（4-9）定义了应急组织指派规划模型的三个可持续目标函数，式（4-10）~式（4-23）给出了必要的约束条件。具体而言，式（4-7）表示采用完成时间刻画社会维度的可持续发展，以最小化加权完成时间总和作为第1个目标函数，完成时间由ETs的服务开始时间和加工时间共同决定，权重为应急任务的相对紧迫程度；式（4-8）表示用碳排放量测量环境维度的可持续发展，以最小化移动（等待）与加工（执行）过程产生的碳排放总量作为第2个目标函数；式（4-9）表示采用应急费用衡量经济维度的可持续发展，以最小化应急费用总和（包括等待和加工费用）作为第3个目标函数。

式（4－10）定义了 EO 的能力约束或适用限制；式（4－11）表示各 EO 的工作负荷水平，为确保获得最优解，右端系数采用向下取整后的平均负荷；式（4－12）表示各 EO 的工作负荷不超过灾害响应决策系统中 ETs 的总数；式（4－13）表明每项 ET 能且仅能被单个 EO 执行/完成；式（4－14）表示系统中所有的 ETs 都被指派给 EOs；式（4－15）确保只要 ET 被分配给某个 EO，则在此组织上必须为该任务指定特定的顺序/位置；式（4－16）和式（4－17）分别表示 EO 和系统视角下 ETs 分配需要满足的平衡约束；式（4－18）表示每项 ET 在所有的 EOs 上仅能被执行单次；式（4－19）表示只有被分配给 EO 的 ETs 才会被指定某个顺序；式（4－20）表示 EO 上的每个顺序最多只能安排某项任务，即每个 EO 在某时刻执行 ET 数量不超过 1 项；式（4－21）确保了每个 EO 按照先后顺序为已分配的 ETs 指定顺序/位置；式（4－22）和式（4－23）定义了所有的决策变量。

特别地，结合曹等（2017），可以看出约束条件（4－13）与约束条件（4－14）等价，约束条件（4－15）与约束条件（4－16）、约束条件（4－17）和约束条件（4－18）全部等价。在模型求解与考虑纵向“府际”关系的数学规划模型（见第 5 章）中仅保留式（4－13）和式（4－15），其他等价约束不考虑。此外，约束条件（4－12）恒成立，原因在于每个 EO 分配的 ETs 数量肯定不会超过系统中 ETs 的总数；根据约束条件（4－15），式（4－19）恒成立；故可删除式（4－12）和式（4－19）。换言之，仅由式（4－7）~式（4－11）、式（4－13）、式（4－15）和式（4－20）~式（4－23）定义了任务导向下面向可持续发展的应急组织指派多目标 0 ~ 1 整数规划模型。

4.4　求解多目标规划模型的策略设计

综上，面向可持续发展的应急组织指派问题被刻画为多目标

0~1 整数规划模型。一方面，正如有些学者（Wex et al.，2014；Cao et al.，2017；Rauchecker et al.，2018；Nayeri et al.，2019）强调的，任务导向的应急组织指派问题可被描述为并行机调度问题，而并行机调度问题已被证明为经典的 NP 难题。另一方面，还有一些学者（Rolland et al.，2010；Lee et al.，2013；Lei et al.，2015；Wang et al.，2018）也直接证明了带路径规划的应急组织指派问题是 NP 难题。因此，本章考虑的应急组织指派多目标决策问题是 NP 难题。即使这样，精确算法（如 BBA）对小规模问题仍然适用，即能获得应急组织指派问题的最优解。在这样的情形下，本章首先设计了融入 BBA 的 HGCM 求解横向“府际”关系视角下的应急组织指派多目标规划模型。为了提高大规模问题的求解效率，还提出了通过松弛问题获得初始种群且带精英策略的 IGA 来求解所建立的指派模型。

4.4.1 求解多目标规划模型的全局准则法设计

一般地，处理多目标的方法包括线性加权（Sheu et al.，2014；Cao et al.，2017；Cao et al.，2018；Yu et al.，2018；Rodriguez－Espindola et al.，2018）、帕累托优化（Moreno et al.，2018；陈刚等，2018）、约束（Yu et al.，2018）、层次优化（或分层序列法）（王旭坪等，2013；Liu et al.，2014；王旭坪等，2017）和全局准则法（Chakraborty et al.，2014）。另一方面，求解多目标规划模型的精确算法包括 BBA 等。本章借鉴上述学者的观点，设计了融入 BBA 的 HGCM 来求解多目标 0~1 整数规划模型。换言之，本章设计的 HGCM 融合了 GCM 和 BBA 两种方法。具体地，GCM 实质上是为多目标优化问题提供了一种折中解；它通过各目标函数与其对应理想解（ideal solution）的偏离程度来消除不同目标函数间的量纲差异，从而将多目标变换为单目标数学规划模型。而 BBA 则被用来求解所有步骤涉及的单目标数学规划模型。基于此，求解应急组织指派多目标整数规划模型的 HGCM 操作流程包括以下步骤。

步骤 1：求解单目标函数的整数规划模型。

运用 BBA［即 Matlab（R2016b）中“intlinprog”函数的内置算法］分别求解仅考虑单个目标函数 F_θ（$\forall \theta=1, 2, 3$）的应急组织指派整数规划模型。

步骤 2：确定各目标函数的极值。

根据步骤 1 中的求解结果，确定加权完成时间总和、碳排放总量与应急费用总和的最小值，分别记为 $F_1^{\min}$、$F_2^{\min}$ 和 $F_3^{\min}$。

步骤 3：变换应急组织指派多目标规划模型。

针对应急组织指派问题，管理者总希望能够获得每个目标函数的最优值，但由于各目标间的冲突性，在绝大多数情况下不可能获得最优值，仅能获得近似最优值和折中解。基于此，应急组织管理者可根据每个目标函数的近似最优值与真实最优值间的偏离程度来评价解（即方案）的质量（Falasca et al.，2012；Chakraborty et al.，2014）。偏离程度越小意味着获得的近似值与最优值越接近，此时的应急组织指派方案也相对较优。另一方面，根据管理者的偏好，确定每个目标函数的相对权重/重要程度。在 DOM 实践中，ETs 的完成时间（体现效率）是最重要的目标（权重较大），而碳排放量和应急费用次之。在这样的情形下，采用式（4-24）将原模型转化为应急组织指派单目标 0~1 整数规划模型（P1）（Cao et al.，2018）。

$$F=\beta_1^1\left(\frac{F_1-F_1^{\min}}{F_1^{\min}}\right)+\beta_2^1\left(\frac{F_2-F_2^{\min}}{F_2^{\min}}\right)+\beta_3^1\left(\frac{F_3-F_3^{\min}}{F_3^{\min}}\right) \quad (4-24)$$

其中，β_1^1、β_2^1 和 β_3^1 分别表示社会、环境和经济可持续目标函数的权重，且 $\beta_1^1+\beta_2^1+\beta_3^1=1$，以及 $\beta_1^1>\beta_2^1=\beta_3^1$。此外，管理者可根据实际情况设定各目标函数权重的大小关系。

步骤 4：求解变换后的单目标规划模型。

结合步骤 3 定义的新目标函数，采用与步骤 1 相同的 BBA 求解变换后的应急组织指派单目标规划模型（P1），进而获得相应的最优解和最优值。换言之，通过上述步骤，获得了应急组织指派多目标整数规划模型的最优值和最优解。最后，获得了横向"府际"关系下面向可持续发展的应急组织最佳指派方案。

4.4.2 求解多目标规划模型的改进遗传算法设计

针对 NP 难题，曹等（2018）指出随着模型复杂度和问题规模的增加，诸如 GA 的启发式算法比精确算法更受青睐。GA 是美国霍兰德（Holland）教授于 1975 年受达尔文生物进化论的启发而提出的智能算法（Holland et al.，1975）。并且，郑等（2015）通过梳理文献强调了与诸如 PSO 等算法相比较，GA 在 DOM 领域的应用更广泛。

GA 在 DOM 领域受青睐的主要原因包括以下几点：（1）由于涉及较少参数，GA 具有较好的收敛性（Su et al.，2016）；（2）GA 的多点并行搜索机制决定了其具有较强的鲁棒性；（3）GA 内在的概率机制（如选择、交叉和变异）为刻画 DOM 决策（如应急组织指派）问题中的不确定性和随机性提供了有效途径；（4）与其他方法的有机融合，加强了 GA 处理 DOM 中复杂现实问题的能力（Hamed et al.，2015）；（5）文献表明 GA 能在合理的时间内获得高质量的解（如应急组织指派方案）（Chang et al.，2014；Su et al.，2016；Zhang et al.，2016）；（6）经过相当长时间的积累，许多有价值的前期成果可被借鉴与拓展。

GA 涉及的主要环节包括染色体的编码，初始种群的产生，适应度或评价函数的设计，选择、交叉、变异和终止条件的设置。在 GA 中，各操作算子的具体含义可参考文献（Balin et al.，2011；曹策俊等，2012；雷英杰等，2014；Cao et al.，2018）。针对应急组织指派问题而言，每个指派方案可被视为一条染色体，GA 将应急组织指派方案的选择过程表示为染色体的适者生存过程。在特定的环境下，通过染色体群（不同的应急组织指派方案集）的不断进化，经过选择、交叉和变异等操作，最终找到“最适应环境”的个体，进而获得最佳的应急组织指派方案。

基于此，本章设计了带精英策略的 IGA 来求解应急组织指派多目标 0～1 整数规划模型。本章设计的 IGA 的优势体现在：（1）通过 Matlab（R2016b）中“linprog”函数的内置 BBA 获得松弛问题的扰动解作为初始种群；（2）结合精英策略保留较优的染色体。运用 IGA 求解应急组织指派多目标整数规划模型的具体步骤如下。

步骤 1：染色体的编码。

根据决策变量的取值情况，采用传统的二进制编码方式表示染色体，每条染色体表示一个应急组织指派方案。用 A_g 表示染色体，g 表示任意染色体。因此，染色体可表示为：

$$A_g=\left[\underbrace{\overbrace{x_u^1;\ x_u^r;\ x_u^{\bar{r}}}^{\text{子串}1(x_u^r)}}_{\bar{r}\times\bar{u}\text{个元素}}\ \middle|\ \underbrace{\overbrace{y_{u,l}^1\ |\ y_{u,l}^r\ |\ y_{u,l}^{\bar{r}}}^{\text{子串}2(y_{u,l}^r)}}_{\bar{r}\times\bar{l}\times\bar{u}\text{个元素}}\right]。$$

其中，

$$x_u^r=\left(\underbrace{\overbrace{x_1^r,\ \cdots,\ x_{\bar{u}}^r}^{\text{第}r\text{个EO与ETs的匹配关系}}}_{\bar{u}\text{个元素}}\right),\ y_{u,l}^r=\left(\overbrace{\underbrace{y_{1,1}^r,\ \cdots,\ y_{1,\bar{l}}^r}_{\bar{l}\text{个元素}};\ \cdots;\ \underbrace{y_{\bar{u},1}^r,\ \cdots,\ y_{\bar{u},\bar{l}}^r}_{\bar{l}\text{个元素}}}^{\bar{l}\times\bar{u}\text{个元素}}\right)。$$

很显然，每条染色体的长度为 $|R|\times|U|+|R|\times|U|\times|L|$。每条染色体包括两个子串：第 1 个子串定义了决策变量 x_u^r，表示 EOr 是否执行 ETu；第 2 个子串定义了决策变量 $y_{u,l}^r$，表示 EOr 执行 ETu_r 的顺序/次序是否为 l_r。特别地，只有 ETu 分配给了 EOr，才会在该 EO 上为其指定某个执行顺序。

假设 $|R|=\bar{r}=3$ 和 $|U|=\bar{u}=8$，则某条染色体（EOs 指派可行方案）可表示为：

$$A_g=\begin{bmatrix}(0,\ 1,\ 0,\ 0,\ 0,\ 1,\ 1,\ 0);\ (1,\ 0,\ 1,\ 0,\ 0,\ 0,\ 0,\ 0);\\(0,\ 0,\ 0,\ 1,\ 1,\ 0,\ 0,\ 1)\ |\\(0,\ 0,\ 0,\ 0,\ 0,\ 0,\ 0,\ 0);\ (0,\ 1,\ 0,\ 0,\ 0,\ 0,\ 0,\ 0);\\(0,\ 0,\ 0,\ 0,\ 0,\ 0,\ 0,\ 0);\ (0,\ 0,\ 0,\ 0,\ 0,\ 0,\ 0,\ 0);\\(0,\ 0,\ 0,\ 0,\ 0,\ 0,\ 0,\ 0);\ (0,\ 0,\ 1,\ 0,\ 0,\ 0,\ 0,\ 0);\\(1,\ 0,\ 0,\ 0,\ 0,\ 0,\ 0,\ 0);\ (0,\ 0,\ 0,\ 0,\ 0,\ 0,\ 0,\ 0)\ |\\(0,\ 1,\ 0,\ 0,\ 0,\ 0,\ 0,\ 0);\ (0,\ 0,\ 0,\ 0,\ 0,\ 0,\ 0,\ 0);\\(1,\ 0,\ 0,\ 0,\ 0,\ 0,\ 0,\ 0);\ (0,\ 0,\ 0,\ 0,\ 0,\ 0,\ 0,\ 0);\\(0,\ 0,\ 0,\ 0,\ 0,\ 0,\ 0,\ 0);\ (0,\ 0,\ 0,\ 0,\ 0,\ 0,\ 0,\ 0);\\(0,\ 0,\ 0,\ 0,\ 0,\ 0,\ 0,\ 0);\ (0,\ 0,\ 0,\ 0,\ 0,\ 0,\ 0,\ 0)\ |\\(0,\ 0,\ 0,\ 0,\ 0,\ 0,\ 0,\ 0);\ (0,\ 0,\ 0,\ 0,\ 0,\ 0,\ 0,\ 0);\\(0,\ 0,\ 0,\ 0,\ 0,\ 0,\ 0,\ 0);\ (1,\ 0,\ 0,\ 0,\ 0,\ 0,\ 0,\ 0);\\(0,\ 0,\ 1,\ 0,\ 0,\ 0,\ 0,\ 0);\ (0,\ 0,\ 0,\ 0,\ 0,\ 0,\ 0,\ 0);\\(0,\ 0,\ 0,\ 0,\ 0,\ 0,\ 0,\ 0);\ (0,\ 1,\ 0,\ 0,\ 0,\ 0,\ 0,\ 0)\end{bmatrix}$$

其中，(0，1，0，0，0，1，1，0) 表示将第 2、第 6 和第 7 个 ET 分配给第 1 个 EO，以此类推；(0，1，0，0，0，0，0，0) 表示第 2 项任务在第 1 个 EO 上的执行顺序为 2，以此类推。因此，ETs 与 EOs 的匹配关系及其执行顺序可描述如下：第 1 个 EO 执行第 2、第 6 和第 7 项任务，顺序依次为 7、2 和 6；第 2 个 EO 执行第 1 和第 3 项任务，顺序依次为 3 和 1；第 3 个 EO 执行第 4、第 5 和第 8 项任务，顺序依次为 4、8 和 5。

针对应急组织指派多目标 0～1 整数规划模型中的约束条件：(1) EOs 的能力约束或适用限制 [式 (4－10)]、EOr 的工作负荷限制 [式 (4－11) 和式 (4－12)]、ETu 的执行约束 [式 (4－13)]、所有 ETs 的分配约束 [式 (4－14)] 由染色体中子串 1 的取值来决定；(2) ETu 执行次数的限制 [式 (4－18)]、在 EOr 上每个顺序安排的 ET 数量约束 [式 (4－20)]、EO 执行 ETs 的顺序确定规则约束 [式 (4－21)] 由染色体中子串 2 的取值来决定；(3) 不同视角下 ETs 分配的平衡约束［式（4－15）、式（4－16）和式（4－17）］、ETu 与 EOr 的匹配关系与其执行顺序的限制［式（4－19）］由染色体中两个子串对应的取值共同决定；（4）决策变量的界约束［式（4－22）和式（4－23）］由两个子串中元素的取值范围和类型决定。

步骤 2：初始种群的产生。

运用 Matlab（R2016b）中“linprog”函数的内置 BBA 求解松弛问题，即将原问题决策变量的界约束［式（4－22）和式（4－23）］从 x_u^r，$y_{u,l}^r \in \{0, 1\}$ 放松为 x_u^r，$y_{u,l}^r \in [0, 1]$。采用四舍五入法对获得的最优解进行取整，并进行扰动，检验扰动后的解/染色体是否满足所有的约束条件；若是，则将其作为初始种群中的个体；否则，应重新产生新个体，直至满足约束条件。最后，以此个体为基础，共产生 *popsize* 个满足条件的个体作为初始种群。设置最大迭代次数为 max*gen*。

步骤 3：染色体目标函数值的计算。

首先，计算每条染色体（即应急组织指派方案）的三个可持续目标函数值（即加权完成时间总和、碳排放总量与应急费用总和），分别记为 $[F(A_g)]_1$、$[F(A_g)]_2$ 和 $[F(A_g)]_3$。其次，运用 BBA 分别求解仅考虑单个目标函数（依次为最小化社会可持续目标、环境可持续目标和经济可持续目标）的应急组织指派 0～1 整数规划模型，并将其最小值记为 $[F(A_g)]_1^{\min}$、$[F(A_g)]_2^{\min}$ 和 $[F(A_g)]_3^{\min}$。最后，采用线性加权法将多目标整数规划模型转化为单目标整数规划模型，每条染色体的综合目标函数值可通过式（4－25）来计算。

$$
\begin{aligned}
F(A_g) = {} & \beta_1^1\left(\frac{[F(A_g)]_1 - [F(A_g)]_1^{\min}}{[F(A_g)]_1^{\min}}\right) \\
& + \beta_2^1\left(\frac{[F(A_g)]_2 - [F(A_g)]_2^{\min}}{[F(A_g)]_2^{\min}}\right) \\
& + \beta_3^1\left(\frac{[F(A_g)]_3 - [F(A_g)]_3^{\min}}{[F(A_g)]_3^{\min}}\right)
\end{aligned}
\tag{4-25}
$$

其中，β_1^1、β_2^1 和 β_3^1 仍然表示社会、环境和经济可持续目标函数的权重，且 $\beta_1^1+\beta_2^1+\beta_3^1=1$，以及 $\beta_1^1>\beta_2^1=\beta_3^1$。

找出当代的最优个体及其目标函数值，并与上一代的全局最优值进行比较；若优于上一代全局最优值，则将其记为当代的全局最优值；否则，当代最优值等于上一代全局最优值。很显然，根据式（4-26）（见步骤4），可得到最优个体对应的适应度函数值。

步骤4：适应度函数的设计。

适应度函数是评价染色体对环境适应程度好坏的指标。换言之，本章采用适应度函数值来衡量应急组织指派方案的优劣。一般地，适应度函数可通过变换目标函数来设计，且通常为最大化形式。由于本章构建的模型属于最小化形式，故在求得各染色体目标函数值的基础上，采用倒数形式获得个体适应度函数值（Cao et al.，2018），变换表达式见式（4-26）。

$$\varphi(A_g)=\frac{1}{F(A_g)} \tag{4-26}$$

其中，$\varphi(A_g)$ 表示染色体 A_g 的适应度函数值，$F(A_g)$ 表示染色体 A_g 的综合目标函数值，两者互为倒数关系。

步骤5：遗传操作算子的设置。

（1）选择算子的设置：采用“轮盘赌”的方式来选择个体进入新种群。

①计算当代种群的适应度函数值总和：$\Phi=\sum\varphi(A_g)$；

②计算每个个体的选择概率：$ps_g=\frac{\varphi(A_g)}{\Phi}/\forall g=1,\cdots,popsize/$；

③计算每个个体的累计概率：$Ap_g=\sum ps_g$；

④选择规则设定：利用计算机产生 $popsize$ 个区间［0，1］内的随机数，记为 rs；若 $rs\leqslant Ap_1$，选择第1个个体进入新种群；否则，选择第 g 个个体进入新种群，使得 $Ap_{g-1}\leqslant rs\leqslant Ap_g$，且 $2\leqslant g\leqslant popsize$。

（2）交叉算子的设置：本章采用传统的单点交叉方式，设种群

的平均交叉概率为 pc，利用计算机产生 $popsize$ 个区间［0，1］内的随机数，记为 rc；若 $rc_g \leq pc$，则第 g 个个体被选中作为交叉的父染色体；由于 x_u^r 的变化会直接影响 $y_{u,l}^r$的取值，为简化操作，交叉点的位置仅由子串 1 的长度内的随机整数来确定。判断交叉后的个体是否满足所有约束条件：若是，执行变异操作；否则，对不满足条件的个体采取修正/淘汰策略。

（3）变异算子的设置：本章采用单点变异方式，设种群的平均变异概率为 pm，利用计算机产生 $popsize$ 个区间［0，1］内的随机数，记为 rm；若 $rm \leq pm$，则该染色体进行变异操作；变异点的位置由［1，$|R| \times |U|$］间的随机数来确定，变异点上的基因值取反运算来代替。判断变异后的个体是否满足所有约束条件：若是，将其加入新种群；否则，对不满足条件的个体采取修正/淘汰策略。

步骤 6：精英策略的设计。

将通过遗传操作的临时种群和父代种群进行合并，组成规模为 $2 \times popsize$ 的新种群。根据式（4－25）和式（4－26）分别计算各染色体的综合目标函数值与对应的适应度函数值；并对适应度函数值进行降序排列，按照 50% 的比例，选择适应度函数值较高的 $popsize$ 个个体作为父代进入下次迭代。

步骤 7：终止条件的设置。

重复上述步骤 3～步骤 6，直至满足设置的终止条件。求解应急组织指派决策模型的 IGA 的终止条件包括：（1）达到设定的最大迭代次数；（2）所有染色体的综合目标函数值收敛于某个相同的固定值。获得全局最优值和最优解，对染色体进行解码，输出应急组织指派满意方案。

上述定义的 IGA 的流程框架见图 4－2。

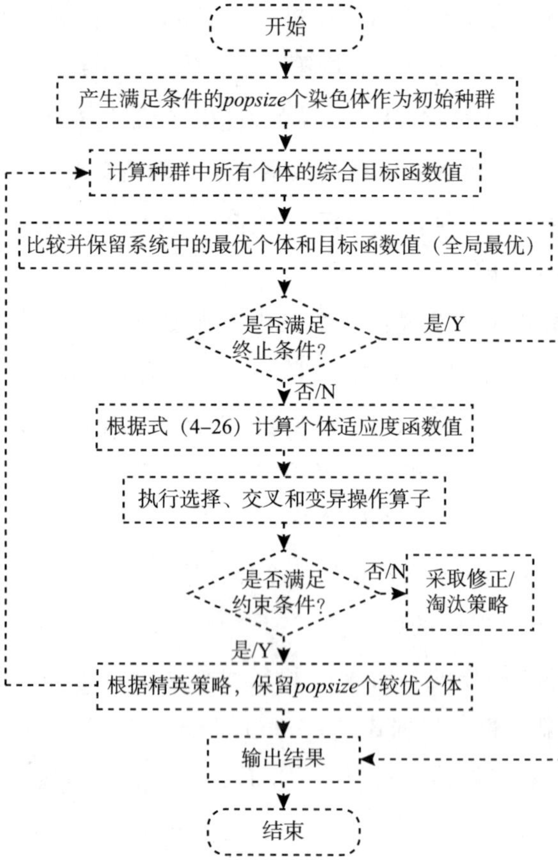

图 4－2　IGA 的流程框架

4.5　算例分析

4.5.1　算例描述与参数设置

本章以 2008 年 5 月 12 日 14 时 28 分发生于四川省阿坝藏族羌族自治州汶川县的汶川特大地震为背景，构造不同的算例，验证所提出模型和算法的可行性和有效性。借鉴新浪·纳耶里等（2019）的观点，针对小规模算例，EOs 和 ETs 的数量分别为 3～6（区间［3，6］

的整数）与 8 ~ 14（区间［8，14］的整数），即 $\bar{r} \in [3, 6]$，$\bar{u} \in [8, 14]$；针对大规模算例，EOs 和 ETs 的数量分别为 10 ~ 40（区间［10，40］的随机整数）与 20 ~ 40（区间［20，40］的随机整数），即 $\bar{r} \in [10, 40]$，$\bar{u} \in [20, 40]$。针对构造的所有算例，负荷水平的取值区间为［1，1/|R|］，由于式（4 - 11）的右端项向下取整，故负荷水平的实际取值可略大于理论值，但必须确保模型有解。此外，每个算例的工作负荷水平是通过 ETs 和 EOs 的数量确定，确保每个 EO 至少需要承担最大的平均负荷。由于本章的目的是尽可能地平均分配工作负荷，且在较短时间内获得指派方案，故采取上述策略设置各负荷水平在某种程度上是合理的。基于此，构造了 16 组算例（大小规模各 8 组）进行仿真实验（见表 4 - 1）。特别地，有些学者（Wex et al.，2014；Cao et al.，2017；Rauchecker et al.，2018；Nayeri et al.，2019）采用了相似的方法构造应急组织指派仿真算例。

表 4 - 1　　　　应急组织指派 16 组算例

算例	$\bar{r}$	$\bar{u}$	ξ^r	算例	$\bar{r}$	$\bar{u}$	ξ^r	算例	$\bar{r}$	$\bar{u}$	ξ^r	算例	$\bar{r}$	$\bar{u}$	ξ^r
I1	3	8	1/4	I5	5	12	1/6	I9	10	20	1/10	I13	30	30	1/30
I2	5	8	1/8	I6	6	12	1/6	I10	20	20	1/20	I14	10	40	1/10
I3	3	10	3/10	I7	5	14	1/7	I11	10	30	1/10	I15	20	40	1/20
I4	5	10	1/5	I8	6	14	1/7	I12	15	30	1/15	I16	40	40	1/40

表 4 - 1 展示了 EOs 数量和 ETs 数量间的匹配关系，根据匹配关系的不同，构造了 16 组算例。从某种程度而言，这 16 组算例的构造是合理的，原因包括以下几点：第一，本章考虑的 EOs 是由多个具有不同技能的人员组成，ETs 表示多个子任务的集合，故 EOs 和 ETs 的最大数量设置为不超过 40 是可行的；这与灾害运作管理实践也是相符的（Chen et al.，2012；Cao et al.，2017）。第二，在 DOM 实践中，应急组织指派决策应该是动态制定的；尽管本章建立的模型是静

态的，即仅考虑单个阶段/时段的指派决策，算例构造仍然是合理的。由于本章考虑决策支持系统采用离散方法来更新指派方案，不同算例可表示不同决策阶段的应急组织指派方案（Chen et al.，2012）。第三，由于某些算例参数（负荷水平）设置不合理/不匹配，导致不能获得其最优解（Wex et al.，2014），故构造了考虑负荷水平的16组特定算例。

在表4－1中，算例I1是小规模算例的基准测试（benchmark）问题，算例I9是大规模算例的基准测试问题。特别地，针对包括3个EOs和8个ETs的算例I1，编号为1的EO为全能型，编号为2和3的EO为专业型。而对上表中构造的算例I2～算例I16而言，增加的EOs均为全能型，目的在于简化问题。第2个EO仅能执行编号1～5的ETs，第3个EO仅能执行编号为4～8的ETs。

针对算例I1～I16，其他参数的取值情况如下：借鉴曹等（2017）的观点，由于EOs的类型不尽相同，EOr执行ETu_r的加工时间p_u^r也会存在差异，则$p_u^2 \sim U(1, 3)$，$p_u^3 \sim U(2, 5)$；且$p_u^r \sim U(1, 6)/\forall r \neq 2, 3/$。然而，EO$r$以顺序$l_r$执行ET$u_r$的平均准备时间$s_{u,l}^r$服从区间［1，2］的均匀分布。在EOs执行ETs的加工过程和准备过程中，单位时间产生的碳排放量的取值范围为：$A_u^r \sim U(1, 3)$，$A_{u,l}^r \sim U(0, 1)$。同理，EOs执行ETs的平均加工时间和平均准备时间的单位费率为：$a_u^r \sim U(1, 2)/\forall r = 2, 3/$；且$a_u^r \sim U(0, 1)/\forall r \neq 2, 3/$；$a_{u,l}^r \sim U(0, 1)$。ETs的权重属于区间［0，1］内的随机数，即$w_u \in [0, 1]$，且$\sum w_u = 1$。本章将管理者视角下的社会可持续目标（即加权完成时间总和）的权重设为$\beta_1^3 = \frac{1}{2}$，环境和经济可持续目标（即碳排放量与应急费用总和）视为同等重要，故$\beta_2^3 = \beta_3^3 = \frac{1}{4}$。

此外，时间、碳排放和应急费用的单位分别为“小时”“千克”

和“万元”。附录A给出了所有算例（I1～I16）中其他参数的具体取值。特别地，尽管上述合理化了参数的取值范围，但其在SDOM实践中仍然可能不同，本章仅试图通过上述数据验证建立模型和设计算法的有效性。

特别地，针对小规模算例（I1～I8），由于在可接受时间范围内能找到最优解，则采用相对误差比例（percentage relative error，PRE）来评价所设计的HGCM、GA和IGA（Demirkol et al.，1997；杨琴等，2012；Nayeri et al.，2019）。PRE（%）的具体表达式见式（4－27）。

$$PRE = \frac{ALG_{sol} - OPT_{sol}}{OPT_{sol}} \times 100 \qquad (4-27)$$

其中，ALG_{sol}表示通过GA或IGA获得的各目标函数值，OPT_{sol}表示采用HGCM获得的最优值。然而，对大规模算例（I9～I16）而言，找到最优解的时间较长，甚至找不到最优解，故采用相对偏差比例（percentage relative deviation，PRD）来评价所设计的GA和IGA（Demirkol et al.，1997；杨琴等，2012；Nayeri et al.，2019）。PRD（%）表示每种算法获得的目标函数值与所有算法中较优值的偏差，具体表达式记为：

$$PRD = \frac{ALG_{sol} - BEST_{sol}}{BEST_{sol}} \times 100 \qquad (4-28)$$

其中，ALG_{sol}表示通过GA或IGA获得的各目标函数值，$BEST_{sol}$表示采用GA和IGA获得目标函数值中的较优值，即$BEST_{sol} = \min\{GA_{sol}, IGA_{sol}\}$。

4.5.2　算例仿真结果分析

经过多次测试，IGA的相关参数设置如下：种群规模$popsize = 60$，最大迭代次数$maxgen = 100$，交叉概率$pc = 0.8$和变异概率$pm = 0.1$。借助Matlab(R2016 b）软件，在Windows8.1系统、酷睿i5－5200双核处理器的计算机上实现算例I1～I16的仿真实验。尽管构造了16组不同规模的算例，由于篇幅有限，本节仅以算例I1为例来分析采用HGCM和IGA获得的应急组织最佳指派方案。特别地，除第4.4节详细阐述的HGCM和IGA两类求解策略外，将随机获得初始解且带精英策略的遗传算法简写为GA，其他参数设置与IGA相同。

采用HGCM求解应急组织指派多目标0~1整数规划模型的结果为：综合目标函数值为0.0299，管理者视角下社会可持续目标（加权完成时间总和）的最优值为10.53小时，环境可持续目标（碳排放总量）的最优值为34.1千克，经济可持续目标（应急费用总和）的最优值为23.8万元，程序运行时间为9秒。最大服务完成时间（即制造期）为12小时，表明在12个小时内，3个EOs可完成灾害响应决策系统的所有ETs。

采用IGA求解多目标整数规划模型的结果为：在第10代左右，各目标函数偏离程度总和趋近收敛于0.0299，加权完成时间总和趋近收敛于10.53小时，碳排放总量趋近收敛于34.1千克，应急费用总和趋近收敛于23.8万元，程序运行时间为3秒。EOs与ETs的匹配关系、每个EO上所分配ETs的顺序见图4-3。

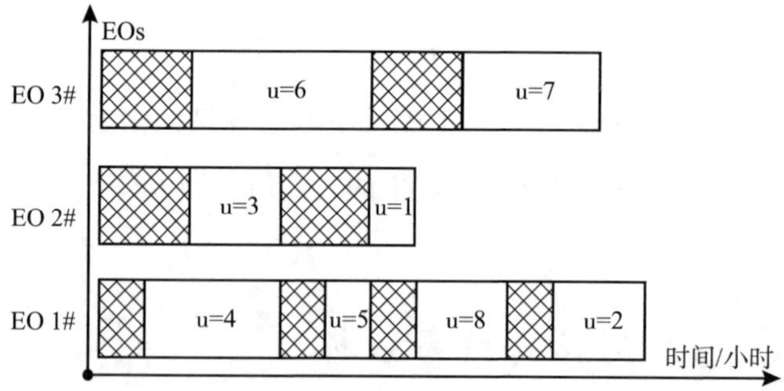

图4-3 横向“府际”关系视角下的应急组织指派满意方案（算例I1）

根据图4-3可知，最大服务完成时间（即制造期）为12小时，第1个EO的负荷最高，原因可能在于其为全能型EO，而其他为专业型 EO。在迭代过程中，综合目标函数值、社会、环境和经济可持续目标函数值的变化趋势见图 4 –4。

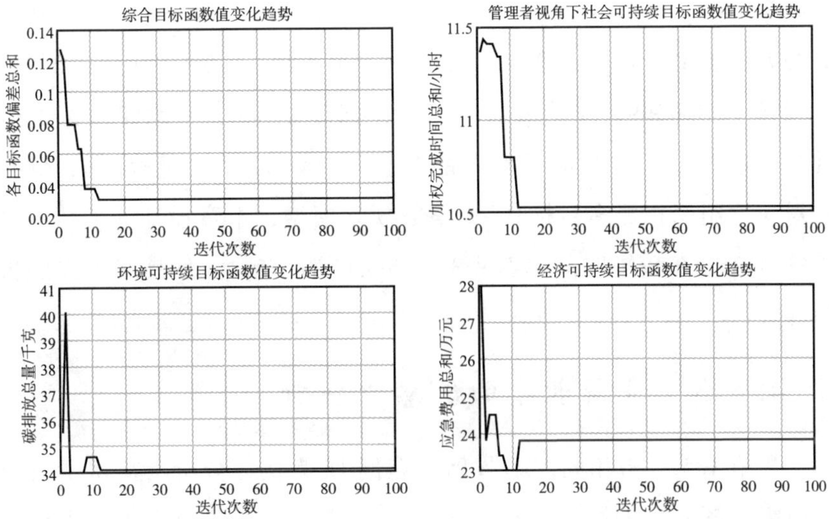

图 4 –4　改进遗传算法（IGA）过程收敛（算例 I1）

通过比较采用 HGCM 和 IGA 求解应急组织指派多目标规划模型获得的仿真结果，得到以下结论：（1）采用 HGCM 和 IGA 都能获得最优解，表明 IGA 能获得较高质量的应急组织指派方案；（2）两种算法的程序耗时都较短，表明其在计算时间方面都具有潜在的优势；（3）与 HGCM 相比较，IGA 在程序运行时间方面具有优越性。针对采用 HGCM 和 IGA 获得的应急组织指派最优方案而言：（1）第 1 个 EO 依次执行第 4、第 5、第 8 和第 2 项任务，负荷为 4；第 2 个 EO 依次执行第 3 和第 1 项任务，负荷为 2；第 3 个 EO 依次执行第 6 和第 7 项任务，负荷为 2。（2）灾害响应决策系统的最大服务完成时间由第 2 项任务决定。（3）与全能型 EO 相比较，专业型 EO 在任务交替过程中需要更多的准备时间，原因可能是在 EDP 内需要某类专业型 EO 执行的 ETs 都相对集中，专业型 EO 的移动活动主要发生在

EDPs间而非EDP内不同ETs之间；这与提高救援过程的可持续绩效目标一致。

本节还对所提出IGA的稳健性进行了测试。在保证IGA参数不变的条件下，进行十次实验，记录综合目标函数值分别为0.0299、0.0299、0.0299、0.0299、0.0299、0.0299、0.0299、0.0299、0.0299和0.0299，平均值为0.0299，标准差为0，平均偏差为0%。并且，通过HGCM验证了IGA能够获得算例I1的最优解结果表明：针对应急组织指派多目标0～1整数规划模型，本章设计的带精英策略的IGA能在较短时间内获得高质量的指派方案，且具有极强的鲁棒性。

4.5.3 负荷水平的敏感性分析

与第4.5.2节相同，本节仍以算例I1为例，分析负荷水平对应急组织指派方案的影响。在算例I1中，EOs平均负荷水平的理论取值范围为［0，1/3］。基于此，在保证其他参数不变的情况下，将负荷水平分别设置为0、0.05、0.10、0.15、0.20、0.25、0.30和0.35，分析不同负荷水平下社会、环境和经济可持续目标的变化情况，横向“府际”关系视角下负荷水平敏感性分析结果见图4－5。

根据图4－5可知，在负荷水平的取值区间内，综合目标函数、社会、环境和经济可持续目标函数的平均值分别为0.113、12.44小时、38.23千克和21.44万元。随着应急组织工作负荷平均水平的增加，（1）综合目标函数值呈递减趋势，表明每个EO的工作负荷越平均，社会、环境和经济可持续绩效越好；（2）碳排放总量与综合目标函数值呈现出相似的变化规律；（3）加权完成时间总和与应急费用总和呈现相反的变化趋势，前者先上升后下降，后者先下降后上升。

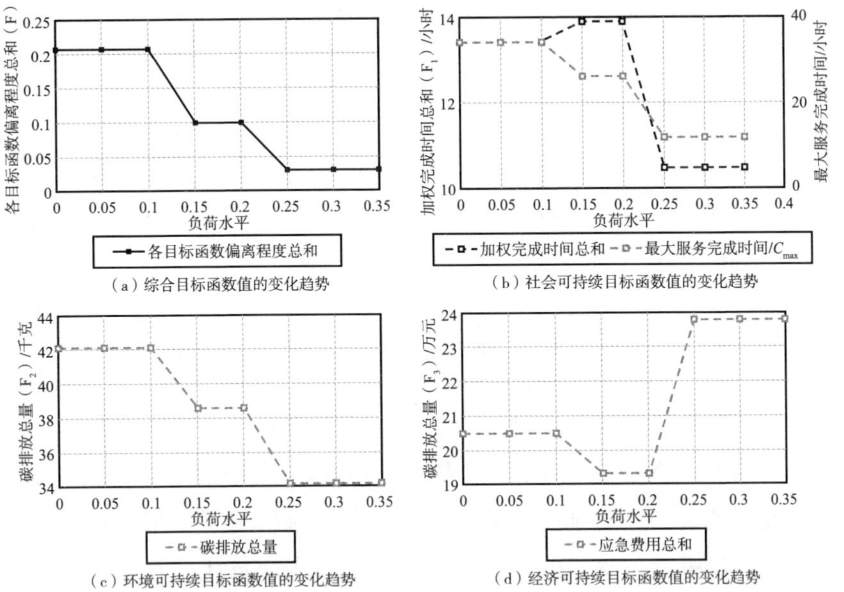

图 4－5　横向"府际"关系视角下负荷水平敏感性分析结果（算例 I1）

此外，在社会可持续维度，本节还关注了灾害响应决策系统的最大服务完成时间（C_{max}），即系统中完成所有 ETs 的时间。最大服务完成时间在某种程度上体现了救援效率；值越大，效率越低；反之，效率越高。根据图 4－5（b）可知，随着负荷水平的不断增加，最大服务完成时间呈现下降趋势，表明系统的整体救援效率越来越高。换言之，每个 EO 所分配 ETs 的数量越平均，完成所有 ETs 的时间越短，损失降低程度/可能性越高。

对灾害响应决策系统而言，在负荷水平为 0.25 时，系统整体状态相对最优，即各目标函数偏离程度总和取得最小值、加权完成时间总和与碳排放总量都获得最小值。这也是横向"府际"关系视角下不同规模算例（I1～I16）中负荷水平设置为表 4－1 所示数值的原因。尽管在负荷水平为 0.25 时，应急费用总和相对较高；但由于本章追求救援过程在社会、环境和经济可持续方面的协调发展，故仍然将 0.25 视为最佳的负荷水平。

综上，在SDOM实践中，在资金充分的前提条件下，决策主体应尽可能地向各EO平均分配ETs，使得各EO的工作负荷相对均衡，进而使系统状态朝着对利益相关者最有利的方向发展。负荷水平对社会、环境和经济可持续目标的影响都不相同，决策主体可根据各自在不同维度的利益诉求选择最佳负荷水平，从而在最大限度满足救援过程的可持续要求，实现既定目标。

4.5.4 不同规模算例的仿真结果分析

正如有些学者（Wex et al.，2014；Cao et al.，2017；Rauchecker et al.，2018；Nayeri et al.，2019）强调的，问题规模是评价所设计求解方法绩效的关键维度。基于此，本节分别构造了8组小规模算例和8组大规模算例来验证所提出数学模型和求解算法的有效性。具体地，针对小规模算例（I1～I8）而言，分别采用HGCM、GA和IGA对其进行求解（见表4-2）。采用HGCM获得小规模算例的最优值，用GA和IGA获得各目标函数的满意值；在五次实验中，找到最佳目标函数值与平均值。通过次优值与最优值间的相对误差比例（PRE）来评价所设计求解策略的绩效。

表4-2　横向“府际”关系视角下应急组织指派小规模算例的仿真结果

算例			I1	I2	I3	I4	I5	I6	I7	I8
F	HGCM	OV	0.030	0.075	0.099	0.106	0.114	0.121	0.177	0.131
		T（秒）	2	2	2	1	1	1	3	1
	GA	1	0.173	0.145	0.170	0.141	0.235	0.121	0.251	0.295
		2	0.030	0.209	0.156	0.175	0.306	0.141	0.298	0.265
		3	0.030	0.325	0.110	0.141	0.274	0.179	0.248	0.211
		4	0.054	0.331	0.122	0.106	0.170	0.217	0.243	0.246
		5	0.069	0.265	0.160	0.179	0.232	0.164	0.341	0.532

续表

算例			I1	I2	I3	I4	I5	I6	I7	I8
F	GA	最优值	0.030	0.145	0.110	0.106	0.170	0.121	0.243	0.211
		平均值	0.071	0.255	0.144	0.148	0.243	0.164	0.276	0.310
		T（秒）	2	7	3	5	6	7	7	7
		PRE（%）	0.00	93.33	11.11	0.00	49.12	0.00	37.29	61.07
	IGA	1	0.030	0.075	0.099	0.106	0.114	0.135	0.180	0.151
		2	0.030	0.075	0.099	0.132	0.114	0.134	0.185	0.131
		3	0.030	0.075	0.099	0.106	0.114	0.129	0.192	0.132
		4	0.030	0.075	0.099	0.106	0.114	0.121	0.179	0.131
		5	0.030	0.075	0.099	0.141	0.114	0.127	0.191	0.143
		最优值	0.030	0.075	0.099	0.106	0.114	0.121	0.179	0.131
		平均值	0.030	0.075	0.099	0.118	0.114	0.129	0.185	0.138
		T（秒）	2	4	3	4	5	6	6	6
		PRE（%）	0.00	0.00	0.00	0.00	0.00	0.00	1.13	0.00
F_1	HGCM	OV（小时）	10.5	10.5	9.3	4.4	11.0	4.6	13.3	8.6
	GA	1（小时）	11.1	11.4	8.4	4.6	10.7	4.6	14.4	10.3
		2（小时）	10.5	12.7	9.6	4.7	10.7	4.1	14.1	9.9
		3（小时）	10.5	13.3	9.2	4.6	11.2	4.6	14.1	9.1
		4（小时）	10.7	13.5	9.2	4.4	10.7	4.9	13.3	9.1
		5（小时）	10.6	12.2	9.5	4.7	11.0	4.6	14.6	10.4
		最优值（小时）	10.5	11.4	8.4	4.4	10.7	4.1	13.3	9.1
		平均值（小时）	10.7	12.6	9.2	4.6	10.9	4.6	14.1	9.8
		PRE（%）	0.00	8.57	-9.68	0.00	-2.73	-10.87	0.00	5.81

续表

算例			I1	I2	I3	I4	I5	I6	I7	I8
F_1	IGA	1（小时）	10.5	10.5	9.3	4.4	9.8	4.3	13.0	8.6
		2（小时）	10.5	10.5	9.3	4.5	9.8	4.1	13.5	8.6
		3（小时）	10.5	10.5	9.3	4.4	9.8	4.4	13.7	8.4
		4（小时）	10.5	10.5	9.3	4.4	9.8	4.6	13.2	8.6
		5（小时）	10.5	10.5	9.3	4.6	9.8	4.5	13.6	8.8
		最优值（小时）	10.5	10.5	9.3	4.4	9.8	4.1	13.0	8.4
		平均值（小时）	10.5	10.5	9.3	4.5	9.8	4.4	13.4	8.6
		PRE（%）	0.00	0.00	0.00	0.00	-10.91	-10.87	-2.26	-2.33
F_2	HGCM	OV（千克）	34.1	31.0	41.6	46.6	53.8	46.0	63.3	55.0
	GA	1（千克）	38.8	32.4	55.3	45.4	61.8	46.0	56.7	59.3
		2（千克）	34.1	32.5	45.3	45.7	63.6	50.5	68.0	61.2
		3（千克）	34.1	35.4	42.2	46.9	55.7	53.7	57.6	63.6
		4（千克）	34.1	32.1	42.8	46.6	56.2	54.6	63.8	62.0
		5（千克）	34.1	35.8	46.5	46.4	63.1	52.3	69.2	85.2
		最优值（千克）	34.1	32.1	42.2	45.4	55.7	46.0	56.7	59.3
		平均值（千克）	35.0	33.6	46.4	46.2	60.1	51.4	63.1	66.3
		PRE（%）	0.00	3.55	1.44	-2.58	3.53	0.00	-10.43	7.82

续表

算例			I1	I2	I3	I4	I5	I6	I7	I8
F_2	IGA	1（千克）	34.1	31.0	41.6	46.6	53.8	48.9	60.4	60.5
		2（千克）	34.1	31.0	41.6	47.1	53.8	48.9	55.8	55.0
		3（千克）	34.1	31.0	41.6	46.6	53.8	49.8	61.1	54.0
		4（千克）	34.1	31.0	41.6	46.6	53.8	46.0	60.2	55.0
		5（千克）	34.1	31.0	41.6	46.9	53.8	46.9	54.8	54.5
		最优值（千克）	34.1	31.0	41.6	46.6	53.8	46.0	54.8	54.0
		平均值（千克）	34.1	31.0	41.6	46.8	53.8	48.1	58.5	55.8
		PRE（%）	0.00	0.00	0.00	0.00	0.00	0.00	-13.43	-0.02
F_3	HGCM	OV（万元）	23.8	16.9	31.4	25.9	26.8	27.9	26.6	27.3
	GA	1（万元）	30.9	17.9	36.2	28.1	28.4	27.9	32.0	30.7
		2（万元）	23.8	17.8	33.1	29.8	35.1	31.9	32.4	29.1
		3（万元）	23.8	21.5	33.1	26.9	33.9	29.0	32.8	27.7
		4（万元）	25.3	23.1	33.9	25.9	26.7	28.0	32.6	31.6
		5（万元）	27.2	20.8	33.7	29.4	27.4	28.4	33.9	38.9
		最优值（万元）	23.8	17.8	33.1	25.9	26.7	27.9	32.0	27.7
		平均值（万元）	26.2	20.2	34.0	28.0	30.3	29.0	32.7	31.6
		PRE（%）	0.00	5.33	5.41	0.00	-0.37	0.00	20.30	1.47

续表

算例			I1	I2	I3	I4	I5	I6	I7	I8
F_3	IGA	1（万元）	23.8	16.9	31.4	25.9	26.8	30.6	29.6	26.6
		2（万元）	23.8	16.9	31.4	27.7	26.8	32.1	30.2	27.3
		3（万元）	23.8	16.9	31.4	25.9	26.8	27.9	27.3	29.0
		4（万元）	23.8	16.9	31.4	25.9	26.8	27.9	28.8	27.3
		5（万元）	23.8	16.9	31.4	26.9	26.8	29.1	30.8	27.7
		最优值（万元）	23.8	16.9	31.4	25.9	26.8	27.9	27.3	26.6
		平均值（万元）	23.8	16.9	31.4	26.5	26.8	29.5	29.3	27.6
		PRE（%）	0.00	0.00	0.00	0.00	0.00	0.00	2.63	-2.56

根据表4-2可知，随着问题规模不断变大，（1）各目标函数偏离程度总和并未呈现出明显的变化规律，表明问题规模与各目标函数偏离其最优值的程度没有直接关系；（2）程序运行时间并未有明显的变化规律，但8组算例所需计算时间均在10秒内，表明所设计的HGCM和IGA都具有极高的求解效率。总体而言，与HGCM相比较，采用IGA能获得所有小规模算例（I7除外）的最优解，且算例I7的PRE仅为1.13%；与GA相比较，采用IGA获得算例I1～算例I8的各目标函数偏离程度总和、加权完成时间总和（I3除外）、碳排放总量（I4除外）与应急费用总和（I5除外）也都相对较优；表明IGA在求解质量方面具有极强的优越性。

针对上述小规模算例，可采用HGCM获得最优解；然而，针对面向可持续发展的应急组织指派大规模算例（I9～I16），HGCM在求解效率方面的局限性凸显，故仅采用 GA 和 IGA 求解这 8 组大规模算例。将采用 GA 和 IGA 分别获得次优目标函数值的较优值作为绩效评价的基准测试，再通过相对偏差比例（PRD）来比较算法的性能指标。仿真结果见表 4 - 3。

表 4 - 3　横向“府际”关系视角下应急组织指派大规模算例的仿真结果

算例			I9	I10	I11	I12	I13	I14	I15	I16
F	GA	1	0. 314	0. 403	0. 577	0. 794	0. 540	0. 983	0. 953	0. 771
		2	0. 364	0. 424	0. 664	0. 847	0. 454	0. 881	0. 895	0. 662
		3	0. 472	0. 645	0. 582	0. 866	0. 610	0. 944	0. 948	0. 649
		4	0. 390	0. 382	0. 833	0. 672	0. 590	0. 880	0. 965	0. 702
		5	0. 439	0. 428	0. 694	0. 800	0. 593	0. 764	0. 956	0. 710
		最优值	0. 314	0. 382	0. 577	0. 672	0. 454	0. 764	0. 895	0. 649
		平均值	0. 396	0. 456	0. 670	0. 796	0. 557	0. 890	0. 943	0. 699
		T（秒）	21	16	20	28	32	33	45	59
		PRD（%）	20. 31	13. 69	61. 17	54. 48	83. 06	43. 88	93. 72	90. 88
	IGA	1	0. 302	0. 353	0. 358	0. 522	0. 329	0. 591	0. 617	0. 422
		2	0. 288	0. 363	0. 523	0. 547	0. 294	0. 608	0. 462	0. 355
		3	0. 372	0. 336	0. 383	0. 517	0. 333	0. 531	0. 577	0. 354
		4	0. 261	0. 356	0. 507	0. 509	0. 312	0. 567	0. 585	0. 407
		5	0. 284	0. 352	0. 450	0. 435	0. 248	0. 604	0. 525	0. 340
		最优值	0. 261	0. 336	0. 358	0. 435	0. 248	0. 531	0. 462	0. 340
		平均值	0. 301	0. 352	0. 444	0. 506	0. 303	0. 580	0. 553	0. 376
		T（秒）	13	15	19	27	32	29	43	51
		PRD（%）	0. 00	0. 00	0. 00	0. 00	0. 00	0. 00	0. 00	0. 00

续表

算例			I9	I10	I11	I12	I13	I14	I15	I16
F1	GA	1（小时）	4.2	2.8	6.2	5.0	3.0	8.7	4.6	3.1
		2（小时）	4.7	2.9	6.9	5.1	3.0	8.6	4.9	3.1
		3（小时）	5.0	3.3	6.2	4.6	3.1	8.8	4.3	2.9
		4（小时）	4.4	2.9	6.7	4.9	3.2	8.7	4.7	2.9
		5（小时）	4.6	2.8	6.6	5.0	3.1	8.0	4.7	3.0
		最优值（小时）	4.2	2.8	6.2	4.6	3.0	8.0	4.3	2.9
		平均值（小时）	4.6	2.9	6.5	4.9	3.1	8.6	4.6	3.0
		PRD（%）	2.44	3.70	16.98	15.00	15.38	9.59	26.47	16.00
	IGA	1（小时）	4.2	2.9	5.5	4.2	2.8	7.3	3.9	2.6
		2（小时）	4.2	2.8	6.1	4.4	2.7	7.5	3.4	2.5
		3（小时）	4.3	2.7	5.3	4.3	2.6	7.3	3.7	2.5
		4（小时）	4.1	2.9	5.9	4.0	2.8	7.3	4.0	2.5
		5（小时）	4.1	2.8	5.6	4.2	2.7	7.5	3.8	2.5
		最优值（小时）	4.1	2.7	5.3	4.0	2.6	7.3	3.4	2.5
		平均值（小时）	4.2	2.8	5.7	4.2	2.7	7.4	3.8	2.5
		PRD（%）	0.00	0.00	0.00	0.00	0.00	0.00	0.00	0.00

续表

算例			I9	I10	I11	I12	I13	I14	I15	I16
F_2	GA	1（千克）	86.1	75.7	162.9	144.5	111.8	246.7	199.0	158.6
		2（千克）	79.6	72.8	153.6	164.2	107.6	217.3	180.3	160.4
		3（千克）	94.7	84.8	139.3	150.2	124.6	225.1	198.0	174.0
		4（千克）	95.6	64.3	187.6	135.3	119.9	210.2	200.8	153.6
		5（千克）	86.9	72.9	177.1	153.2	116.4	217.7	199.4	158.0
		最优值（千克）	79.6	64.3	139.3	135.3	107.6	210.2	180.3	153.6
		平均值（千克）	88.6	74.1	164.1	149.5	116.1	223.4	195.5	160.9
		PRD（%）	0.76	2.39	11.62	20.59	8.36	4.53	30.94	29.18
	IGA	1（千克）	84.7	72.1	124.8	129.1	110.2	201.1	155.1	130.7
		2（千克）	79.5	71.9	145.6	127.5	108.0	201.5	137.7	116.4
		3（千克）	84.8	72.0	130.3	112.2	100.9	188.3	157.3	118.9
		4（千克）	79.0	72.9	128.7	132.6	102.9	185.3	154.1	143.8
		5（千克）	82.6	62.8	134.4	119.1	99.3	201.1	165.0	118.9
		最优值（千克）	79.0	62.8	124.8	112.2	99.3	201.1	137.7	118.9
		平均值（千克）	82.1	70.3	132.8	124.1	104.3	195.5	153.8	125.7
		PRD（%）	0.00	0.00	0.00	0.00	0.00	0.00	0.00	0.00

续表

算例			I9	I10	I11	I12	I13	I14	I15	I16
F_3	GA	1（万元）	32.2	25.4	50.3	52.9	40.2	94.6	66.9	54.5
		2（万元）	32.7	26.0	54.0	51.4	34.5	90.1	60.7	46.0
		3（万元）	32.8	31.4	59.0	62.6	39.6	94.5	71.5	44.1
		4（万元）	32.7	26.9	64.9	46.6	37.6	91.0	65.0	53.7
		5（万元）	37.7	27.6	54.6	51.1	41.0	80.9	65.9	51.7
		最优值（万元）	32.2	25.4	50.3	46.6	34.5	80.9	60.7	44.1
		平均值（万元）	33.6	27.5	56.6	52.9	38.6	90.2	66.0	50.0
		PRD（%）	4.21	12.39	10.31	20.10	34.77	24.65	31.67	15.75
	IGA	1（万元）	31.3	22.6	45.6	43.7	27.4	69.5	57.1	40.6
		2（万元）	32.2	24.7	51.0	44.0	26.0	69.9	53.2	41.1
		3（万元）	36.3	24.1	49.4	46.8	33.0	64.9	54.8	40.9
		4（万元）	30.9	23.0	57.4	44.9	28.4	71.1	51.6	38.1
		5（万元）	31.6	26.4	52.1	38.8	25.6	69.4	46.1	39.2
		最优值（万元）	30.9	22.6	45.6	38.8	25.6	64.9	46.1	38.1
		平均值（万元）	32.5	24.2	51.1	43.6	28.1	69.0	52.6	40.0
		PRD（%）	0.00	0.00	0.00	0.00	0.00	0.00	0.00	0.00

根据表4－3可知，随着问题规模的不断变大，（1）各目标函数偏离程度总和的变化趋势都不明显，这与小规模算例的结论相同，故本章并未发现算例或问题规模的大小与目标函数值的偏离程度有直接的相关性；（2）程序运行时间未呈现出明显的变化趋势，但最长时间不超过60秒，约为小规模算例所需时间的6倍，表明问题规模与程序运行时间有显著的正相关关系，符合实际。与GA相比较，IGA在综合目标、管理者视角下的社会可持续目标、环境和经济可持续目标函数值上都占有绝对优势，即相对偏差比例（PRD）均为0.00%。

根据表4－2和表4－3的结果可知：（1）针对小规模算例，作为精确算法的HGCM和启发式算法的IGA均能在较短时间内获得最优解和次优解；（2）与GA相比较，无论针对小规模还是大规模算例，采用IGA获得目标函数值的相对误差比例（PRE）或偏差比例（PRD）均较小，且计算时间不超过1分钟，表明IGA能在较短时间内获得高质量的指派方案。

随着问题规模的不断变大，（1）所设计IGA的优势越来越凸显，具体地，并非所有小规模算例的结果都支持上述结论，但其属于正常情况，而针对大规模算例，IGA表现出极强的优越性或占有绝对的优势；（2）程序运行时间逐渐变长，上限从10秒变为60秒，尽管其符合实际情况，但在SDOM实践中决策主体期望获得应急组织指派满意方案的时间越短越好，故管理EOs的主体需特别注意，有些学者（Wex et al.，2014；Cao et al.，2017；Nayeri et al.，2019）支持上述观点。在这样的情形下，根据协调者（如专家）的意见，采用科学方法来分解应急组织指派大规模问题，是应对随着规模增大程序运行时间呈指数增长的实际问题的有效途径（Cao et al.，2017）。

结合表4－2和表4－3的结果，分析两种不同情形下各目标函数值的变化趋势：（1）EOs数量固定，ETs数量增加；（2）ETs数量固定，EOs数量增加。在这两种不同情形下，算例I1～算例I16中综合目标函数值（各目标函数偏离程度总和）、社会可持续目标函数值

（加权完成时间总和）、环境和经济可持续目标函数值（碳排放总量与应急费用总和）的变化趋势见表4－4和表4－5。其中，“↓”表示下降，“↑”表示上升，“→”表示不变，“↗↘”表示先上升后下降，“↘↗”表示先下降后上升。

表4－4　ETs数量固定情形下考虑横向“府际”关系的各目标函数值的变化趋势

编号	ETs数量	问题规模	算例	F	F_1	F_2	F_3
1	8	小	I1/I2	↓	→	↓	↓
2	10	小	I3/I4	↑	↓	↑	↓
3	12	小	I5/I6	↑	↓	↓	↑
4	14	小	I7/I8	↓	↓	↓	↑
是否有明显的特定规律				否	否	否	否
5	20	大	I9/I10	↑	↓	↓	↓
6	30	大	I11/I12/I13	↗↘	↓	↓	↓
7	40	大	I14/I15/I16	↓	↓	↓	↓
是否有明显的特定规律				否	是	是	是

表4－5　EOs数量固定情形下考虑横向“府际”关系的各目标函数值的变化趋势

编号	EOs数量	问题规模	算例	F	F_1	F_2	F_3
1	3	小	I1/I3	↑	↓	↑	↑
2	5	小	I2/I4/I5/I7	↑	↘↗	↑	↗↘
3	6	小	I6/I8	↑	↑	↑	↓
是否有明显的特定规律				是	否	是	否
4	10	大	I9/I11/I14	↑	↑	↑	↑
5	20	大	I10/I15	↑	↑	↑	↑
6*	15/30/40	大	I12/I13/I16	↘↗	↓	↘↗	↘↗
是否有明显的特定规律				是	是	是	是

在表 4－5 中，由于 EOs 数量为 15、30 和 40 的算例都只有 1 组，但算例 I12、I13 和 I16 的规模是依次增大，故第 6 组的趋势表示在 EOs 和 ETs 的数量都不固定的情形下，随着问题规模变大，各目标函数值的变化规律。基于此，在判断大规模算例的各目标函数值是否有明显的特定规律时，未考虑第 6 组的情况。

针对小规模算例而言，在 ETs 数量固定的情形下，随着 EOs 的不断增加，各目标函数偏离程度总和、加权完成时间总和、碳排放总量与应急费用总和都未明显地呈现出特定规律。在 EOs 数量固定的情形下，随着 ETs 的不断增加，综合目标函数值与碳排放总量都呈现出稳定的上升趋势，而管理者视角下的社会可持续目标和经济可持续目标函数值都未发现有特定的变化趋势。

针对大规模算例而言，在 ETs 数量固定的情形下，随着 EOs 的不断增加，尽管综合目标函数值没有明显的特定规律，但管理者视角下的社会可持续目标（加权完成时间总和）、环境可持续目标（碳排放总量）和经济可持续目标（应急费用总和）都呈现出下降趋势。在 EOs 数量固定的情形下，随着 ETs 的不断增加，各目标函数偏离程度总和、加权完成时间总和、碳排放总量与应急费用总和也不断增加。

结果表明：针对横向“府际”关系视角下面向可持续发展的应急组织多目标指派问题而言，EOs 或 ETs 的数量对小规模算例的社会、环境和经济可持续绩效的影响没有特定的规律；相反地，在绝大多数情况下，EOs 或 ETs 数量的变化会显著且有规律地影响加权完成时间总和、碳排放总量和应急费用总和。

4.6　本章小结

本章在考虑工作负荷、适用限制、不可拆分任务紧迫性与异质性的情况下，研究了任务导向下面向可持续发展的应急组织指派问题；建立了多目标 0～1 整数规划模型，旨在最小化加权完成时间总和

（管理者视角下的社会可持续）、最小化碳排放总量（环境可持续）与最小化应急费用总和（经济可持续）；分别设计了融入 BBA 的 HGCM、带精英策略的 IGA 求解上述构建的多目标决策模型；通过不同规模的算例，验证了所构建模型和设计算法的有效性。

总体而言，通过分析仿真结果，可得到以下几点结论：

第一，将横向“府际”关系、可持续发展理念和工作负荷水平融入应急组织指派问题，为应急组织指派策略制定提供了新思路，可提高同层级不同部门间的协作效率，从而满足救援过程的可持续要求；

第二，多目标规划方法适用于对本章考虑的问题进行建模，其在很大程度上有助于提高响应效率、减少碳排放量和应急费用，提高获得指派方案的科学性，进而提高决策主体对应急组织指派活动的认知；

第三，在资金供应充分的前提条件下，工作负荷水平的高低对灾害响应决策系统的整体状态有正向影响；且负荷水平对社会、环境和经济可持续绩效的影响不相同，决策主体可根据在不同维度的利益诉求选择最佳值；

第四，尽管所设计的 HGCM 和 IGA 在求解质量和计算时间方面都具有较强的优势，但也并不意味着其可完全替代实践者/决策主体在制定应急组织指派方案中的作用；

第五，EOs 或 ETs 的数量对社会、环境和经济可持续绩效的影响规律与问题规模的大小有关系；其对大规模问题的影响有迹可循，但对小规模问题的影响没有特别规律。

第 5 章

面向可持续发展的应急组织指派双层规划模型与算法

5.1 引　言

在 2005 年美国卡特里娜飓风响应过程中，尽管联邦与地方政府都启动了应急响应系统，医疗工具包和疫苗都准时送达 EDPs，但由于护士（应急组织/人员）的严重缺乏，导致幸存者临时治疗或处理任务的开始执行时间延迟，增加了幸存者的痛苦和社会成本，从而影响了灾害响应决策系统的可持续绩效（Cao et al.，2017；Wang et al.，2018）。这意味着在救援物资充分、但救援力量有限的条件下，如何通过合理地设计任务导向的应急组织指派策略，避免“想帮忙，反添乱”的现象，在最大程度上满足救援过程和对幸存者人文关怀的可持续要求，是亟待解决的重要课题。

虽然，有些学者（Wex et al.，2014；Cao et al.，2017；张淑文等，2018；Rauchecker et al.，2018）已开始运用 OR/MS 方法对应急组织/人员指派或调度问题进行建模，但仍然处于起步阶段，且面临着许多挑战。这些挑战主要体现在以下几个方面：

第一，由于应急组织的成员有独立的思考能力，幸存者对任务的执行顺序有不同的感知，加上 DOM 活动具有高度不确定性等特征，导致应急组织指派问题相当复杂。并且，应急任务在相应的应急组织上被指定不同的顺序，其带给任务涉及幸存者的效用也不相同。此外，横向和纵向“府际”关系对救援活动整体绩效的影响也并不完全相同。前者聚焦于同层级不同部门间的协作，而后者更关注不同层级决策主体间的联动（曹策俊等，2018）。不合理的应急组织指派策略还会诱发各种社会和经济问题（Cao et al.，2017；曹策俊等，2018）。基于此，如何将可持续发展理念、纵向“府际”关系、任务顺序（或路径规划）等有机融入应急组织指派问题，是提高救援过程和对幸存者人文关怀的可持续绩效的关键。

第二，尽管商业领域的可持续绩效测量方法已初步达成共识，但在 SDOM 领域还处于探索阶段。一方面，社会因素本身的不确定性，导致刻画社会可持续绩效非常困难。另一方面，在应急组织指派问题中，利益相关者间的“府际”关系包括区域内同层级决策主体间的横向关系（第 4 章已讨论），以及中央、地方与基层政府间的纵向关系。在 DOM 领域，前者通常采用单层数学规划方法来刻画；而纵向“府际”关系的刻画相对复杂和困难。基于此，为了提高应急组织协作效率，满足救援过程和对幸存者人文关怀的可持续要求，如何采用有效方法测量不同维度的可持续绩效和纵向“府际”关系，进而建立任务导向的应急组织指派双层规划模型，是当前面临的重要挑战之一。

第三，任务导向（或带路径规划/考虑任务顺序）的应急组织指派问题已被证明为 NP 难题（Lee et al.，2013；Wex et al.，2014；Lei et al.，2015；Cao et al.，2017；Wang et al.，2018）。随着问题规模的变大，计算复杂度呈现指数增长。另外，有些学者（Bard et al.，1991；Lu et al.，2016；Liu et al.，2017；Xiao et al.，2018）还指出即使是双层线性规划模型，求解也非常困难。此外，时间对 SDOM 救援活动又尤为重要，这对算法的求解效率提出了更高的要求。因此，为快速响应大规模自然灾害，如何针对应急组织指派双层规划模型，设计支持“多层级多准则决策建模、高不确定性和复杂性求解”且具有高效率和收敛性的算法，是当前面临的困难。

针对上述问题，本章从纵向“府际”关系视角，研究了综合考虑不同维度可持续发展理念、路径规划、工作负荷、异质性、适用限制与准备时间的应急组织指派问题；采用完成时间刻画管理者视角下的社会可持续，采用服务效用感知满意度测量幸存者视角下的社会可持续，采用碳排放量刻画环境可持续，采用应急费用衡量经济可持续，采用双层优化理论刻画利益相关者间的纵向“府际”关系，进而构建了应急组织指派双层 0 ~ 1 整数规划模型；针对上述构建的模型，设计了带精英策略、下层采用 BBA 的嵌套式遗传算法（Nested GA，NGA）；根据汶川特大地震，构造了不同算例，验证了研究方案的有效性。

5.2　纵向“府际”关系视角下应急组织指派问题描述

在黄金救援阶段，来自不同地方的应急组织/人员（EOs）不断涌入受影响区域。然而，这些 EOs 的类型或能力并不完全相同，包括全能型和专业型。前者可以执行所有的 ETs，而后者只能执行某些而非全部 ETs。因此，需要根据当前的 ETs，对这些 EOs 进行有效的指派，避免出现“想帮忙，反添乱”的现象。换言之，不合理的指派策略会导致灾害响应决策系统陷入混乱和无序状态（张淑文，2018）。并且，由于决策系统中有大量的 ETs 等待被完成，而当前可利用的 EOs 有限，每个 EO 可能会承担多项任务。因此，ETs 在获得 EO 资源时可能会存在竞争关系，不同的匹配关系、不同的执行顺序都会影响整个决策系统的可持续绩效。在这样的情形下，EOs 与 ETs 间的匹配关系、ETs 的执行顺序（或结构）应该同时被考虑到应急组织指派问题中，这也是本章的聚焦点。

此外，尽管每项 ET 仅能分配给某个 EO，但每个 EO 可能会承担多项任务。然而，究竟应向每个 EO 分配多少项 ETs（即每个 EO 的负荷水平如何设置）是紧迫且重要的问题（Rolland et al.，2010；樊治平等，2012；袁媛等，2013；张雷等，2013；Ren et al.，2016；Cao et al.，2017；曹庆奎等，2017）。因为它不仅会影响应急组织指派的最优方案，而且还会影响服务效用感知满意度，从而影响救援过程和对幸存者人文关怀的可持续绩效。基于此，本章将负荷水平作为重要的因素考虑到应急组织指派问题中。

除横向“府际”关系（见第 4 章）外，在应急组织指派问题中，利益相关者（如中央政府、地方政府和基层政府）间还存在纵向“府际”关系或层级关系。实践表明无论是应急组织指派还是救援物资分配活动都涉及不同层级的多个决策主体，属于多元主体联合管理问题（Camacho – Vallejo et al.，2015；Lu et al.，2016；Gutjahr et al.，2016）。这就需要平衡不同层级决策主体在社会、环境和经济可持续方面的诉求。例如，在灾害响应决策系统中，需要先回答 EOs 与 ETs 究竟如何匹配，以及两者间的匹配关系是什么。这就需要决策主体/协调者（如专家）在考虑社会、环境和经济可持续目标与负荷水平的情况下制定合理的分配方案。然后，管理 EOs 的主体确定每个 EO 执行所分配 ETs 的顺序，满足其在可持续目标方面的诉求。基于此，图 5 – 1 展示了纵向“府际”关系视角下任务导向的应急组织指派决策框架。

在充分吸收基于 S – BOX 理论的应急组织指派决策内涵的基础上，提出了上述决策框架。根据图 5 – 1 可知，决策主体/协调者（如专家）（leader）根据负荷水平确定 EOs 与 ETs 间的匹配关系，即确定是否将 ETs 分配给 EOs；EOs 管理者（follower）确定每个 EO 上所有 ETs 的执行顺序（即每个 EO 的访问路径）。

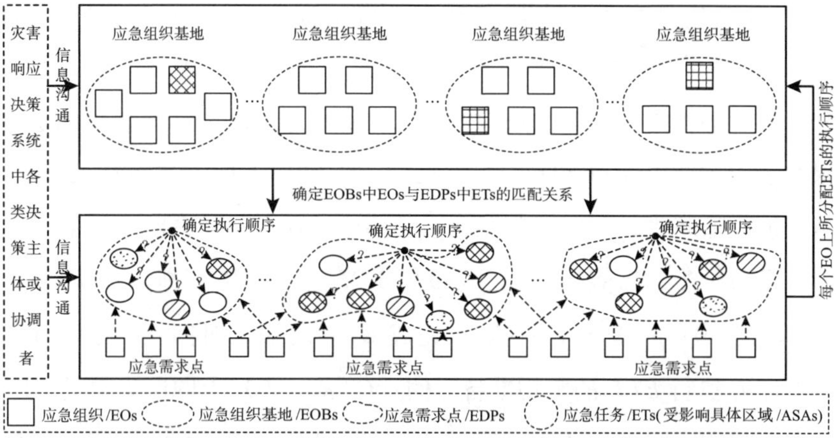

图 5－1　纵向“府际”关系视角下任务导向的应急组织指派决策框架

综上，本章采用社会、环境和经济可持续绩效综合评价应急组织指派方案的优劣。特别地，从管理者和幸存者两个视角，剖析与刻画社会可持续绩效。具体地，针对上层问题，在管理者视角下的社会可持续维度，追求提高灾害响应效率；在环境可持续维度，聚焦于如何通过优化任务结构（即执行顺序）和匹配关系来减少碳排放量；在经济可持续维度，关注如何降低移动和执行活动需要的应急费用；针对下层问题，管理 EOs 的主体关注如何提高幸存者视角下的社会可持续绩效（即服务效用感知满意度）。总体而言，各层级决策主体旨在最大程度上满足救援过程和对幸存者人文关怀的可持续要求，进而实现灾害响应决策系统的可持续发展。

5.3　面向可持续发展的应急组织指派双层规划模型

5.3.1　参数与符号

$r \in R$ 表示任意的 EO，数量记为 $\bar{r}$；$u \in U$ 表示任意的 ET，数量记

为 $\bar{u}$；$u_r \in U_r$ 表示 EOr 上任意的 ET，数量记为$\overline{u_r}$；$l \in L$ 表示 EO 执行 ETs 的任意顺序/次序，数量记为$\bar{l}$，且 $\bar{l} = \bar{u}$；$l_r \in L_r$ 表示 EOr 执行已分配 ETs 的任意顺序/次序，数量记为$\overline{l_r}$，且$\overline{l_r} = \overline{u_r}$；$M_u$ 代表组织适用限制，表示能够完成 ETu 的组织集合；w_u 表示 ETu 在系统中的权重，越紧迫，值越大，反之，越小；cap_u^r 表示 EOr 是否有能力执行 ETu，即不是每个 EO 都能执行/完成每项 ET，若 $r \in M_u$，则 $cap_u^r = 1$，否则，$cap_u^r = 0$；p_u^r 表示 EOr 执行/完成 ETu_r 的加工时间；$s_{u,l}^r$表示 EOr 以顺序 l_r 执行 ETu_r 的平均准备时间；C_l^r 表示 EOr 上顺序为 l_r 的 ETu_r 的完成时间；C^r 表示 EOr 上所有 ETs 的加权完成时间和；ξ^r表示 EOr 的工作负荷水平，即分配给 EOr 的 ETs 数量占总任务数量的比例；$\alpha_{u,l}^r$表示 EOr 以顺序 l_r 执行 ETu_r 所带来的效用；$A_{u,l}^r$、$a_{u,l}^r$分别表示 EOr 以顺序 l_r 执行 ETu_r 的准备或移动过程中单位时间产生的碳排放量、需要的费用（即单位费率）；A_u^r、a_u^r 分别表示 EOr 执行 ETu_r 的加工过程中单位时间产生的碳排放量、需要的费用（即单位费率）；上层决策变量为 x_u^r，表示 EOr 是否执行 ETu；若是，$x_u^r = 1$；否则，$x_u^r = 0$；下层决策变量为 $y_{u,l}^r$，表示 EOr 执行 ETu_r 的顺序/次序是否为 l_r；若是，$y_{u,l}^r = 1$；否则，$y_{u,l}^r = 0$。

5.3.2 假设条件

本章假设执行 ETs 所需救援物资充分，且已提前运送至 ETs 所在位置，执行 ETs 的开始时间仅取决于 EO 的到达时间。EOs 以顺序 l_r 执行 ETs 带来的效用服从区间内的均匀分布。此外，ETs 与 EOs 的数量、EOs 与 ETs 的特征以及部分参数的取值情况与第 4.3.2 节中的描述相同，为清晰起见，此处不再赘述。

5.3.3 可持续发展指标测量

针对纵向“府际”关系视角下的应急组织指派问题，上层决策问题追求的可持续目标与第 4. 3. 3 节相同，即采用加权完成时间总和测量管理者视角下的社会可持续绩效，采用碳排放总量刻画环境可持续绩效，采用应急费用总和衡量经济可持续绩效；而下层决策问题追求受益人视角下（即幸存者）的社会可持续目标。

本章借鉴与拓展有些学者（袁媛等，2013；曹庆奎等，2017；Zhang et al. ，2017）的观点，采用服务效用感知满意度来衡量幸存者视角下的社会可持续目标。服务效用感知满意度体现了 ETs 涉及幸存者对以顺序 l_r 执行该任务带来效用的实际感受。为简化问题，假设 EOr 以顺序 l_r 执行 ETu_r 的效用矩阵已提前获得。服务效用感知满意度可通过效用矩阵与决策变量的乘积来计算。基于此，EOr 以顺序 l_r 执行 ETu_r 的效用感知满意度可记为：

$$\sum_{u \in U_r} \sum_{l \in L_r} \alpha_{u,l}^{r} y_{u,l}^{r} \tag{5-1}$$

综上，下层问题的目标函数旨在最大化服务效用感知满意度总和，记为：

$$\max_{y_{u,l}^r} \sum_{r \in R} \sum_{u \in U_r} \sum_{l \in L_r} \alpha_{u,l}^{r} y_{u,l}^{r} \tag{5-2}$$

5. 3. 4　任务导向的应急组织指派双层规划模型

基于此，针对纵向“府际”关系视角下面向可持续发展的应急组织指派问题，构建了上层最小化加权完成时间总和、碳排放总量与应急费用总和，下层最大化服务效用感知满意度总和的双层 0 ~ 1 整数规划模型，见式（5 -3）~式（5 -14）。

$$\min_{x_u^r, y_{u,l}^r} \sum_{r \in R} \sum_{l \in L_r} \sum_{u \in U_r} w_u (\overline{l_r} + 1 - l)(s_{u,l}^{r} + p_u^{r}) y_{u,l}^{r} \tag{5-3}$$

$$\min_{x_u^r, y_{u,l}^r} \sum_{r \in R} \sum_{u \in U_r} A_u^r p_u^r x_u^r + \sum_{r \in R} \sum_{u \in U_r} \sum_{l \in L_r} A_{u,l}^{r} s_{u,l}^{r} y_{u,l}^{r} \tag{5-4}$$

$$\min_{x_u^r, y_{u,l}^r} \sum_{r \in R} \sum_{u \in U_r} a_u^r p_u^r x_u^r + \sum_{r \in R} \sum_{u \in U_r} \sum_{l \in L_r} a_{u,l}^{r} s_{u,l}^{r} y_{u,l}^{r} \tag{5-5}$$

$$\text{s. t.} \quad x_u^r \leqslant cap_u^r / \forall u \in U, \ r \in R / \tag{5-6}$$

$$\sum_{u \in U} x_u^r \geqslant \lfloor \xi^r \bar{u} \rfloor / \forall r \in R / \tag{5-7}$$

$$\sum_{r \in R} x_u^r = 1 / \forall u \in U / \tag{5-8}$$

$$x_u^r \in \{0, 1\} / u \in U, r \in R / \tag{5-9}$$

$$\max_{y_{u,l}^r} \sum_{r \in R} \sum_{u \in U_r} \sum_{l \in L_r} \alpha_{u,l}^r y_{u,l}^r \tag{5-10}$$

$$\text{s. t.} \quad \sum_{l \in L_r} y_{u,l}^r = x_u^r / \forall u \in U_r, r \in R / \tag{5-11}$$

$$\sum_{u \in U_r} y_{u,l}^r \leqslant 1 / \forall l \in L, r \in R / \tag{5-12}$$

$$\sum_{u \in U_r} y_{u,l'}^r \geqslant \sum_{u \in U_r} y_{u,l}^r / \forall l' < l \in L_r, \geqslant 2, r \in R / \tag{5-13}$$

$$y_{u,l}^r \in \{0, 1\} / \forall l \in L_r, u \in U_r, r \in R / \tag{5-14}$$

其中，式（5-3）~式（5-9）定义了上层决策模型。具体地，式（5-3）~式（5-5）分别表示最小化加权完成时间总和、最小化碳排放总量与最小化应急费用总和三个可持续目标函数。约束条件（5-6）~约束条件（5-9）依次与第4.3.4节中式（4-10）、式（4-11）、式（4-13）和式（4-22）的具体含义相同，此处不赘述。

式（5-10）~式（5-14）定义了下层决策模型。具体地，式（5-10）表示采用服务效用感知满意度刻画幸存者视角下的社会可持续，以最大化服务效用感知满意度总和作为目标函数。约束条件（5-11）~约束条件（5-14）分别与第4.3.4节中式（4-15）、式（4-20）、式（4-21）和式（4-23）的意义相同，此处不赘述。

5.4 求解双层规划模型的策略设计

综上，纵向“府际”关系视角下面向可持续发展的应急组织指派问题被描述为双层0~1整数规划模型。正如前文提到的，双层规划模型是受斯坦伯格博弈理论的启发而提出，属于主从优化模型

(Camacho – Vallejo et al.，2015)。此模型描述了具有主从递阶结构的系统优化问题，上层决策问题不仅与上层决策变量相关，而且还依赖于下层决策问题的最优解。同时，下层决策问题的最优解又受上层决策变量的影响。双层规划的一般模型与包括约束域、可行集、合理反应集、诱导域等在内的基础概念可参考相关文献（Bracken et al.，1973；Lu et al.，2016），此处不赘述。

一方面，任务导向的应急组织指派问题已被证明为 NP 难题（Wex et al.，2014；Rauchecker et al.，2018）；另一方面，即使双层规划模型的所有项都是线性表达式，其求解也非常困难（Lu et al.，2016；Safaei et al.，2018；Safaei et al.，2020）。因此，本章考虑的纵向“府际”关系视角下的应急组织指派问题属于 NP 难题，对其求解更加困难。此外，由于下层问题属于非凸规划（Zeng et al.，2014；Poirion et al.，2015），又增加了应急组织指派双层规划模型的复杂度。基于此，本章设计了带精英策略、下层采用 BBA 的 NGA 求解应急组织指派双层 0 ~ 1 整数规划模型，旨在为纵向“府际”关系视角下面向可持续发展的应急组织指派策略的制定提供科学方法。

在 DOM 中，GA 不仅被广泛用于求解单层多目标决策模型（Chang et al.，2014；Cao et al.，2018），而且也被用于求解双层规划模型（Chakraborty et al.，2014；郑斌等，2017）。主要原因包括：(1) 为尽可能多地降低各种损失，决策主体需要在合理时间内制定应急组织指派方案；GA 中的多点并行搜索机制在某种程度上提高了搜索速度、减少了搜索时间，为决策主体在有限时间内获得最佳指派方案提供了有效手段；(2) 诸如 ETs 的执行时间、EOs 在 ETs 间的移动/准备时间等的不确定性和随机性对灾害响应决策系统的可持续绩效有显著的影响；而在 GA 的选择、交叉和变异算子中的内生概率机制为刻画这种不确定性和随机性提供了新的思路；即 GA 有能力模拟 DOM 实践中应急组织指派的大多数情景；(3) 已有成果表明 GA 在求解质量和计算时间方面都具有潜在的优势。

针对第5.3.4节建立的应急组织指派双层规划模型，本章设计了下层采用BBA且带精英策略的NGA来求解此模型。特别地，外层GA的染色体采用上层决策变量（x_u^r）来表示，长度为$|R|\times|U|$的个体（染色体）可表示为：

$$A_g' = \left[\underbrace{\overbrace{x_1^1,\ \cdots,\ x_{\bar{u}}^1}^{\bar{u}个元素} \mid \overbrace{x_1^r,\ \cdots,\ x_{\bar{u}}^r}^{\bar{u}个元素} \mid \overbrace{x_1^{\bar{r}},\ \cdots,\ x_{\bar{u}}^{\bar{r}}}^{\bar{u}个元素}}_{\bar{r}\times\bar{u}个元素} \right]$$

染色体/个体的表示方法和具体含义与第4.4.2节中步骤1相同，此处不再赘述。NGA的流程框架见图5－2。

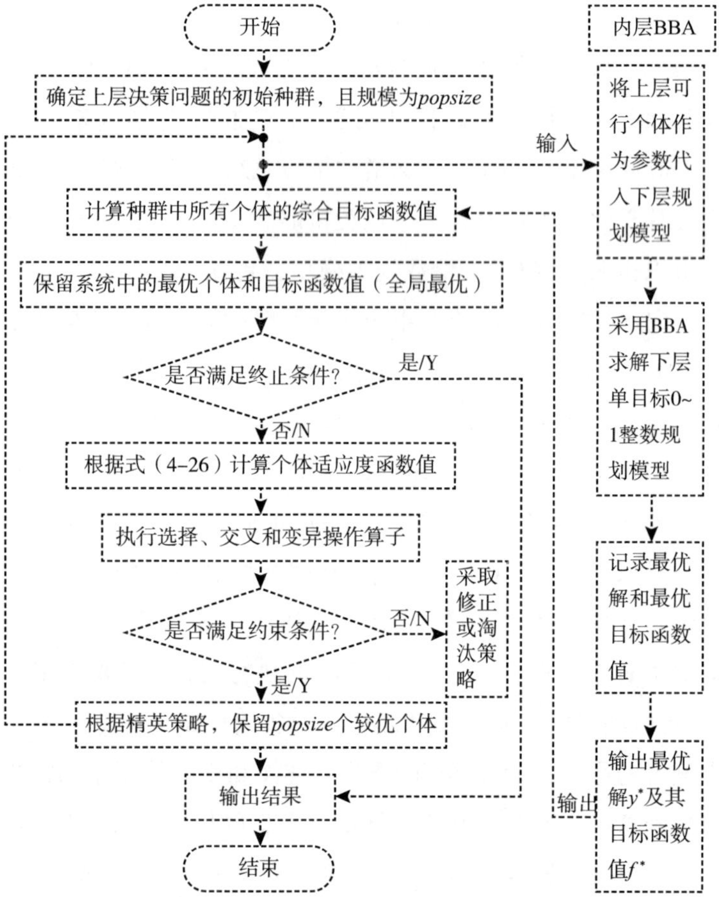

图5－2　NGA的流程框架

采用带精英策略的 NGA 求解应急组织指派双层 0～1 整数规划模型的步骤为：

步骤 1：针对上层决策问题，随机产生 *popsize* 个满足上层约束的个体或染色体（即应急组织指派方案），将其作为初始种群；设置最大迭代次数为 max*gen*。

步骤 2：将上层可行个体作为参数代入下层规划模型，故下层决策问题转化为仅含有 $y_{u,l}^{r}$ 的单目标 0～1 整数规划模型；采用 Matlab（R2016b）中“intlinprog”函数内置的 BBA 求解下层整数规划模型。

步骤 3：获得了以上层个体为参数的下层规划模型的最优解和最优值，即获得每个 EO 执行相应 ETs 的最优顺序（y^*）和最大服务效用感知满意度总和（f^*），并将其传回外层 GA。

步骤 4：根据式（5－15）计算上层个体的综合目标函数值，确定当代的最优目标函数值；并与上一代的全局最优值进行比较，记录当代的全局最优值；判断是否满足终止条件：若是，则输出结果；否则，转至步骤 5。

$$
\begin{aligned}
F(A_g) = {} & \beta_1^2\left(\frac{[F(A_g)]_1 - [F(A_g)]_1^{\min}}{[F(A_g)]_1^{\min}}\right) \\
& + \beta_2^2\left(\frac{[F(A_g)]_2 - [F(A_g)]_2^{\min}}{[F(A_g)]_2^{\min}}\right) \\
& + \beta_3^2\left(\frac{[F(A_g)]_3 - [F(A_g)]_3^{\min}}{[F(A_g)]_3^{\min}}\right)
\end{aligned}
\tag{5-15}
$$

根据何塞·费尔南多·卡马乔·瓦列霍等（2015）文献可知，双层规划模型（leader-follower 视角）中上层目标函数的最优值不可能优于多目标规划模型（leader 视角，详见第 4.3 节）的最优值。基于此，采用 BBA 分别求解仅考虑单个目标函数 F_θ（$\forall\theta=1, 2, 3$）（即加权完成时间总和、碳排放总量与应急费用总和）的应急组织指派 0～1 整数规划模型；根据获得的结果，确定式（5－15）中社会、环境和经济可持续目标的极小值，分别记为：$[F(A_g)]_1^{\min}$、$[F(A_g)]_2^{\min}$

和 $[F(A_g)]_3^{\min}$。然而，通过上述方法消除量纲后的综合目标函数值并没有很强的实际含义。在迭代寻优过程中，仅用于判断可持续目标函数值和应急组织指派方案的优劣性。

此外，β_1^2、β_2^2 和 β_3^2 分别表示社会、环境和经济可持续目标函数的权重，且 $\beta_1^2+\beta_2^2+\beta_3^2=1$。正如第 4. 4. 1 节提到的，针对应急组织指派问题而言，管理者视角下的社会可持续目标（即加权完成时间总和）是最重要的，环境和经济可持续目标次之，且两者间并未有严格的大小关系，本章将两者的重要程度视为相同。基于此，各目标函数的权重关系可记为：$\beta_1^2>\beta_2^2=\beta_3^2$。

步骤 5：根据式（4 –26）计算上层个体的适应度函数值；执行选择、交叉和变异操作算子（与第 4. 4. 4 节步骤 5 类似）。

步骤 6：判断染色体是否满足上层约束：若是，根据精英策略（与第 4. 4. 4 节步骤 6 相同），保留 *popsize* 个较优个体作为父代进入下次迭代；否则，对其进行修正。

步骤 7：重复上述步骤 2 ~ 步骤 6，直至所有个体的目标函数值相同且不再变化，或达到设定的最大迭代次数，获得全局最优解，输出结果。

5.5 算例分析

5.5.1 算例描述与参数设置

本章仍然以 2008 年 5 · 12 汶川特大地震为背景，构造了 16 组算例（见表 5 –1）。其中，I1 ~ I8 表示小规模算例，I9 ~ I16 表示大规模算例。

表 5－1　　　　　　应急组织指派 16 组算例

算例	$\bar{r}$	$\bar{u}$	ξ^r	算例	$\bar{r}$	$\bar{u}$	ξ^r	算例	$\bar{r}$	$\bar{u}$	ξ^r	算例	$\bar{r}$	$\bar{u}$	ξ^r
I1	3	8	1/4	I5	5	12	1/6	I9	10	20	1/10	I13	30	30	1/30
I2	5	8	1/8	I6	6	12	1/6	I10	20	20	1/20	I14	10	40	1/10
I3	3	10	3/10	I7	5	14	1/7	I11	10	30	1/10	I15	20	40	1/20
I4	5	10	1/5	I8	6	14	1/7	I12	15	30	1/15	I16	40	40	1/40

特别地，算例构造的合理性、各参数的取值范围与第 4.5.1 节中的描述相同，此处不再赘述。时间、碳排放量和应急费用的单位分别为“小时”“千克”和“万元”。尽管上述合理化了参数的取值范围，但其在 DOM 实践中仍然可能不同，本章仅试图通过上述数据验证所建立模型和设计算法的有效性。此外，EOs 以顺序 l_r 执行 ETs 的效用服从区间［0，1］内的均匀分布，足够大的正数取值为 1000。附录 B 给出了算例 I1～I16 中其他参数的具体取值。

根据第 5.4 节可知，本章设计了 NGA 和 GA（详见第 5.5.2 节）求解应急组织指派双层 0～1 整数规划模型。具体地，前者采用带精英策略的 GA 求解上层规划模型，采用 BBA 求解下层规划模型；而后者表示采用传统 GA 求解上层规划模型。基于此，采用 NGA 和 GA 分别求解构造的 8 组小规模算例（I1～I8）和 8 组大规模算例（I9～I16），都采用 GAP（%）来评价所设计的 NGA 和 GA。GAP 表示采用每种算法获得的目标函数值与所有算法中较优值的偏差（Moreno et al.，2018；Nayeri et al.，2019），具体表达式见式（5－16）和式（5－17）。

$$GAP = \frac{ALG_{sol} - BEST_{sol}}{BEST_{sol}} \times 100 \tag{5-16}$$

$$GAP = \frac{BEST_{sol} - ALG_{sol}}{BEST_{sol}} \times 100 \tag{5-17}$$

其中，ALG_{sol}表示通过 NGA 或 GA 获得的各目标函数值，$BEST_{sol}$表示采用 NGA 和 GA 获得目标函数值中的较优值。当目标函数为最小化形式时，采用式（5－16），且 $BEST_{sol}=\min\{GA_{sol}, NGA_{sol}\}$；但目标函数为最大化形式时，采用式（5－17），且 $BEST_{sol}=\max\{GA_{sol}, NGA_{sol}\}$。

5.5.2 算例仿真结果分析

经过多次测试，NGA 的相关参数取值如下：种群规模（*popsize*）设置为 60，最大迭代次数（max*gen*）设置为 150，交叉概率（*pc*）和变异概率（*pm*）分别设置为 0.8 和 0.6。借助 Matlab（R2016b）软件，在 Windows8.1 系统、酷睿 i5－5200 双核处理器的计算机上实现算例 I1～算例 I16 的仿真实验。尽管构造了 16 组不同规模的算例，但为增加可读性，本节仅以算例 I8 为例来分析采用 NGA 获得的应急组织最佳指派方案。特别地，除第 5.4 节详细阐述的 NGA 外，将未融入精英策略的传统遗传算法简写为 GA（其他参数设置与 NGA 相同）。

采用 NGA 求解应急组织指派双层 0～1 整数规划模型的结果为：在第 70 代左右，综合目标函数值趋近收敛于 0.2353；针对上层可持续目标函数而言，加权完成时间总和（管理者视角下的社会可持续绩效）趋近收敛于 9.84 小时，碳排放总量（环境可持续绩效）趋近收敛于 57.9 千克，应急费用总和（经济可持续绩效）趋近收敛于 28.6 万元；在上层综合目标函数值最优时，下层服务效用感知满意度总和（幸存者视角下的社会可持续绩效）为 8.6；程序运行时间为 279 秒。针对算例 I8，EOs 与 ETs 的匹配关系、每个 EO 所分配 ETs 的顺序见图 5－3。

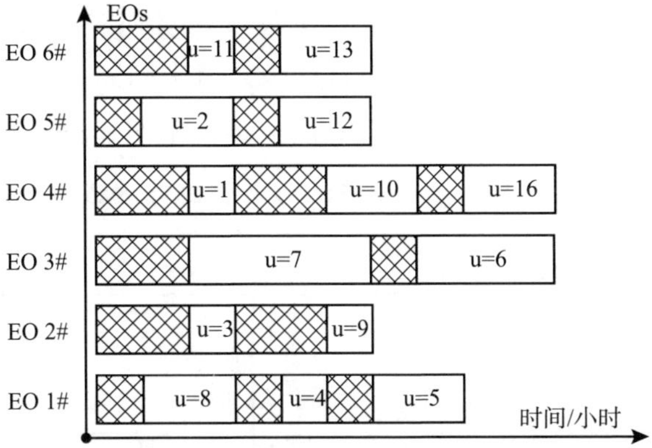

图5－3　纵向“府际”关系视角下的应急组织指派满意方案（算例I8）

根据图5－3可知，第1个EO依次执行第8、第4和第5项任务，负荷为3；第2个EO依次执行第3和第9项任务，负荷为2；第3个EO依次执行第7和第6项任务，负荷为2；第4个EO依次执行第1、第10和第16项任务，负荷为3；第5个EO依次执行第2和第12项任务，负荷为2；第6个EO依次执行第11和第13项任务，负荷为2。此外，六个EOs的最大服务完成时间（即制造期）分别为8小时、6小时、10小时、10小时、6小时和6小时。对灾害响应决策系统而言，最大服务完成时间（即制造期）为10小时，由第3个EO和第4个EO决定，第6和第16项任务最后执行。表明6个EOs在10个小时内可完成所有的ETs（14项）。特别地，第1个和第4个EO的负荷最大，均为3项任务。

针对上层决策问题，综合目标函数值、管理者视角下的社会可持续目标、环境和经济可持续目标函数值的变化趋势见图5－4。

结果表明：（1）采用带精英策略的NGA可在较短时间内获得纵向“府际”关系视角下任务导向的应急组织指派满意方案，且具有较快的收敛速度，即NGA在计算时间（求解效率）方面具有潜在优势；（2）综合目标函数值呈现下降趋势，而加权完成时间总和、碳排放总量与应急费用总和并没有特定的变化规律，这与实际相符，原因在于本章通过式（5－15）对三个可持续目标函数进行了加权求和，故在迭代寻优过程中以综合目标函数值来判断指派方案的优劣；（3）下层服务效用感知满意度总和的趋势也不明显/单调，因为对上层目标函数值最优的EO访问顺序，对下层目标函数不一定最优。

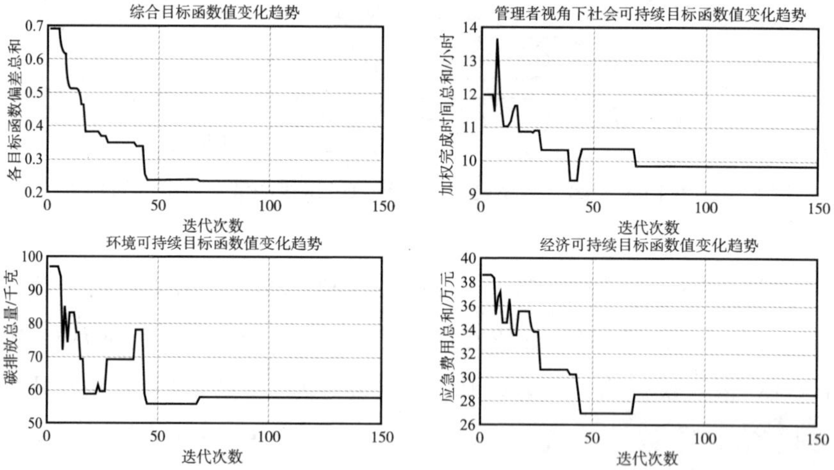

图5－4　上层目标函数值的变化趋势（算例I8）

在保证NGA参数不变的条件下，进行十次实验，记录综合目标函数值分别为：0.2353、0.2693、0.2353、0.2363、0.2805、0.2516、0.2200、0.2566、0.2200和0.2693。可计算获得平均值为0.24742，标准差为0.020186，平均偏差为8.16%。上述结果表明：（1）本章所设计的求解应急组织指派0～1整数双层规划模型的NGA具有较强的鲁棒性；（2）采用所设计的NGA和IGA（见第4章）获得“府际”关系视角下的应急组织指派方案都较稳定，变动幅度较小，有利于提升救援过程和对幸存者人文关怀的可持续绩效，促进灾害响应决策系统的可持续发展。

5.5.3　负荷水平的敏感性分析

本节仍通过算例I8来分析负荷水平对纵向“府际”关系视角下

应急组织指派过程的可持续绩效的影响。在保证其他参数不变的情况下，将平均负荷水平设置为 1/14、5/56、3/28、1/8 和 1/7，比较上层管理者视角下的社会可持续绩效、环境和经济可持续绩效，以及下层幸存者视角下社会可持续绩效的变化趋势。纵向“府际”关系视角下负荷水平敏感性分析结果见表 5 - 2。

表 5 - 2　纵向“府际”关系视角下负荷水平敏感性分析结果（算例 I8）

目标		1/14	5/56	3/28	7/56	1/7
F	1	0.406	0.430	0.504	0.487	0.235
	2	0.544	0.542	0.481	0.540	0.269
	3	0.468	0.512	0.459	0.564	0.252
	4	0.463	0.597	0.448	0.475	0.220
	5	0.589	0.459	0.477	0.561	0.257
	最优值	0.406	0.430	0.448	0.475	0.220
F_1（小时）	1	22.4	23.8	24.4	21.7	9.8
	2	23.2	25.5	24.3	25.2	9.3
	3	23.5	24.3	24.4	24.1	9.5
	4	23.8	24.6	23.6	23.6	9.7
	5	27.3	24.1	23.0	24.6	9.5
	最优值	22.4	23.8	23.0	21.7	9.3
F_2（千克）	1	58.2	56.0	61.7	61.5	57.9
	2	77.9	62.0	60.2	65.9	68.2
	3	57.1	53.3	55.0	66.8	60.9
	4	57.5	70.2	61.2	61.1	59.2
	5	60.6	59.3	62.4	61.3	61.1
	最优值	57.1	53.3	55.0	61.1	57.9

续表

目标		1/14	5/56	3/28	7/56	1/7
F_3（万元）	1	26.0	25.5	27.2	31.9	28.6
	2	25.9	27.3	26.4	26.1	29.5
	3	28.5	31.4	26.7	29.9	30.3
	4	27.2	29.7	25.1	27.0	27.5
	5	27.3	25.6	27.9	30.8	30.6
	最优值	25.9	25.5	25.1	26.1	27.5
f	1	9.5	9.9	9.8	10.8	8.6
	2	9.9	10.0	9.0	10.4	9.5
	3	10.5	10.8	9.9	10.0	9.0
	4	9.6	10.6	9.1	10.6	10.0
	5	8.7	9.2	10.4	11.1	10.1
	最优值	10.5	10.8	10.4	11.1	10.1

根据表 5－2 可知，随着平均负荷水平的增加，并未发现各目标函数值具有特定的变化规律。此现象可能是由平均负荷水平的取值设置所导致，因为约束条件（5－7）的右端项进行了向下取整操作，导致前四个取值对应急组织指派方案并未有实质性的影响。尽管表中展示了不同的仿真结果，也是因为采用启发式算法（NGA）迭代寻优所致。

在平均负荷水平为 1/7 时，尽管碳排放总量、应急费用总和与服务效用感知满意度未取得最优值，但决策系统的整体可持续绩效（综合目标函数值）相对最优，且加权完成时间总和与最大服务完成时间（即制造期）（未直接在表中给出）都获得最小值。基于此，算例 I1 ~算例 I16 中负荷水平设置为表 5－1 所示的数值。

总之，平均负荷水平越高，越有利于满足救援过程和对幸存者人文关怀的可持续要求，实现决策系统在社会、环境和经济维度的协调发展。这与横向“府际”关系视角下的应急组织指派问题的结论相似。然而，在大规模自然灾害背景下，可利用的 EOs 相对缺乏，每个 EO 可能会承担过重的工作负荷。基于此，在 SDOM 实践中，在分配 ETs 的过程中，决策主体还需要考虑每个 EO 的最大承受能力。

5.5.4　不同规模算例的仿真结果分析

针对小规模算例（I1 ~ I8），分别采用 NGA 和 GA 对其进行求解，仿真结果见表 5 – 3。在求解过程中，每组算例进行五次实验，找到最佳目标函数值与平均值。将分别采用 GA 和 NGA 获得全局最优目标函数值的较优值作为绩效评价的基准测试，再通过 GAP 来比较算法的性能指标。

表 5 – 3　纵向“府际”关系视角下应急组织指派小规模算例的仿真结果

算例			I1	I2	I3	I4	I5	I6	I7	I8
F	GA	1	0.103	0.115	0.234	0.222	0.346	0.217	0.481	0.317
		2	0.103	0.115	0.234	0.213	0.410	0.227	0.657	0.298
		3	0.103	0.115	0.217	0.195	0.286	0.290	0.527	0.412
		4	0.103	0.115	0.234	0.195	0.257	0.242	0.629	0.353
		5	0.103	0.115	0.244	0.195	0.248	0.409	0.566	0.380
		最优值	0.103	0.115	0.217	0.195	0.248	0.217	0.481	0.298
		平均值	0.103	0.115	0.233	0.204	0.309	0.277	0.572	0.352
		T（秒）	189	241	243	181	229	178	331	312
		GAP（%）	0.00	0.00	0.00	0.00	82.35	6.37	41.06	35.45

续表

算例			I1	I2	I3	I4	I5	I6	I7	I8
F	NGA	1	0. 244	0. 225	0. 217	0. 195	0. 248	0. 204	0. 407	0. 235
		2	0. 103	0. 354	0. 217	0. 195	0. 258	0. 204	0. 341	0. 269
		3	0. 103	0. 231	0. 217	0. 195	0. 136	0. 204	0. 362	0. 252
		4	0. 103	0. 331	0. 217	0. 195	0. 257	0. 204	0. 341	0. 220
		5	0. 103	0. 115	0. 234	0. 195	0. 253	0. 204	0. 383	0. 257
		最优值	0. 103	0. 115	0. 217	0. 195	0. 136	0. 204	0. 341	0. 220
		平均值	0. 131	0. 251	0. 220	0. 195	0. 230	0. 204	0. 367	0. 247
		T（秒）	200	251	211	172	212	159	279	237
		GAP（%）	0. 00	0. 00	0. 00	0. 00	0. 00	0. 00	0. 00	0. 00
F_1	GA	1（小时）	11. 94	10. 96	9. 45	5. 11	12. 05	4. 96	18. 56	9. 88
		2（小时）	11. 94	10. 96	9. 45	4. 55	11. 09	5. 25	18. 64	10. 35
		3（小时）	11. 94	10. 96	9. 32	4. 96	11. 20	4. 92	15. 40	12. 07
		4（小时）	11. 94	10. 96	9. 45	4. 96	11. 46	5. 43	17. 47	9. 41
		5（小时）	11. 94	10. 96	9. 75	4. 96	11. 19	6. 04	18. 06	10. 17
		最优值（小时）	11. 94	10. 96	9. 32	4. 55	11. 09	4. 92	15. 40	9. 41
		平均值（小时）	11. 94	10. 96	9. 48	4. 91	11. 40	5. 32	17. 63	10. 38
		GAP（%）	0. 00	0. 00	0. 00	0. 00	7. 88	0. 00	0. 00	0. 97

续表

算例			I1	I2	I3	I4	I5	I6	I7	I8
F_1	NGA	1（小时）	12. 41	12. 59	9. 32	4. 96	10. 79	4. 94	16. 38	9. 84
		2（小时）	11. 94	14. 54	9. 32	4. 96	10. 92	4. 94	15. 99	9. 32
		3（小时）	11. 94	12. 95	9. 32	4. 96	10. 28	4. 94	15. 79	9. 53
		4（小时）	11. 94	12. 07	9. 32	4. 96	11. 46	4. 94	15. 99	9. 68
		5（小时）	11. 94	10. 96	9. 45	4. 96	11. 34	4. 94	16. 30	9. 54
		最优值（小时）	11. 94	10. 96	9. 32	4. 96	10. 28	4. 94	15. 79	9. 32
		平均值（小时）	12. 03	12. 62	9. 35	4. 96	10. 96	4. 94	16. 09	9. 58
		GAP（%）	0. 00	0. 00	0. 00	9. 01	0. 00	0. 41	2. 53	0. 00
F_2	GA	1（千克）	36. 1	32. 2	60. 5	47. 1	62. 2	50. 9	66. 8	62. 5
		2（千克）	36. 1	32. 2	60. 5	55. 0	71. 3	50. 5	90. 5	63. 9
		3（千克）	36. 1	32. 2	53. 3	47. 0	62. 7	59. 7	89. 1	62. 7
		4（千克）	36. 1	32. 2	60. 5	47. 0	60. 9	50. 9	87. 4	74. 3
		5（千克）	36. 1	32. 2	55. 2	47. 0	58. 9	68. 4	87. 7	71. 3
		最优值（千克）	36. 1	32. 2	53. 3	47. 0	58. 9	50. 5	66. 8	62. 5
		平均值（千克）	36. 10	32. 20	58. 00	48. 62	63. 20	56. 08	84. 30	66. 94
		GAP（%）	0. 00	0. 00	0. 00	0. 00	4. 99	7. 45	6. 03	7. 94

续表

算例			I1	I2	I3	I4	I5	I6	I7	I8
F_2	NGA	1（千克）	40.0	33.2	53.3	47.0	58.9	47.0	66.9	57.9
		2（千克）	36.1	32.3	53.3	47.0	65.6	47.0	64.2	68.2
		3（千克）	36.1	35.1	53.3	47.0	56.1	47.0	63.0	60.9
		4（千克）	36.1	45.9	53.3	47.0	60.9	47.0	64.2	59.2
		5（千克）	36.1	32.2	60.5	47.0	65.4	47.0	65.8	61.1
		最优值（千克）	36.1	32.2	53.3	47.0	56.1	47.0	63.0	57.9
		平均值（千克）	36.88	35.74	54.74	47.00	61.38	47.00	64.82	61.46
		GAP（%）	0.00	0.00	0.00	0.00	0.00	0.00	0.00	0.00
F_3	GA	1（万元）	23.0	17.4	32.3	28.9	33.1	29.6	32.4	33.5
		2（万元）	23.0	17.4	32.3	29.4	38.9	27.6	37.1	28.5
		3（万元）	23.0	17.4	36.3	28.1	31.4	32.1	38.4	29.9
		4（万元）	23.0	17.4	32.3	28.1	28.5	26.8	40.6	33.5
		5（万元）	23.0	17.4	35.1	28.1	30.0	26.2	32.4	33.2
		最优值（万元）	23.0	17.4	32.3	28.1	30.0	27.6	32.4	28.5
		平均值（万元）	23.00	17.40	33.66	28.52	32.38	28.46	36.18	31.72
		GAP（%）	0.00	2.96	0.00	0.00	17.19	0.00	5.19	0.00

续表

算例			I1	I2	I3	I4	I5	I6	I7	I8
F_3	NGA	1（万元）	30.8	18.7	36.3	28.1	31.9	30.7	34.0	28.6
		2（万元）	23.0	21.2	36.3	28.1	28.8	30.7	30.8	29.5
		3（万元）	23.0	16.9	36.3	28.1	25.6	30.7	34.1	30.3
		4（万元）	23.0	19.7	36.3	28.1	28.5	30.7	30.8	27.5
		5（万元）	23.0	17.4	32.3	28.1	26.4	30.7	32.7	30.6
		最优值（万元）	23.0	16.9	32.3	28.1	25.6	30.7	30.8	28.6
		平均值（万元）	24.56	18.78	35.50	28.10	28.24	30.70	32.48	29.30
		GAP（%）	0.00	0.00	0.00	0.00	0.00	11.23	0.00	0.35
f	GA	1	4.8	5.1	7.4	5.6	7.0	7.2	9.7	8.3
		2	4.8	5.1	7.4	6.3	9.4	7.2	10.0	10.2
		3	4.8	5.1	7.7	5.8	7.7	7.2	10.2	10.2
		4	4.8	5.1	7.4	5.8	7.9	6.3	9.6	9.3
		5	4.8	5.1	7.2	5.8	9.4	8.5	10.0	9.2
		最优值	4.8	5.1	7.7	6.3	9.4	8.5	10.2	10.2
		平均值	4.80	5.10	7.42	5.86	8.28	7.28	9.90	9.44
		GAP（%）	4.00	5.56	0.00	0.00	0.00	0.00	2.86	0.00
	NGA	1	5.0	5.0	7.7	5.8	7.9	8.1	10.5	8.6
		2	4.8	5.4	7.7	5.8	8.4	8.1	9.4	9.5
		3	4.8	5.2	7.7	5.8	7.8	8.1	10.4	9.0
		4	4.8	4.8	7.7	5.8	7.9	8.1	9.4	10.0
		5	4.8	5.1	7.4	5.8	8.8	8.1	10.4	10.1
		最优值	5.0	5.4	7.7	5.8	8.8	8.1	10.5	10.1
		平均值	4.84	5.10	7.64	5.80	8.16	8.10	10.02	9.44
		GAP（%）	0.00	0.00	0.00	7.94	6.38	4.71	0.00	0.98

根据表5-3可知，随着问题规模的不断增加，(1) 综合目标函数值并没有特定的变化规律，表明未发现问题规模与综合目标函数值存在直接关系；(2) 程序运行时间没有特定的变化趋势，但8组小规模算例都可在159~331秒内获得结果，表明所设计的NGA在求解效率方面具有潜在的优势。上述结论与横向“府际”关系视角下应急组织指派问题得到的结论相似。

总体而言，与GA相比较，采用NGA获得综合目标函数值的GAP均为0.00%，小于或等于采用GA获得的结果，表明NGA相对较优。对8组小规模算例而言，尽管在社会、环境和经济可持续绩效方面的某些结果不支持上述结论，但NGA在很大程度上仍然具有绝对的优势。

针对纵向“府际”关系视角下面向可持续发展的应急组织指派大规模算例（I9~I16），同样采用NGA和GA分别对这8组算例进行求解，仿真结果见表5-4。

表5-4　纵向“府际”关系视角下应急组织指派大规模算例的仿真结果

算例			I9	I10	I11	I12	I13	I14	I15	I16
F	GA	1	0.559	0.977	1.069	1.387	1.138	1.107	1.359	1.353
		2	0.711	0.845	1.079	1.215	1.195	1.164	1.593	1.581
		3	0.891	0.991	1.111	1.264	1.182	1.242	1.600	1.688
		4	0.697	1.119	1.085	1.168	1.331	1.056	1.537	1.512
		5	0.625	0.918	1.070	1.185	1.315	1.225	1.498	1.603
		最优值	0.559	0.845	1.069	1.168	1.138	1.056	1.359	1.353
		平均值	0.697	0.970	1.083	1.244	1.232	1.159	1.517	1.547
		T（秒）	327	345	376	393	445	455	526	687
		GAP（%）	154.09	170.83	124.58	128.13	206.74	92.00	148.45	209.61

续表

算例			I9	I10	I11	I12	I13	I14	I15	I16
F	NGA	1	0. 260	0. 387	0. 493	0. 539	0. 372	0. 687	0. 560	0. 476
		2	0. 286	0. 355	0. 477	0. 574	0. 403	0. 617	0. 596	0. 493
		3	0. 220	0. 334	0. 490	0. 512	0. 396	0. 615	0. 696	0. 474
		4	0. 300	0. 411	0. 476	0. 564	0. 372	0. 657	0. 547	0. 437
		5	0. 263	0. 312	0. 521	0. 559	0. 371	0. 550	0. 682	0. 558
		最优值	0. 220	0. 312	0. 476	0. 512	0. 371	0. 550	0. 547	0. 437
		平均值	0. 266	0. 360	0. 491	0. 550	0. 383	0. 625	0. 616	0. 488
		T（秒）	340	350	389	419	472	475	668	751
		GAP（%）	0. 00	0. 00	0. 00	0. 00	0. 00	0. 00	0. 00	0. 00
F_1	GA	1（小时）	4. 90	3. 50	7. 61	6. 32	3. 81	9. 82	5. 26	4. 15
		2（小时）	5. 49	3. 40	8. 52	6. 03	4. 20	10. 21	6. 04	4. 25
		3（小时）	6. 27	3. 93	8. 50	6. 18	4. 01	10. 00	6. 30	4. 33
		4（小时）	5. 23	4. 05	8. 53	5. 85	4. 37	10. 08	5. 97	4. 17
		5（小时）	5. 10	4. 01	7. 88	5. 74	4. 11	10. 08	5. 85	4. 33
		最优值（小时）	4. 90	3. 40	7. 61	5. 74	3. 81	9. 82	5. 26	4. 15
		平均值（小时）	5. 40	3. 78	8. 21	6. 02	4. 10	10. 04	5. 88	4. 25
		GAP（%）	23. 12	29. 77	36. 87	38. 65	40. 59	35. 64	31. 50	59. 00

续表

算例			I9	I10	I11	I12	I13	I14	I15	I16
F_1	NGA	1（小时）	4.13	2.95	5.81	4.32	2.81	8.12	4.06	2.78
		2（小时）	4.05	2.63	5.91	4.59	2.85	7.54	4.02	2.64
		3（小时）	4.05	2.84	6.23	4.42	2.89	7.42	4.39	2.61
		4（小时）	4.23	2.90	5.56	4.37	2.71	7.62	4.00	2.66
		5（小时）	3.98	2.62	5.94	4.14	2.91	7.24	4.29	2.82
		最优值（小时）	3.98	2.62	5.56	4.14	2.71	7.24	4.00	2.61
		平均值（小时）	4.09	2.79	5.89	4.37	2.83	7.59	4.15	2.70
		GAP（%）	0.00	0.00	0.00	0.00	0.00	0.00	0.00	0.00
F_2	GA	1（千克）	86.4	102.1	189.4	202.9	163.9	259.4	258.1	218.9
		2（千克）	103.2	113.5	178.2	177.5	159.7	271.0	282.3	239.3
		3（千克）	118.0	108.5	187.9	184.3	163.2	264.5	278.1	275.6
		4（千克）	122.4	134.0	193.0	160.6	191.3	255.3	259.9	233.7
		5（千克）	104.7	104.4	186.7	194.7	159.5	266.7	239.4	253.6
		最优值（千克）	86.4	102.1	178.2	160.6	159.5	255.3	239.4	218.9
		平均值（千克）	106.9	112.5	187.0	184.0	167.5	263.4	263.6	244.2
		GAP（%）	7.60	56.12	33.38	27.87	61.44	37.48	57.40	70.09

续表

算例			I9	I10	I11	I12	I13	I14	I15	I16
F_2	NGA	1（千克）	86.8	77.8	139.6	128.8	103.0	197.0	152.1	143.9
		2（千克）	83.8	84.7	141.6	139.5	106.9	195.9	167.0	132.3
		3（千克）	83.3	72.3	139.4	126.8	100.3	195.7	164.1	132.0
		4（千克）	80.3	76.6	133.6	125.6	108.2	198.7	147.5	128.7
		5（千克）	83.3	65.4	142.2	139.8	98.8	185.7	157.4	147.1
		最优值（千克）	80.3	65.4	133.6	125.6	98.8	185.7	152.1	128.7
		平均值（千克）	83.5	75.4	139.3	132.1	103.4	194.6	157.6	136.8
		GAP（%）	0.00	0.00	0.00	0.00	0.00	0.00	0.00	0.00
F_3	GA	1（万元）	44.1	42.7	80.7	72.0	57.8	92.8	81.6	71.1
		2（万元）	44.3	33.2	73.8	67.5	57.1	92.0	85.8	84.2
		3（万元）	45.4	36.6	74.6	68.0	58.3	109.2	83.2	83.1
		4（万元）	39.6	35.4	69.5	70.2	56.6	82.4	87.0	81.2
		5（万元）	41.0	32.6	78.2	64.1	67.3	104.7	90.4	81.0
		最优值（万元）	39.6	32.6	69.5	64.1	56.6	82.4	81.6	71.1
		平均值（万元）	42.9	36.1	75.4	68.4	59.4	96.2	85.6	80.1
		GAP（%）	47.76	46.85	46.62	57.88	79.11	18.22	66.87	80.46

续表

算例			I9	I10	I11	I12	I13	I14	I15	I16
F_3	NGA	1（万元）	28.1	22.4	53.2	43.7	32.0	73.9	48.9	39.4
		2（万元）	32.1	22.4	49.3	40.6	32.7	72.3	49.5	46.5
		3（万元）	26.8	22.2	47.4	40.7	33.3	73.7	54.1	45.5
		4（万元）	32.4	24.7	56.3	46.1	32.3	76.4	49.8	42.2
		5（万元）	31.1	25.5	53.9	44.9	31.6	69.7	55.9	45.0
		最优值（万元）	26.8	22.2	47.4	40.6	31.6	69.7	48.9	39.4
		平均值（万元）	30.1	23.4	52.0	43.2	32.4	73.2	51.6	43.7
		GAP（%）	0.00	0.00	0.00	0.00	0.00	0.00	0.00	0.00
f	GA	1	12.5	9.9	21.1	18.7	14.5	30.2	22.4	21.1
		2	14.6	9.1	22.9	19.6	16.5	29.8	23.8	18.9
		3	14.0	10.5	23.1	20.7	16.4	31.0	23.4	21.4
		4	13.5	9.8	20.3	20.1	17.0	30.1	23.1	18.0
		5	13.3	11.1	21.0	20.4	14.6	30.6	22.9	20.5
		最优值	14.6	11.1	23.1	20.7	17.0	31.0	23.8	21.4
		平均值	13.6	10.1	21.7	19.9	15.8	30.3	23.1	20.0
		GAP（%）	0.00	0.00	0.86	0.00	0.00	0.00	13.45	6.96

续表

算例			I9	I10	I11	I12	I13	I14	I15	I16
F	NGA	1	13.6	10.2	22.1	19.9	16.6	27.7	24.2	18.1
		2	13.2	10.1	22.1	18.7	13.6	30.0	25.1	23.0
		3	14.2	8.1	21.4	18.3	16.4	29.9	24.9	17.6
		4	12.7	9.7	23.3	18.8	15.0	28.1	23.7	17.2
		5	13.7	10.3	21.8	20.0	16.5	30.5	27.5	20.7
		最优值	14.2	10.3	23.3	20.0	16.6	30.5	27.5	23.0
		平均值	13.5	9.7	22.1	19.1	15.6	29.2	25.1	19.3
		GAP (%)	2.74	7.21	0.00	3.38	2.35	1.61	0.00	0.00

根据表 5－4 可知，随着问题规模的增加，（1）与小规模算例相同，综合目标函数值仍然没有明显的变化趋势；（2）程序运行时间呈现出明显的上升趋势，最长时间为 751 秒，表明问题规模越大，计算时间越长。此外，与 GA 相比较，采用 NGA 获得综合目标函数值、加权完成时间总和、碳排放总量与应急费用总和的 GAP 都为 0.00%，尽管服务效用感知满意度的 GAP 不完全为 0.00%，NGA 仍然表现出了较强的优越性。综上，无论针对小规模算例（I1～I8）还是大规模算例（I9～I16），在大多数情况下，采用 NGA 获得目标函数值的 GAP 都较小，表明 NGA 能获得较高质量的满意解。总之，随着问题规模的增加，本章提出的 NGA 在不同性能指标上的优越性更突出。

根据表 5－3 和表 5－4 的结果，在 ETs 数量或 EOs 数量不变的前提条件下，深入剖析管理者视角下的社会可持续目标函数值（加权完成时间总和）、环境可持续目标函数值（碳排放总量）、经济可持续目标函数值（应急费用总和）与幸存者视角下的社会可持续目标函数值（服务效用感知满意度）的变化趋势，结果见表5－5和表5－6。其中，“－”表示无明显趋势，其他符号的含义与第4.5.4节相同；表5－6中第6组比较算例的详细情况见第4.5.4节。

表5－5　ETs数量固定情形下考虑纵向“府际”关系的各可持续目标函数值的变化趋势

编号	ETs数量	问题规模	算例	F_1	F_2	F_3	f
1	8	小	I1/I2	↓	↓	↓	↑
2	10	小	I3/I4	↓	↓	↓	↓
3	12	小	I5/I6	↓	↓	↑	↓
4	14	小	I7/I8	↓	↓	↓	↓
是否有明显的特定规律				是	是	否	否
5	20	大	I9/I10	↓	↓	↓	↓
6	30	大	I11/I12/I13	↓	↓	↓	↓
7	40	大	I14/I15/I16	↓	↓	↓	↓
是否有明显的特定规律				是	是	是	是

表5－6　EOs数量固定情形下考虑纵向“府际”关系的各可持续目标函数值的变化趋势

编号	EOs数量	问题规模	算例	F_1	F_2	F_3	f
1	3	小	I1/I3	↓	↑	↑	↑
2	5	小	I2/I4/I5/I7	↘↗	↑	－	↑
3	6	小	I6/I8	↑	↑	↓	↑
是否有明显的特定规律				否	是	否	是
4	10	大	I9/I11/I14	↑	↑	↑	↑
5	20	大	I10/I15	↑	↑	↑	↑
6*	15/30/40	大	I12/I13/I16	↓	↘↗	↘↗	↘↗
是否有明显的特定规律				是	是	是	是

针对小规模算例（I1～I8）而言，在ETs数量不变的情况下，随着EOs的不断增加，加权完成时间总和与碳排放总量呈现出稳定的下降趋势，而应急费用总和与幸存者感知满意度并未发现有明显的特定规律。在EOs数量不变的情况下，随着ETs的增加，碳排放总量与幸存者感知满意度呈上升趋势，而未发现加权完成时间总和与应急费用总和有稳定的变化趋势。通过上述分析可发现，这与横向“府际”关系视角下应急组织指派问题的结论不完全相同。

针对大规模算例（I9～I16）而言，在ETs数量不变的情况下，随着EOs的不断增加，管理者和幸存者视角下的社会可持续绩效、环境和经济可持续绩效都呈现出下降趋势。在EOs数量不变的情况下，随着ETs的不断增加，加权完成时间总和、碳排放总量、应急费用总和与幸存者感知满意度呈上升趋势。上述结论与横向“府际”关系视角下应急组织指派问题的结论完全相同。

结果表明：针对纵向“府际”关系视角下面向可持续发展的应急组织指派问题而言，EOs或ETs的数量对小规模算例的管理者和幸存者视角下的社会可持续绩效、环境可持续绩效与经济可持续绩效的影响规律不明显；然而，EOs或ETs的数量对大规模算例的加权完成时间总和、碳排放总量、应急费用总和与幸存者感知满意度的影响显著，且有稳定的变化趋势。

此外，结合第4.5.4节中的结论，得到以下两点启示：无论是针对纵向还是横向“府际”关系视角下面向可持续发展的应急组织指派问题而言，(1) EOs或ETs的数量显著且有规律地影响大规模算例的社会、环境和经济可持续绩效，对各维度可持续绩效的影响趋势也极其相似或相同，表明决策主体/协调者在制定应急组织指派策略的过程中，可适当弱化“府际”关系对可持续绩效带来的影响；(2) 而其对小规模算例的可持续绩效影响不明显，在SDOM实践中，决策主体/协调者不能将单个案例/问题的解决方法（如思路）或经验完全复制或照搬至其他不同案例，由于EOs或ETs的数量对灾害响应决策系统的可持续绩效的影响规律不明显，故需根据实际情况具体分析。

5.6 本章小结

针对纵向“府际”关系视角下考虑可持续发展理念、负荷水平且带路径规划的应急组织指派问题，构建了上层最小化加权完成时间总和、碳排放总量与应急费用总和，下层最大化服务效用感知满意度的双层0～1整数规划模型；提出了下层采用BBA且带精英策略的NGA对其进行求解；基于汶川特大地震，构造了16组具有不同特征的算例，验证了所设计方案的可行性和有效性。

总体而言，结合上述分析，可得出以下几点结论：

第一，将纵向“府际”关系、管理者和幸存者视角下的社会、环境和经济可持续、路径规划、工作负荷、适用限制和准备时间融入应急组织指派问题，为制定考虑层级关系的应急组织指派策略提供了新思路；

第二，双层优化理论可解决不同层级决策主体间“联动性不足”的问题，为纵向“府际”关系视角下应急组织指派策略设计提供了理论依据，有助于改善灾害响应决策系统的可持续绩效，进而提高决策主体对应急组织指派活动的认知；

第三，尽管平均负荷水平越高，越有利于满足救援过程和对幸存者人文关怀的可持续要求，但在实践过程中也不能忽略每个EO的最大承受能力；

第四，在求解应急组织指派双层整数0～1规划模型时，尽管所提出的带精英策略的NGA在求解质量和求解效率方面都具有潜在的优势，也并不意味着其可完全代替“人”的作用，在方案制定过程中，NGA更多的是起辅助作用；

第五，在小规模应急组织指派问题中，由于EOs或ETs的数量对各可持续绩效的影响规律不明显，决策主体/协调者（如专家）不能将单个案例的经验完全复制或照搬至其他案例，需根据实际问题具体分析；

第六，在大规模应急组织指派问题中，决策主体/协调者（如专家）可适当地弱化“府际”关系（如中央政府与地方政府、不同地方政府间）对救援过程和对幸存者人文关怀的可持续绩效的影响。

第6章

面向可持续发展的救援物资分配多目标规划模型与算法

6.1 引　　言

大规模自然灾害发生后，对各应急需求点而言，诸如现场搜索－救援、临时治疗或处理、临时安置等应急任务的立即执行或完成需要调用大量的救援物资。不及时的救援物资供应会导致关键应急任务开始执行和完成时间的延迟，从而影响救援过程的整体绩效。雷等（2015）指出救援物资的缺乏会大幅度增加救援工作的困难程度。例如，2015年北大西洋桑迪飓风毁坏了大量医疗救援物资的预置库存，导致救援工作几乎瘫痪。2018年印度尼西亚地震与海啸造成道路损毁或拥堵严重，导致食物和水不能及时送达，引发灾民哄抢超市和加油站，给社会带来了严重的负面影响。另一方面，考虑到稀缺性，不同应急任务在救援物资调用方面存在竞争关系，决策主体需尽快制定合理的分配策略，以期尽可能多地减少各种损失。据此，任务导向的救援物资分配问题研究在实践层面具有重要意义。

有些学者（Altay et al.，2006；Huang et al.，2011；Anaya－Arenas et al.，2014；Huang et al.，2015）明确指出救援物资分配问题是DOM中非常重要的研究内容或热点主题。其原因主要包括以下几点：第一，范·瓦森霍夫等（Van Wassenhove et al.，2006）指出灾害救

援过程中百分之八十的活动涉及物流；且范·瓦森霍夫等（2012）和玛丽亚·贝西欧（Maria Besiou et al.，2018）再次全面地强调了人道主义物流活动的重要性。第二，有些学者（Fiedrich et al.，2000；Wilson et al.，2013；Camacho - Vallejo et al.，2015；Cao et al.，2018；Yu et al.，2018）表明高效的救援物资分配策略的实施有利于运输时间的缩短、应急费用的减少以及响应效率的提高。第三，还有些学者（Chen et al.，2016；Liu et al.，2018）明确强调了有效的方法对成功实施救援物资分配或应急物流方案是必须且重要的，有助于减少死亡人数、财产损失和环境破坏。

此外，在救援物资分配活动中，同层级决策主体或不同部门的救援目标通常是冲突的，需要通过平衡各方面的利益诉求，使灾害响应决策系统在整体上达到最优状态。因此，横向“府际”关系视角下任务导向的救援物资分配多目标决策问题在理论层面也是值得研究的主题。基于此，本章认为在数量有限的条件下，如何制定高效且合理的任务导向的救援物资分配策略，同时实现同层级不同部门的救援目标是亟待解决的重要理论与实践问题。

自 1994 年联合国通过的《为了一个更安全的世界：横滨战略和行动计划》强调了灾害管理与可持续发展间的交互关系后，两者引发的交叉问题逐渐受到实践界和学术界的关注。例如，约瑟芬·斯坦森（Josephine Stenson，2006）强调了将可持续发展与灾害管理相结合的重要性。艾拉·哈维斯托等（2014）指出救援物资分配问题是可持续人道主义供应链中的重要研究内容。曹等（2018）也强调了研究可持续灾害供应链中救援物资分配问题的必要性和迫切性。在本章中，融入可持续发展理念与传统救援物资分配问题的主要差异仅来源于动机或救援目标的不同。因此，为了促进社会、环境和经济的发展，将可持续发展理念融入救援物资分配策略是紧迫的。特别地，本章主要关注救援过程而非受影响区域的可持续要求。在这样的情形下，从横向“府际”关系视角，在社会、环境和经济可持续发展原则约束下，综合考虑数量有限且供应不充分的情况，如何有效且合理地设计任务导向的救援物资分配策略，提高灾害响应效率、降低运输过程中的碳排放量、减少运输发生的应急费用，从而满足救援过程的可持续要求，改善灾害响应决策系统的可持续绩效，是当前面临的挑战和契机。

近年来，国内外学者从不同方面对救援物资分配问题进行了大量的探索，并取得了丰硕的成果，但已有成果在以下几个方面存在缺口，仍需继续深入研究。

第一，大多数研究从不同方面构建了刻画灾害情境下可持续发展理念的指标体系，但较少关注不同指标体系间的关联关系；如何运用数学规划方法将传统的三重底线方法融入救援物资分配问题，探究指标间的内在联系，是重要且困难的；

第二，大多数文献关注传统视角下考虑属地管理原则的“RSPs - RDCs - EDPs”间的相关问题，如何将可持续发展理念、跨区域联动管理与公平分配原则、风险可接受度、可拆分需求、幸存者多层次异质性、多供应点和多需求点等特征，融入以“RDCs - EDPs - ASAs”为主线的任务导向的救援物资分配问题值得深入研究；

第三，已有成果聚焦于实现诸如时间/距离或费用最小化、需求覆盖率最大化等传统目标，如何将与碳排放（环境可持续）等相关的可持续目标融入救援物资跨区域分配决策模型中，以及如何设计高效率的求解策略仍需进一步研究。

尽管有些学者（Haavisto et al.，2013；Haavisto et al.，2014；Klumpp et al.，2015；Oberhofer et al.，2015；Dubey et al.，2016；van Kempen et al.，2017；Cao et al.，2018；Laguna - Salvado et al.，2019）考虑和测量了灾害情境下的可持续发展理念，有些学者（Tzeng et al.，2007；Sheu et al.，2007；Balcik et al.，2008；王苏生等，2008；Lin et al.，2011；Huang et al.，2011；王旭坪等，2013；刘亚杰等，2013；陈钢铁等，2014；郑斌等，2014；Sheu et al.，

2014；Huang et al.，2015；陈莹珍等，2015；Mohammadi et al.，2016；杨继君等，2016；Li et al.，2017；郑斌等，2017；Cao et al.，2018）关注了公平分配原则，陈莹珍等（2015）考虑了跨区域联动管理原则，还有些学者（Hwang et al.，1999；Fiedrich et al.，2000；Ozdamar et al.，2004；Barbarosoglu et al.，2004；Tzeng et al.，2007；Sheu et al.，2007；Balcik et al.，2008；Lin et al.，2011；Huang et al.，2011；Zhang et al.，2012；王旭坪等，2013；刘亚杰等，2013；Sheu et al.，2014；Wang et al.，2014；陈钢铁等，2014；Huang et al.，2015；Xie et al.，2015；单而芳等，2015；陈莹珍等，2015；Sung et al.，2016；Mohammadi et al.，2016；Zhou et al.，2016；王旭坪等，2016；唐伟勤等，2016；Li et al.，2017；Theeb et al.，2017；张永领等，2017；王雷等，2017；Cao et al.，2018；Yu et al.，2018；Moreno et al.，2018；Laguna - Salvado et al.，2019；Kaur et al.，2019）构建了横向"府际"关系视角下救援物资分配单层数学规划模型，但与本章的研究问题均有差异，且未同时考虑这些问题。

针对上述问题，本章聚焦于横向"府际"关系视角下面向可持续发展的救援物资跨区域分配问题，运用三重底线方法刻画了救援过程的可持续；构建了考虑风险可接受度的多目标决策模型；设计了融入 BBA 的混合全局准则法（hybrid global criteria method，HGCM）和带精英策略的改进 PGSA（imporved PGSA，IPGSA）；根据汶川地震，构造了不同的算例，从风险可接受度、分配规则和问题规模三个方面，验证了所提出方法论的可行性和有效性。

6.2　横向"府际"关系视角下救援物资分配问题描述

有学者（Anaya - Arenas et al.，2014；Hoyos et al.，2015）指出

为了减少灾害的不确定性对社会、环境和经济的影响，响应阶段应被细分。还有些学者（李从东等，2014；Cao et al.，2016；Cao et al.，2018）进一步将响应阶段细分为黄金救援、缓冲救援和应急恢复阶段。然而，本章仅考虑黄金救援阶段从分配中心（RDCs）到应急需求点（EDPs）、再到受影响具体区域（ASAs）（即 ETs）的救援物资跨区域分配问题。基于此，横向"府际"关系视角下任务导向的救援物资跨区域分配决策概念模型见图 6－1。

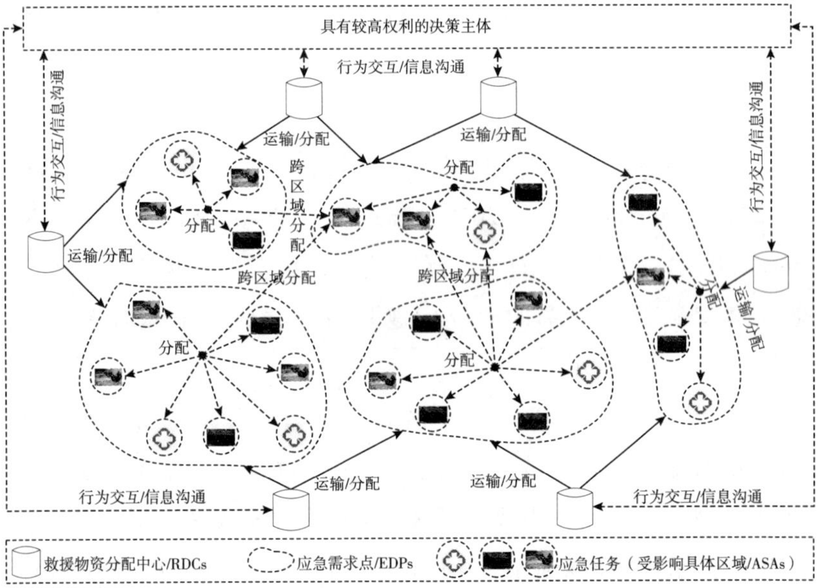

图 6－1　横向"府际"关系视角下任务导向的救援物资跨区域分配决策框架

正如第 3.5 节提到的，救援物资分配过程需要调用应急响应决策层次结构模型中的 BMID、BROL、BESL、BEDP、BETL 和 BRL 六个模块。在充分吸收基于 S－BOX 理论的救援物资分配决策内涵的基础上，从横向"府际"关系视角，构建了上述决策框架。根据图 6－1 可知，为了尽可能地降低灾害对社会、环境和经济带来的影响，EDPs 内的搜索－救援任务、临时治疗和临时安置任务应立即被执行。

因此，决策主体需要在适当的时候将最佳数量的最好救援物资分配给ETs涉及的幸存者。布尔库·巴尔奇克等（2008）在文献中也强调了此观点。特别地，EDPs的需求完全取决于系统内ASAs的需求；且每个EDP的需求数量仅取决于该区域内的所有ASAs；每个ASA都代表一项应急任务。在分配过程中，决策主体还需要考虑幸存者对风险的可接受程度。借鉴与延伸学者们（刘旭峰等，2011；Xie et al.，2015；Cao et al.，2018；Laguna - Salvado et al.，2019）的思想，将风险可接受度定义为幸存者对救援物资期望数量被满足的最低可接受比例/率。此外，从集体利益出发，为了提高救援过程与灾害响应决策系统的可持续绩效，本章采用跨区域联动管理原则代替传统属地管理原则对救援物资进行分配。

在这样的情形下，本章聚焦于设计横向“府际”关系视角下考虑可持续发展理念、幸存者异质性、风险可接受度与公平分配原则的救援物资跨区域最优分配策略。具体地，针对横向“府际”关系视角下任务导向的救援物资跨区域分配问题，决策主体采用集中决策方式先确定从RDCs向EDPs的分配数量，再根据EDPs接收物资的实际情况，确定向ASAs的分配数量，关注如何从集成视角满足救援过程的可持续要求，促进灾害响应决策系统在社会、环境和经济可持续维度的协调发展。

6.3　面向可持续发展的救援物资分配多目标规划模型

6.3.1　参数与符号

$i \in I$ 表示任意RDC，数量记为 $\bar{i}$；$j \in J$ 表示任意的EDP，数量记为 $\bar{j}$；$k \in K$ 表示任意的ASA，数量记为 $\bar{k}$；$m \in M$ 表示任意的运输方式，数量记为 $\bar{m}$，且 $M = \{1, 2, 3\} = \{$海，陆，空$\}$；t_{ijm}^{1} 表示从

RDCi 向 EDPj 通过方式 m 运输每千套救援物资所耗的平均时间，t_{jkm}^2 表示从 EDPj 向 ASAk 通过方式 m 分配每千套救援物资所花的平均时间；A_{ijm}^1表示从 RDCi 向 EDPj 通过方式 m 运输每千套救援物资每小时产生的碳排放量，A_{jkm}^2表示从 EDPj 向 ASAk 通过方式 m 运输每千套救援物资每小时产生的碳排放量；a_{ijm}^1表示从 RDCi 向 $EDPj$ 通过方式 m 运输每千套救援物资所需的费用，a_{jkm}^2表示从 EDPj 向 ASAk 通过方式 m 运输每千套救援物资所需的费用；D_j^1 和 D_k^2 分别表示 EDPj 和 ASAk 的救援物资需求数量，包括了理性需求和非理性需求；η_j^1 和 η_k^2 分别表示 EDP 和 ASA 内幸存者对获得救援物资数量的可接受程度，其取值上限可由总库存和总需求数量共同决定；w_j^1 和 w_k^2 分别表示 EDP 和 ASA 的权重，前者可根据需求点的受灾程度和其他因素来计算，后者可通过幸存者的受伤级别来确定；Q_i^1 表示在实施决策时各 RDC 的救援物资库存数量。

决策变量包括两类：（1）x_{ijm}表示从 RDCi 向 EDPj 通过方式 m 运输的救援物资实际数量；（2）y_{jkm}表示从 EDPj 向 ASAk 通过方式 m 分配的救援物资实际数量。

6.3.2 假设条件

假设 6－1：执行 ETs 所需的 EOs（或应急人员）已经提前抵达 ETs 所在位置，只要所需的救援物资到达 ETs 所在位置，即可开始执行对应的 ETs。

假设 6－2：RDCs、EDPs 和 ASAs 的数量和位置已知，可从国家应急管理预案中或借助先进灾害技术获取相关信息。

假设 6－3：救援物资是执行/完成 EDPs 内各类 ETs 共同需要的，均需通过 RDCs 进行管理和分配；已按必要结构进行配套，每人仅分配单套成品，且考虑供应不充分的情况。

假设 6－4：然救援物资运输方式有限（海、陆和空）（杨继君等，2008），但本章仅考虑公路运输，且对应可利用的车辆是充足的。

假设 6－5：EDPs 和 ASAs 是幸存者的聚集地，且 EDPs 和 ASAs 的救援物资需求均可拆分，即可多次累计满足。

假设 6－6：EDPs 的需求信号主要来源于 SRAs、TTAs 和 TSAs，救援物资分别用于执行受伤程度未知幸存者的搜索任务、受重伤幸存者的治疗或处理任务、受轻伤或未受伤幸存者的安置任务，且可进行跨区域分配。

假设 6－7：采用权重刻画幸存者异质性，体现在 EDPs 和 ASAs 两个层面。

假设 6－8：在分配模型中，虽仅用参数来刻画救援物资需求和库存数量、平均运输时间、单位碳排放和应急费用，但为刻画这些要素的随机性或不确定性，在算例分析中，假设这些参数的取值服从均匀分布。

假设 6－9：在黄金救援阶段，根据综合信息评估结果，救援物资跨区域分配方案仅发生单次调整。

6.3.3　可持续发展指标刻画

（1）可持续发展的社会维度刻画。

大规模自然灾害给社会带来的灾难性后果，要求和迫使应急组织/人员应尽可能快地展开救援工作（如分配急需的救援物资），从而在最大程度上缓解幸存者痛苦（Camacho－Vallejo et al.，2015；Cao et al.，2016）。很显然，时效性是救援物资分配策略制定过程中需要严格遵守的主要原则。基于此，结合第 1.2.4 节的描述，本章采用行程时间来测量救援物资跨区域分配问题中的社会可持续目标，且其特指管理者视角下的社会可持续目标。特别地，本章涉及的行程时间（travel time）包括从 RDCs 到 EDPs、从 EDPs 到 ASAs 两个阶段的救援物资运输时间。借鉴与拓展学者们（Chiu et al.，2007；Ozdamar，2011；Tofighi et al.，2016）的观点，将行程时间定义为单位平均时间与救援物资数量的线性函数。此外，本章将 EDPs 的受灾程度和 ASAs 内幸存者的受伤程度分别作为第 1 阶段和第 2 阶段行程时间的权重。

在这样的情形下，本章的第 1 个可持续目标函数（即管理者视角下的社会可持续目标）旨在最小化加权行程时间总和，具体表达式见式（6－1）。

$$\min_{x_{ijm},y_{jkm}} \sum_{i\in I}\sum_{j\in J}\sum_{m\in M} w_j^1 t_{ijm}^1 x_{ijm} + \sum_{j\in J}\sum_{k\in K}\sum_{m\in M} w_k^2 t_{jkm}^2 y_{jkm} \tag{6-1}$$

（2）可持续发展的环境维度刻画。

有些学者（Oberhofer et al.，2015；Xie et al.，2015；单而芳等，2015；van Kempen et al.，2017；Laguna－Salvado et al.，2019；Kaur et al.，2019）表明人道主义物流活动对环境的影响可采用碳排放量来刻画。换言之，在救援物资分配问题中，可将物流活动产生的碳排放量作为衡量环境可持续发展的指标。特别地，本章聚焦于通过优化 RDCs 与 EDPs、EDPs 与应急任务或 ASAs 间的距离选择来减少碳排放量（Laguna－Salvado et al.，2019；Vega－Mejia et al.，2019），即仅仅关注由供应点和需求点间的不合理或不恰当匹配导致碳排放量过高的问题。本章考虑了包括 RDCs、EDPs 和 ASAs 的三层救援物资分配网络。因此，碳排放总量包括从 RDCs 到 EDPs，从 EDPs 再到 ASAs 两个阶段运输救援物资所用卡车产生的碳排放量总和。

此外，有些学者（Cao et al.，2017；Wu et al.，2017）表明能耗总是与距离或时间等要素相关。在很大程度上，可用时间维度替代其他维度下的能耗量（Absi et al.，2013；Absi et al.，2016）。基于此，为简化问题，本章假定每小时的平均碳排放量是已知的。在这样的情形下，本章的第 2 个可持续目标函数旨在最小化从 RDCs 向 EDPs、再到 ASAs 运输救援物资产生的碳排放总量，具体表达式记为：

$$\min_{x_{ijm},y_{jkm}} \sum_{i\in I}\sum_{j\in J}\sum_{m\in M} A_{ijm}^1 t_{ijm}^1 x_{ijm} + \sum_{j\in J}\sum_{k\in K}\sum_{m\in M} A_{jkm}^2 t_{jkm}^2 y_{jkm} \tag{6-2}$$

（3）可持续发展的经济维度刻画。

根据学者们（Hu et al.，2013；Xie et al.，2015；Jaehn，2016；Cao et al.，2017；Laguna - Salvado et al.，2019；Kaur et al.，2019）的观点，可采用应急费用（costs）来衡量灾害情境下的经济可持续绩效。然而，本章仅考虑运输过程中产生的费用，未涉及库存费用与采购费用等。原因在于本章仅聚焦于黄金救援阶段的救援物资跨区域分配问题，各 RDC 提供的物资都是预置的（即灾前的预置库存），故忽略采购费用；在不充分供应条件下，大规模自然灾害发生后，需要立即从 RDCs 分配救援物资直接服务于 EDPs 内相应的 ETs，故未考虑库存费用是否是合理且可接受的。很显然，应急费用包括从 RDCs 到 EDPs，从 EDPs 到 ASAs 或 ETs 所在位置两个部分的运输费用。借鉴上述文献对应急费用的测量方法，本章将应急费用定义为分配数量的线性比例函数。

综上，将本章的第 3 个可持续目标函数定义为最小化从 RDCs 到 ASAs 或 ETs 所在位置运输救援物资活动所需要的总费用，具体表达式可记为：

$$\min_{x_{ijm}, y_{jkm}} \sum_{i \in I} \sum_{j \in J} \sum_{m \in M} a_{ijm}^{1} x_{ijm} + \sum_{j \in J} \sum_{k \in K} \sum_{m \in M} a_{jkm}^{2} y_{jkm} \tag{6-3}$$

6.3.4　任务导向的救援物资分配多目标规划模型

在考虑利益相关者间横向“府际”关系的情况下，采用行程时间、碳排放量和应急费用分别刻画社会、环境和经济维度的可持续绩效。基于此，任务导向下面向可持续发展的救援物资跨区域分配问题可被描述为最小化加权行程时间总和（包括从 RDCs 到 EDPs 的运输时间与从 EDPs 到 ASAs 的分配时间）、碳排放总量与应急费用总和的多目标整数规划模型，见式（6 - 4）~式（6 - 14）。

$$\min_{x_{ijm}, y_{jkm}} \sum_{i \in I} \sum_{j \in J} \sum_{m \in M} w_j^1 t_{ijm}^1 x_{ijm} + \sum_{j \in J} \sum_{k \in K} \sum_{m \in M} w_k^2 t_{jkm}^2 y_{jkm} \tag{6-4}$$

$$\min_{x_{ijm}, y_{jkm}} \sum_{i \in I} \sum_{j \in J} \sum_{m \in M} A_{ijm}^1 t_{ijm}^1 x_{ijm} + \sum_{j \in J} \sum_{k \in K} \sum_{m \in M} A_{jkm}^2 t_{jkm}^2 y_{jkm} \tag{6-5}$$

$$\min_{x_{ijm}, y_{jkm}} \sum_{i \in I} \sum_{j \in J} \sum_{m \in M} a_{ijm}^1 x_{ijm} + \sum_{j \in J} \sum_{k \in K} \sum_{m \in M} a_{jkm}^2 y_{jkm} \tag{6-6}$$

$$\text{s.t.} \quad \sum_{j \in J} \sum_{m \in M} x_{ijm} = Q_i^1 / \forall i \in I / \tag{6-7}$$

$$\sum_{i \in I} \sum_{m \in M} x_{ijm} \leqslant D_j^1 / \forall j \in J / \tag{6-8}$$

$$\sum_{i \in I} \sum_{m \in M} x_{ijm} \geqslant \lceil \eta_j^1 D_j^1 \rceil / \forall j \in J / \tag{6-9}$$

$$\sum_{k \in K} \sum_{m \in M} y_{jkm} = \sum_{i \in I} \sum_{m \in M} x_{ijm} / \forall j \in J / \tag{6-10}$$

$$\sum_{j \in J} \sum_{m \in M} y_{jkm} \leqslant D_k^2 / \forall k \in K / \tag{6-11}$$

$$\sum_{j \in J} \sum_{m \in M} y_{jkm} \geqslant \lceil \eta_k^2 D_k^2 \rceil / \forall k \in K / \tag{6-12}$$

$$x_{ijm} \in \text{非负整数} / \forall i \in I,\ j \in J,\ m \in M / \tag{6-13}$$

$$y_{jkm} \in \text{非负整数} / \forall j \in J,\ k \in K,\ m \in M / \tag{6-14}$$

在模型中，式（6－4）~式（6－6）给出了多目标整数规划模型的目标函数表达式，式（6－7）~式（6－14）给出了必要的约束条件。具体而言，式（6－4）表示采用行程时间刻画管理者视角下社会维度的可持续发展，以最小化加权行程时间总和作为第 1 个目标函数，权重为 EDPs 和 ASAs 对救援物资需求的紧迫程度；式（6－5）表示采用碳排放量测量环境维度的可持续发展，以最小化碳排放总量（包括从 RDCs 到 EDPs、从 EDPs 到 ASAs 的运输过程）作为第 2 个目标函数；式（6－6）表示采用应急费用来衡量经济维度的可持续发展，以最小化应急费用总和（包括从 RDCs 到 EDPs、从 EDPs 到 ASAs 的运输费用）作为第 3 个目标函数。

式（6－7）定义了每个 RDC 的救援物资实际供应数量等于其库存数量；式（6－8）和式（6－11）分别刻画了任意的 EDP 和 ASA 的实际获得数量不超过其需求量，体现了不充分供应的情形；式（6－9）和式（6－12）分别确保了应急需求点和受影响具体区域的幸存者都能获得救援物资，且不低于其可接受数量；为确保获得最优解，对右端系数采取向上取整操作；式（6－10）体现了 EDPs 的获得与分配数量需要满足平衡性要求，即从 RDCs 获得的救援物资总量等于分配给 ASAs 或 ETs 的总量；式（6 - 13）和式（6 - 14）定义了所有的决策变量。

6.4　求解多目标规划模型的策略设计

综上，横向“府际”关系视角下任务导向的救援物资跨区域分配问题被刻画为多目标整数线性规划模型。一方面，有些学者（王旭坪等，2013；陈莹珍等，2015；Habib et al.，2016）指出诸如 BBA 的精确算法在求解小规模整数线性规划问题时效果较佳，故可先设计一类精确算法求解救援物资跨区域分配多目标整数规划模型。另一方面，随着问题规模的增加，加上救援物资分配策略制定过程中需考虑多个救援目标等复杂因素，传统的精确算法很难在较短或可接受的时间内获得最优解，且并非都能获得最优解（陈莹珍等，2015；Moreno et al.，2018）。此外，维基百科还指出整数线性规划也是 NP 难题，对许多问题而言，都很难求解，故需要采用启发式算法来处理。因此，本章还引入了启发式算法（如 PGSA）来求解救援物资跨区域分配多目标整数规划模型。

在这样的情形下，运用融入 BBA 的 HGCM 求解任务导向的救援物资跨区域分配多目标整数规划模型。BBA 实质是指 Matlab（R2016b）中的“intlinprog”函数，即此函数的内置算法是传统 BBA。针对大规模问题，作为精确算法的 HGCM 局限性凸显，故本章还设计了带精英策略的 IPGSA 来求解上述模型。

6.4.1　求解多目标规划模型的混合全局准则法设计

正如前文所述，横向“府际”关系视角下面向可持续发展的救援物资跨区域分配问题被描述为多目标整数线性规划模型。在 SDOM

实践中，针对三个可持续目标函数，最小化加权行程时间总和（体现响应效率）最重要；经济和环境可持续目标次之，本章将其视为同等重要。因此，管理者视角下的社会可持续目标的权重大于经济和环境可持续目标。由于建立的模型具有多个目标，借鉴学者（Sheu et al.，2014；Cao et al.，2017；Cao et al.，2018；Yu et al.，2018）采用线性加权来处理多目标问题；从而将其转化为单目标规划模型，再运用 BBA 对其进行求解。特别地，由于各目标函数的量纲不同，故需引入 GCM 对其进行规范化处理（Chakraborty et al.，2014）。因此，针对救援物资跨区域分配多目标规划模型，本章设计了融入 BBA 的 HGCM，其与第 4.4.1 节所提出的方法相似。具体包括如下几个步骤。

步骤 1：求解单目标函数的整数规划模型。

运用 BBA 分别求解仅考虑最小化加权行程时间总和、最小化碳排放总量与最小化应急费用总和的救援物资跨区域分配模型。

步骤 2：确定各目标函数的极值。

根据步骤 1 中的求解结果，确定社会、环境和经济可持续目标函数的极值，分别记为 $F_1^{\min}$、$F_2^{\min}$ 和 $F_3^{\min}$。

步骤 3：变换救援物资跨区域分配多目标规划模型。

采用式（6－15）将多目标转化为单目标，结合原模型中的约束条件，构建了单目标整数规划模型（P1）。

$$F = \beta_1^3\left(\frac{F_1 - F_1^{\min}}{F_1^{\min}}\right) + \beta_2^3\left(\frac{F_2 - F_2^{\min}}{F_2^{\min}}\right) + \beta_3^3\left(\frac{F_3 - F_3^{\min}}{F_3^{\min}}\right) \quad (6-15)$$

其中，β_1^3、β_2^3 和 β_3^3 分别表示社会、环境和经济可持续目标函数的权重，且 $\beta_1^3 + \beta_2^3 + \beta_3^3 = 1$，以及 $\beta_1^3 > \beta_2^3 = \beta_3^3$。此外，决策主体可根据实际情况设定各目标函数权重的大小关系。

步骤 4：求解变换后的单目标规划模型。

采用与步骤 1 相同的 BBA 求解变换后的救援物资跨区域分配模型（P1），进而获得相应的最优解和最优值。换言之，获得了横向

"府际"关系视角下面向可持续发展的救援物资跨区域分配最佳方案。

6.4.2 求解多目标规划模型的改进模拟植物生长算法设计

PGSA 是学者李彤与王春峰于 2005 年根据植物向光性动力机制和 L-系统理论提出的全局类仿生算法（李彤等，2005；曹策俊等，2017）。该方法作为新的智能算法，凭借在时间和空间上的鲁棒性等优势，为求解各领域内的数学规划模型提供了新的思路和技术手段。PGSA 的内在原理可描述为：将植物的生长环境映射为数学规划模型的可行域，将光源映射为模型的全局最优解（即可行域中最靠近光源的点为全局最优解）；结合植物形态素浓度理论，制定不同光线强度环境下植物的生长规则（即确定数学规划模型解的变化步长值）；进而实现植物从初始状态向完整终态不断演进的过程（即不断优化救援物资跨区域分配方案，直至满足终止条件）。此外，李彤等（2005）、曹策俊等（2017）对 PGSA 迭代寻优的机理机制与涉及的关键要素进行了详细描述，为清晰起见，此处不赘述。通过梳理文献可知，PGSA 涉及的关键要素包括生长点的表示、初始可行解（即种子）的产生、形态素浓度的计算、生长规则的制定、新生长点的选择和终止条件的设置等。

结合上述描述，本章设计了带精英策略的 IPGSA 来求解救援物资跨区域分配多目标整数规划模型。与传统 PGSA 相比较，本章设计的 IPGSA 通过 BBA 获得初始可行解、结合精英策略按比例剔除了部分较差的生长点、将固定步长改为变步长规则、将形态素浓度变为仅与当代生长点目标函数值有关的表达式。具体包括以下几个步骤。

步骤 1：生长点的表示。

借鉴马书刚等（2014）、马书刚等（2015）的观点，采用整数编码表示生长点（即救援物资跨区域分配方案）；生长点可记为 B_g，g

表示任意生长点，$\bar{g}$ 表示生长点的总数。基于此，生长点可表示为：

$$B_g = \left[\begin{array}{l} \overbrace{\underbrace{(\underbrace{x_{11m},\ x_{1jm},\ x_{1\bar{j}m}}_{\bar{j}\text{个元素}},\ 1)}_{\text{第1个}RDC\text{向}EDPs\text{分配的数量}},\ \cdots,\ (\underbrace{x_{\bar{i}1m},\ x_{\bar{i}jm},\ x_{\bar{i}\bar{j}m}}_{\bar{j}\text{个元素}},\ \bar{i})}^{\text{子串1}(x_{ijm})}; \\ \overbrace{\underbrace{(\underbrace{y_{11m},\ y_{1km},\ y_{1\bar{k}m}}_{\bar{k}\text{个元素}},\ 1)}_{\text{第1个}EDP\text{向}ASAs\text{分配的数量}},\ \cdots,\ (\underbrace{y_{\bar{j}1m},\ y_{\bar{j}km},\ y_{\bar{j}\bar{k}m}}_{\bar{k}\text{个元素}},\ \bar{j})}^{\text{子串2}(y_{jkm})} \end{array} \right]$$

可以看出，每个生长点由两个子串组成：第 1 个子串定义了决策变量 x_{ijm}，表示从 RDCi 向 EDPj 通过方式 m 运输的救援物资实际数量；第 2 个子串定义了决策变量 y_{jkm}，表示从 EDPj 向 ASAk 通过方式 m 分配的救援物资实际数量。此外，需要特别注意第 2 个子串决策变量及其取值的对应关系，在接下来的例子中会详细阐述。

下面举例说明本章的生长点表示方法。假设 $|I| = \bar{i} = 2$，$|J| = \bar{j} = 3$，$|K| = \bar{k} = 9$ 和 $|M| = |\{2\}| = \bar{m} = 1$，则某个生长点可表示为：

$$B_g = \begin{bmatrix} (40,\ 20,\ 30,\ 1),\ (20,\ 30,\ 40,\ 2); \\ (10,\ 20,\ 10,\ 0,\ 0,\ 10,\ 0,\ 0,\ 10,\ 1), \\ (10,\ 10,\ 0,\ 0,\ 0,\ 10,\ 10,\ 10,\ 0,\ 2), \\ (10,\ 0,\ 20,\ 0,\ 0,\ 10,\ 10,\ 10,\ 10,\ 3) \end{bmatrix}$$

其中，（40，20，30，1）表示第 1 个 RDC 向 3 个 EDPs 运输的救援物资数量依次为 40、20 和 30，以此类推；（10，20，10，0，0，10，0，0，10，1）表示第 1 个 EDP 向第 1、第 4、第 7、第 2、第 5、第 8、第 3、第 6 和第 9 个 ASA 或 ETs 分配的救援物资数量分别为 10、20、10、0、0、10、0、0 和 10，以此类推。

针对救援物资跨区域分配多目标整数规划模型中的约束条件而言，（1）各 RDC 的救援物资库存与实际分配的数量关系［式（6－7）］、从 RDCs 向 EDPs 分配救援物资的数量关系［式（6－8）和式（6－9）］由生长点中子串 1 的取值来决定；（2）从 EDPs 向 ASAs 分配救援物资的数量关系［式（6－11）和式（6－12）］由生长点中子串 2 的取值来决定；（3）各 EDP 接收和分配救援物资数量的平衡关系［式（6－10）］由生长点中两个子串对应的取值共同决定；（4）决策变量的界约束［式（6－13）和式（6－14）］由两个子串中元素的取值范围和类型决定。

步骤 2：初始生长点（树根/种子，可行解）的产生。

利用 Matlab(R2016b) 中的“linprog”函数求解松弛问题（即去掉原模型中决策变量为整数的约束条件），对获得的最优解采取四舍五入和扰动操作后，检验该生长点是否满足式（6－7）~式（6－14）描述的所有约束条件；若是，则将其作为初始可行解 B_0，即获得救援物资跨区域分配初始方案，计算出此分配方案对应的目标函数值 $F(B_0)$；否则，直接删除，重新产生初始生长点，直至满足所有约束条件为止。此外，设置最大迭代次数为 max*gen*。

步骤 3：生长规则的制定。

为提高 IPGSA 的搜索效率和精度、计算速度，制定以下生长规则：

（1）以初始可行解 B_0 为初始状态（基点），每次长出（$|I| \times |J| \times |M| + |J| \times |K| \times |M|$）个优于当代全局最优解的新生长点，且保留原生长点。

（2）在生长过程中，若在最大次数内，获得期望数量的新生长点，则直接进入步骤 4；否则，仅将获得的若干新生长点保留，结束操作，进入步骤 4；换言之，在给定最大次数后，无论是否获得既定数量的新生长点，只要达到阈值，则须立即结束操作，进入步骤 4。

（3）在参数 $|I|$、$|J|$ 和 $|K|$ 取值确定的情况下，根据变步长，对分配给 EDPs 和 ASAs 或 ETs 的救援物资数量进行增加和减少。特别地，由相同基点长出的新生长点（即新的分配方案）具有相同的规模（即参数 $|I|$、$|J|$ 和 $|K|$ 的取值相同），在迭代过程中保持不变。

（4）变步长是指在每次迭代过程中的步长值不完全相同，但遵循先长后短的规则（王诺等，2016）。为简化问题，本章将生长规则界定为：$\lambda_1=5$，$\lambda_2=4$，$\lambda_3=3$，$\lambda_4=2$，以及 $\lambda_\kappa=1(\forall\kappa\neq1,2,3,4)$。此外，应直接删除不满足数学规划模型中所有约束条件的新生长点。

步骤 4：目标函数值的计算。

首先，计算当代各生长点 B_g（即救援物资跨区域分配方案）的三个可持续目标函数值，分别记为 $[F(B_g)]_1$、$[F(B_g)]_2$ 和 $[F(B_g)]_3$。然后，通过线性加权将原三个目标函数转化为单个目标（陈莹珍等，2015；Cao et al.，2017；Cao et al.，2021），每个生长点的目标函数值可记为 $F(B_g)$。

$$F(B_g)=\beta_1^3\left(\frac{[F(B_g)]_1-[F(B_g)]_1^{\min}}{[F(B_g)]_1^{\min}}\right)+\beta_2^3\left(\frac{[F(B_g)]_2-[F(B_g)]_2^{\min}}{[F(B_g)]_2^{\min}}\right)+\beta_3^3\left(\frac{[F(B_g)]_3-[F(B_g)]_3^{\min}}{[F(B_g)]_3^{\min}}\right)\tag{6-16}$$

其中，运用 BBA 分别求解仅考虑最小化加权行程时间总和、最小化碳排放总量与最小化应急费用总和的单目标整数规划模型，并将其最优解依次记为 $[F(B_g)]_1^{\min}$、$[F(B_g)]_2^{\min}$ 和 $[F(B_g)]_3^{\min}$。此外，β_1^3、β_2^3 和 β_3^3 仍然表示各可持续目标函数的权重，且 $\beta_1^3+\beta_2^3+\beta_3^3=1$，以及 $\beta_1^3>\beta_2^3=\beta_3^3$。

若新生长点的目标函数值 $F(B_g)$ 优于原生长点（即当代的全局最优值），则将其保留为可行生长点；否则，应直接删除新的生长点。此外，比较所有生长点的目标函数值，确定并保留本次迭代中的最优生长点（最优解）与最优值。判断是否满足终止条件，若是，则输出结果（即最优生长点及其对应的目标函数值）；否则，转入步骤 5。

步骤 5：精英策略的设计。

为了提高 IPGSA 的收敛速度，设计了精英策略来剔除当前较差的生长点，具体操作包括：（1）根据淘汰比例和当代所有生长点的数量，计算出需要删除的生长点数量；（2）找到当代中当前目标函数值最大的生长点，将其删除，直至达到既定的淘汰数量。

步骤 6：形态素浓度的计算。

根据文献（Balin et al.，2011；马书刚等，2014；马书刚等，2015）可知，当目标函数为最小化形式时，任意生长点（即救援物资跨区域分配方案）的形态素浓度可通过式（6－17）来计算：

$$\varphi(B_g) = \frac{\left[\frac{1}{F(B_g)}\right]}{\sum_{g=1}^{\bar{g}}\left[\frac{1}{F(B_g)}\right]} \tag{6-17}$$

其中，$\varphi(B_g)$ 表示生长点 B_g 的形态素浓度，$F(B_g)$ 表示 B_g 的目标函数值。从上式可以看出，新生长点的形态素浓度仅由对应的目标函数值决定，消除了不同初始可行解（基点）选择对其产生的影响。对整个系统而言，生长点数量的变化会导致形态素浓度重新分配。

显然地，根据式（6－17）可知，$\sum \varphi(B_g) = 1/\forall g = 1, \cdots, \bar{g}/$。

步骤 7：新生长点的选择

根据步骤 6 计算出的各生长点的形态素浓度，建立各生长点（救援物资跨区域分配方案）在区间［0，1］的状态空间。然后，利用 Matlab 软件产生［0，1］间随机数，根据随机数确定在下次迭代过程中获得优先生长机会的生长点。这也体现了在植物生长过程中，形态素浓度较高的生长点具有较大生长概率的特点。然后，转至步骤 3，根据生长规则或步长长出新的生长点，且删除不满足约束条件的新生长点。

步骤 8：终止条件的设置。

重复上述步骤 3～步骤 7，直至满足设置的终止条件。针对救援物资跨区域分配多目标规划模型设计的 IPGSA 的终止条件/准则包括两个：（1）迭代达到了设定的最大次数，即在给定的迭代次数中找到了满意的救援物资分配方案；（2）新的生长点均不优于原生长点（即全局最优解）或没有新的生长点产生，即在迭代过程中目标函数值收敛于某个相同的固定值。在这样的情形下，获得了全局最优值和最优解，输出结果。

上述步骤 1 ~ 步骤 8 定义的 IPGSA 的流程框架见图 6 - 2。

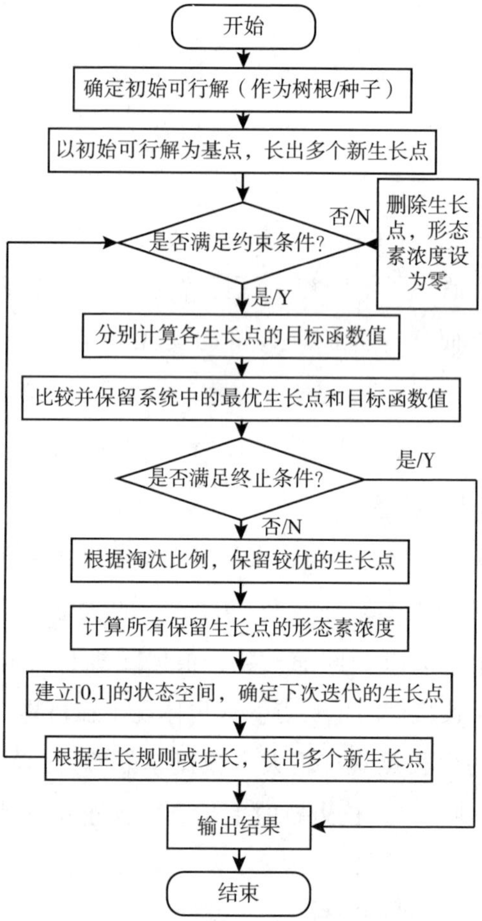

图 6 - 2　IPGSA 的流程框架

6.5 算例分析

6.5.1 算例描述与参数设置

本章以2008年5·12汶川特大地震为背景，构造不同的算例，验证所建立模型和设计方法的有效性。曹等（2018）指出了在汶川地震中，受影响区域包括10个极重灾区、41个较重灾区和186个一般灾区。然而，本章仅聚焦于黄金救援阶段向极重灾区分配救援物资完成相应任务的问题。在实际中，各EDP虽然可能包括了多项ETs或多个ASAs（包括SRAs、TTAs和TSAs三种类型），但为简化问题，假设相同EDP中同类型的ETs或ASAs可被视为单个整体。因此，救援物资需求是多个同类型ASAs的累计求和，运输时间和应急费用是多个同类型ASAs的平均值；且每个EDP均包含1个SRA、TTA和TSA。此外，根据实际情况，本章仅将成都火车北站、双流国际机场和成都军用机场作为RDCs。

在黄金救援阶段，由于其他供应者的救援物资还没来得及运至RDCs，故向ASAs运输的救援物资通常来源于预置库存（prepositioning inventory）。借鉴曹等（2018）的观点，RDCs的库存数量被定义为区间［50，100］内的随机整数，即$Q_i^1 \in [50, 100]$。救援物资需求数量是多次需求的平均值，且救援物资可能在不同的时间点被运往各受影响区域。此外，每个EDP的需求是可拆分的，其反映了需求信号的随机性。根据各EDP的受影响人数，其救援物资需求数量被界定为区间［100，150］内的随机整数（即$D_j^1 \in [100, 150]$）；各ASA的期望需求数量是区间［35，50］内的随机整数（$D_k^2 \in [35, 50]$）。特别地，虽然本章考虑跨区域分配问题，但每个EDP的救援物资需求数量仅取决于该区域内的所有ASAs或ETs，与其他EDPs中的ASAs没有直接关系。

本章借鉴与拓展许钜秉等（2010）提到的方法来估计 RDCs 和 EDPs、EDPs 和 ASAs 间的距离。然后，行程时间的平均值被定义为区间内的随机数，不同的数值表示考虑路况条件下不同路径所需的行程时间。假定 RDCs 和 EDPs 间的距离通常要大于 EDPs 和 ASAs 间的距离，故 $t_{ij2}^1 \in [2, 3]$，且 $t_{jk2}^2 \in [1, 2]$。根据曹等（2017）可知，运输救援物资过程中的单位碳排放量可通过单位能耗（如电、汽油）和碳排放因子来计算，假设 A_{ij2}^1，$A_{jk2}^2 \in [1, 3]$。从 RDCs 向 EDPs 和从 EDPs 向 ASAs 运输每千套物资的应急费用分别记为 $a_{ij2}^1 \in [1, 2]$ 和 $a_{jk2}^2 \in (0, 1]$。EDPs 和 ASAs 的权重需要满足 w_j^1，$w_k^2 \in [0, 1]$，且 $\sum w_j^1 = \sum w_k^1 = 1$。风险可接受度的理论取值可根据总库存和总需求数量确定，即 $\eta_j^1 = \eta_k^2 \in \left(0, \frac{\sum Q_i}{\sum D_j^1}\right]$；为保证模型有解，风险可接受度的实际取值应略小于其理论值，且保留两位小数。本章将管理者视角下的社会可持续目标的权重设为 $\beta_1^3 = \frac{1}{2}$，环境和经济可持续的目标函数视为同等重要，故 $\beta_2^3 = \beta_3^3 = \frac{1}{4}$。

基于此，结合上述各参数的取值，构造了关于救援物资跨区域分配的 11 组算例进行仿真实验（见表 6－1）。其中，小规模算例 6 组，且以 2 个 RDCs、3 个 EDPs 和 9 个 ASAs 为基准算例；大规模算例 5 组，且以 3 个 RDCs、10 个 EDPs 和 30 个 ASAs 为基准算例。对算例 I1～算例 I11 而言，RDCs、EDPs 和 ASAs 数量的最大值分别不超过 3、10 和 30。特别地，陈莹珍等（2015）和阿尔弗雷多·莫雷诺等（2018）也采用了相似的方法构造仿真算例。救援物资数量、行程时间、碳排放量和应急费用的单位分别为“千套”“小时”“千克”和“万元”。上述仅界定了大多数参数的取值范围，算例 I1～算例 I11 中各参数的具体取值可见附录 C。特别地，为保证获得最优解，算例 I8 的风险可接受度的实际取值为 0.13。此外，尽管通过上述方法合理化了所有参数，但其在 DOM 实践中仍可能不同，本章仅试图通过上述数据来举例说明建立的模型和设计的算法，以及提炼潜在的管理启示。

表 6－1　　　　救援物资跨区域分配 11 组算例

算例	$\lvert I\rvert$	$\lvert J\rvert$	$\lvert K\rvert$	$\lvert M\rvert$	$\beta_1^3,\ \beta_2^3,\ \beta_3^3$	Q_i^1	D_j^1	$\eta_j^1,\ \eta_k^2$
I1	2	3	9	1	$\left(\frac{1}{2}, \frac{1}{4}, \frac{1}{4}\right)$	(90，90)	(150，120，120)	0.35
I2	2	3	9	1	$\left(\frac{1}{2}, \frac{1}{4}, \frac{1}{4}\right)$	(100，100)	(150，120，120)	0.35
I3	2	3	9	1	$\left(\frac{1}{2}, \frac{1}{4}, \frac{1}{4}\right)$	(80，80)	(150，120，120)	0.35
I4	2	3	9	1	$\left(\frac{1}{2}, \frac{1}{4}, \frac{1}{4}\right)$	(90，90)	(130，100，100)	0.35
I5	2	3	9	1	$\left(\frac{1}{2}, \frac{1}{4}, \frac{1}{4}\right)$	(90，90)	(150，120，120)	0.40
I6	2	3	9	1	$\left(\frac{1}{2}, \frac{1}{4}, \frac{1}{4}\right)$	(90，90)	(150，120，120)	0.30
I7	3	10	30	1	$\left(\frac{1}{2}, \frac{1}{4}, \frac{1}{4}\right)$	(100，100，100)	(150，…，150)	0.15
I8*	3	10	30	1	$\left(\frac{1}{2}, \frac{1}{4}, \frac{1}{4}\right)$	(90，90，90)	(150，…，150)	0.15
I9	3	10	30	1	$\left(\frac{1}{2}, \frac{1}{4}, \frac{1}{4}\right)$	(100，100，100)	(130，…，130)	0.15
I10	3	10	30	1	$\left(\frac{1}{2}, \frac{1}{4}, \frac{1}{4}\right)$	(100，100，100)	(150，…，150)	0.16
I11	3	10	30	1	$\left(\frac{1}{2}, \frac{1}{4}, \frac{1}{4}\right)$	(100，100，100)	(150，…，150)	0.14

表 6－1 展示了 RDCs、EDPs 和 ASAs 数量间的匹配关系，结合预置库存数量、需求数量和风险可接受度，构造了 11 组算例。从某种程度而言，构造的算例是合理的，原因包括：第一，结合实际情况，仅将成都火车北站、双流国际机场和成都军用机场作为 RDCs，故

RDCs 的数量不超过 3。第二，据报道，汶川地震中有 10 个极重灾区，仅将其作为 EDPs；故 EDPs 和 ASAs 的数量不超过 10 和 30。第三，采用离散方法来刻画黄金救援阶段救援物资跨区域分配决策的动态性，若决策主体决定更新当前的分配方案，则产生新的算例；因为某些成套的救援物资已经或正在被运送至 EDPs 和 ASAs（Cao et al.，2017）。第四，不能获得某些难以置信或不合理算例（implausible instance）（如风险可接受度与预置库存数量不匹配）的最优解（Wex et al.，2014）。

在表 6 - 1 中，算例 I1 作为算例 I2 ~ 算例 I6 的基准测试问题，算例 I2 在 I1 的基础上，将 RDCs 的预置库存各增加 10 千套，算例 I3 将预置库存各减少 10 千套，算例 I4 将 EDPs 的需求各减少 20 千套，算例 I5 和 I6 分别将风险可接受度增加和减少 5%。算例 I7 作为算例 I8 ~ 算例 I11 的基准测试问题，算例 I8 在 I7 的基础上，将 RDCs 的预置库存各减少 10 千套，算例 I9 将 EDPs 的需求各减少 20 千套，算例 I10 和 I11 分别将风险可接受度增加和减少 1%。

为了评价所提出的 HGCM、PGSA 和 IPGSA 的绩效，针对小规模算例（I1 ~ I6），采用相对误差比例（percentage relative error，PRE）来评价本章所设计的求解策略（Balin et al.，2011；雷英杰等，2014；Nayeri et al.，2019）。PRE（%）的具体表达式见式（6 - 18）。

$$PRE = \frac{ALG_{sol} - OPT_{sol}}{OPT_{sol}} \times 100 \tag{6-18}$$

其中，ALG_{sol}表示通过 PGSA 或 IPGSA 获得的各目标函数值，OPT_{sol}表示采用 HGCM 获得的最优值。然而，针对大规模算例（I7 ~ I11），由于找到最优解所花费的时间较长，甚至找不到最优解，故采用相对偏差比例（percentage relative deviation，PRD）来评价所设计的 PGSA 和 IPGSA（Balin et al.，2011；雷英杰等，2014；Nayeri et al.，2019）。PRD（%）表示每种算法获得的目标函数值与所有算法中较优值的偏差，具体表达式记为：

$$PRD = \frac{ALG_{sol} - BEST_{sol}}{BEST_{sol}} \times 100 \qquad (6-19)$$

其中，ALG_{sol}表示通过 PGSA 或 IPGSA 获得的社会、环境和经济可持续目标函数值，$BEST_{sol}$表示采用 PGSA 和 IPGSA 获得目标函数值中的较优值，即 $BEST_{sol} = \min\{PGSA_{sol}, IPGSA_{sol}\}$。

6.5.2　算例仿真结果分析

针对 IPGSA 而言，经过多次测试，获得期望数量新生长点的最大尝试次数定为 100，最大迭代次数设为 1000，精英策略中的淘汰比例为 10%。借助 Matlab（R2016b）软件，在 Windows8.1 系统、酷睿 i5－5200 双核处理器的计算机上实现所有算例的仿真实验。虽然本章构造了 11 组算例，但为增加可读性，本节仅以基准算例 I1 为例来分析不同求解策略下获得的救援物资跨区域分配方案。特别地，除第 6.4 节详细阐述的 HGCM 和 IPGSA 两类求解策略外，将随机获得初始解的模拟植物生长算法简写为 PGSA，其他参数设置与 IPGSA 相同。

采用 HGCM 求解救援物资跨区域分配多目标整数规划模型的结果为：综合目标函数值（即各目标函数偏离程度总和）为 0.0498，管理者视角下社会可持续目标（加权行程时间总和）的最优值为 157.7 小时，环境可持续目标（碳排放总量）的最优值为 1107.3 千克，经济可持续目标（应急费用总和）的最优值为 288.4 万元，程序运行时间为 6 秒。

采用 IPGSA 求解模型的结果为：在第 550 代左右，综合目标函数值收敛于 0.0510，加权行程时间总和收敛于 157.8 小时，碳排放总量收敛于 1111.2 千克，应急费用总和收敛于 288.3 万元，程序运行时间为 12 秒。这样，获得了横向“府际”关系视角下面向可持续发展的救援物资跨区域分配满意方案。具体地，从成都火车北站（编号 1）向茂县和北川分别运输 85 千套和 5 千套救援物资，从双流国际机场（编号2）向汶川和北川分别运输53千套和37千套救援物资；从EDPs向ASAs分配救援物资的情况见表6-2。

表6-2　横向“府际”关系视角下EDPs与ASAs间救援物资跨区域分配满意方案（算例I1）

应急需求点/编号	SRA/1	TTA/4	TSA/7	SRA/2	TTA/5	TSA/8	SRA/3	TTA/6	TSA/9
汶川/1	0	16	1	0	14	22	0	0	0
茂县/2	18	34	18	14	0	0	1	0	0
北川/3	0	0	0	0	0	1	13	14	14

在迭代过程中，关于各目标函数总偏离程度、管理者视角下社会可持续目标函数值、环境可持续目标函数值和经济可持续目标函数值的变化趋势见图6-3。

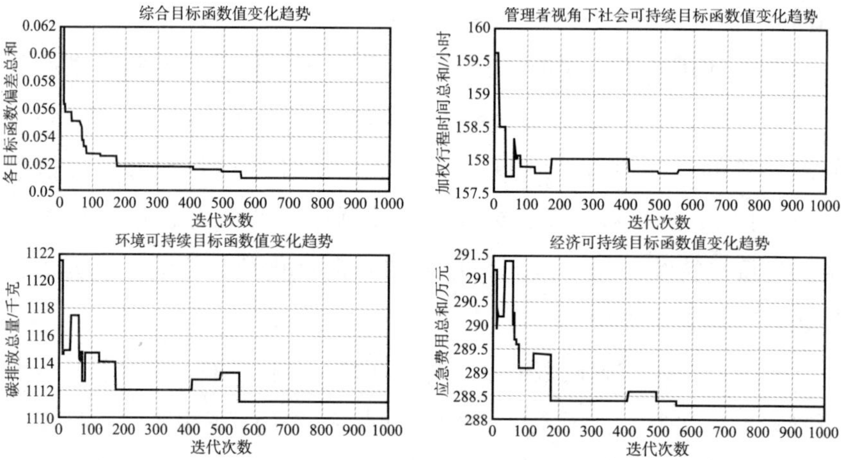

图6-3　改进模拟植物生长算法（IPGSA）过程收敛（算例I1）

结合上述采用HGCM和IPGSA求解任务导向下面向可持续发展的救援物资跨区域分配多目标规划模型的仿真结果，得出以下结论：（1）两种求解策略均能在较短时间内获得（近似）最优或满意解，表明所设计的算法在计算时间方面有潜在的优势；（2）与 HGCM 相比较，IPGSA 获得的近似最优值（0.051）与最优值（0.0498）的偏离程度为 2.4%，表明 IPGSA 获得近似最优解的质量相对较高，且采用 IPGSA 获得的经济可持续目标函数值优于采用 HGCM 获得的值。

针对运用 IPGSA 获得的救援物资跨区域分配满意方案，（1）汶川的救援物资全部来源于双流国际机场，茂县仅由成都火车北站供应救援物资，成都火车北站和双流国际机场均向茂县提供救援物资，表明集中的救援物资分配网络更有利于提升救援过程的可持续绩效，促进灾害响应决策系统的可持续发展，曹等（2018）也得到了相似的结论；（2）汶川和茂县跨区域协作较为紧密，而北川将获得的救援物资几乎全部分配给了该区域内的所有 ETs（或 SRA、TTA 和 TSA），原因可能在于汶川和茂县分别是受灾程度相对最严重和最轻的需求点，两者间的紧密合作可促使整个系统状态维持在较好的水平。

本节还对所提出 IPGSA 的稳健性进行了测试。在保证 IPGSA 参数不变的条件下，进行十次实验，记录加权各目标函数偏离程度总和的值分别为 0.0510、0.0511、0.0498、0.0498、0.0521、0.0521、0.0508、0.0507、0.0498、0.0526，各目标函数偏离程度总和（即综合目标函数）的平均值为 0.05098，标准差为 0.000971，平均偏差为 1.91%。结果表明：本章针对救援物资跨区域分配多目标规划模型，设计的带精英策略的 IPGSA 具有较强的鲁棒性。

6.5.3　风险可接受度的敏感性分析

与第 6.5.2 节相同，本节仍然仅以算例 I1 为例，分析风险可接受度对仿真结果的影响。根据风险可接受度的计算公式和算例 I1 的参数设置，可计算出其取值范围为［0，0.46）。基于此，在保证其他参数不变的情况下，采用离散的方法研究风险可接受度对社会、环境和经济可持续绩效的影响，横向“府际”关系视角下风险可接受度敏感性分析结果见图6-4。

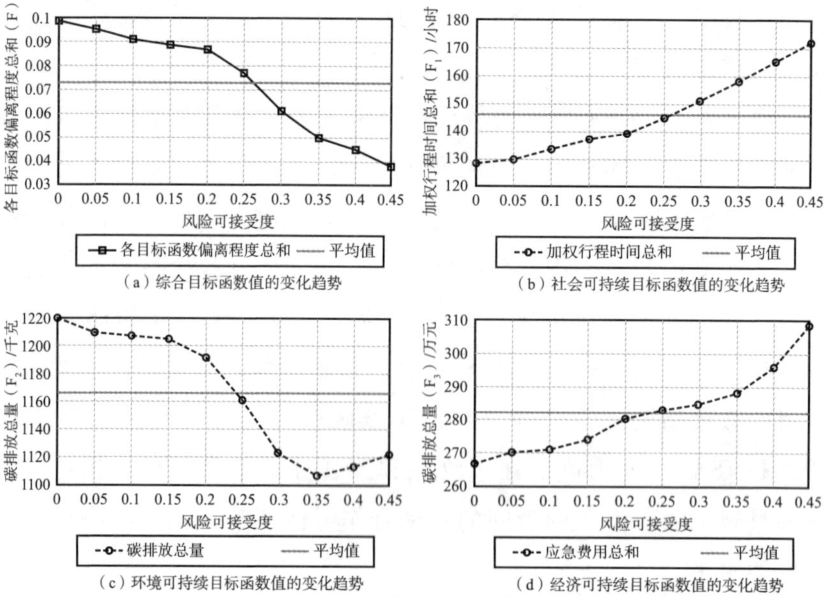

图6-4　横向“府际”关系视角下风险可接受度敏感性分析结果

根据图6-4可知，在风险可接受度的取值区间内，各目标函数偏离程度总和、社会、环境和经济可持续目标函数的平均值分别为0.073、146小时、1166千克和282万元。随着风险可接受度的增加，(1)各目标函数偏离程度总和（综合目标函数值）呈现出单调递减的趋势，表明各目标函数值与其对应最优值间差距的总和越来越小；(2)加权行程时间总和与应急费用总和也不断逐渐增加；(3)碳排放总量先减小，再增大，极小值在风险可接受度为0.35处取得；(4)基于系统观点，在风险可接受度为0.35时，灾害响应决策系统的整体状态相对最优，这也是横向“府际”关系视角下小规模算例(I1～I6)的风险可接受度设置为0.35的原因。

综上，从理论上而言，尽管 EDPs 和 ASAs 的救援物资需求满足程度越高越好；但针对本章研究的面向可持续发展的救援物资跨区域分配多目标决策问题，最优的可持续目标函数值在风险可接受度为 0.35 而非 0.45 处取得，与传统观点/结论并不完全相同。基于此，在救援物资跨区域分配策略制定过程中，决策主体在保证可持续绩效基本不变的前提下，可按比例适当地缩减各 EDP 和 ASA 的需求数量，从而降低或缓解来源于受影响区域的救援物资需求压力。

6.5.4　不同分配规则下的仿真结果分析

针对灾后救援物资分配问题，通常采用的分配规则包括属地管理（regional management，RM）和跨区域（联动）管理（trans-regional management，TRM）两类。前者是指各 EDP 仅能服务该区域内的所有 ETs 或 ASAs（包括 SRA、TTA 和 TSA）；后者是指各 EDP 不仅服务该区域内的 ETs 或 ASAs，还可服务其他 EDPs 内的 ETs 或 ASAs。本节在算例 I1 的基础上，保证救援物资需求和库存数量、风险可接受度与 EDPs 和 ASAs 权重不变，随机产生平均运输时间、单位碳排放量和单位费用，获得横向“府际”关系视角下考虑不同分配规则的社会、环境和经济可持续目标函数值（见表 6-3）。

表 6-3　横向“府际”关系视角下考虑不同分配规则的仿真结果（算例 I1）

规则	目标	1	2	3	4	5	6	7	8	9	10	平均值
RM	F_1（小时）	161	169	157	157	175	161	170	166	169	171	166
	F_2（千克）	1516	1448	1293	1142	1481	1351	1372	1264	1181	1434	1348
	F_3（万元）	356	361	356	319	334	321	383	354	331	339	345

续表

规则	目标	1	2	3	4	5	6	7	8	9	10	平均值
TRM	F_1（小时）	148	169	160	154	163	155	162	162	162	148	158
	F_2（千克）	1232	1291	1312	1201	1281	1112	1010	1247	1045	1505	1224
	F_3（万元）	318	338	282	299	331	333	301	330	328	265	313

根据表6-3可知：（1）针对基于跨区域联动管理原则的救援物资分配多目标决策问题，通过十次实验，管理者视角下社会可持续目标（加权行程时间总和）的平均值为158小时，环境可持续目标（碳排放总量）的平均值为1224千克，经济可持续目标（应急费用总和）的平均值为313万元；（2）针对基于属地管理原则的救援物资多目标决策问题，通过十次实验获得各可持续目标函数的平均值分别为166小时、1348千克和345万元。

根据仿真结果可知，在本章的设置条件下，跨区域联动管理原则下的所有可持续目标函数值均优于属地管理原则下的仿真结果；其中，环境和经济可持续目标的优越性较为明显。原因可能在于TRM原则意味着决策主体可统一支配多个区域的救援物资，旨在实现系统整体最优；而RM原则表明各EDP的决策主体仅能支配该区域内的救援物资，不能突破地理和行政上的限制，导致救援物资不能得到充分利用和发挥最大效用，仅能实现局部最优。即使这样，本章也并非主张TRM原则一定比RM原则好，仅表明针对本章研究的面向可持续发展的救援物资分配多目标决策问题，TRM原则更适合。在DOM实践中，决策主体应根据具体情况选择最佳/最恰当的分配原则。

6.5.5 不同规模算例的仿真结果分析

萨伊德·托菲吉（Saeed Tofighi et al.，2016）表明问题规模是检验所设计求解策略潜在优势的重要维度。借鉴上述观点，从问题规模来验证本章所提出方法论的有效性。针对小规模算例（I1～I6），分别采用HGCM、PGSA和IPGSA对其进行求解，仿真结果见表6－4。其中，HGCM获得最优值；PGSA和IPGSA获得次优值/最优值，针对每组算例，执行五次实验，找到所有算例的最佳目标函数值和平均值。通过次优值与最优值间的相对误差比例（PRE）来评价算法的绩效（Performance）。

表6－4　横向"府际"关系视角下救援物资分配小规模算例的仿真结果

算例			I1	I2	I3	I4	I5	I6
F	HGCM	OV	0.050	0.058	0.045	0.063	0.045	0.061
		T（秒）	2	1	1	1	1	1
	PGSA	1	0.057	0.089	0.073	0.083	0.065	0.087
		2	0.069	0.059	0.067	0.092	0.072	0.078
		3	0.075	0.073	0.067	0.090	0.068	0.062
		4	0.067	0.059	0.072	0.084	0.067	0.083
		5	0.066	0.077	0.071	0.078	0.074	0.083
		最优值	0.057	0.059	0.067	0.078	0.065	0.062
		平均值	0.067	0.071	0.070	0.085	0.069	0.079
		T（秒）	23	23	23	22	23	23
		PRE（%）	14.00	1.72	48.89	23.81	44.44	1.64

续表

<table>
<tr><th colspan="3">算例</th><th>I1</th><th>I2</th><th>I3</th><th>I4</th><th>I5</th><th>I6</th></tr>
<tr><td rowspan="9">F</td><td rowspan="9">IPGSA</td><td>1</td><td>0.050</td><td>0.058</td><td>0.045</td><td>0.063</td><td>0.045</td><td>0.062</td></tr>
<tr><td>2</td><td>0.050</td><td>0.058</td><td>0.046</td><td>0.065</td><td>0.046</td><td>0.062</td></tr>
<tr><td>3</td><td>0.051</td><td>0.058</td><td>0.046</td><td>0.063</td><td>0.045</td><td>0.062</td></tr>
<tr><td>4</td><td>0.051</td><td>0.059</td><td>0.046</td><td>0.063</td><td>0.045</td><td>0.062</td></tr>
<tr><td>5</td><td>0.050</td><td>0.059</td><td>0.051</td><td>0.063</td><td>0.049</td><td>0.062</td></tr>
<tr><td>最优值</td><td>0.050</td><td>0.058</td><td>0.045</td><td>0.063</td><td>0.045</td><td>0.062</td></tr>
<tr><td>平均值</td><td>0.050</td><td>0.058</td><td>0.047</td><td>0.063</td><td>0.046</td><td>0.062</td></tr>
<tr><td>T（秒）</td><td>23</td><td>23</td><td>23</td><td>22</td><td>22</td><td>22</td></tr>
<tr><td>PRE（%）</td><td>0.00</td><td>0.00</td><td>0.00</td><td>0.00</td><td>0.00</td><td>1.64</td></tr>
<tr><td rowspan="9">F_1</td><td>HGCM</td><td>OV（小时）</td><td>158</td><td>170</td><td>146</td><td>152</td><td>165</td><td>151</td></tr>
<tr><td rowspan="8">PGSA</td><td>1（小时）</td><td>158</td><td>172</td><td>148</td><td>153</td><td>167</td><td>152</td></tr>
<tr><td>2（小时）</td><td>159</td><td>170</td><td>147</td><td>152</td><td>167</td><td>152</td></tr>
<tr><td>3（小时）</td><td>160</td><td>171</td><td>148</td><td>152</td><td>167</td><td>151</td></tr>
<tr><td>4（小时）</td><td>160</td><td>170</td><td>148</td><td>153</td><td>167</td><td>152</td></tr>
<tr><td>5（小时）</td><td>159</td><td>171</td><td>148</td><td>152</td><td>167</td><td>152</td></tr>
<tr><td>最优值（小时）</td><td>158</td><td>170</td><td>147</td><td>152</td><td>167</td><td>151</td></tr>
<tr><td>平均值（小时）</td><td>159</td><td>171</td><td>148</td><td>152</td><td>167</td><td>152</td></tr>
<tr><td>PRE（%）</td><td>0.00</td><td>0.00</td><td>0.68</td><td>0.00</td><td>1.21</td><td>0.00</td></tr>
</table>

续表

算例			I1	I2	I3	I4	I5	I6
F_1	IPGSA	1（小时）	159	170	146	152	165	151
		2（小时）	158	170	146	152	165	151
		3（小时）	158	170	146	152	165	151
		4（小时）	158	171	146	153	165	151
		5（小时）	158	170	146	153	165	152
		最优值（小时）	158	170	146	152	165	151
		平均值（小时）	158	170	146	152	165	151
		PRE（%）	0.00	0.00	0.00	0.00	0.00	0.00
F_2	HGCM	OV（千克）	1107	1242	990	1135	1113	1122
	PGSA	1（千克）	1148	1365	1031	1214	1162	1175
		2（千克）	1158	1243	1028	1220	1137	1200
		3（千克）	1146	1298	1037	1202	1185	1124
		4（千克）	1175	1247	1064	1195	1154	1193
		5（千克）	1134	1293	1047	1160	1180	1163
		最优值（千克）	1134	1243	1028	1160	1137	1124
		平均值（千克）	1152	1289	1041	1198	1164	1171
		PRE（%）	2.44	0.08	3.84	2.20	2.16	0.18

续表

算例			I1	I2	I3	I4	I5	I6
F_2	IPGSA	1（千克）	1107	1242	990	1133	1113	1126
		2（千克）	1106	1242	993	1139	1117	1120
		3（千克）	1111	1244	990	1135	1113	1120
		4（千克）	1107	1241	988	1134	1113	1126
		5（千克）	1107	1249	1006	1137	1127	1122
		最优值（千克）	1106	1241	988	1133	1113	1120
		平均值（千克）	1108	1244	993	1136	1117	1123
		PRE（%）	-0.09	-0.08	-0.20	-0.18	0.00	-0.18
F_3	HGCM	OV（万元）	288	319	262	287	296	285
	PGSA	1（万元）	286	316	270	288	297	294
		2（万元）	291	320	269	295	313	280
		3（万元）	299	318	263	294	294	285
		4（万元）	284	319	262	296	303	286
		5（万元）	295	323	264	298	302	293
		最优值（万元）	284	316	262	288	294	280
		平均值（万元）	291	319	266	294	302	288
		PRE（%）	-1.39	-0.94	0.00	0.35	-0.68	-1.75

续表

算例			I1	I2	I3	I4	I5	I6
F_3	IPGSA	1（万元）	288	319	262	287	296	283
		2（万元）	289	319	263	288	296	285
		3（万元）	288	317	263	287	296	284
		4（万元）	288	316	263	286	296	284
		5（万元）	288	318	262	285	296	283
		最优值（万元）	288	316	262	285	295	283
		平均值（万元）	288	318	263	287	296	284
		PRE（%）	0.00	-0.94	0.00	-0.70	-0.34	-0.70

针对大规模算例（I7 ~ I11），由于在可接受时间内采用精确算法较难获得最优解，故仅采用 PGSA 和 IPGSA 两种启发式算法对其进行求解。将这两种算法中的较优值作为基准测试，再通过相对偏差比例（PRD）来比较不同求解策略的性能指标，仿真结果见表 6 - 5。

根据表 6 - 4 的仿真结果可知，针对算例 I1 ~ 算例 I6 而言，采用 IPGSA 获得所有算例（I6 除外）的综合目标函数值的相对误差比例（PRE）都为 0.00%，尽管算例 I6 的 PRE 为 1.64%，IPGSA 在求解质量方面仍具有极强的优势；而采用 PGSA 获得综合目标函数值的 PRE 最大值为 48.89%，IPGSA 的绩效优于 PGSA。此外，从社会、环境和经济可持续目标函数值的 PRE 来看，尽管算例 I1、I5 和 I6 在应急费用总和方面的优势不明显，IPGSA 仍然表现出了较强的优越性。

表 6-5　　横向“府际”关系视角下救援物资分配大规模算例的仿真结果

算例			I7	I8	I9	I10	I11
F	PGSA	1	0. 243	0. 285	0. 331	0. 269	0. 306
		2	0. 261	0. 382	0. 332	0. 283	0. 315
		3	0. 244	0. 275	0. 328	0. 260	0. 289
		4	0. 304	0. 296	0. 329	0. 254	0. 308
		5	0. 281	0. 365	0. 323	0. 298	0. 299
		最优值	0. 243	0. 275	0. 323	0. 254	0. 289
		平均值	0. 267	0. 321	0. 329	0. 273	0. 303
		T（秒）	37	37	35	40	39
		PRD（%）	66. 44	80. 92	88. 89	82. 73	90. 13
	IPGSA	1	0. 147	0. 152	0. 172	0. 210	0. 155
		2	0. 149	0. 156	0. 215	0. 139	0. 152
		3	0. 147	0. 154	0. 171	0. 139	0. 203
		4	0. 149	0. 152	0. 287	0. 172	0. 153
		5	0. 146	0. 152	0. 169	0. 191	0. 152
		最优值	0. 146	0. 152	0. 171	0. 139	0. 152
		平均值	0. 148	0. 153	0. 203	0. 170	0. 163
		T（秒）	37	35	34	40	37
		PRD（%）	0. 00	0. 00	0. 00	0. 00	0. 00

续表

算例			I7	I8	I9	I10	I11
F_1	PGSA	1（小时）	72	64	69	75	72
		2（小时）	72	68	69	76	72
		3（小时）	73	64	69	76	73
		4（小时）	73	67	69	75	74
		5（小时）	73	67	68	75	73
		最优值（小时）	72	64	68	75	72
		平均值（小时）	73	66	69	75	73
		PRD（%）	5.88	6.67	7.94	7.14	7.46
	IPGSA	1（小时）	68	60	63	74	67
		2（小时）	69	61	65	70	67
		3（小时）	69	61	64	70	70
		4（小时）	69	61	68	72	67
		5（小时）	69	61	63	72	67
		最优值（小时）	68	60	63	70	67
		平均值（小时）	69	61	65	72	68
		PRD（%）	0.00	0.00	0.00	0.00	0.00

续表

算例			I7	I8	I9	I10	I11
F_2	PGSA	1（千克）	2178	2015	2284	2214	2308
		2（千克）	2209	2168	2249	2198	2334
		3（千克）	2109	1942	2259	2148	2181
		4（千克）	2349	2000	2276	2163	2327
		5（千克）	2258	2153	2321	2373	2257
		最优值（千克）	2109	1942	2249	2148	2181
		平均值（千克）	2221	2056	2278	2219	2281
		PRD（%）	11. 94	14. 24	18. 37	14. 44	15. 27
	IPGSA	1（千克）	1895	1704	1910	2027	1907
		2（千克）	1900	1708	1998	1880	1904
		3（千克）	1887	1700	1903	1877	1958
		4（千克）	1891	1706	2181	1952	1892
		5（千克）	1884	1703	1900	1992	1895
		最优值（千克）	1884	1700	1900	1877	1892
		平均值（千克）	1891	1704	1978	1946	1911
		PRD（%）	0. 00	0. 00	0. 00	0. 00	0. 00

续表

算例			I7	I8	I9	I10	I11
F_3	PGSA	1（万元）	584	559	631	602	622
		2（万元）	609	610	635	619	632
		3（万元）	592	566	634	601	623
		4（万元）	627	548	633	598	602
		5（万元）	613	611	624	608	614
		最优值（万元）	584	548	624	598	602
		平均值（万元）	605	579	631	606	619
		PRD（%）	8. 15	12. 76	15. 34	10. 74	11. 28
	IPGSA	1（万元）	543	488	544	567	542
		2（万元）	541	488	567	540	543
		3（万元）	542	486	541	540	572
		4（万元）	540	487	597	555	542
		5（万元）	542	487	541	574	541
		最优值（万元）	540	486	541	540	541
		平均值（万元）	542	487	558	555	548
		PRD（%）	0. 00	0. 00	0. 00	0. 00	0. 00

根据表6-5的仿真结果可知，针对算例I7~算例I11而言，采用IPGSA获得各目标函数偏离程度总和、加权行程时间总和、碳排放总量和应急费用总和的相对偏差比例（PRD）全部为0.00%；与PGSA相比较，IPGSA具有绝对的优势。

结合上述分析，可得到以下几点结论：（1）作为精确算法的HGCM和启发式算法的IPGSA均能高效地求解救援物资跨区域分配小规模算例；（2）IPGSA在求解大规模算例时，表现出较强的优越性；（3）与PGSA相比较，无论针对小规模还是大规模算例，采用IPGSA获得各目标函数值的PRE/PRD都较小，表明IPGSA获得解的质量相对较好。并且，采用HGCM、IPGSA和PGSA求解算例I1~算例I11所需的时间均不超过1分钟，表明所设计算法的求解效率较高。

综上，随着问题规模的不断变大，本章设计的IPGSA在解的质量和求解效率方面的优越性/优势更加明显。具体地，（1）小规模算例的大部分结果支持上述结论，而大规模算例的全部结果支持上述结论；（2）尽管程序运行时间从20~25秒（算例I1~算例I6）变为35~40秒（算例I7~算例I11），但其仍不超过1分钟，远远小于DOM实践对制定决策所需时间的上限（Wex et al.，2014；Cao et al.，2017）。

通过比较算例I1~算例I3、算例I7~算例I8的仿真结果，分析RDCs的预置库存数量对可持续绩效的影响。结果表明：随着预置库存数量的减少，（1）针对小规模算例，各目标函数偏离程度总和、加权行程时间总和、碳排放总量与应急费用总和都呈现出下降趋势；（2）针对大规模算例，社会、环境和经济可持续目标的变化趋势与小规模算例的相同，但综合目标函数值呈现相反的趋势。总体而言，没有充分证据表明预置库存数量与各目标函数的偏离程度有特定关系；在保证其他条件不变的条件下，社会、经济和环境可持续绩效与预置库存数量呈正相关。

通过比较算例 I1 和算例 I4、算例 I7 和算例 I9 的仿真结果，探究受影响区域（包括 EDPs 和 ASAs）的需求数量对社会、环境和经济可持续绩效的影响。结果表明：随着救援物资需求数量的减少，（1）针对小规模算例，综合目标函数值与碳排放总量不断变大，而加权行程时间总和与应急费用总和不断减小；（2）针对大规模算例，应急费用总和呈现上升趋势，与小规模算例的结论相反，其他目标函数值的结论与小规模算例相同。简而言之，在保证其他条件不变的情况下，需求数量与各目标函数偏离程度总和、碳排放总量间具有负相关关系，与加权行程时间总和间有正相关关系，与应急费用总和间未发现稳定的直接关系。

通过比较算例 I1 与算例 I5 ~ 算例 I6、算例 I7 与算例 I10 ~ 算例 I11 的仿真结果，剖析风险可接受度对不同维度可持续绩效的影响。结果表明：随着风险可接受度的增加，（1）针对小规模算例，F 不断减小，F_1 不断增大，F_2 先减小后增大，F_3 不断增大；（2）针对大规模算例，F、F_2 和 F_3 呈下降趋势，而 F_1 呈上升趋势。总体而言，在保证其他条件不变的情况下，各目标函数偏离程度总和、加权行程时间与风险可接受度分别呈现出负相关和正相关关系；碳排放总量与应急费用总和与风险可接受度间并未发现明显的相关性。

6.6　本章小结

针对横向“府际”关系视角下面向可持续发展的救援物资分配问题，关注以“RDCs - EDPs - ASAs”为主线的多需求点多供应点跨区域分配；构建了以最小化加权行程时间总和（社会可持续）、碳排放总量（环境可持续）与应急费用总和（经济可持续）为可持续目标函数的多目标整数规划模型；分别提出了融入 BBA 的 HGCM 和带精英策略的 IPGSA 求解所建立的数学规划模型；构造了具有不同特征的算例，验证了模型和求解策略的有效性。

总体而言，可得到以下几点管理启示：

第一，将社会、环境和经济可持续发展理念、横向“府际”关系和风险可接受度融入任务导向的救援物资跨区域分配问题，可为制定救援物资分配策略提供新思路，进而提高决策主体对面向可持续发展的救援物资分配活动的认知；

第二，在保证救援过程或灾害响应决策系统整体可持续绩效基本不变的条件下，决策主体可适当地按比例缩减灾区的救援物资需求数量，从而缓解政府压力；

第三，跨区域联动管理原则下的社会、环境和经济可持续绩效都优于属地管理原则下的结果；尽管不主张 TRM 一定优于 RM 原则，但表明突破地理和行政上的限制/壁垒，受影响区域间进行跨区域协作，能发挥救援物资的最大效用；

第四，针对任务导向的救援物资跨区域分配多目标整数规划模型，提出的 HGCM 和 IPGSA 都具有较高的求解效率；此外，随着问题规模的增加，IPGSA 在求解质量和计算时间方面的优越性更加突出。

第 7 章

面向可持续发展的救援物资分配双层规划模型与算法

7.1 引　　言

在 2013 年俄克拉何马州的大龙卷风应对过程中，虽然医院和临时避难所有足够或充分的医疗队伍，但由于作为救援物资的血液严重缺乏，导致幸存者医疗救助任务开展的延迟，幸存者的痛苦无法得到有效缓解（Wang et al.，2018）。在 2010 年青海玉树地震救援中，由于部分道路损坏，造成"物流生命线"不畅，直接导致不能及时执行救援物资供应任务，增加了疏散灾民、开展救援活动的难度。实践表明应急任务的完成不仅需要调用应急组织，还需要救援物资的保障。这意味着在应急组织充分、但救援物资有限的条件下，如何设计高效的任务导向的救援物资分配策略尤为重要。在过去几十年中，尽管灾害管理实践者和学者已对救援物资分配策略制定问题进行了大量有意义的探索工作，但仍面临着许多挑战。

第一，如何从纵向"府际"关系或利益相关者的层级关系视角，将可持续发展理念有效地融入救援物资分配问题，提高救援过程的可持续绩效？有些学者（Haavisto et al.，2014；Dubey et al.，2016）指出在未来可持续发展与生态平衡将成为人道主义和商业供应链的驱动力。并且，有些学者（Klumpp et al.，2015；Cao et al.，2018；

Moreno et al.，2018；Laguna – Salvado et al.，2019）也强调了将可持续发展理念融入应急资源配置策略的重要性，且认为多目标规划方法是一种有效的手段。另一方面，还有些学者（Camacho – Vallejo et al.，2015；Lu et al.，2016；Safaei et al.，2018；Safaei et al.，2020）指出救援物资分配活动往往涉及多个不同层级的决策主体（如中央政府、地方政府和基层政府），且这些主体都有各自的救援目标。在策略制定过程中，恰当地考虑或平衡纵向“府际”关系视角下不同的可持续目标，有助于提高响应效率、降低成本和风险，进而改善整体救援效果。因此，一类基于纵向“府际”关系视角融入可持续发展理念的救援物资分配交叉问题（issue）值得深入研究。

第二，如何刻画不同维度的可持续发展、测量利益相关者的纵向“府际”关系，构建恰当的数学规划模型？在 DOM 领域中，有些学者（Xie et al.，2015；单而芳等，2015；Cao et al.，2017；van Kempen et al.，2017；Laguna – Salvado et al.，2019）采用碳排放量测量环境可持续；有些学者（Xie et al.，2015；Cao et al.，2017；Laguna – Salvado et al.，2019；Kaur et al.，2019）用应急费用（costs）刻画经济可持续；有些学者（Cao et al.，2017；Cao et al.，2018；Moreno et al.，2018；Laguna – Salvado et al.，2019）分别采用加权准备/等待时间、幸存者痛苦、当地投资和社会成本衡量社会可持续。尽管如此，他们也并未充分地和精确地将可持续目标或参数考虑到救援物资分配模型中（Haavisto.，2015）。例如，诸如幸存者痛苦等社会因素是无法确定的（intangible），导致准确刻画社会可持续非常困难。针对利益相关者间的纵向“府际”关系，学者们（陈刚等，2014；Camacho – Vallejo et al.，2015；俞武扬，2015；刘波等，2016；Gutjahr et al.，2016；Cao et al.，2017；郑斌等，2017；Safaei et al.，2018；Safaei et al.，2020；Chen et al.，2020）采用双层优化理论来刻画。然而，文献表明在救援物资分配模型中，可持续发展理念与纵向“府际”关系通常被分离刻画，不利于从整体上改善灾害响应决策系统的绩效。因此，构建融入多维度可持续发展理念的救援物资分配双层规划模型是必要且困难的。

第三，如何求解纵向“府际”关系视角下考虑不同维度可持续发展、风险可接受度和任务导向的救援物资分配模型？有些学者（Ozdamar et al.，2015；Habib et al.，2016；Gutjahr et al.，2016）表明求解救援物资分配模型的方法包括精确算法（如 BBA、GCM）和启发式算法（如 GA、PGSA）两类，且这些方法大多数是针对单层规划模型提出。然而，在灾害管理实践中，除横向“府际”关系外，利益相关者间的纵向“府际”关系也应被考虑。因此，如何求解刻画救援物资分配活动中纵向“府际”关系的双层规划模型是迫切的。此外，有学者（Cao et al.，2017；Laguna - Salvado et al.，2019）指出灾害情境下的可持续发展也应从社会（受益人）、环境和经济三个维度来刻画。在这样的情形下，为了满足救援过程和对幸存者人文关怀的可持续要求，以及提高求解效率，设计融入 PDA 和 BBA 的混合 GCM（精确算法）、提出嵌套式 PGSA（启发式算法）来求解上层考虑三个可持续目标的救援物资分配双层规划模型是紧迫的，且具有挑战性。

为了应对上述提出的挑战，本章聚焦于纵向“府际”关系视角下融入不同维度的可持续发展理念、跨区域联动管理原则、风险可接受度和任务导向的救援物资分配问题；采用融入“以人为本”理念的三重底线方法刻画社会、环境和经济可持续绩效，运用双层优化理论刻画利益相关者间的纵向“府际”关系，构建了上层最优化管理者视角下的社会、环境和经济可持续目标，下层最大化幸存者视角下社会可持续目标的双层规划模型；提出了一种包括 PDA 和 BBA 的混合 GCM（hybrid GCM，HGCM），以及设计了下层采用 PGSA 且带精英策略的嵌套式 PGSA（nested PGSA，NPGSA）来求解所建立的双层规划模型。最终，实现了通过优化救援物资跨区域分配策略，满足救援过程和对幸存者人文关怀的可持续要求的目标。

7.2 纵向“府际”关系视角下救援物资分配问题描述

在DOM实践中，诸如汶川特大地震、青海玉树地震、印度尼西亚地震的大规模自然灾害救援涉及多个相邻的行政区域。以汶川特大地震为例，汶川、茂县、北川、都江堰等是几个相邻的县（市）需求点。在特定情况下（如签订特殊协议或条款、政府统一指挥），同层级决策主体可形成联盟，采取联合策略应对/响应灾害（如制定救援物资跨区域分配策略）。但这些决策主体都由共同的上级政府统一领导。在遵循跨区域联动管理原则的条件下，救援物资分配活动打破了地理和行政上的壁垒，充分利用了不同区域内的各种交通工具和人力资源，从而提高了救援物资的利用率，发挥了其最大效用，进而在最大程度上满足救援过程和对幸存者人文关怀的可持续要求。当然，还必须借助各种必要手段，清晰划分权责利关系。

本章关注包括RDCs、EDPs和ASAs（或ETs）的救援物资跨区域分配网络。特别地，每个EDP都包括SRAs、TTAs和TSAs三类ASAs（或三类ETs），EDPs从RDCs接收到的救援物资不仅可分配给该区域还可服务其他区域的ETs或ASAs。这样，负责RDCs的决策主体需要确定向各EDP分配的救援物资数量，而负责EDPs的决策主体需确定向各ETs或ASAs分配的数量，两类决策主体间形成了典型的纵向“府际”关系。基于此，在充分吸收基于S-BOX理论的救援物资跨区域分配决策内涵的基础上，构建了纵向“府际”关系视角下任务导向的救援物资跨区域分配决策框架（见图7-1）。

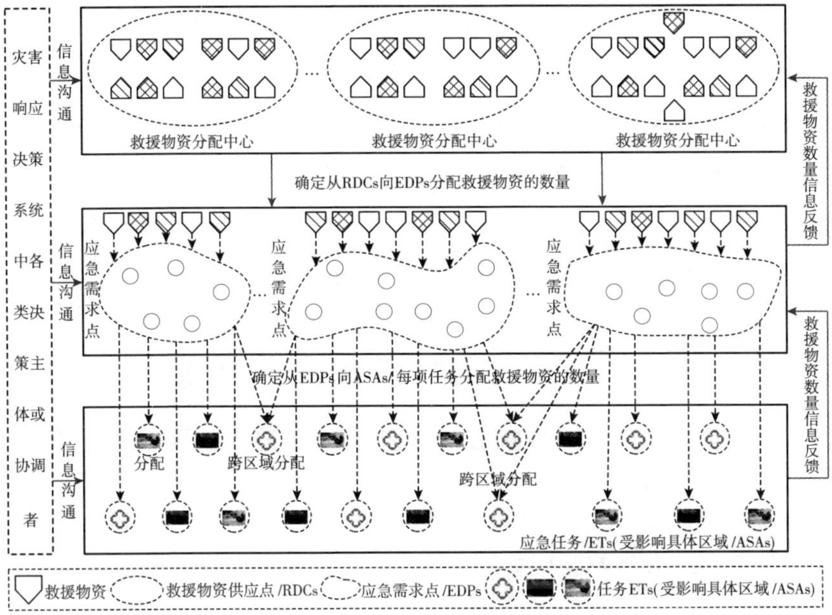

图 7-1　纵向“府际”关系视角下任务导向的救援物资分配决策框架

特别地，在图 7-1 中，在大多数情况下，上层决策主体向 EDPs 分配救援物资时，并不了解各 EDP 中 ETs 的具体信息，故将此层的 ETs 定义为未分类（或类型未知）的任务。然而，当下层决策主体向 ASAs 或 ETs 分配救援物资时，已经明确了各 ET 的具体类型，包括搜索-救援、临时治疗与临时安置三类任务。并且，由于本章考虑了跨区域联动管理原则，故在下层决策问题中可暂时忽略各 ET 的地理位置信息。

在这样的情形下，在《为了一个更安全的世界：横滨战略和行动计划》（1994 年）、《兵库行动框架》（2005 年）、《仙台减少灾害风险框架》（2015 年）和《变革我们的世界：2030 年可持续发展议程》（2015 年）等纲领性文件的作用下，上层决策主体（leader）在管理者视角下的社会可持续维度，关注如何提高整个系统的需求满足率（或降低整个系统的需求未满足率），在环境可持续维度，聚焦于如何通过路径优化减少碳排放量，在经济可持续维度，致力于解决如何降低应急费用，从而达到满足救援过程的可持续要求，实现灾害响应决策系统可持续发展的目的。然而，下层决策主体（follower）聚焦于如何提高幸存者视角下的社会可持续（即幸存者感知满意度）或缓解幸存者痛苦，进而满足对幸存者人文关怀的可持续要求，或从幸存者视角来实现救援过程的社会可持续发展。

7.3 面向可持续发展的救援物资分配双层规划模型

7.3.1 参数与符号

$i \in I$ 表示任意的 RDC，数量记为 $\bar{i}$；$j \in J$ 表示任意的 EDP，数量记为 $\bar{j}$；$k \in K$ 表示任意的 ASA，数量记为 $\bar{k}$；$m \in M$ 表示任意的运输方式，数量记为 $\bar{m}$，且 $M = \{1, 2, 3\} = \{$海，陆，空$\}$；t_{ijm}^{1} 和 t_{jkm}^{2} 分别表示从 RDCi 向 EDPj、从 EDPj 向 ASAk 通过方式 m 运输每千套救援物资所耗的平均时间；A_{ijm}^{1} 和 A_{jkm}^{2} 分别表示从 RDCi 向 EDPj、从 EDPj 向 ASAk 通过方式 m 运输每千套救援物资每小时产生的碳排放量；a_{ijm}^{1} 和 a_{jkm}^{2} 分别表示从 RDCi 向 EDPj、从 EDPj 向 ASAk 通过方式 m 运输每千套救援物资所需的费用；D_{j}^{1} 和 D_{k}^{2} 分别表示 EDPj 和 ASAk 的救援物资需求数量，包括了理性需求和非理性需求；η_{j}^{1} 和 η_{k}^{2} 分别表示 EDP 和 ASA 内幸存者对获得救援物资数量的可接受程度，其上限可由总库存和总需求数量共同决定；w_{j}^{1} 和 w_{k}^{2} 分别表示 EDP 和 ASA 的权重，前者可根据需求点的受灾程度和其他因素来计算，后者可通过幸存者的受伤级别来确定；Q_{i}^{1} 表示在实施决策时各 RDC 的救援物资预置库存数量。

上层问题的决策变量为 x_{ijm}，表示从 RDCi 向 EDPj 通过方式 m 运输的救援物资实际数量；下层问题的决策变量为 y_{jkm}，表示从 EDPj 向 ASAk 通过方式 m 分配的救援物资实际数量。

7.3.2　假设条件

本章假设执行 ETs 所需的 EOs（或应急人员）是充分的，且已提前抵达 ETs 所在位置；换言之，ETs 的开始时间仅取决于救援物资的到达时间。此外，RDCs、EDPs 和 ASAs 的数量和地理位置、救援物资种类、需求信号的来源、运输方式，以及部分参数的取值情况都与第 6.3.2 节中的描述相同，为了阅读的清晰和简洁性，此处不再赘述。

7.3.3　可持续发展指标衡量

针对纵向“府际”关系视角下任务导向的救援物资跨区域分配问题，也采用三重底线方法从社会、环境和经济维度来刻画可持续绩效。与第 6.3.3 节相同，环境可持续绩效采用从 RDCs 到 EDPs，再到 ASAs 两个阶段运输救援物资所产生碳排放总量来衡量；经济可持续绩效仍然用这两个阶段的运输费用（即应急费用总和）来刻画。然而，与横向“府际”关系视角下救援物资跨区域分配问题相比较，社会可持续绩效的刻画方法有所区别。具体而言，艾拉·哈维斯托等（2014）表明受益人视角下的可持续或社会可持续的实质是指在人道主义救援中同时考虑利益相关者、受影响区域（如 EDPs、ASAs）的可进入性或脆弱性、公平性原则和需求满足度等要素。在此基础上，本章从管理者和幸存者两个视角来刻画救援物资分配问题中的社会可持续绩效。

（1）管理者视角下社会可持续刻画。

针对上层决策问题，从管理者视角衡量救援物资跨区域分配的社会可持续绩效。大规模自然灾害发生后，决策主体的两个首要目标是：一是在适当的时候向受影响区域内 ETs 涉及的幸存者提供最佳数量的救援物资，尽可能多地满足幸存者需求（刘艺等，2015）；二是尽可能快地将所需救援物资运送至各受影响区域，从而提高响应效率，促使救援物资发挥其最大效用。第6章用行程时间来刻画管理者视角下的社会可持续，而本章通过救援物资需求未满足率来测量这个指标。在数学规划模型中，还有其他学者考虑相似目标函数（Ozdamar et al.，2004；Lin et al.，2011；Holguin - Veras et al.，2013；王旭坪等，2013；Duan et al.，2015；Zhou et al.，2016；Moreno et al.，2018）。

根据问题特征，本章从两个维度来刻画救援物资需求未满足率。针对EDPs而言，各EDP的需求未满足率可通过式（7－1）来计算。

$$\sum_{j \in J} w_j^1 \left[\frac{(D_j^1 - \sum_{i \in I} \sum_{m \in M} x_{ijm})}{D_j^1} \right] \tag{7-1}$$

针对ASAs而言，各ASA的需求未满足率计算表达式可记为：

$$\sum_{k \in K} w_k^2 \left[\frac{(D_k^2 - \sum_{j \in J} \sum_{m \in M} y_{jkm})}{D_k^2} \right] \tag{7-2}$$

综上，在灾害响应决策系统中，救援物资需求未满足率总和为：

$$\begin{aligned} & \sum_{j \in J} w_j^1 \left[\frac{(D_j^1 - \sum_{i \in I} \sum_{m \in M} x_{ijm})}{D_j^1} \right] + \sum_{k \in K} w_k^2 \left[\frac{(D_k^2 - \sum_{j \in J} \sum_{m \in M} y_{jkm})}{D_k^2} \right] \\ & = 2 - \left(\sum_{j \in J} \sum_{i \in I} \sum_{m \in M} \frac{w_j^1 x_{ijm}}{D_j^1} + \sum_{k \in K} \sum_{j \in J} \sum_{m \in M} \frac{w_k^2 y_{jkm}}{D_k^2} \right) \end{aligned} \tag{7-3}$$

因此，本章上层问题的第一个可持续目标函数旨在最小化加权需求未满足率总和，具体表达式见式（7－4）。

$$\min_{x_{ijm}, y_{jkm}} - \left(\sum_{i \in I} \sum_{j \in J} \sum_{m \in M} \frac{w_j^1 x_{ijm}}{D_j^1} + \sum_{j \in J} \sum_{k \in K} \sum_{m \in M} \frac{w_k^2 y_{jkm}}{D_k^2} \right) + 2 \tag{7-4}$$

（2）幸存者视角下社会可持续刻画。

针对下层决策问题，从幸存者视角衡量救援物资跨区域分配的社会可持续绩效。本章借鉴与拓展文献（Cao et al.，2017；Cao et al.，

2018）的观点，采用幸存者感知满意度测量幸存者视角下的社会可持续绩效。特别地，幸存者感知满意度也被视为公平性原则在救援物资分配过程中作用的结果，在某种程度上体现了幸存者的痛苦（Huang et al.，2011；王旭坪等，2013；李从东等，2014；陈莹珍等，2015；Huang et al.，2015；Cao et al.，2016；Cao et al.，2017）。幸存者感知满意度可采用需求满足度、ASAs 对救援物资需求的紧迫程度和 EDPs 与 ASAs 间的运输时间的乘积来衡量。权重体现了救援物资分配时间的差异性和幸存者在受伤程度方面的异质性。

特别地，仅将 EDPs 与 ASAs 间的运输时间作为幸存者感知满意度测量权重的原因主要包括：一是下层地方政府或基层政府仅能制定从 EDPs 向 ASAs 的救援物资分配策略，没有权利决定救援物资到达 EDPs 的时刻；二是幸存者与具有较低权利的决策主体（下层）接触最频繁、最直接，能相对较快地获得救援物资到达 EDPs 的时间信息，并将其作为心理参考点或时刻；三是由于本章涉及的幸存者感知满意度是由低层级决策主体来测量，故可仅考虑从 EDPs 到 ASAs 的运输时间对幸存者产生的影响，即假设从 RDCs 到 EDPs 的运输时间对幸存者产生的影响相对较小，可忽略不计。

基于此，本章采用感知满意度来衡量幸存者视角下的社会可持续目标。下层决策问题的目标函数旨在最大化幸存者感知满意度总和，具体表达式记为：

$$\max_{y_{jkm}} \sum_{k \in K} w_k^2 \sum_{j \in J} \sum_{m \in M} \frac{y_{jkm}}{D_k^2 t_{jkm}^2} \tag{7-5}$$

7.3.4　任务导向的救援物资分配双层规划模型

在考虑利益相关者间纵向“府际”关系的情形下，针对上层决策问题，除用碳排放量和应急费用分别测量环境和经济可持续绩效外，还采用救援物资需求未满足率刻画管理者视角下的社会可持续绩效；针对下层决策问题，采用幸存者感知满意度（体现了幸存者痛苦）刻画幸存者视角下的社会可持续绩效。因此，针对纵向“府际”关系视角下面向可持续发展的救援物资跨区域分配问题，构建了上层以最小化加权需求未满足率总和、碳排放总量与应急费用总和为目标函数，下层以最大化幸存者感知满意度总和为目标函数的双层整数规划模型，见式（7－6）~式（7－17）。

$$\min_{x_{ijm},y_{jkm}} -\left(\sum_{i\in I}\sum_{j\in J}\sum_{m\in M}\frac{w_j^1 x_{ijm}}{D_j^1}+\sum_{j\in J}\sum_{k\in K}\sum_{m\in M}\frac{w_k^2 y_{jkm}}{D_k^2}\right)+2 \quad (7-6)$$

$$\min_{x_{ijm},y_{jkm}} \sum_{i\in I}\sum_{j\in J}\sum_{m\in M}A_{ijm}^1 t_{ijm}^1 x_{ijm}+\sum_{j\in J}\sum_{k\in K}\sum_{m\in M}A_{jkm}^2 t_{jkm}^2 y_{jkm} \quad (7-7)$$

$$\min_{x_{ijm},y_{jkm}} \sum_{i\in I}\sum_{j\in J}\sum_{m\in M}a_{ijm}^1 x_{ijm}+\sum_{j\in J}\sum_{k\in K}\sum_{m\in M}a_{jkm}^2 y_{jkm} \quad (7-8)$$

$$\text{s.t.}\quad \sum_{j\in J}\sum_{m\in M}x_{ijm}=Q_i^1/\forall i\in I/ \quad (7-9)$$

$$\sum_{i\in I}\sum_{m\in M}x_{ijm}\leqslant D_j^1/\forall j\in J/ \quad (7-10)$$

$$\sum_{i\in I}\sum_{m\in M}x_{ijm}\geqslant\lceil\eta_j^1 D_j^1\rceil/\forall j\in J/ \quad (7-11)$$

$$x_{ijm}\in\text{非负整数}/\forall i\in I,\ j\in J,\ m\in M/ \quad (7-12)$$

$$\max_{y_{jkm}} \sum_{k\in K}\sum_{j\in J}\sum_{m\in M}\frac{w_k^2 y_{jkm}}{D_k^2 t_{jkm}^2} \quad (7-13)$$

$$\text{s.t.}\quad \sum_{k\in K}\sum_{m\in M}y_{jkm}=\sum_{i\in I}\sum_{m\in M}x_{ijm}/\forall j\in J/ \quad (7-14)$$

$$\sum_{j\in J}\sum_{m\in M}y_{jkm}\leqslant D_k^2/\forall k\in K/ \quad (7-15)$$

$$\sum_{j\in J}\sum_{m\in M}y_{jkm}\geqslant\lceil\eta_k^2 D_k^2\rceil/\forall k\in K/ \quad (7-16)$$

$$y_{jkm}\in\text{非负整数}/\forall j\in J,\ k\in K,\ m\in M/ \quad (7-17)$$

其中，式（7－6）~式（7－12）定义了上层决策问题的优化模型。具体而言，式（7－6）~式（7－8）分别定义了最小化加权需求未满足率总和、最小化碳排放总量与最小化应急费用总和三个可持续目标函数。约束条件（7－9）~约束条件（7－12）分别依次与第6.3.4节中式（6－7）~式（6－9）和式（6－13）的具体含义相同，此处不赘述。

式（7－13）~式（7－17）定义了下层优化问题。式（7－13）表示采用幸存者感知满意度来刻画幸存者视角下的社会可持续绩效，以最大化整个灾害响应决策系统的幸存者感知满意度总和作为目标函数。约束条件（7－14）~约束条件（7－17）分别依次与第6.3.4节中式（6－10）~式（6－12）和式（6－14）的意义相同，此处不赘述。

7.4　求解双层规划模型的策略设计

综上，纵向“府际”关系视角下面向可持续发展的救援物资跨区域分配问题被刻画为双层整数规划模型。有学者（Bard et al.，1991；Lu et al.，2016）指出由于问题的结构，即使双层规划模型中的所有项都是线性的，其刻画的双层优化问题也是NP难题，求解非常困难。尽管如此，针对小规模问题，仍然存在精确算法（如PDA/KKT条件）获得（局部）最优解，或获得松弛问题的满意解。

对本章考虑的救援物资跨区域分配问题而言，其被刻画为双层整数线性规划模型，属于NP难题。并且，下层决策问题被描述为整数规划模型，属于非凸规划，增加了其求解的难度。然而，这并不意味着找不到精确算法求解此类问题。针对小规模问题，仍然能找到精确算法对其进行求解。例如，有些学者（Camacho－Vallejo et al.，2015；Safaei et al.，2018；Safaei et al.，2020）采用KKT条件（即PDA）来替换下层问题，将双层转化为单层规划模型，再用精确算法对其进行求解。在此基础上，本章采用PDA先将双层规划模型转化为单层规划模型；再运用GCM消除各目标函数间的量纲差异，采用加权求和方法将多目标转化为单目标规划模型；运用BBA求解整个流程中涉及的单目标规划模型；最后形成了整个HGCM的求解框架/流程。因此，针对救援物资跨区域分配双层整数线性规划模型，设计了上述的HGCM（间接求解法）。特别地，由于下层决策问题属于非凸规划，HGCM 并不能保证一定能获得全局最优解。然而，在某种程度上，HGCM 仍然可为决策主体提供一种有效的手段来制定救援物资跨区域分配策略。

另外，随着问题规模的增加和复杂度的提高，精确算法在求解效率方面的局限性凸显，需要设计效率较高的启发式算法（如 PGSA、GA）来求解双层整数规划模型。借鉴并拓展李彤等（2005）、李彤等（2012）和曹策俊等（2017）的观点，还设计了下层采用 PGSA 且带精英策略的 NPGSA 求解救援物资跨区域分配双层整数规划模型。

7.4.1 求解双层规划模型的混合全局准则法设计

求解救援物资跨区域分配双层整数规划模型的 HGCM 的主要步骤包括：

步骤 1：构建下层决策问题的对偶问题。

如果固定上层决策变量 x_{ijm}，下层决策问题则可被视为典型的运输问题。此外，需将约束条件（7－17）放松为 $y_{jkm} \geqslant 0$，引入 $b_j^2(\forall j \in J)$、$c_k^2(\forall k \in K)$ 和 $d_k^2(\forall k \in K)$ 分别作为约束条件（7－14）～约束条件（7－16）的对偶变量。因此，下层决策问题的对偶问题见式（7－18）～式（7－22）。

$$\min_{b_j^2, c_k^2, d_k^2} \sum_{j \in J} \sum_{i \in I} \sum_{m \in M} x_{ijm} b_j^2 + \sum_{k \in K} D_k^2 c_k^2 + \sum_{k \in K} (-\lceil \eta_k^2 D_k^2 \rceil) d_k^2 \tag{7-18}$$

$$\text{s.t.} \quad b_j^2 + c_k^2 - d_k^2 \geqslant \frac{w_k^2}{(D_k^2 t_{jkm}^2)} / \forall j \in J,\ k \in K,\ m \in M / \tag{7-19}$$

$$b_j^2 \quad urs / \forall j \in J / \tag{7-20}$$

$$c_k^2 \geqslant 0 / \forall k \in K / \tag{7-21}$$

$$d_k^2 \geqslant 0 / \forall k \in K / \tag{7-22}$$

步骤 2：将双层规划模型转化为单层混合整数非线性规划模型。

为了确保获得最优解，结合互补松弛条件和原始—对偶最优性条件（或 KKT 条件），将原双层规划整数规划模型等价变换为由式

（7－23）～式（7－40）定义的单层混合整数非线性规划模型。

$$\min_{x_{ijm},y_{jkm},b_j^2,c_k^2,d_k^2} -\left(\sum_{i\in I}\sum_{j\in J}\sum_{m\in M}\frac{w_j^1 x_{ijm}}{D_j^1}+\sum_{j\in J}\sum_{k\in K}\sum_{m\in M}\frac{w_k^2 y_{jkm}}{D_k^2}\right)+2 \tag{7-23}$$

$$\min_{x_{ijm},y_{jkm},b_j^2,c_k^2,d_k^2}\sum_{i\in I}\sum_{j\in J}\sum_{m\in M}A_{ijm}^1 t_{ijm}^1 x_{ijm}+\sum_{j\in J}\sum_{k\in K}\sum_{m\in M}A_{jkm}^2 t_{jkm}^2 y_{jkm} \tag{7-24}$$

$$\min_{x_{ijm},y_{jkm},b_j^2,c_k^2,d_k^2}\sum_{i\in I}\sum_{j\in J}\sum_{m\in M}a_{ijm}^1 x_{ijm}+\sum_{j\in J}\sum_{k\in K}\sum_{m\in M}a_{jkm}^2 y_{jkm} \tag{7-25}$$

$$\text{s. t.}\quad \sum_{j\in J}\sum_{m\in M}x_{ijm}=Q_i^1/\forall i\in I/ \tag{7-26}$$

$$\sum_{i\in I}\sum_{m\in M}x_{ijm}\leqslant D_j^1/\forall j\in J/ \tag{7-27}$$

$$\sum_{i\in I}\sum_{m\in M}x_{ijm}\geqslant\lceil\eta_j^1 D_j^1\rceil/\forall j\in J/ \tag{7-28}$$

$$\sum_{k\in K}\sum_{m\in M}y_{jkm}=\sum_{i\in I}\sum_{m\in M}x_{ijm}/\forall j\in J/ \tag{7-29}$$

$$\sum_{j\in J}\sum_{m\in M}y_{jkm}\leqslant D_k^2/\forall k\in K/ \tag{7-30}$$

$$\sum_{j\in J}\sum_{m\in M}y_{jkm}\geqslant\lceil\eta_k^2 D_k^2\rceil/\forall k\in K/ \tag{7-31}$$

$$b_j^2+c_k^2-d_k^2\geqslant\frac{w_k^2}{(D_k^2 t_{jkm}^2)}/\forall j\in J,\ k\in K,\ m\in M/ \tag{7-32}$$

$$y_{jkm}\left[b_j^2+c_k^2-d_k^2-\frac{w_k^2}{(D_k^2 t_{jkm}^2)}\right]=0/\forall j\in J,\ k\in K,\ m\in M/ \tag{7-33}$$

$$c_k^2(D_k^2-\sum_{j\in J}\sum_{m\in M}y_{jkm})=0/\forall k\in K/ \tag{7-34}$$

$$d_k^2(\sum_{j\in J}\sum_{m\in M}y_{jkm}-\lceil\eta_k^2 D_k^2\rceil)=0/\forall k\in K/ \tag{7-35}$$

$$x_{ijm}\in\text{非负整数}/\forall i\in I,\ j\in J,\ m\in M/ \tag{7-36}$$

$$y_{jkm}\geqslant 0/\forall j\in J,\ k\in K,\ m\in M/ \tag{7-37}$$

$$b_j^2\quad urs/\forall j\in J/ \tag{7-38}$$

$$c_k^2\geqslant 0/\forall k\in K/ \tag{7-39}$$

$$d_k^2 \geqslant 0 / \forall k \in K / \qquad (7-40)$$

其中，式（7－23）～式（7－25）定义了变换后的单层规划模型的目标函数，也是原双层规划模型上层决策问题的目标函数。式（7－26）～式（7－31）与式（7－36）～式（7－7）给出了原问题的可行域，式（7－32）与式（7－38）～式（7－40）界定了对偶问题的可行域。此外，根据原始—对偶问题获得最优解的充分条件，增加了非线性约束条件（7－33）～约束条件（7－35）。

在这样的情形下，纵向"府际"关系视角下面向可持续发展的救援物资跨区域分配双层整数规划模型变换为包含 x_{ijm}、y_{jkm}、b_j^2、c_k^2、d_k^2 五类决策变量的单层非线性规划问题。然而，由于约束条件的非线性导致直接求解此模型仍然困难，故还需要设计线性化策略。

步骤3：设计非线性约束条件变换策略。

为了解决上述步骤2中单层混合整数规划模型中的非线性问题，引入0～1辅助变量化简非线性约束条件（7－33）～约束条件（7－35）。针对约束条件（7－33），引入参数 E 为足够大的正常数，$\delta_{jkm}^2 \in \{0, 1\}$ 为辅助变量。同时，结合约束条件（7－32）和约束条件（7－37）可知，$y_{jkm} \geqslant 0$，且 $b_j^2 + c_k^2 - d_k^2 - \dfrac{w_k}{(D_k^2 t_{jkm}^2)} \geqslant 0$。因此，约束条件（7－33）的等价表达见式（7－41）和式（7－42）。

$$y_{jkm} \leqslant E \cdot (1 - \delta_{jkm}^2) / \forall j \in J, \ k \in K, \ m \in M / \qquad (7-41)$$

$$b_j^2 + c_k^2 - d_k^2 - \frac{w_k^2}{(D_k^2 t_{jkm}^2)} \leqslant E \cdot \delta_{jkm}^2 / \forall j \in J, \ k \in K, \ m \in M / \qquad (7-42)$$

相似地，$\tau_k^2 \in \{0, 1\}$ 作为0～1辅助变量被用来处理约束条件（7－34）的非线性问题。此外，结合约束条件（7－30）和约束条件（7－39）可知，$c_k^2 \geqslant 0$，且 $D_k^2 - \sum_{j \in J} \sum_{m \in M} y_{jkm} \geqslant 0$。因此，与约束条件（7－34）等价的线性约束见式（7－43）和式（7－44）。

$$c_k^2 \leqslant E \cdot (1 - \tau_k^2) / \forall k \in K / \qquad (7-43)$$

$$D_k^2 - \sum_{j \in J} \sum_{m \in M} y_{jkm} \leqslant E \cdot \tau_k^2 / \forall k \in K / \tag{7-44}$$

同理，引入 0～1 辅助变量 $\varepsilon_k^2 \in \{0, 1\}$ 来处理约束条件（7－35）的非线性问题。同时，结合约束条件（7－31）和约束条件（7－40）可知，$d_k^2 \geqslant 0$，且 $\sum_{j \in J} \sum_{m \in M} y_{jkm} - \lceil \eta_k^2 D_k^2 \rceil \geqslant 0$。因此，约束条件（7－35）的等价表达见式（7－45）和式（7－46）。

$$d_k^2 \leqslant E \cdot (1 - \varepsilon_k^2) / \forall k \in K / \tag{7-45}$$

$$\sum_{j \in J} \sum_{m \in M} y_{jkm} - \lceil \eta_k^2 D_k^2 \rceil \leqslant E \cdot \varepsilon_k^2 / \forall k \in K / \tag{7-46}$$

步骤 4：建立等价的单层混合整数线性规划模型。

通过步骤 1 到步骤 3 的操作，纵向“府际”关系视角下任务导向的救援物资跨区域分配双层整数规划模型最终转化为包含 x_{ijm}、y_{jkm}、b_j^2、c_k^2、d_k^2、δ_{jkm}^2、τ_k^2、ε_k^2 八类决策变量的单层混合整数线性规划模型，见式（7－47）～式（7－70）。

$$\min_{x_{ijm}, y_{jkm}, b_j^2, c_k^2, d_k^2} - \sum_{i \in I} \sum_{j \in J} \sum_{m \in M} \frac{w_j^1 x_{ijm}}{D_j^1} + \sum_{j \in J} \sum_{k \in K} \sum_{m \in M} \frac{w_k^2 y_{jkm}}{D_k^2} + 2 \tag{7-47}$$

$$\min_{x_{ijm}, y_{jkm}, b_j^2, c_k^2, d_k^2} \sum_{i \in I} \sum_{j \in J} \sum_{m \in M} A_{ijm}^1 t_{ijm}^1 x_{ijm} + \sum_{j \in J} \sum_{k \in K} \sum_{m \in M} A_{jkm}^2 t_{jkm}^2 y_{jkm} \tag{7-48}$$

$$\min_{x_{ijm}, y_{jkm}, b_j^2, c_k^2, d_k^2} \sum_{i \in I} \sum_{j \in J} \sum_{m \in M} a_{ijm}^1 x_{ijm} + \sum_{j \in J} \sum_{k \in K} \sum_{m \in M} a_{jkm}^2 y_{jkm} \tag{7-49}$$

$$\text{s. t.} \quad \sum_{j \in J} \sum_{m \in M} x_{ijm} = Q_i^1 / \forall i \in I / \tag{7-50}$$

$$\sum_{i \in I} \sum_{m \in M} x_{ijm} \leqslant D_j^1 / \forall j \in J / \tag{7-51}$$

$$\sum_{i \in I} \sum_{m \in M} x_{ijm} \geqslant \lceil \eta_j^1 D_j^1 \rceil / \forall j \in J / \tag{7-52}$$

$$\sum_{k \in K} \sum_{m \in M} y_{jkm} = \sum_{i \in I} \sum_{m \in M} x_{ijm} / \forall j \in J / \tag{7-53}$$

$$\sum_{j \in J} \sum_{m \in M} y_{jkm} \leqslant D_k^2 / \forall k \in K / \tag{7-54}$$

$$\sum_{j \in J} \sum_{m \in M} y_{jkm} \geqslant \lceil \eta_k^2 D_k^2 \rceil / \forall k \in K / \tag{7-55}$$

$$b_j^2 + c_k^2 - d_k^2 \geqslant \frac{w_k^2}{(D_k^2 t_{jkm}^2)} / \forall j \in J, \ k \in K, \ m \in M / \tag{7-56}$$

$$y_{jkm} \leqslant E \cdot (1 - \delta_{jkm}^2) / \forall j \in J, \ k \in K, \ m \in M / \tag{7-57}$$

$$b_j^2 + c_k^2 - d_k^2 - \frac{w_k^2}{(D_k^2 t_{jkm}^2)} \leqslant E \cdot \delta_{jkm}^2 / \forall j \in J, \ k \in K, \ m \in M / \tag{7-58}$$

$$c_k^2 \leqslant E \cdot (1 - \tau_k^2) / \forall k \in K / \tag{7-59}$$

$$D_k^2 - \sum_{j \in J} \sum_{m \in M} y_{jkm} \leqslant E \cdot \tau_k^2 / \forall k \in K / \tag{7-60}$$

$$d_k^2 \leqslant E \cdot (1 - \varepsilon_k^2) / \forall k \in K / \tag{7-61}$$

$$\sum_{j \in J} \sum_{m \in M} y_{jkm} - \lceil \eta_k^2 D_k^2 \rceil \leqslant E \cdot \varepsilon_k^2 / \forall k \in K / \tag{7-62}$$

$$x_{ijm} \in \text{非负整数} / \forall i \in I, \ j \in J, \ m \in M / \tag{7-63}$$

$$y_{jkm} \in \text{非负整数} / \forall j \in J, \ k \in K, \ m \in M / \tag{7-64}$$

$$b_j^2 \quad urs / \forall j \in J / \tag{7-65}$$

$$c_k^2 \geqslant 0 / \forall k \in K / \tag{7-66}$$

$$d_k^2 \geqslant 0 / \forall k \in K / \tag{7-67}$$

$$\delta_{jkm}^2 \in \{0, \ 1\} / \forall j \in J, \ k \in K, \ m \in M / \tag{7-68}$$

$$\tau_k^2 \in \{0, \ 1\} / \forall k \in K / \tag{7-69}$$

$$\varepsilon_k^2 \in \{0, \ 1\} / \forall k \in K / \tag{7-70}$$

步骤5：求解单目标混合整数规划模型。

运用BBA分别求解仅考虑单个目标函数 F_θ($\forall \theta = 1, 2, 3$)（即加权需求未满足率总和、碳排放总量与应急费用总和）的救援物资跨区域分配混合整数规划模型；根据结果，将各目标函数的极值分别记为 $F_1^{\min}$、$F_2^{\min}$ 和 $F_3^{\min}$。

步骤 6：变换救援物资分配多目标混合整数规划模型。

采用式（7－71）将原模型变换为单目标混合整数规划模型（P1）。

$$F = \beta_1^4\left(\frac{F_1 - F_1^{\min}}{F_1^{\min}}\right) + \beta_2^4\left(\frac{F_2 - F_2^{\min}}{F_2^{\min}}\right) + \beta_3^4\left(\frac{F_3 - F_3^{\min}}{F_3^{\min}}\right) \quad (7-71)$$

其中，β_1^4、β_2^4 和 β_3^4 分别表示加权需求未满足率总和、碳排放总量与应急费用总和三个可持续目标函数的权重，且 $\beta_1^4 + \beta_2^4 + \beta_3^4 = 1$，以及 $\beta_1^4 > \beta_2^4 = \beta_3^4$。采用上述方法设置各目标函数权重的原因在于，在灾害救援过程中，与环境和经济可持续目标相比较，管理者视角下的社会可持续目标具有较大的优先级。

步骤 7：求解变换后的单目标混合整数规划模型。

运用与步骤 5 相同的 BBA 求解变换后的救援物资跨区域分配单目标混合整数规划模型（P1），进而获得上层决策问题三个目标函数和下层目标函数的最优值，以及最优的救援物资跨区域分配方案（即最优解）。

7.4.2　求解双层规划模型的嵌套式模拟植物生长算法设计

针对第 7.3.4 节构建的救援物资跨区域分配双层规划模型，本章设计了一种下层同时采用 PGSA 且带精英策略的 NPGSA 来求解此模型。特别地，外层 PGSA 的生长点采用上层决策变量（x_{ijm}）来表示，内层 PGSA 的生长点采用下层决策变量（y_{jkm}）来表示。表示方法和具体含义与第 6.4.2 节中步骤 1 相同，此处不赘述。NPGSA 的流程框架见图 7－2。

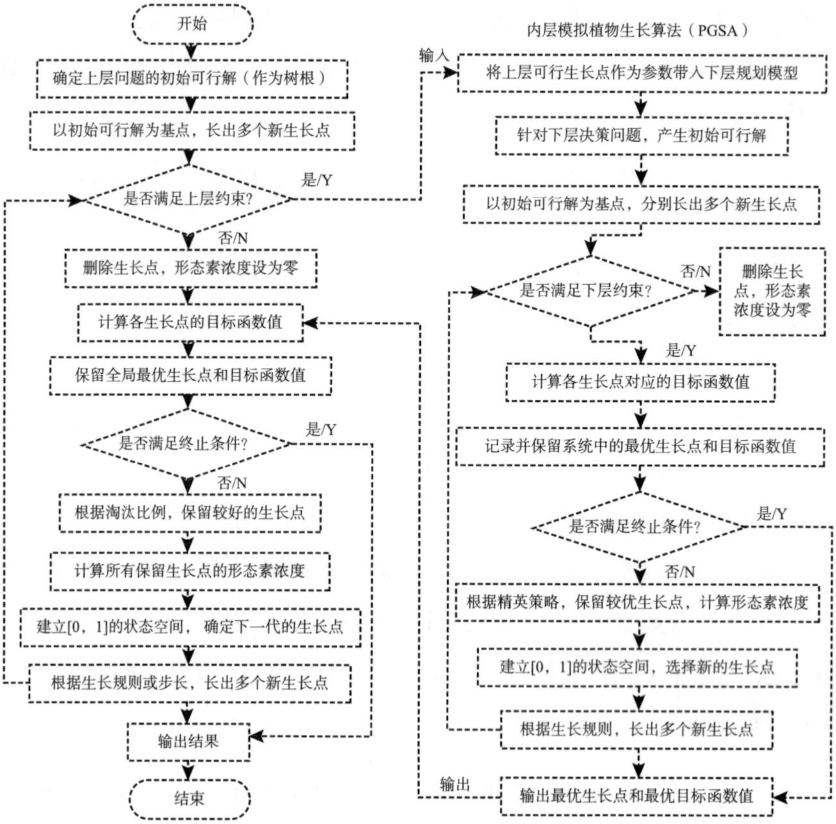

图 7－2　NPGSA 的流程框架

采用带精英策略的 NPGSA 求解救援物资跨区域分配双层整数规划模型的具体步骤包括：

步骤 1：根据上层决策变量解空间，确定上层问题的初始可行解（B'_0），即确定 RDCs 与 EDPs 间的救援物资初始分配方案；设置最大迭代次数 max*gen*。

步骤 2：以 B'_0作为初始状态（基点），按步长长出（$|I| \times |J| \times |M|$）个优于当代全局最优解的新生长点，其他规则与第 6.4.2 节中步骤 3 相同。

步骤 3：判断新生长点是否满足上层约束；若是，将这些可行的生长点作为参数带入内层 PGSA，进入步骤 4；否则，应直接删除。

步骤 4：将上层可行生长点作为参数带入下层规划模型中，下层决策问题转化为仅含有 y_{jkm} 的单目标整数规划模型。

（1）结合下层优化模型，确定内层 PGSA 的初始可行解（B''_0）；

（2）根据第 6.4.2 节中步骤 3 的生长规则，长出（$|J| \times |K| \times |M|$）个新生长点；

（3）根据公式 $f(B''_g) = \sum_{k \in K} \sum_{j \in J} \sum_{m \in M} \frac{w_k^2 y_{jkm}}{(D_k^2 t_{jkm}^2)}$，计算各生长点的目标函数值；

（4）根据精英策略，按比例保留较优的生长点（与第 6.4.2 节中步骤 5 相同）；

（5）根据公式 $\varphi(B''_g) = \frac{f(B''_g)}{\sum_{g=1}^{\bar{g}} f(B''_g)}$，计算保留生长点的形态素浓度；

（6）根据上述步骤（5）获得的形态素浓度，建立 [0，1] 区间内的状态空间，选择新的生长点，直至满足终止条件。

基于此，获得了以上层可行生长点为参数的下层规划模型的最优生长点（即最优解 y_{jkm}^*）和最大的幸存者感知满意度总和（f^*），并将其传回外层 PGSA。

步骤 5：根据式（6－16），计算上层问题各生长点的目标函数值，若新生长点的目标函数值优于原生长点（即当代全局最优值），则保留为可行生长点；否则，直接删除；且保留本次迭代中的最优生长点和最优值。判断是否满足终止条件，若是，则输出结果；否则，转至步骤 6。

步骤 6：为提高 NPGSA 的收敛速度，采用精英策略剔除较差的生长点，具体方法与第 6.4.2 节中步骤 5 相同。

步骤 7：通过式（6－17）计算每个生长点的形态素浓度，与第

6.4.2 节中步骤 6 的相同；建立各生长点（救援物资分配方案）在区间［0, 1］的状态空间，通过计算机产生的随机数来确定新的生长点。

步骤 8：根据生长规则，长出（$|I| \times |J| \times |M|$）个优于当代全局最优解的新生长点，删除不满足模型中式（7－9）～式（7－12）描述的所有约束条件的新生长点。

步骤 9：重复上述步骤 3～步骤 8，直至新生长点均不优于原生长点，或没有新生长点长出，或达到设定的最大迭代次数，获得全局最优解，输出结果。

7.5 算例分析

7.5.1 算例描述与参数设置

与第 6.5.1 节相同，本章以汶川特大地震为背景，借鉴阿尔弗雷多·莫雷诺等（2018）和陈莹珍等（2015）的方法，构造了 11 组算例进行仿真实验（见表 7－1）。其中，将包括 2 个 RDCs、3 个 EDPs 和 9 个 ASAs 的算例视为小规模问题，将包括 3 个 RDCs、10 个 EDPs 和 30 个 ASAs 的算例视为大规模问题。特别地，为获得满意解，算例 I2 中各 RDC 的预置库存数量实际取值为 99 千套，算例 I6 的风险可接受度的实际取值为 0.29。

表 7－1　　救援物资跨区域分配 11 组算例

算例	$\|I\|$	$\|J\|$	$\|K\|$	$\|M\|$	β_1^3, β_2^3, β_3^3	Q_i^1	D_j^1	η_j^1, η_k^2
I1	2	3	9	1	$\left(\frac{1}{2}, \frac{1}{4}, \frac{1}{4}\right)$	(90, 90)	(150, 120, 120)	0.34

续表

算例	$\|I\|$	$\|J\|$	$\|K\|$	$\|M\|$	β_1^3，β_2^3，β_3^3	Q_i^1	D_j^1	η_j^1，η_k^2
I2 *	2	3	9	1	$\left(\frac{1}{2}, \frac{1}{4}, \frac{1}{4}\right)$	(100，100)	(150，120，120)	0.34
I3	2	3	9	1	$\left(\frac{1}{2}, \frac{1}{4}, \frac{1}{4}\right)$	(80，80)	(150，120，120)	0.34
I4	2	3	9	1	$\left(\frac{1}{2}, \frac{1}{4}, \frac{1}{4}\right)$	(90，90)	(130，100，100)	0.34
I5	2	3	9	1	$\left(\frac{1}{2}, \frac{1}{4}, \frac{1}{4}\right)$	(90，90)	(150，120，120)	0.40
I6 *	2	3	9	1	$\left(\frac{1}{2}, \frac{1}{4}, \frac{1}{4}\right)$	(90，90)	(150，120，120)	0.28
I7	3	10	30	1	$\left(\frac{1}{2}, \frac{1}{4}, \frac{1}{4}\right)$	(100，100，100)	(150，…，150)	0.08
I8	3	10	30	1	$\left(\frac{1}{2}, \frac{1}{4}, \frac{1}{4}\right)$	(90，90，90)	(150，…，150)	0.08
I9	3	10	30	1	$\left(\frac{1}{2}, \frac{1}{4}, \frac{1}{4}\right)$	(100，100，100)	(125，…，125)	0.08
I10	3	10	30	1	$\left(\frac{1}{2}, \frac{1}{4}, \frac{1}{4}\right)$	(100，100，100)	(150，…，150)	0.10
I11	3	10	30	1	$\left(\frac{1}{2}, \frac{1}{4}, \frac{1}{4}\right)$	(100，100，100)	(150，…，150)	0.06

特别地，算例构造的合理性、各参数的取值范围与第 6.5.1 节中的描述相同，此处不再赘述。救援物资数量、行程时间、碳排放量和应急费用的单位分别为“千套”“小时”“千克”和“万元”。此外，算例 I1 ~ 算例 I11 中涉及各参数的具体取值在附录 D 中可找到，足够大的正数取值为 1000。

根据第 7.4 节可知，本章设计了 HGCM、NPGSA 和 PGSA（详见

第7.5.2节）求解救援物资跨区域分配双层整数规划模型。针对HGCM，采用PDA将上层具有三个目标函数的双层规划模型转化为单层多目标混合整数规划模型，再采用BBA对其进行求解。然而，由于下层问题为整数规划模型，属于非凸规划。因此，PDA并不能保证HGCM一定能获得原模型的全局最优解，但其仍然可为决策主体制定分配策略提供一种有效的手段。针对NPGSA与PGSA，改变了生长规则、形态素浓度计算方式和融入了精英策略，以期提高求解效率和质量。

基于此，针对小规模算例（I1～I6），分别采用HGCM、PGSA和NPGSA对其进行求解；针对大规模算例（I7～I11），分别采用PGSA和NPGSA对其进行求解。针对算例I1～算例I11，均采用GAP（%）来评价所设计启发式算法（包括PGSA和NPGSA）的性能指标（Moreno et al.，2018；Nayeri et al.，2019）。GAP表示每种算法获得目标函数值与所有算法中较优值的偏差，可记为：

$$GAP = \frac{ALG_{sol} - BEST_{sol}}{BEST_{sol}} \times 100 \tag{7-72}$$

$$GAP = \frac{BEST_{sol} - ALG_{sol}}{BEST_{sol}} \times 100 \tag{7-73}$$

特别地，评价最小化目标函数采用式（7－72），而评价最大化目标函数采用式（7－73）。其中，ALG_{sol}表示通过PGSA或NPGSA获得的目标函数值，$BEST_{sol}$表示采用PGSA和NPGSA获得相应目标函数值中的较优值，即$BEST_{sol} = \min\{PGSA_{sol}, NPGSA_{sol}\}$或$BEST_{sol} = \max\{PGSA_{sol}, NPGSA_{sol}\}$。

7.5.2 算例仿真结果分析

针对NPGSA而言，经过多次测试，内层和外层获得期望数量新生长点的最大尝试次数分别为（$|I| \times |J| \times |M| + 50$）和（$|J| \times |K| \times |M| + 50$），最大迭代次数设为200，精英策略中的淘汰比例为

20%。借助 Matlab（R2016b）软件，在 Windows8.1 系统、酷睿 i5－5200 双核处理器的计算机上实现算例 I1～算例 I11 的仿真实验。与第6.5.2节类似，本节仅以算例 I1 为例，分析采用不同求解策略获得纵向“府际”关系视角下任务导向的救援物资跨区域分配方案。除第7.4节详细阐述的 HGCM 和 NPGSA 两类求解策略外，将随机获得初始解的模拟植物生长算法简写为 PGSA，其他参数设置与 NPGSA 相同。

采用 HGCM 求解救援物资跨区域分配双层整数规划模型的结果为：综合目标函数值为0.0402；针对上层目标函数而言，加权需求未满足率总和（管理者视角下社会可持续绩效）的最小值为1.034，碳排放总量（环境可持续绩效）的最小值为1109千克，应急费用总和（经济可持续绩效）的最小值为319.9万元；针对下层目标函数而言，幸存者感知满意度总和（幸存者视角下的社会可持续绩效）的最大值为0.3436；程序运行时间为19秒。

采用 NPGSA 求解救援物资跨区域分配双层整数规划模型的结果为：在第120代左右，各目标函数偏离程度总和收敛于0.0421；针对上层可持续目标函数而言，加权需求未满足率总和收敛于1.031，碳排放总量收敛于1117.4千克，应急费用总和收敛于321.3万元；针对下层可持续目标函数而言，幸存者感知满意度总和收敛于0.3486；程序运行时间为36秒。基于此，获得了纵向“府际”关系视角下任务导向的救援物资跨区域分配满意方案。具体地，从成都火车北站（编号1）向汶川（编号为1）、茂县（编号为2）和北川（编号为3）运输救援物资的数量分别为5千套、40千套和45千套，从双流国际机场（编号2）向汶川、茂县和北川分配救援物资的数量分别为88千套、1千套和1千套。此外，从 EDPs 向 ASAs 分配救援物资的具体方案见表7－2。

表 7-2　纵向“府际”关系视角下 EDPs 与 ASAs 间救援物资跨区域分配满意方案

EDPs	SRA/1	TTA/4	TSA/7	SRA/2	TTA/5	TSA/8	SRA/3	TTA/6	TSA/9
汶川/1	0	34	2	2	39	0	2	0	14
茂县/2	12	2	4	12	9	5	0	6	0
北川/3	5	0	11	0	0	9	12	9	0

针对上层决策问题，综合目标函数值、管理者视角下的社会可持续目标、环境和经济可持续目标函数值的变化趋势见图 7-3（a）~（d）；针对下层决策问题，幸存者视角下的社会可持续目标函数值变化趋势见图 7-3（f）。

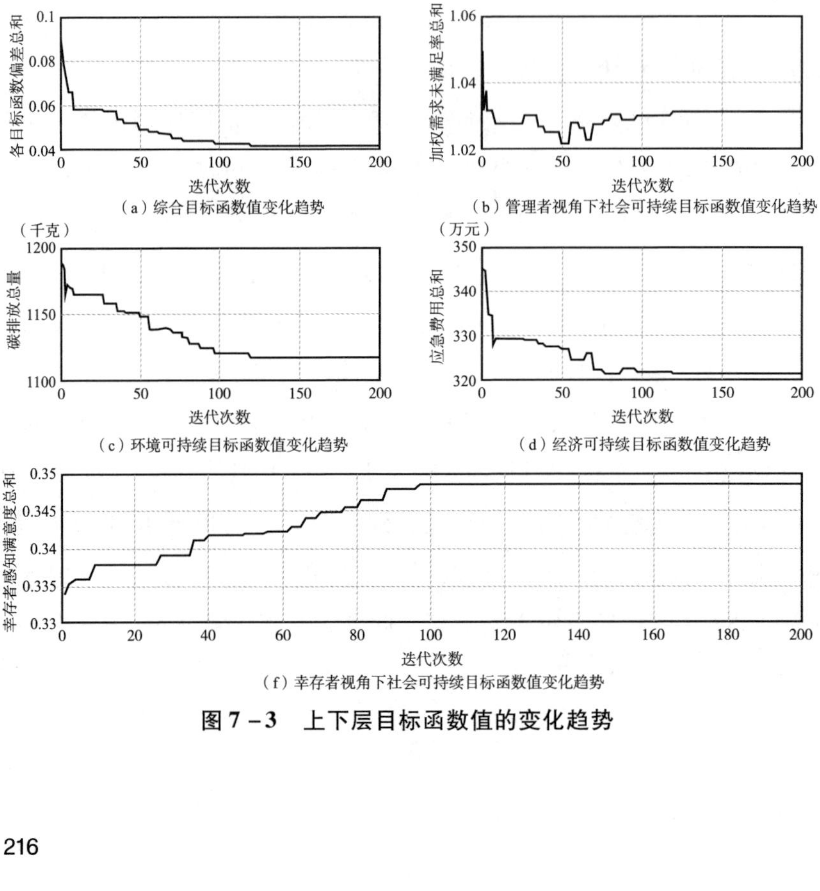

（a）综合目标函数值变化趋势

（b）管理者视角下社会可持续目标函数值变化趋势

（c）环境可持续目标函数值变化趋势

（d）经济可持续目标函数值变化趋势

（f）幸存者视角下社会可持续目标函数值变化趋势

图 7-3　上下层目标函数值的变化趋势

通过比较运用两种方法求解任务导向的救援物资跨区域分配双层整数规划模型获得的结果，发现：（1）HGCM 和 NPGSA 均可在较短时间内获得救援物资跨区域分配满意方案；（2）由于采用 HGCM 可能获得的是局部最优解和最优值，故与第 6 章求解多目标规划模型不同，此处更多地强调这两种求解策略都可为决策主体提供有效的手段制定救援物资跨区域分配策略，而不在于比较 HGCM 和 NPGSA 的优劣。

通过分析采用 NPGSA 获得的救援物资跨区域分配方案可知：（1）成都火车北站主要负责向茂县和北川提供救援物资，双流国际机场主要负责向汶川供应救援物资；表明集中救援物资分配网络的社会、经济和环境可持续整体绩效相对较好，更利于满足救援过程和对幸存者人文关怀的可持续要求，这与第 6 章和曹等（2018）的结论一致。（2）汶川与茂县、北川与汶川的跨区域协作相对紧密，原因可能在于汶川受灾程度相对严重，在黄金救援阶段，汶川通过采取与茂县和北川的跨区域紧密协作策略，可在很大程度上将损失降至最低；茂县与北川也可将救援物资的效用发挥至最大，也体现了人道主义精神；有助于提高决策系统的可持续绩效。

在保证 NPGSA 参数不变的条件下，进行十次实验，记录综合目标函数值分别为：0.0421、0.0401、0.0436、0.0396、0.0479、0.0491、0.0385、0.0420、0.0472 和 0.0425。可计算获得平均值为 0.04326，标准差为 0.003476，平均偏差为 8.1%。上述结果表明：（1）本章设计的求解救援物资跨区域分配双层整数规划模型的 NPGSA 具有较强的鲁棒性；（2）通过所设计的 NPGSA 和 IPGSA（见第 6 章）获得的救援物资跨区域分配方案都较稳定，变动幅度较小，有利于提升救援过程和灾害响应决策系统的可持续绩效。

7.5.3 风险可接受度的敏感性分析

本节仍然以算例 I1 为例，分析风险可接受度对纵向“府际”关系视角下任务导向的救援物资跨区域分配问题的影响。在风险可接受度的取值范围内，选择包括 0、0.05、0.1、0.15、0.2、0.25、0.3、0.35、0.4 和 0.45 在内的十个数据点。在确保其他参数不变的前提下，通过探究不同风险可接受度下社会、环境和经济可持续目标函数值的变化趋势，对风险可接受度进行敏感性分析。纵向“府际”关系视角下风险可接受度敏感性分析结果见表 7-3。特别地，在分析过程中，当风险可接受度为 0.35 和 0.45 时，救援物资跨区域分配双层规划模型无解，原因可能在于约束条件（7-52）、约束条件（7-55）和约束条件（7-62）的右端系数采取了向上取整操作。因此，本节采用邻近的 0.34 和 0.44 来代替。

表 7-3　纵向“府际”关系视角下风险可接受度敏感性分析结果

目标	0.00	0.05	0.10	0.15	0.20	0.25	0.30	0.35*	0.40	0.45*	平均值
F	0.145	0.129	0.105	0.106	0.086	0.079	0.077	0.040	0.033	0.026	0.083
F_1	0.946	0.957	0.964	0.975	0.978	0.988	1.045	1.034	1.050	1.069	1.000
F_2（千克）	976	985	996	1016	1053	1069	1104	1109	1217	1252	1078
F_3（万元）	337	333	333	332	331	332	303	320	301	308	323
f	0.421	0.415	0.405	0.397	0.386	0.373	0.343	0.344	0.309	0.293	0.369

根据表 7-3 可知，各目标函数偏离程度总和、加权需求未满足率总和、碳排放总量、应急费用总和与幸存者感知满意度总和的平均值分别为 0.083、1.000、1078 千克、323 万元和 0.369。随着风险可

接受度变大，（1）综合目标函数值、幸存者视角下的社会可持续目标函数值在整体上呈现出下降趋势；对后者而言，当风险可接受度从 0.30 增加至 0.34 时，幸存者感知满意度总和有小幅度上升；（2）加权需求未满足率总和与碳排放总量不断增加；（3）但应急费用总和并未有明显的稳定趋势。

综上，针对纵向“府际”关系视角下面向可持续发展的救援物资跨区域分配小规模问题，最优分配方案在风险可接受度为 0.34 而非 0.44 处获得［即灾害响应决策系统总体态势（可持续绩效）相对最优］，这与横向“府际”关系情形下的结论极其相似。基于此，在 SDOM 实践中，为缓解大量救援物资需求带来的巨大压力，在保证救援效果基本不变的前提下，无论从横向还是纵向“府际”关系视角，决策主体均可按比例适当地缩减 EDPs 和 ASAs 的救援物资需求数量。此外，在风险可接受度为 0.35 和 0.45 时，双层规划模型无解的根本原因可能在于：上层问题与下层问题涉及风险可接受度的取值由不同决策主体决定，且上层对下层的取值有显著影响。这与横向“府际”关系情形下的结论有较大差异，在制定任务导向下面向可持续发展的救援物资跨区域分配策略时，需要特别注意。

7.5.4　不同分配规则下的仿真结果分析

正如第 6.5.4 节中强调的，灾后物流活动采用的分配规则包括属地管理（regional management，RM）和跨区域（联动）管理（trans-regional management，TRM）两类。集中决策和分散决策是 DOM 中两类常用的决策模式。实际上，不同的决策模式反映了不同的“府际”关系，即集中决策模式体现了利益相关者的横向“府际”关系，分散决策体现了纵向“府际”关系。前者通常采用单层数学规划模型来刻画，后者采用双层或多层规划模型来刻画，且前者包括主者（leader）和从者（follower）两个视角（分别记为 V1 和 V2），后者基于 leader-follower 视角（记为 V）（Camacho – Vallejo et al. , 2015）。

具体地，leader 视角下的救援物资分配模型旨在最小化社会、环境和经济可持续目标，而不考虑低层级决策主体的可持续目标；式（7 –6）~式（7 –8）为目标函数，式（7 –9）~式（7 –12）、式（7 –14）~式（7 –17）为约束条件。follower 视角下的分配模型旨在最大化幸存者视角下的社会可持续目标（即幸存者感知满意度总和）；式（7 –13）为目标函数，约束条件与 leader 视角下的相同，幸存者感知满意度总和的大小决定了所有的决策变量。然而，leader-follower 视角下的分配模型（详见第 7. 3. 4 节）同时关注社会、环境和经济可持续目标，以及幸存者视角下的社会可持续目标。基于此，在算例 I1 的基础上，保证救援物资需求数量、库存数量、风险可接受度与 EDPs 和 ASAs 权重不变，随机产生平均运输时间、单位碳排放量和单位费用，获得纵向“府际”关系视角下考虑不同分配规则的可持续目标函数值（见表 7 –4）。

表 7 –4　纵向“府际”关系视角下不同分配规则的仿真结果（算例 I1）

模式	目标	规则	1	2	3	4	5	6	7	8	9	10	平均值
V1	F_1	TRM	1. 020	1. 015	1. 029	1. 038	1. 054	1. 052	1. 022	1. 015	1. 054	1. 037	1. 034
		RM	1. 048	1. 051	1. 051	1. 055	1. 058	1. 047	1. 055	1. 046	1. 047	1. 073	1. 053
	F_2（千克）	TRM	1357	1365	1325	1120	1261	1268	1093	1108	1046	1138	1208
		RM	1366	1422	1300	1305	1258	1481	1306	1735	1053	1232	1346
	F_3（万元）	TRM	325	262	309	357	355	291	285	313	357	315	317
		RM	332	366	344	346	364	267	401	251	313	300	328
	f	TRM	0. 319	0. 321	0. 379	0. 328	0. 358	0. 368	0. 360	0. 369	0. 330	0. 369	0. 350
		RM	0. 306	0. 315	0. 331	0. 328	0. 317	0. 297	0. 352	0. 306	0. 301	0. 294	0. 315

续表

模式	目标	规则	1	2	3	4	5	6	7	8	9	10	平均值
V	F_1	TRM	1.019	1.028	1.092	1.068	1.05	1.034	1.092	1.043	1.015	1.065	1.051
		RM	1.046	1.055	1.048	1.073	1.074	1.048	1.077	1.073	1.046	1.051	1.059
	F_2（千克）	TRM	1528	1211	1156	1131	1093	1551	1227	1252	1170	1166	1249
		RM	1374	1270	1050	1213	1170	1387	1438	1127	1154	1397	1258
	F_3（万元）	TRM	269	295	314	280	280	292	278	318	326	324	298
		RM	306	377	383	308	370	339	324	379	407	303	350
	f	TRM	0.353	0.376	0.376	0.354	0.343	0.375	0.347	0.359	0.369	0.314	0.357
		RM	0.369	0.327	0.308	0.336	0.327	0.352	0.328	0.309	0.309	0.381	0.335
V2	F_1	TRM	1.029	1.066	1.042	1.046	1.043	1.015	1.069	1.072	1.040	1.037	1.046
		RM	1.058	1.070	1.077	1.073	1.055	1.058	1.055	1.092	1.051	1.074	1.066
	F_2（千克）	TRM	1503	1315	1246	1209	1145	1674	1332	1399	1293	1345	1346
		RM	1032	1550	1456	1316	1448	1673	1608	1541	1673	1566	1486
	F_3（万元）	TRM	335	310	342	345	358	395	413	365	382	369	361
		RM	362	350	377	405	345	335	346	330	378	394	362
	f	TRM	0.422	0.429	0.405	0.427	0.437	0.424	0.408	0.428	0.413	0.432	0.423
		RM	0.360	0.333	0.370	0.347	0.342	0.312	0.316	0.309	0.356	0.335	0.338

从分配规则的角度分析表 7-4 的结果，可得出如下结论：（1）在 leader-follower 视角（V）下，与属地管理原则（RM）相比较，跨区域联动管理（TRM）原则下获得的加权需求未满足率总和、碳排放总量、应急费用总和与幸存者感知满意度总和相对较优；（2）在 leader 视角（V1）和 follower 视角下（V2）下，在管理者和幸存者视角下的社会可持续绩效、环境和经济可持续绩效方面，跨区域联动管理原则都优于属地管理原则；（3）针对本章考虑的救援物资分配问题，在三种决策模式（包括 V、V1 和 V2）下，跨区域联动管理原则都表现出了潜在的优势，这与横向“府际”关系视角下的结论一致。

从决策模式的视角来分析表 7 - 4 的结果，可知：针对考虑 TRM 和 RM 原则的救援物资分配问题，双层规划模型（V 视角）综合考虑了 V1 视角和 V2 视角的优势，均可获得上层综合目标函数值（各目标函数偏离程度总和）与下层社会可持续目标函数值（幸存者感知满意度总和）的平衡点（Camacho - Vallejo et al. , 2015）。然而。并不意味着能获得上层所有可持续目标函数值的平衡点，原因在于迭代寻优的过程是根据综合目标函数值来判断分配方案的优劣。

7.5.5 不同规模算例的仿真结果分析

针对小规模算例（I1 ~ I6），采用融入 PDA 的 HGCM 对其进行求解，仿真结果见表 7 - 5；再分别采用 PGSA 和 NPGSA 对其进行求解，仿真结果见表 7 - 6。在采用启发式算法求解双层规划模型的过程中，进行五次实验，找到最佳目标函数值与平均值。将分别采用 PGSA 和 NPGSA 获得次优目标函数值的较优值作为绩效评价的测试基准，再通过 GAP 来比较算法的性能指标。

表 7 - 5　采用 HGCM 求解救援物资分配小规模算例的仿真结果

算例	I1	I2	I3	I4	I5	I6
F	0. 040	0. 078	0. 031	0. 078	0. 033	0. 081
F_1	1. 034	0. 932	1. 144	0. 823	1. 050	1. 044
F_2（千克）	1109	1236	1056	1115	1217	1103
F_3（万元）	320	344	289	338	301	303
f	0. 344	0. 373	0. 283	0. 413	0. 309	0. 344
T（秒）	2	2	2	1	1	2

表 7-6　　纵向"府际"关系视角下救援物资分配小规模算例的仿真结果

算例			I1	I2	I3	I4	I5	I6
F	PGSA	1	0.051	0.088	0.024	0.072	0.045	0.103
		2	0.076	0.113	0.023	0.089	0.038	0.118
		3	0.056	0.099	0.042	0.063	0.035	0.103
		4	0.046	0.079	0.035	0.081	0.054	0.101
		5	0.053	0.087	0.063	0.068	0.041	0.084
		最优值	0.046	0.079	0.023	0.063	0.038	0.084
		平均值	0.056	0.093	0.037	0.075	0.043	0.102
		T（秒）	37	28	28	30	33	32
		GAP（%）	12.20	0.08	0.35	0.11	0.19	0.12
	NPGSA	1	0.045	0.077	0.041	0.057	0.033	0.076
		2	0.042	0.073	0.024	0.061	0.032	0.075
		3	0.042	0.092	0.020	0.073	0.033	0.082
		4	0.042	0.075	0.017	0.065	0.035	0.075
		5	0.041	0.075	0.027	0.084	0.036	0.078
		最优值	0.041	0.073	0.017	0.057	0.032	0.075
		平均值	0.042	0.078	0.026	0.068	0.034	0.077
		T（秒）	34	27	27	28	29	28
		GAP（%）	0.00	0.00	0.00	0.00	0.00	0.00

续表

算例			I1	I2	I3	I4	I5	I6
F_1	PGSA	1	1.019	0.925	1.149	0.8188	1.0450	1.014
		2	1.030	0.922	1.145	0.8182	1.0509	1.026
		3	1.035	0.921	1.147	0.8277	1.0460	1.020
		4	1.027	0.926	1.153	0.8154	1.0483	1.009
		5	1.025	0.919	1.150	0.8180	1.0529	1.015
		最优值	1.019	0.919	1.145	0.8154	1.0450	1.009
		平均值	1.027	0.923	1.149	0.820	1.049	1.017
		GAP（%）	0.00	0.00	0.00	0.92	0.00	0.00
	NPGSA	1	1.027	0.927	1.145	0.824	1.049	1.015
		2	1.031	0.923	1.149	0.812	1.047	1.016
		3	1.029	0.937	1.149	0.812	1.048	1.012
		4	1.027	0.923	1.151	0.810	1.053	1.015
		5	1.032	0.926	1.153	0.808	1.049	1.020
		最优值	1.027	0.923	1.145	0.808	1.047	1.012
		平均值	1.029	0.927	1.149	0.813	1.049	1.016
		GAP（%）	0.79	0.44	0.00	0.00	0.19	0.30

续表

算例			I1	I2	I3	I4	I5	I6
F_2	PGSA	1（千克）	1152	1239	1008	1167	1208	1148
		2（千克）	1185	1278	1008	1172	1165	1182
		3（千克）	1119	1260	1077	1078	1188	1144
		4（千克）	1097	1220	1070	1158	1195	1113
		5（千克）	1129	1239	1108	1130	1175	1100
		最优值（千克）	1097	1220	1008	1078	1165	1100
		平均值（千克）	1136	1247	1054	1141	1186	1137
		GAP（%）	0.09	2.35	0.90	0.00	0.00	0.64
	NPGSA	1（千克）	1106	1211	1071	1101	1186	1102
		2（千克）	1117	1192	1018	1112	1204	1094
		3（千克）	1103	1255	999	1128	1174	1100
		4（千克）	1112	1213	1027	1105	1178	1099
		5（千克）	1096	1212	1037	1164	1199	1093
		最优值（千克）	1096	1192	999	1101	1174	1093
		平均值（千克）	1107	1217	1030	1122	1188	1098
		GAP（%）	0.00	0.00	0.00	2.13	0.77	0.00

续表

算例			I1	I2	I3	I4	I5	I6
F_3	PGSA	1（万元）	329	359	293	319	322	332
		2（万元）	343	381	294	338	322	332
		3（万元）	335	369	295	332	315	329
		4（万元）	333	353	286	335	334	341
		5（万元）	334	362	307	326	321	324
		最优值（万元）	329	353	286	319	315	324
		平均值（万元）	335	365	295	330	323	332
		GAP（%）	2. 49	0. 86	2. 51	0. 63	2. 61	3. 18
	NPGSA	1（万元）	329	352	296	317	311	314
		2（万元）	321	355	290	327	307	314
		3（万元）	326	352	291	336	316	323
		4（万元）	325	352	279	335	313	315
		5（万元）	325	350	287	342	311	316
		最优值（万元）	321	350	279	317	307	314
		平均值（万元）	325	352	289	331	312	316
		GAP（%）	0. 00	0. 00	0. 00	0. 00	0. 00	0. 00

续表

算例			I1	I2	I3	I4	I5	I6
f	PGSA	1	0. 335	0. 384	0. 298	0. 426	0. 326	0. 359
		2	0. 336	0. 391	0. 299	0. 429	0. 328	0. 351
		3	0. 344	0. 387	0. 295	0. 443	0. 328	0. 359
		4	0. 355	0. 385	0. 293	0. 428	0. 325	0. 358
		5	0. 347	0. 390	0. 293	0. 434	0. 333	0. 360
		最优值	0. 355	0. 391	0. 299	0. 443	0. 325	0. 360
		平均值	0. 343	0. 387	0. 296	0. 432	0. 328	0. 357
		GAP (%)	0. 00	0. 00	0. 00	0. 00	1. 22	0. 28
	NPGSA	1	0. 340	0. 386	0. 290	0. 436	0. 322	0. 336
		2	0. 349	0. 389	0. 298	0. 432	0. 317	0. 361
		3	0. 344	0. 384	0. 294	0. 435	0. 310	0. 361
		4	0. 342	0. 386	0. 297	0. 430	0. 329	0. 359
		5	0. 347	0. 380	0. 288	0. 424	0. 304	0. 354
		最优值	0. 349	0. 389	0. 298	0. 436	0. 329	0. 361
		平均值	0. 344	0. 385	0. 293	0. 431	0. 316	0. 354
		GAP (%)	1. 69	0. 51	0. 33	1. 58	0. 00	0. 00

根据表 7－5 和表 7－6 的结果可知，对小规模算例 I1～算例 I6 而言，一方面采用 HGCM 求解模型的程序运行时间只需 1 或 2 秒，采用启发式算法所需时间为 25～40 秒，且 NPGSA 比 PGSA 的计算时间略短；表明 HGCM 和 NPGSA 都具有较高的求解效率。另一方面，采用 NPGSA 获得的各目标函数偏离程度总和的 GAP 都为 0. 00%，而采用 PGSA 获得综合目标函数值的 GAP 均大于 0. 00%，且最大值为 12. 20%；表明采用 NPGSA 求解任务导向的救援物资跨区域分配双层规划模型的性能指标要优于 PGSA 的绩效。此外，在经济可持续绩效

方面的结果也全部支持上述结论；尽管在管理者视角下社会可持续和环境可持续绩效的结果并不完全支持上述结论，但在很大程度上NPGSA仍然具有较强的优势。

针对纵向“府际”关系视角下面向可持续发展的救援物资跨区域分配大规模算例（I7 ~ I11），采用PGSA和NPGSA分别对其进行求解，仿真结果见表7－7。

表7－7　纵向“府际”关系视角下救援物资分配大规模算例的仿真结果

算例			I7	I8	I9	I10	I11
F	PGSA	1	0.226	0.212	0.223	0.172	0.255
		2	0.219	0.209	0.230	0.185	0.257
		3	0.235	0.204	0.249	0.173	0.281
		4	0.221	0.210	0.249	0.169	0.251
		5	0.220	0.197	0.260	0.193	0.272
		最优值	0.219	0.197	0.223	0.169	0.255
		平均值	0.224	0.206	0.242	0.178	0.263
		T（秒）	248	198	238	167	239
		GAP（%）	87.18	72.81	58.16	28.03	77.08
	NPGSA	1	0.138	0.114	0.154	0.132	0.180
		2	0.160	0.120	0.152	0.157	0.167
		3	0.117	0.148	0.176	0.153	0.188
		4	0.158	0.135	0.141	0.142	0.156
		5	0.153	0.130	0.147	0.140	0.144
		最优值	0.117	0.114	0.141	0.132	0.144
		平均值	0.1452	0.1294	0.154	0.1448	0.167
		T（秒）	157	129	161	147	135
		GAP（%）	0.00	0.00	0.00	0.00	0.00

续表

算例			I7	I8	I9	I10	I11
F_1	PGSA	1	1. 565	1. 592	1. 437	1. 552	1. 566
		2	1. 539	1. 595	1. 444	1. 566	1. 528
		3	1. 542	1. 599	1. 449	1. 547	1. 536
		4	1. 544	1. 597	1. 438	1. 543	1. 515
		5	1. 534	1. 592	1. 441	1. 551	1. 519
		最优值	1. 539	1. 592	1. 437	1. 543	1. 515
		平均值	1. 545	1. 595	1. 442	1. 552	1. 533
		GAP（%）	1. 05	0. 44	0. 84	1. 45	2. 09
	NPGSA	1	1. 535	1. 585	1. 438	1. 565	1. 524
		2	1. 543	1. 585	1. 435	1. 537	1. 526
		3	1. 523	1. 604	1. 460	1. 536	1. 536
		4	1. 558	1. 605	1. 457	1. 547	1. 484
		5	1. 544	1. 607	1. 425	1. 521	1. 504
		最优值	1. 523	1. 585	1. 425	1. 521	1. 484
		平均值	1. 541	1. 597	1. 443	1. 541	1. 515
		GAP（%）	0. 00	0. 00	0. 00	0. 00	0. 00

续表

算例			I7	I8	I9	I10	I11
F_2	PGSA	1（千克）	2062	1898	2081	1994	2119
		2（千克）	2104	1961	2017	2089	2114
		3（千克）	2120	1946	2218	2019	2216
		4（千克）	2115	1959	2107	2024	2066
		5（千克）	2089	1874	2174	2087	2166
		最优值（千克）	2062	1874	2017	1994	2066
		平均值（千克）	2098	1928	2119	2043	2136
		GAP（%）	17.83	17.86	16.45	1.63	18.80
	NPGSA	1（千克）	1770	1590	1775	1930	1774
		2（千克）	1870	1605	1734	1947	1848
		3（千克）	1750	1609	1812	1963	1859
		4（千克）	1854	1653	1732	2007	1739
		5（千克）	1844	1627	1783	1962	1747
		最优值（千克）	1750	1590	1732	1962	1739
		平均值（千克）	1818	1617	1767	1962	1793
		GAP（%）	0.00	0.00	0.00	0.00	0.00

续表

算例			I7	I8	I9	I10	I11
F_3	PGSA	1（万元）	565	510	544	567	523
		2（万元）	558	487	569	557	549
		3（万元）	578	482	541	565	554
		4（万元）	555	488	577	560	558
		5（万元）	566	495	576	578	563
		最优值（万元）	555	482	541	560	523
		平均值（万元）	564	492	561	565	549
		GAP（%）	11.45	6.40	9.07	9.59	8.51
	NPGSA	1（万元）	520	453	516	511	522
		2（万元）	523	458	525	563	482
		3（万元）	498	488	528	553	505
		4（万元）	517	457	496	516	515
		5（万元）	518	457	510	540	485
		最优值（万元）	498	453	496	511	482
		平均值（万元）	515	463	515	537	502
		GAP（%）	0.00	0.00	0.00	0.00	0.00

续表

算例			I7	I8	I9	I10	I11
f	PGSA	1	0.198	0.173	0.234	0.193	0.190
		2	0.199	0.180	0.239	0.191	0.198
		3	0.199	0.175	0.230	0.185	0.200
		4	0.197	0.173	0.234	0.191	0.207
		5	0.199	0.176	0.228	0.191	0.201
		最优值	0.199	0.180	0.239	0.193	0.207
		平均值	0.198	0.175	0.233	0.190	0.199
		GAP (%)	7.87	3.74	5.91	8.10	6.76
	NPGSA	1	0.209	0.185	0.249	0.210	0.217
		2	0.216	0.187	0.248	0.200	0.218
		3	0.215	0.180	0.254	0.192	0.222
		4	0.209	0.180	0.249	0.191	0.216
		5	0.211	0.182	0.248	0.197	0.219
		最优值	0.216	0.187	0.254	0.210	0.222
		平均值	0.212	0.183	0.250	0.198	0.218
		GAP (%)	0.00	0.00	0.00	0.00	0.00

根据表 7－7 的仿真结果可知，对大规模算例 I7～算例 I11 而言，一方面，程序运行时间为 130～250 秒，且 NPGSA 略短于 PGSA；表明 NPGSA 在计算时间方面优于 PGSA。另一方面，采用 NPGSA 获得各目标函数偏离程度总和、加权需求未满足率总和、碳排放总量与应急费用总和的 GAP 均为 0.00%，远远小于 PGSA 获得各目标函数值的 GAP。

根据上述分析可知：（1）在可接受的时间内，作为精确算法的 HGCM 和 NPGSA 均能获得小规模算例的满意解，具有较高的求解效率；（2）采用 HGCM 仅能获得局部而非全局最优解和最优值，这与救援物资跨区域分配多目标决策问题的结论不同，原因可能在于下层问题为非凸规划模型，采用 KKT 条件并不能保证一定能获得全局最优解；（3）与 HGCM 相比较，尽管对某些算例而言，采用 PGSA 和 NPGSA 获得的目标函数值相对较优，但其所需的程序运行时间也相对较长，决策主体可根据实际情况选择最合适的求解策略；（4）与 PGSA 相比较，无论是针对小规模还是大规模算例，通过松弛问题获得初始解的 NPGSA 都表现出较强的优越性。综上，随着问题规模增加，本章针对救援物资跨区域分配双层规划模型，设计的 NPGSA 在求解质量与计算时间方面的优势更加凸显，与横向"府际"关系视角下任务导向的救援物资跨区域分配问题得到的结论相同。

根据算例 I1 ~ 算例 I3、算例 I7 ~ 算例 I8 的仿真结果可知：随着预置库存数量的减少，针对大规模和小规模算例而言，各目标函数偏离程度总和（F）、碳排放总量（F_2）、应急费用总和（F_3）与幸存者感知满意度总和（f）不断减小，而加权需求未满足率总和（F_1）不断增大。研究表明：在保证其他条件不变的前提下，预置库存数量与管理者视角下的社会可持续绩效呈负相关关系，而与其他目标函数呈正相关关系。

根据算例 I1 和算例 I4、算例 I7 和算例 I9 的仿真结果可知：随着救援物资需求数量的减少，针对小规模算例，F 变大，F_1 变小，F_2 变大，F_3 变化规律不明显，f 变大；针对大规模算例，F 变大，F_1 变小，F_2 变小，F_3 变小，f 变大。研究表明：在保证其他条件不变的条件下，需求数量对救援过程的整体绩效与幸存者视角下的社会可持续绩效有负向影响，对加权需求未满足率总和有正向影响，对其他方面的可持续绩效的影响规律不明显。

根据算例 I1 与算例 I5 ~ 算例 I6、算例 I7 与算例 I10 ~ 算例 I11 的仿真结果可知：随着风险可接受度的不断增加，针对小规模算例，F 和 f 呈下降趋势，F_2 呈上升趋势，F_3 先上升后下降，而 F_1 变化规律不明确；针对大规模算例，F_2 和 F_3 呈上升趋势，f 呈下降趋势，F 先下降后上升，F_1 先变大后减小。研究表明：在保证其他条件不变的情况下，风险可接受度与幸存者感知满意度总和间呈现出稳定的负相关关系，与其他目标函数未发现明显规律。

7.6 本章小结

本章聚焦于纵向“府际”关系视角下考虑可持续发展理念、风险可接受度和任务导向的救援物资跨区域分配问题；构建了上层最小化需求未满足率总和、碳排放总量与应急费用总和，下层最大化幸存者感知满意度总和的双层整数规划模型；分别设计了融入 PDA（或 KKT 条件）和 BBA 的 HGCM、带精英策略的 NPGSA 对其进行求解；通过不同的算例仿真实验，验证了所设计方案的有效性。

在研究问题和模型方面，可得到以下几点结论：

第一，将可持续发展理念与 DOM 中的救援物资跨区域分配问题相结合，采用双层优化理论刻画利益相关者间的纵向“府际”关系，有助于缓解幸存者痛苦、改善环境和减少费用；

第二，在某种程度上，进一步验证了 1994 年的《为了一个更安全的世界：横滨战略和行动计划》、2005 年的《兵库行动框架》、2015 年的《仙台减少灾害风险框架》和《变革我们的世界：2030 年可持续发展议程》中提到的灾害（disaster）与可持续（sustainability）间的关系；

第三，尽管仅发现风险可接受度与幸存者感知满意度总和间存在稳定的负相关关系，也并不意味着其与需求未满足率没有关系，在未来的工作中将深入研究两者间的关联性；

第四，在不同的决策模式下，跨区域联动管理原则在本章考虑的救援物资分配问题中都具有绝对的优势，但本章并非主张 TRM 原则一定优于 RM；

第五，在不同的分配规则下，与 leader 和 follower 模式相比较，leader-follower 决策模式能更好地平衡（balance）不同决策主体在不同可持续目标方面的诉求；

第六，在 SDOM 实践中，建立集中控制中心协调与救援物资分配相关的各种活动是有必要的，能最大程度地满足救援过程和对幸存者人文关怀的可持续要求，从而显著地提升灾害响应决策系统的可持续绩效，进而促进国家或区域的可持续发展；

在求解策略/算法方面，可得到以下几点结论：

第一，作为精确算法的 HGCM 和作为启发式算法的 NPGSA 均能获得任务导向的救援物资跨区域分配双层整数规划模型的满意解，但两种方法的适用情况不同，且各有优缺点。

第二，对 HGCM 而言，操作简单，易于调整，对小规模问题，在求解质量和计算时间方面都表现出较强的优越性；在解决 DOM 实际问题时，在大多数情况下，能在极短时间内获得较优的分配方案；

第三，对 NPGSA 而言，需编写较为复杂的程序，耗时较长；尽管适用于各种规模问题，但在解决大规模问题时，优势更为突出；在求解质量方面具有明显的优势；在可接受的时间内，能找到救援物资跨区域分配满意方案；

第四，简而言之，HGCM 和 NPGSA 均可用于制定纵向“府际”关系视角下任务导向的救援物资跨区域分配策略，决策主体可根据实际情况择优而取；

第五，本章也并非强调/比较 HGCM 与 NPGSA 的优劣性，而是致力于在不同情景下为决策主体提供恰当且高效的方法，制定纵向“府际”关系视角下任务导向的救援物资跨区域分配策略。

第8章

总结与展望

8.1 研究结论

2018年印度尼西亚地震、2015年北大西洋桑迪飓风、2013年俄克拉何马州的大龙卷风、2010年青海玉树地震、2008年汶川地震和2005年美国卡特里娜飓风表明大规模自然灾害带来的大部分损失并非灾害本身直接造成，而是响应阶段不合理的应对策略导致的（Lee et al.，2013；Lei et al.，2015；张海波，2017；Wang et al.，2018；曹策俊等，2018）。这些响应策略大部分都涉及应急资源（如应急组织/人、救援物资/物）的配置问题。曹等（2018）也明确指出缺乏应急资源的灾害响应没有任何意义。并且，灾后涌现出大量应急任务的完成在很大程度上也依赖于整个系统所拥有的应急资源。因此，研究应急资源配置决策问题具有现实意义。

一方面，《党的十八届中央委员会向中国共产党第十九次全国代表大会的报告》、中共中央办公厅与国务院办公厅印发的《关于推进城市安全发展的意见》，以及联合国通过的《为了一个更安全的世界：横滨战略和行动计划》《兵库行动框架》《仙台减少灾害风险框架》和《变革我们的世界：2030年可持续发展目标》都从不同程度强调了灾害运作管理与可持续发展间的内在联系。有些学者（Xie et al.，2015；Cao et al.，2017；Cao et al.，2018；Laguna - Salvado et al.，2019）进一步指出应急资源配置与可持续发展存在着密切联系。另一方面，宋瑶（2017）、曹策俊等（2017）和曹策俊等（2018）强调了应急响应决策制定过程中，利益相关者或决策主体间存在着横向“府际”关系（如区域内不同部门间）和纵向“府际”关系（如中央、地方与基层政府间），对救援过程的可持续绩效有着直接的影响。在这样的情形下，本书从横向与纵向“府际”关系视角，研究任务导向下面向可持续发展的应急资源配置决策问题，主要研究工作/内容总结如下：

第一，结合可持续发展理念，针对“府际”关系视角下任务导向的应急资源配置决策问题，采用多目标和双层优化理论分别刻画了横向和纵向“府际”关系（第3章）；结合语义X列表理论，构建了应急响应决策层次结构模型；剖析了任务导向（或带路径规划）的应急组织指派、任务导向的救援物资跨区域分配决策的内涵。结果表明：（1）规范和准确地形式化表达灾害响应决策系统，有助于高效地抽象、识别、提取和刻画关键要素及其关联关系；（2）有效地识别与刻画利益相关者间的横向与纵向“府际”关系，综合考虑“人”和“物”两个关键因素，有助于最大程度地满足救援过程的可持续要求，有助于提升灾害响应决策系统的可持续绩效，进而促进国家或区域的可持续发展。

第二，假设救援物资供应充分且已经到达各ETs所在位置，从横向“府际”关系视角，研究了任务导向下面向可持续发展的应急组织指派问题（第4章）；构建了考虑工作负荷且带路径规划的应急组织指派多目标0~1整数规划模型；设计了融入BBA的HGCM、通过松弛问题产生初始种群且带精英策略的IGA对其进行求解，并通过算例验证了模型和求解策略的可行性与有效性。仿真结果表明：（1）工作负荷水平与救援过程的可持续绩效呈现正相关关系，但与各维度可持续绩效的影响趋势和程度不同；（2）所设计的HGCM和IGA在求解质量和计算时间方面具有潜在的优势。

第三，假设救援物资供应充分且已经到达各 ETs 所在位置，从纵向“府际”关系视角，研究了任务导向下面向可持续发展的应急组织指派问题（第 5 章）；建立了考虑工作负荷且带路径规划的应急组织指派双层 0 ~ 1 整数规划模型；提出了带精英策略的 NGA 求解上述模型，并通过 16 组算例验证了研究方案的有效性。仿真结果表明：（1）对大规模问题而言，决策主体可适当地弱化“府际”关系对救援过程的可持续绩效的影响；（2）对小规模问题而言，决策主体不能将单个案例的经验完全复制或照搬至其他案例，需根据实际问题具体分析；（3）所提出的下层采用 BBA 且带精英策略的 NGA 表现出较强的优越性。

第四，假设 EOs 供应充分且已经提前抵达 ETs 所在位置，从横向“府际”关系视角，研究了任务导向下面向可持续发展的救援物资跨区域分配问题（第 6 章）；构建了考虑风险可接受度的救援物资跨区域分配多目标整数规划模型；设计了融入 BBA 的 HGCM、通过松弛问题获得初始生长点且带精英策略的 IPGSA 对其进行求解，构造了不同算例验证模型和算法的有效性。仿真结果表明：（1）在保证可持续绩效（整体）基本不变的前提下，在分配救援物资的过程中，可适当地按比例缩减需求数量；（2）在某种程度上，突破地理和行政上的壁垒，有助于发挥救援物资的最大效用，提升救援过程的可持续绩效；（3）所设计的 HGCM 和 IPGSA 都具有较高的求解效率。

第五，假设 EOs 供应充分且已经提前抵达 ETs 所在位置，从纵向“府际”关系视角，研究了任务导向下面向可持续发展的救援物资跨区域分配问题（第 7 章）；建立了考虑风险可接受度的救援物资分配双层整数规划模型；提出了融入 PDA 和 BBA 的 HGCM、下层采用 PGSA 且带精英策略的 NPGSA 求解上述模型，构造了 11 组不同算例验证所建立模型和设计算法的有效性和可行性。仿真结果表明：（1）风险可接受度与幸存者视角下的社会可持续绩效间存在稳定的负相关关系；（2）建立集中控制中心协调与救援物资分配相关的各种活动是有必要的，能最大程度地满足救援过程的可持续要求，从而显著地提升灾害响应决策系统的可持续绩效，进而促进国家或区域的可持续发展；（3）在不同的分配规则下，与 leader 和 follower 模式相比较，leader-follower 决策模式能更好地平衡（balance）不同决策主体在不同可持续目标方面的诉求；（4）随着问题规模的增加，带精英策略的 NPGSA 在求解质量和计算时间方面的优越性更突出。

总体而言，无论是在横向还是纵向“府际”关系情形下，EOs 的负荷水平与救援过程的可持续绩效（整体）呈正相关关系，但在实践过程中仍然需要考虑每个 EO 的最大承受能力。针对横向和纵向“府际”关系视角下任务导向的救援物资跨区域分配问题，决策主体可通过按比例缩减 EDPs 或 ASAs 的需求数量来缓解政府的压力，从而最大程度地满足救援过程的可持续要求，促进灾害响应决策系统的可持续发展；尽管跨区域联动管理原则下的可持续绩效相对较优，但本书也并非主张 TRM 原则一定优于 RM 原则，而是致力于为决策主体提供更多的解决思路或方案。此外，随着问题规模的增加，所设计的 IGA、NGA、IPGSA 和 NPGSA 的优势更加突出。

综上，本书的目的不仅仅在于验证所构建数学规划模型和所设计求解策略的可行性和有效性，而且试图强调将社会、环境和经济可持续发展理念融入任务导向的应急资源配置决策的迫切性和重要性。此外，在求解应急组织指派多目标规划模型和双层规划模型、救援物资跨区域分配多目标规划模型和双层规划模型时，尽管所设计的各种求解策略在求解质量和计算时间方面都表现出了较强的优越性，但也不能完全代替实践者或人在应急资源配置策略制定过程中的作用。

8.2　研究不足与研究展望

尽管本书从“府际”关系视角，结合救援过程和对幸存者人文关怀的可持续要求，对任务导向的应急资源配置决策问题进行了较为充分的研究，但仍存在一些有价值的问题值得深入研究。

第一，在研究过程中发现，应急组织的平均工作负荷与灾害响应决策系统的可持续绩效存在正相关关系；然而，本书并未详细探究各EO的最大工作负荷（即最大承受能力）、疲劳程度对可持续绩效的影响，可作为未来的研究方向。此外，本书仅采用碳排放量刻画环境可持续、应急费用衡量经济可持续，在后续研究工作中，还可引入其他指标来测量环境和经济可持续绩效。

第二，在救援物资跨区域分配模型中，本书假设需求和供应数量服从均匀分布，试图从某种程度上刻画其在SDOM实践中的随机性或不确定性；在后续的研究工作中，还可引入模糊理论（Chakraborty et al.，2014；Yadav et al.，2018）、随机规划（Hoyos et al.，2015）与鲁棒优化方法（Lassiter et al.，2015；Safaei et al.，2018；Liu et al.，2018；Hasani et al.，2018）等来刻画这些关键要素的不确定性，进而构建模糊规划模型、随机规划模型与鲁棒优化模型。

第三，本书以汶川特大地震为实际背景，构造了具有不同特征的算例来验证模型和算法的有效性；尽管通过不同方法合理化了所有参数的取值，但其在SDOM实践中仍然可能不同。为更好地模拟实际情况，在未来的研究工作中，可与灾害管理相关部门建立联系，获得更贴近实际的数据，从而完善本书构建的模型和所得到的结论。

第四，本书采用线性的形式来刻画应急资源配置模型中各参数间的关系，但在实践中这些关键参数间还存在着非线性关系，也是值得深入研究的问题。在后续工作中，还可引入前景理论来刻画受益人对“收益”和“损失”的感知（王旭坪等，2013）。例如，可采用前景理论的价值函数（非线性形式），刻画横向与纵向“府际”关系视角下任务导向的应急组织指派问题中的服务效用感知满意度、任务导向的救援物资跨区域分配问题中的幸存者感知满意度。

第五，本书在研究任务导向的应急组织指派问题时，假设救援物资供应充分且已经到达各ETs所在位置；研究任务导向的救援物资跨区域分配问题时，假设EOs供应充分且已经提前抵达ETs所在位置。然而，在SDOM实践中，还存在应急组织和救援物资都未提前到达ETs所在位置的情形，此时需要根据ETs，对应急资源进行联合配置（Lee et al.，2013；Lei et al.，2015；Wang et al.，2018）。基于此，在本书研究工作的基础上，从"府际"关系视角，如何设计考虑可持续发展理念和任务异质性的多供应点多需求点多品种应急资源最优联合配置策略是未来值得研究的工作。具体地，可采用幸存者生存概率和幸存者累积感知满意度总和，分别刻画管理者视角和幸存者视角下的社会可持续目标，采用碳排放总量与应急费用总和来分别衡量环境和经济可持续目标，进而构建任务导向的应急资源联合配置多目标规划模型和双层规划模型，以及设计创新的启发式算法（GA、PG-SA）对其进行求解。

参考文献

[1] 曹策俊，高学鸿．基于数学规划的救援物资分配优化模型及其求解算法综述［J］．计算机应用，2020，40（8）：2398－2409.

[2] 曹策俊，李从东，屈挺，等．救援物资跨区域调度双层规划模型——考虑幸存者感知满意度和风险可接受度［J］．管理科学学报，2019，22（9）：111－126.

[3] 曹策俊，李从东，王玉，等．大数据时代城市公共安全风险演化与治理机制研究［J］．中国安全科学学报，2017，27（7）：151－156.

[4] 曹策俊，李从东，王玉，等．大数据时代城市公共安全风险治理模式研究［J］．城市发展研究，2017，24（11）：76－82.

[5] 曹策俊，李从东，谢天，等．基于语义 X 列表理论的应急响应集成决策优化框架研究［J］．系统科学学报，2018，26（4）：100－105，117.

[6] 曹策俊，李从东，杨琴，等．模拟植物生长算法在组合优化问题中的应用：研究进展［J］．技术经济，2017，36（5）：127－136.

[7] 曹策俊，李从东．基于数学规划的应急组织指派优化问题综述［J］．系统仿真学报，2021，33（1）：1－12.

[8] 曹策俊，邱晗光，甄杰，等．可持续灾害运作管理的概念与绩效测量指标研究［J］．重庆工商大学学报（社会科学版），2021.

[9] 曹策俊，谢天，李从东，等．基于 X 列表的云应急管理体系构建［J］．中国安全生产科学技术，2013，9（7）：71－78.

[10] 曹策俊，杨琴，李从东．求解高校教室调度问题的混合粒子群算法［J］．计算机应用研究，2012，29（12）：4451－4454.

[11] 曹策俊，杨琴，梁红燕，等．基于遗传算法的高校教室调度问题研究［J］．工业工程，2012，15（3）：131－135.

[12] 曹策俊．面向可持续发展的大规模自然灾害应急资源配置决策研究［D］．天津大学，2018.

[13] 曹庆奎，王文君，任向阳．考虑灾民感知满意度的突发事件应急救援人员派遣模型［J］．价值工程，2017，36（2）：82－85.

[14] 曾敏刚，余高辉．基于改进模拟植物生长算法的应急物流中心选址研究［J］．软科学，2011，25（10）：41－45.

[15] 陈刚，付江月．兼顾公平与效率的多目标应急物资分配问题研究［J］．管理学报，2018，15（3）：459－466.

[16] 陈刚，张锦，付江月．应急物资保障系统模糊多目标 LARP 研究［J］．交通运输系统工程与信息，2014，14（4）：160－167.

[17] 陈钢铁，贺政纲，黎青松．考虑公众期望的震后应急资源调度优化研究［J］．中国安全科学学报，2014，24（6）：171－176.

[18] 陈兴，王勇，吴凌云，等．多阶段多目标多部门应急决策模型［J］．系统工程理论与实践，2010，30（11）：1977－1985.

[19] 陈莹珍，赵秋红．基于公平原则的应急物资分配模型与算法［J］．系统工程理论与实践，2015，35（12）：3065－3073.

[20] 初翔，仲秋雁，曲毅．基于最大幸福原则的多受灾点医疗队支援指派模型［J］．系统工程，2015，33（10）：149－154.

[21] 单而芳，章添霞．需求不确定下考虑碳排放的应急物流两阶段多目标模型［J］．物流技术，2015，34（17）：86－88，92.

[22] 翟进，张海波．巨灾的可持续恢复——“汶川地震”对口支援政策案例研究［J］．北京行政学院学报，2015，（1）：15－22.

[23] 丁雪枫，尤建新，王洪丰．突发事件应急设施选址问题的模型及优化算法［J］．同济大学学报（自然科学版），2012，40（9）：

1428－1433.

［24］樊治平，刘洋，袁媛，等．突发事件应急救援人员的分组方法研究［J］．运筹与管理，2012，21（2）：1－7.

［25］何建敏，刘春林，尤海燕．应急系统多出救点的选择问题［J］．系统工程理论与实践，2001，（11）：89－93.

［26］洪宇翔，李从东，谢天．基于X列表的社会情绪图式模型研究［J］．系统科学学报，2016，24（2）：96－100.

［27］雷英杰，张善文，李续武，等．遗传算法工具箱及应用（第2版）［M］．西安：西安电子科技大学出版社，2014.

［28］李从东，曹策俊，杨琴，等．BOX理论在多阶段应急资源调度中的应用研究——以应急响应阶段为例［J］．中国安全科学学报，2014，24（7）：159－165.

［29］李从东，张洪亮．基于BOX和前馈成本控制的新型ERP体系［J］．计算机集成制造系统，2004，（5）：528－531.

［30］李锋，王慧敏．基于知识元的非常规突发洪水应急情景分析与表达研究［J］．软科学，2016，30（4）：140－144.

［31］李彤，王春峰，王文波，等．求解整数规划的一种仿生类全局优化算法——模拟植物生长算法［J］．系统工程理论与实践，2005（1）：76－85.

［32］李彤，周青，杨伟．非常规突发事件的模拟植物生长演化机制研究［J］．杭州电子科技大学学报：社会科学版，2012，8（3）：1－6.

［33］李勇建，王治莹，乔晓娇．基于超图的非常规突发事件链网络模型研究［J］．管理评论，2015，27（12）：192－201.

［34］刘波，李波，李砚．不确定条件下应急物流系统鲁棒双层优化模型［J］．统计与决策，2014，（9）：40－43.

［35］刘波，李砚．应急物资车辆调度的鲁棒双层优化模型［J］．系统工程，2016，34（5）：77－81.

［36］刘旭峰，李静，黄晨，等．油气管道风险可接受标准与应用评述［J］．中国安全科学学报，2011，21（12）：134－142．

［37］刘亚杰，王文峰，雷洪涛，等．不确定需求条件下大规模抗震救灾应急动员优化方法［J］．系统工程理论与实践，2013，33（11）：2910－2919．

［38］刘艺，邓青，李从东，等．任务驱动的应急资源集成方式与组织过程建模［J］．系统工程理论与实践，2015，35（10）：2613－2620．

［39］马书刚，杨建华，郭继东．面向多样化需求的 MRO 服务资源配置模型与算法［J］．管理科学，2014，27（4）：133－144．

［40］马书刚，杨建华．考虑同质设备不同加工能力的模块化制造单元资源配置优化［J］．控制与决策，2015，30（3）：410－416．

［41］史培军，郭卫平，李保俊，等．减灾与可持续发展模式——从第二次世界减灾大会看中国减灾战略的调整［J］．自然灾害学报，2005（3）：1－7．

［42］宋瑶．基于动态博弈的智慧城市灾害应急决策研究［D］．天津：天津大学管理与经济学部，2017．

［43］唐伟勤，邹丽，郭其云，等．应急初期物资调度的灰色多目标规划模型［J］．中国安全科学学报，2016，26（4）：155－160．

［44］王雷，王欣，赵秋红，等．多地点协同恐怖袭击下的多目标警务应急物流调度［J］．系统工程理论与实践，2017，37（10）：2680－2689．

［45］王诺，沈铭棋，刘忠波．基于改进模拟植物生长算法的集装箱码头插船调度优化［J］．运筹与管理，2016，25（6）：75－82．

［46］王苏生，王岩．基于公平优先原则的多受灾点应急资源配置算法［J］．运筹与管理，2008，(3)：16－21．

［47］王旭坪，董莉，陈明天．考虑感知满意度的多受灾点应急资源分配模型［J］．系统管理学报，2013，22（2）：251－256．

[48] 王旭坪，韩进军，董杰．考虑脆弱点的成品油二次配送风险层级优化［J］．管理学报，2017，14（5）：751－758.

[49] 王旭坪，马超，阮俊虎．考虑公众心理风险感知的应急物资优化调度［J］．系统工程理论与实践，2013，33（7）：1735－1742.

[50] 王旭坪，张娜娜，詹红鑫．考虑灾民非理性攀比心理的应急物资分配研究［J］．管理学报，2016，13（7）：1075－1080.

[51] 习近平．决胜全面建成小康社会　夺取新时代中国特色社会主义伟大胜利［R］. 2017.

[52] 夏红云，江一平，赵林度．基于双层规划的应急救援车辆调度模型［J］．东南大学学报（自然科学版），2014，44（2）：425－429.

[53] 杨继君，佘廉．面向多灾点需求的应急资源调度博弈模型及优化［J］．中国管理科学，2016，24（8）：154－163.

[54] 杨继君，吴启迪，程艳，等．面向非常规突发事件的应急资源合作博弈调度［J］．系统工程，2008，26（9）：21－25.

[55] 杨琴，周国华，林晶晶．基于模拟植物生长算法的异速并行机调度——以汽车4S店维修车间瓶颈环节调度为例［J］．系统工程理论与实践，2012，32（11）：2433－2438.

[56] 俞武扬．基于情景分析的应急疏散车辆配置模型［J］．运筹与管理，2015，24（2）：135－139.

[57] 袁媛，樊治平，刘洋．突发事件应急救援人员的派遣模型研究［J］．中国管理科学，2013，21（2）：152－160.

[58] 张海波．论“应急失灵”［J］．行政论坛，2017，24（3）：45－52.

[59] 张雷，元昌安，马璐．考虑优先权的地震灾害时限应急救援指派模型［J］．计算机应用研究，2013，30（5）：1439－1442，1447.

[60] 张淑文．大规模地质灾害救援队伍调配优化决策研究［D］．武汉：中国地质大学经济管理学院，2018.

[61] 张永领，马娇．混沌粒子群算法在应急资源调度中的应用[J]．灾害学，2017，32（2）：185－189.

[62] 赵林度，卢雅琪．城市应急系统的经济性与可持续性研究[J]．生态经济，2008（6）：86－89.

[63] 郑斌，马祖军，李双琳．基于双层规划的震后初期应急物流系统优化［J］．系统工程学报，2014，29（1）：113－125.

[64] 郑斌，马祖军，周愉峰．震后应急物流动态选址——联运问题的双层规划模型［J］．系统管理学报，2017，26（2）：326－337.

[65] 郑艳．将灾害风险管理与适应性气候变化纳入可持续发展[J]．气候变化研究发展，2012，8（2）：103－109.

[66] 周荣辅，王涛，王英．地震应急救援队伍派遣及道路重建联合规划模型［J］．西南交通大学学报，2017，52（2）：303－308.

[67] 周亚飞，刘茂，王丽．基于多目标规划的城市避难场所选址研究［J］．安全与环境学报，2010，10（3）：205－209.

[68] Absi N，Dauzere－Peres S，Kedad－Sidhoum S，et al. Discrete optimization：lot sizing with carbon emission constraints［J］. European Journal of Operational Research，2013，227（1）：55－61.

[69] Absi N，Dauzere－Peres S，Kedad－Sidhoum S，et al. The single-item green lot-sizing problem with fixed carbon emissions［J］. European Journal of Operational Research，2016，248（3）：849－855.

[70] Acosta J，Chandra A. Harnessing a community for sustainable disaster response and recovery：an operational model for integrating nongovernmental organizations［J］. Disaster Medicine & Public Health Preparedness，2013，7（4）：361－368.

[71] Ahi P，Searcy C. A comparative literature analysis of definitions for green and sustainable supply chain management［J］. Journal of Cleaner Production，2013，52：329－341.

[72] Altay N，Green－Ⅲ W G. OR/MS research in disaster opera-

tions management [J]. European Journal of Operational Research, 2006, 175 (1): 475 -493.

[73] Anaya - Arenas A M, Renaud J, Ruiz A. Relief distribution networks: a systematic review [J]. Annals of Operations Research, 2014, 223 (1): 53 -79.

[74] Bai C G, Fahimnia B, Sarkis J. Sustainable transport fleet appraisal using a hybrid multi-objective decision making approach [J]. Annals of Operations Research, 2017, 250 (2): 309 -340.

[75] Balcik B, Beamon B M, Smilowitz K. Last mile distribution in humanitarian relief [J]. Journal of Intelligent Transportation Systems, 2008, 12 (2): 51 -63.

[76] Balin S. Non-identical parallel machine scheduling using genetic algorithm [J]. Expert Systems with Applications, 2011, 38 (6): 6814 - 6821.

[77] Barbarosoglu G, Arda Y. A two-stage stochastic programming framework for transportation planning in disaster response [J]. Journal of Operational Research Society, 2004, 55 (1): 43 -53.

[78] Bard J F. Some properties of the bilevel programming problem [J]. Journal of Optimization Theory and Applications, 1991, 68 (2): 371 -378.

[79] Besiou M, Pedraza - Martinez A J, Van Wassenhove L N. OR applied to humanitarian operations [J]. European Journal of Operational Research, 2018, 269 (2): 397 -405.

[80] Black W R. Sustainable transportation: a US perspective [J]. Journal of Transport Geography, 1996, 4 (3): 151 -159.

[81] Bracken J, McGill J T. Mathematical programs with optimization problems in the constraints [J]. Operations Research, 1973, 21 (1): 37 -44.

[82] Brandenburg M, Govindan K, Sarkis J, et al. Quantitative models for sustainable supply chain management: Developments and directions [J]. European Journal of Operational Research, 2014, 233 (2): 299 - 312.

[83] Camacho - Vallejo J - F, Gonzalez - Rodriguez E, Almaguer F J, et al. A bi-level optimization model for aid distribution after the occurrence of a disaster [J]. Journal of Cleaner Production, 2015, 105: 134 - 145.

[84] Cantillo V, Serrano I, Macea L F, et al. Discrete choice approach for assessing deprivation cost in humanitarian relief operations [J]. Socio - Economic Planning Sciences, 2018, 63: 33 - 46.

[85] Cao C J, Li C D, Li W B. Research on the relief scheduling model considering victims' satisfaction for emergency response in large-scale disasters [C]. Proceedings of the 22nd International Conference on IEEM, Guangzhou, China, 2016, 679 - 690.

[86] Cao C J, Li C D, Wang Y, et al. A bi-level programming model considering survivors' perceived satisfaction for relief reactive scheduling [C]. Proceedings of 47th International Conference on CIE, Lisbon, Portugal, 2017.

[87] Cao C J, Li C D, Yang Q, et al. A novel multi-objective programming model of relief distribution for sustainable disaster supply chain in large-scale natural disasters [J]. Journal of Cleaner Production, 2018, 174: 1422 - 1435.

[88] Cao C J, Li C D, Yang Q, et al. Multi-objective optimization model of emergency organization allocation for sustainable disaster supply chain [J]. Sustainability, 2017, 9 (11): 2103.

[89] Cao C J, Liu Y, Tang O, et al. A fuzzy bi-level optimization model for multi-period post-disaster relief distribution in sustainable humani-

tarian supply chains [J]. International Journal of Production Economics, 2021, 235: 108081.

[90] Carter C, Rogers D. A framework of sustainable supply chain management: moving toward new theory [J]. International Journal of Physical Distribution & Logistics Management. 2008, 38 (5): 360 – 387.

[91] Caunhye A M, Nie X F, Pokharel S. Optimization models in emergency logistics: a literature review [J]. Socio – Economic Planning Sciences, 2011, 46 (1): 4 – 13.

[92] Chakraborty D, Jana D K, Roy T K. Multi-objective multi-item solid transportation problem with fuzzy inequality constraints [J]. Journal of Inequalities and Applications, 2014, 2014: 338.

[93] Chang F S, Wu J S, Lee C N, et al. Greedy-search-based multi-objective genetic algorithm for emergency logistics scheduling [J]. Expert Systems with Applications, 2014, 41 (6): 2947 – 2956.

[94] Chardine – Baumann E, Botta – Genoulaz V. A framework for sustainable performance assessment of supply chain management practices [J]. Computers & Industrial Engineering, 2014, 76: 138 – 147.

[95] Chen L, Miller – Hooks E. Optimal team deployment in urban search and rescue [J]. Transportation Research Part B: Methodological, 2012, 46 (8): 984 – 999.

[96] Chen Y X, Tadikamalla P R, Shang J, et al. Supply allocation: bi-level programming model and differential evolution algorithm for natural disaster relief [J]. Cluster Computing, 2020, 23: 203 – 217.

[97] Chen Y Z, Zhao Q H, Wang L, et al. The regional cooperation-based warehouse location problem for relief supplies [J]. Computers & Industrial Engineering, 2016, 102: 259 – 267.

[98] Chiu Y C, Zheng H. Real-time mobilization decisions for multi-priority emergency response resources and evacuation groups: model formula-

tion and solution [J]. Transportation Research Part E, 2007, 43 (6): 710 - 736.

[99] Churchman C W, Ackoff R L, Arnoff E L. Introduction to Operations Research [M]. New York: John Wiley & Sons, 1957.

[100] Demirkol E, Mehta S V, Uzsoy R. A computational study of shifting bottleneck procedures for shop scheduling problems [J]. Journal of Heuristics, 1997, 3 (2): 111 - 137.

[101] Duan X H, Song S X, Zhao J D. Emergency vehicle dispatching and redistribution in highway network based on bilevel programming [J]. Mathematical Problems in Engineering, 2015, 2015: 1 - 12.

[102] Dubey R, Gunasekaran A, Childe S J, et al. Examining the effect of external pressures and organizational culture on shaping performance measurement systems (PMS) for sustainability benchmarking: some empirical findings [J]. International Journal of Production Economics, 2017, 193: 63 - 76.

[103] Dubey R, Gunasekaran A, Papadopoulos T, et al. Sustainable supply chain management: framework and further research directions [J]. Journal of Cleaner Production, 2017, 142: 1119 - 1130.

[104] Dubey R, Gunasekaran A. The sustainable humanitarian supply chain design: agility, adaptability and alignment [J]. International Journal of Logistics Research and Application, 2016, 19 (1): 62 - 82.

[105] Falasca M, Zobel C. An optimization model for volunteer assignments in humanitarian organizations [J]. Socio - Economic Planning Sciences, 2012, 46 (4): 250 - 260.

[106] Fiedrich F, Gehbauer F, Rickers U. Optimized resource allocation for emer-gency response after earthquake disasters [J]. Safety Science, 2000, 35 (1 - 3): 41 - 57.

[107] Galindo G, Batta R. Review of recent development in OR/MS

research in disaster operations management [J]. European Journal of Operational Research, 2013, 230 (2): 201 - 211.

[108] Goerigk M, Grun B, Heβler P. Branch and bound algorithms for the bus evacuation problem [J]. Computers & Operations Research, 2013, 40 (12): 3010 - 3020.

[109] Gutjahr W J, Dzubur N. Bi-objective bilevel optimization of distribution center locations considering user equilibria [J]. Transportation Research Part E, 2016, 85: 1 - 22.

[110] Gutjahr W J, Nolz P C. Multicriteria optimization in humanitarian aid [J]. European Journal of Operational Research, 2016, 252 (2): 351 - 366.

[111] Haavisto I, Goentzal J. Measuring humanitarian supply chain performance in a multi-goal context [J]. Journal of Humanitarian Logistics and Supply Chain Management, 2015, 5 (3): 300 - 324.

[112] Haavisto I, Kovacs G. Perspectives on sustainability in humanitarian supply chains [J]. Disaster Prevention and Management, 2014, 23 (5): 610 - 631.

[113] Haavisto I, Kovacs G. Sustainability in humanitarian operations [M]//Lindgreen A, Sen S, Maon F, et al. Sustainable Value Chain Management: Analyzing, Designing, Implementing, and Monitoring for Social and Environmental Responsibility. Aldershot: Gower Publishing, 2013, 489 - 507.

[114] Habib M S, Lee Y H, Memon M S. Mathematical models in humanitarian supply chain management: a systematic literature review [J]. Mathematical Problems in Engineering, 2016, 2016: 1 - 20.

[115] Habib M S, Sarkar B. An integrated location-allocation model for temporary disaster debris management under an uncertain environment [J]. Sustainability, 2017, 9 (5): 716.

[116] Halldórsson A, Kovacs G. The sustainable agenda and energy efficiency: logistics solutions and supply chains in times of climate change [J]. International Journal of Physical Distribution & Logistics Management, 2010, 40 (1/2): 5 - 13.

[117] Hamed S, Govindan K. A hybrid particle swarm optimization and genetic algorithm for closed-loop supply chain network design in large-scale networks [J]. Applied Mathematical Modelling, 2015, 39 (14): 3390 - 4012.

[118] Hasani A, Mokhtari H. Redesign strategies of a comprehensive robust relief network for disaster management [J]. Socio - Economic Planning Sciences, 2018, 64: 92 - 102.

[119] Herman K, Wiener A J. The year 2000: a framework for speculation on the next thirty-three years [M]. New York: MacMillan Press, 1967.

[120] Holguin - Veras J, Perez N, Jaller M, et al. On the appropriate objective function for post-disaster humanitarian logistics models [J]. Journal of Operations Management, 2013, 31 (5): 262 - 280.

[121] Holland J H. Adaptation in natural and artificial systems: an introductory analysis with applications to biology, control and artificial intelligence [M]. Cambridge: MIT Press, 1975.

[122] Hoyos M C, Morales R S, Akhavan - Tabatabaei R. OR models with stochastic components in disaster operations management: a literature survey [J]. Computers & Industrial Engineering, 2015, 82: 183 - 197.

[123] Hu Z H, Sheu J B. Post-disaster debris reverse logistics management under psychological cost minimization [J]. Transportation Research Part B: Methodological, 2013, 55: 118 - 141.

[124] Huang K, Jiang Y P, Yuan Y F, et al. Modelling multiple humanitarian objectives in emergency to large-scale disasters [J]. Transportation Research Part E: Logistics and Transportation Review, 2015, 75: 1 - 17.

[125] Huang M, Smilowitz K, Balcik B. Models for relief routing: equity, efficiency and efficacy [J]. Transportation Research Part E, 2012, 48 (1): 2-18.

[126] Hwang H S. A food distribution model for famine relief [J]. Computers & Industrial Engineering, 1999, 37 (1): 335-338.

[127] Ibegbunam I, McGill D. Health commodities management system: priorities and challenges [J]. Journal of Humanitarian Logistics and Supply Chain Management, 2012, 2 (2): 161-182.

[128] Jabbour C J, Sobreiro V A, Lopes de Sousa Jabbour A B, et al. An analysis of the literature on humanitarian logistics and supply chain management: paving the way for future studies [J]. Annals of Operations Research, 2019, 283: 289-307.

[129] Jaehn F. Sustainable operations [J]. European Journal of Operational Research, 2016, 253 (2): 243-264.

[130] Kaivo-oja J, Panula-Ontto J, Vehmas J, et al. Relationships of the dimensions of sustainability as measured by the sustainable society index framework [J]. International Journal of Sustainable Development World, 2014, 21 (1): 39-45.

[131] Kaur H, Singh S P. Sustainable procurement and logistics for disaster resilient supply chain [J]. Annals of Operations Research, 2019, 283 (11): 309-354.

[132] Klumpp M, De Leeuw S, Regattieri A, et al. Humanitarian Logistics and Sustainability [M]. Cham. Springer, 2015.

[133] Kongsomsaksakul S, Yang C, Chen A. Shelter location-allocation model for flood evacuation planning [J]. Journal of the Eastern Asia Society for Transportation Studies, 2005, 6: 4237-4252.

[134] Kunz N, Gold S. Sustainable humanitarian supply chain management-exploring new theory [J]. International Journal of Logistics Re-

search and Application, 2017, 20 (2): 85 - 104.

[135] Laguna - Salvado L, Lauras M, Okongwu U, et al. A multicriteria master planning DSS for a sustainable humanitarian supply chain [J]. Annals of Operations Research, 2019, 283: 1303 - 1343.

[136] Lassiter K, Khademi A, Taaffe K M. A robust optimization approach to volunteer management in humanitarian crises [J]. International Journal of Production Economics, 2015, 163: 97 - 111.

[137] Lee K, Lei L, Pinedo M, et al. Operations scheduling with multiple resources and transportation considerations [J]. International Journal of Production Research, 2013, 51 (23 - 24): 7071 - 7090.

[138] Lei L, Pinedo M, Qi L, et al. Personnel scheduling and supplies provisioning in emergency relief operations [J]. Annals of Operations Research, 2015, 235 (1): 487 - 515.

[139] Lettieri E, Masella C, Radaelli G. Disaster management: findings from a systematic review [J]. Disaster Prevention and Management, 2009, 18 (2): 117 - 136.

[140] Li X P, Batta R, Kwon C. Effective and equitable supply of gasoline to impacted areas in the aftermath of a natural disaster [J]. Socio - Economic Planning Sciences, 2017, 57: 25 - 34.

[141] Lin Y H, Batta R, Rogerson P A, et al. A logistics model for emergency supply of critical items in the aftermath of a disaster [J]. Socio - Economic Planning Sciences, 2011, 45 (4): 132 - 145.

[142] Liu X J, Du G, Jiao R J. Bilevel joint optimization for product family architecting considering make-or-buy decisions [J]. International Journal of Production Research, 2017, 55 (20): 5916 - 5941.

[143] Liu Y J, Guo B. A lexicographic approach to postdisaster relief logistics planning considering fill rates and costs under uncertainty [J]. Mathematical Problems in Engineering, 2014, 2014: 1 - 18.

[144] Liu Y J, Lei H G, Zhang D Z, et al. Robust optimization for relief logistics planning under uncertainties in demand and transportation time [J]. Applied Mathematical Modelling, 2018, 55: 262 –280.

[145] Lu J, Han J L, Hu Y G, et al. Multilevel decision-making: a survey [J]. Information Sciences, 2016: 346 –347, 463 –487.

[146] Maya – Duque P A, Dolinskaya I S, Sorensen K. Network repair crew scheduling and routing for emergency relief distribution problem [J]. European Journal of Operational Research, 2016, 248 (1): 272 –285.

[147] Mohammadi R, Ghomi S M T F, Jolai F. Pre-positioning emergency supplies for earthquake response: a new multi-objective particle swarm optimization algorithm [J]. Applied Mathematical Modelling. 2016, 40 (9 –10): 5183 –5199.

[148] Moreno A, Alem D, Ferreira D, et al. An effective two-stage stochastic multi-trip location-transportation model with social concerns in relief supply chains [J]. European Journal of Operational Research, 2018, 269 (3): 1050 –1071.

[149] Mori K, Christodoulou A. Review of sustainability indices and indicators: towards a new city sustainability index (CSI) [J]. Environmental Impact Assessment Review, 2012, 32 (1): 94 –106.

[150] Nayeri S, Asadi – Gangraj E, Emami S. Metaheuristic algorithms to allocate and schedule of the rescue units in the natural disaster with fatigue effect [J]. Neural Computing and Applications, 2019, 31 (11): 7517 –7537.

[151] Ni W J, Shu J, Song M. Location and emergency inventory prepositioning for disaster response operations: min-max robust model and a case study of yushu earthquake [J]. Production and Operations Management, 2018, 27 (1): 160 –183.

[152] Oberhofer P, Blanco E, Craig A J. Carbon efficiency of humanitarian supply chains: evidence from French Red Cross operations [M]. Logistics Management, Springer, 2015: 53 -66.

[153] Ozdamar L, Ekinci E, Kucukyazici B. Emergency logistics planning in natural disasters [J]. Annals of Operations Research, 2004, 129: 217 -245.

[154] Ozdamar L, Ertem M A. Models, solutions and enabling technologies in humanitarian logistics [J]. European Journal of Operational Research, 2015, 244 (1): 55 -65.

[155] Ozdamar L. Planning helicopter logistics in disaster relief [J]. OR Spectrum, 2011, 33 (3): 655 -672.

[156] Perez - Rodriguez N, Holguin - Veras J. Inventory-allocation distribution models for postdisaster humanitarian logistics with explicit consideration of deprivation costs [J]. Transportation Science, 2016, 50 (4): 1261 -1285.

[157] Poirion P L, Toubaline S, D'Ambrosio C, et al. Bilevel mixed-integer linear programs and the zero forcing set [R]. Technical Report, Palaiseau, France, 2015.

[158] Pojasek R B. Understanding sustainability: an organizational perspective [J]. Environmental Quality Management, 2012, 21 (3): 93 -100.

[159] Ramos T R P, Gomes M I, Barbosa - Povoa A P. Planning a sustainable reverse logistics system: balancing costs with environmental and social concerns [J]. Omega, 2014, 48: 60 -74.

[160] Rauchecker G, Schryen G. An exact branch-and-price algorithm for scheduling rescue units during disaster response [J]. European Journal of Operational Research, 2018, 272 (1): 352 -363.

[161] Rawls C G, Turnquist M A. Pre-positioning and dynamic deliv-

ery planning for short term response following a natural disaster [J]. Socio – Economic Planning Sciences, 2012, 46 (1): 46 –54.

[162] Ren Y P, Tian G D. Emergency scheduling for forest fires subject to limited rescue team resources and priority disaster areas [J]. IEEJ Transactions on Electrical and Electronic Engineering, 2016, 11 (6): 753 –759.

[163] Rodriguez – Espindola O, Albores P, Brewster C. Disaster preparedness in humanitarian logistics: a collaborative approach for resource management in floods [J]. European Journal of Operational Research, 2018, 264 (3): 978 –993.

[164] Rolland E, Patterson R A, Ward K, et al. Decision support for disaster management [J]. Operations Management Research, 2010, 3 (1 –2): 68 –79.

[165] Safaei A S, Farsad S, Paydar M M. Emergency logistics planning under supply risk and demand uncertainty [J]. Operational Research International Journal, 2020, 20: 1437 –1460.

[166] Safaei A S, Farsad S, Paydar M M. Robust bi-level optimization of relief logistics operations [J]. Applied Mathematical Modelling, 2018, 56: 359 –380.

[167] Santibanez – Gonzalez E D R, Sarkis J, Dolgui A, et al. Low carbon economy and equitable society: production, supply chain, and operations management perspectives [J]. Journal of Cleaner Production, 2016, 117: 7 –9.

[168] Sarkis J, Zhu Q, Lai K – h. An organizational theoretic review of green supply chain management literature [J]. International Journal of Production Economics, 2011, 130 (1): 1 –15.

[169] Sheu J B. An emergency logistics distribution approach for quick response to urgent relief demand in disasters [J]. Transportation Research

Part E, 2007, 43 (6): 687 -709.

[170] Sheu J B. Dynamic relief-demand management for emergency logistics operations under large-scale disasters [J]. Transportation Research Part E, 2010, 46 (1): 1 -17.

[171] Sheu J B. Post-disaster relief-service centralized logistics distribution with survivor resilience maximization [J]. Transportation Research Part B: Methodological, 2014, 68: 288 -314.

[172] Stenson J. Disaster management as a tool for sustainable development: a case study of cyanide leaching in the gold mining industry [J]. Journal of Cleaner Production, 2006, 14 (3): 230 -233.

[173] Su Z P, Zhang G F, Liu Y, et al. Multiple emergency resource allocation for concurrent incidents in natural disasters [J]. International Journal of Disaster Risk Reduction, 2016, 17: 199 -212.

[174] Sung I, Lee T. Optimal allocation of emergency medical resources in a mass casualty incident: patient prioritization by column generation [J]. European Journal of Operational Research, 2016, 252 (2): 623 -634.

[175] Theeb N A, Murray C. Vehicle routing and resource distribution in postdisaster humanitarian relief operations [J]. International Transactions in Operational Research, 2017, 24 (6): 1253 -1284.

[176] Tofighi S, Torabi S A, Mansouri S A. Humanitarian logistics network design under mixed uncertainty [J]. European Journal of Operational Research, 2016, 250 (1): 239 -250.

[177] Tzeng G H, Cheng H J, Huang T D. Multi-objective optimal planning for designing relief delivery systems [J]. Transportation Research Part E, 2007, 43 (6): 673 -686.

[178] van Kempen E A, Spiliotopoulou E, Stojanovski G, et al. Using life cycle sustainability assessment to trade off sourcing strategies for

humanitarian relief items [J]. International Journal of Life Cycle Assessment, 2017, 22 (11): 1718 - 1730.

[179] Van Wassenhove L N, Martinez A J P. Using OR to adapt supply chain management best practices to humanitarian logistics [J]. International Transactions in Operational Research, 2012, 19 (1 - 2): 307 - 322.

[180] Van Wassenhove L N. Humanitarian aid logistics: supply chain management in high gear [J]. Journal of the Operational Research Society, 2006, 57 (5): 475 - 489.

[181] Vega - Mejia C A, Montoya - Torres J R, Islam S M N. Consideration of triple bottom line objectives for sustainability in the optimization of vehicle routing and loading operations: a systematic literature review [J]. Annals of Operations Research, 2019, 273: 311 - 375.

[182] Wang D, Qi C, Wang H W. Improving emergency response collaboration and resource allocation by task network mapping and analysis [J]. Safety Science, 2014, 70: 9 - 18.

[183] Wang H J, Du L J, Ma S H. Multi-objective open location-routing model with split delivery for optimized relief distribution in post-earthquake [J]. Transportation Research Part E, 2014, 69: 160 - 179.

[184] Wang S B, Liu F, Hong Y, et al. Integrated disaster medical assistance team scheduling and relief supply distribution [J]. International Journal of Logistics Management, 2018, 29 (4): 1279 - 1305.

[185] Wang S Y, Tao F M, Shi Y H, et al. Optimization of vehicle routing problem with time windows for cold chain logistics based on carbon tax [J]. Sustainability, 2017, 9 (5): 694 - 716.

[186] Weerawardena J, McDonald R E, Mort G S. Sustainability of nonprofit organizations: an empirical investigation [J]. Journal of World Business, 2010, 45 (4): 346 - 356.

[187] Wex F, Schryen G, Feuerriegel S, et al. Emergency response in natural management: allocation and scheduling of rescue units [J]. European Journal of Operational Research, 2014, 235 (3): 697 – 708.

[188] Wilson D T, Hawe G I, Coates G, et al. A multi-objective combinatorial model of casualty processing in major incident response [J]. European Journal of Operational Research, 2013, 230 (3): 643 – 655.

[189] Winston W L. Operations research: applications and algorithms [M]. California: Duxbury Press, 1994.

[190] Wu N Q, Li Z W, Qu T. Energy efficiency optimization in scheduling crude oil operations of refinery based on linear programming [J]. Journal of Cleaner Production, 2017, 166: 49 – 57.

[191] Xiao F, Hu Z H, Wang K X, et al. Spatial distribution of energy consumption and carbon emission of regional logistics [J]. Sustainability, 2015, 7 (7): 9140 – 9159.

[192] Xiao W X, Du G, Zhang Y Y, et al. Coordinated optimization of low-carbon product family and its manufacturing process design by a bilevel game-theoretic model [J]. Journal of Cleaner Production, 2018, 184: 754 – 773.

[193] Xie T, Li C D, Wei Y Y, et al. Cross-domain integrating and reasoning spaces for offsite nuclear emergency response [J]. Safety Science, 2016, 85: 99 – 116.

[194] Xie W, Al – Refaie A, Robles M, et al. A sustainable humanitarian relief network study for the Wenchuan Earthquake [M]//Klumpp M, De Leeuw S, Regattieri A, et al. Humanitarian Logistics and Sustainability. Cham: Springer, 2015: 193 – 213.

[195] Yadav D K, Barve A. Segmenting critical success factors of humanitarian supply chains using fuzzy DEMATEL [J]. Benchmarking: An international Journal, 2018, 25 (2): 400 – 425.

[196] Yan S Y, Shih Y L. A time-space network model for work team scheduling after a major disaster [J]. Journal of the Chinese Institute of Engineers, 2007, 30: 63 – 75.

[197] Yu L N, Zhang C R, Yang H S, et al. Novel methods for resource allocation in humanitarian logistics considering human suffering [J]. Computers & Industrial Engineering, 2018, 119: 1 – 20.

[198] Zeng B, An Y. Solving bilevel mixed integer program by reformulations and decomposition [R]. Technical Report, University of South Florida, 2014.

[199] Zhan S L, Liu N. Determining the optimal decision time of relief allocation in response to disaster via relief demand updates [J]. International Journal System Science, 2016, 47 (3): 509 – 520.

[200] Zhang B, Li H, Li S G, et al. Sustainable multi-depot emergency facilities location-routing problem with uncertain information [J]. Applied Mathematics and Computation, 2018, 333: 506 – 520.

[201] Zhang C, Liu X, Jiang Y P, et al. A two-stage resource allocation model for lifeline systems quick response with vulnerability analysis [J]. European Journal of Operational Research, 2016, 250 (3): 855 – 864.

[202] Zhang J H, Li J, Liu Z P. Multiple-resource and multiple-depot emergency response problem considering disasters [J]. Expert Systems with Applications, 2012, 39 (12): 11066 – 11071.

[203] Zhang L M, Lin Y H, Yang G F, et al. Emergency resources scheduling based on adaptively mutate genetic algorithm [J]. Computers in Human Behavior, 2011, 27 (5): 1493 – 1498.

[204] Zhang Q, Shah N, Wassick J, et al. Sustainable supply chain optimization: an industrial case study [J]. Computers & Industrial Engineering, 2014, 74: 68 – 83.

[205] Zhang S W, Guo H X, Zhu K J, et al. Multi-stage assignment optimization for emergency rescue teams in the disaster chain [J]. Knowledge-Based Systems, 2017, 137: 123-137.

[206] Zheng Y J, Chen S Y, Ling H F. Evolutionary optimization for disaster relief operations: a survey [J]. Applied Soft Computing, 2015, 27: 553-566.

[207] Zheng Y J, Ling H F, Xu X L, et al. Emergency scheduling of engineering rescue tasks in disaster relief operations and its application in China [J]. International Transactions in Operational Research, 2015, 22 (3): 503-518.

[208] Zheng Y J, Ling H F, Xue J Y. Disaster rescue task scheduling: An evolutionary multiobjective optimization approach [J]. IEEE Transactions on Emerging Topics in Computing, 2018, 6 (2): 288-300.

[209] Zhou L, Wu X H, Xu Z S, et al. Emergency decision making for natural disasters: An overview [J]. International Journal of Disaster Risk Reduction, 2018, 27: 567-576.

[210] Zhou Q, Huang W L, Zhang Y. Identifying critical success factors in emergency management using a fuzzy DEMATEL method [J]. Safety Science, 2011, 49 (2): 243-252.

[211] Zhou X Y, Shi Y Q Y, Deng X Y, et al. D-DEMATEL: a new method to identify critical success factors in emergency management [J]. Safety Science, 2017, 91: 93-104.

[212] Zhou Y W, Liu J, Zhang Y T, et al. A multi-objective evolutionary algorithm for multi-period dynamic emergency resource scheduling problems [J]. Transportation Research Part E, 2016, 99: 77-95.

附　录

附录 A：应急组织指派多目标决策算例涉及参数的具体取值

针对小规模算例（I1 ~ I8），ETs 的紧迫程度、组织适用限制、执行和准备时间、碳排放量和应急费用的取值情况见附表 A－1。特别地，附表 A－1 直接给出了算例 I8 中执行和准备时间、碳排放量和应急费用的取值，算例 I1 ~ 算例 I7 的参数取值需根据其实际规模选择对应数量的参数。

附表 A－1　　算例 I1 ~ 算例 I8 涉及参数的具体取值

参数	取值
cap_u^r	$cap_u^r=1/\forall u,\ r\neq 2,\ 3/$； $cap_u^2=0/\forall u=\vert U\vert-2,\ \vert U\vert-1,\ \vert U\vert/$，否则，$cap_u^2=1/\forall u=1,\ \cdots,\ \vert U\vert-3/$； $cap_u^3=0/\forall u=1,\ 2,\ 3/$，否则，$cap_u^3=1/\forall u=4,\ \cdots,\ \vert U\vert/$
p_u^r	$\begin{Bmatrix} 4,1,5,6,4,1,1,3,3,4,3,5,4,2;2,1,3,1,2,3,2,3,1,1,3,1,3,2; \\ 3,4,2,4,4,5,3,3,3,3,4,4,3,4;1,4,4,3,5,4,4,6,3,2,6,6,4,2; \\ 5,2,5,3,2,5,5,4,3,2,5,2,4,1;2,6,5,3,5,1,6,6,2,6,1,4,2,3 \end{Bmatrix}$

续表

参数	取值
$s^r_{u,l}$	{1, 1, 1, 2, 2, 1, 1, 1, 1, 1, 1, 1, 2, 2; 1, 2, 2, 1, 2, 2, 2, 2, 1, 2, 1, 1, 1, 2; 2, 1, 1, 2, 2, 2, 1, 2, 2, 2, 1, 1, 2, 2; 1, 1, 2, 1, 1, 1, 2, 1, 1, 2, 1, 1, 1, 2; 2, 1, 1, 2, 1, 2, 1, 2, 2, 2, 1, 2, 2, 1; 2, 1, 2, 2, 2, 1, 1, 1, 1, 1, 1, 1, 2, 2; 1, 2, 2, 2, 2, 2, 2, 1, 2, 1, 2, 1, 1, 2; 1, 1, 1, 2, 1, 2, 1, 1, 2, 2, 2, 2, 1, 1; 1, 2, 1, 1, 1, 1, 1, 2, 2, 1, 2, 1, 2, 1; 2, 2, 1, 1, 1, 2, 2, 2, 2, 1, 2, 1, 2, 1; 2, 1, 2, 1, 1, 2, 2, 1, 2, 2, 2, 2, 1, 2; 2, 2, 2, 2, 1, 2, 1, 1, 1, 1, 2, 2, 2, 2; 1, 1, 1, 1, 1, 1, 2, 2, 2, 1, 1, 1, 2, 1; 1, 2, 2, 1, 2, 2, 1, 1, 2, 1, 2, 1, 2, 2; 2, 2, 1, 1, 1, 1, 2, 1, 1, 2, 1, 2, 2, 1; 1, 2, 2, 1, 2, 1, 1, 1, 2, 2, 2, 2, 1, 1; 2, 2, 2, 2, 1, 2, 1, 1, 2, 1, 1, 1, 1, 1; 1, 2, 2, 2, 1, 1, 1, 1, 2, 2, 1, 2, 2, 2; 2, 2, 2, 2, 1, 2, 2, 2, 2, 1, 1, 2, 2, 2; 1, 1, 1, 1, 2, 2, 2, 1, 2, 1, 1, 1, 2, 1; 2, 2, 2, 1, 1, 1, 1, 1, 1, 2, 1, 1, 1, 2; 1, 2, 1, 1, 1, 2, 1, 1, 2, 1, 2, 2, 1, 1; 1, 2, 1, 2, 1, 1, 1, 2, 1, 1, 1, 1, 1, 1; 1, 1, 1, 1, 1, 1, 1, 2, 2, 1, 2, 1, 2, 2; 1, 1, 2, 2, 1, 1, 1, 1, 2, 1, 2, 1, 1, 2; 2, 2, 2, 2, 2, 2, 1, 2, 1, 1, 2, 2, 1, 1; 1, 1, 2, 1, 2, 1, 1, 2, 1, 1, 2, 1, 1, 1; 2, 1, 2, 2, 1, 2, 1, 2, 2, 2, 1, 1, 2, 1; 1, 2, 1, 2, 2, 1, 1, 1, 2, 2, 2, 2, 2, 1; 2, 1, 1, 1, 1, 2, 1, 2, 1, 1, 1, 2, 2, 2; 1, 1, 1, 2, 1, 2, 2, 2, 1, 1, 1, 2, 1, 2; 1, 2, 1, 1, 2, 1, 1, 2, 1, 2, 2, 1, 2, 1; 1, 2, 2, 2, 2, 2, 2, 1, 2, 2, 1, 2, 2, 1; 2, 1, 2, 2, 1, 2, 2, 1, 1, 2, 2, 2, 1, 1; 2, 2, 1, 1, 1, 2, 2, 2, 2, 1, 2, 2, 2, 2; 1, 1, 1, 1, 2, 2, 2, 1, 2, 2, 2, 1, 1, 1; 2, 2, 2, 2, 2, 2, 2, 2, 2, 1, 2, 1, 2, 1; 1, 2, 2, 2, 2, 1, 2, 2, 2, 1, 1, 2, 2, 1; 2, 1, 2, 2, 2, 1, 1, 2, 1, 1, 1, 2, 1, 1; 1, 1, 1, 1, 1, 1, 2, 2, 1, 2, 2, 2, 1, 2; 2, 1, 1, 1, 2, 1, 2, 2, 2, 1, 1, 2, 2, 2; 1, 1, 1, 2, 1, 2, 2, 1, 2, 1, 1, 1, 2, 2; 2, 2, 1, 1, 2, 1, 2, 2, 2, 2, 2, 2, 1, 2; 1, 2, 2, 2, 2, 2, 2, 2, 2, 2, 2, 2, 1, 1; 2, 1, 1, 1, 1, 2, 2, 2, 1, 2, 2, 1, 2, 2; 2, 2, 1, 2, 1, 1, 2, 1, 2, 2, 1, 1, 2, 1; 1, 2, 2, 2, 1, 1, 1, 2, 1, 2, 2, 1, 2, 2; 2, 2, 1, 1, 1, 1, 1, 1, 2, 1, 2, 2, 1, 1; 2, 2, 2, 2, 2, 2, 2, 1, 1, 2, 2, 1, 2, 2; 2, 2, 1, 1, 1, 2, 2, 2, 1, 2, 2, 1, 1, 2; 2, 2, 1, 2, 1, 2, 1, 1, 2, 1, 1, 1, 1, 2; 2, 2, 2, 1, 1, 1, 2, 1, 2, 1, 1, 2, 1, 1; 1, 2, 2, 2, 2, 2, 1, 2, 2, 1, 1, 2, 1, 1; 1, 2, 2, 2, 2, 1, 2, 2, 1, 2, 2, 1, 2, 1; 1, 1, 1, 2, 2, 2, 1, 1, 2, 2, 1, 1, 2, 1; 2, 1, 1, 2, 1, 1, 2, 2, 2, 2, 1, 1, 1, 2; 1, 1, 2, 2, 1, 1, 2, 2, 1, 2, 1, 2, 2, 1; 1, 1, 2, 1, 2, 1, 2, 1, 2, 2, 2, 1, 2, 2; 1, 2, 2, 1, 2, 2, 2, 2, 1, 2, 1, 1, 1, 2; 2, 2, 2, 2, 2, 2, 1, 1, 2, 1, 1, 1, 2, 1; 1, 2, 1, 2, 1, 2, 1, 2, 1, 1, 1, 2, 1, 2; 1, 2, 2, 2, 2, 1, 1, 1, 2, 2, 2, 1, 1, 2; 1, 2, 2, 2, 2, 1, 2, 2, 1, 1, 1, 2, 2, 2; 2, 1, 2, 1, 1, 2, 2, 1, 2, 1, 2, 2, 2, 2; 1, 1, 1, 2, 2, 2, 2, 2, 2, 1, 2, 2, 2, 1; 1, 1, 1, 2, 1, 1, 1, 1, 2, 2, 2, 1, 2, 1; 1, 1, 1, 2, 2, 2, 2, 2, 1, 1, 2, 2, 1, 2; 2, 1, 2, 1, 1, 1, 2, 1, 2, 1, 1, 1, 2, 2; 2, 1, 2, 2, 1, 1, 1, 1, 1, 1, 1, 1, 1, 1; 2, 1, 2, 2, 2, 2, 1, 1, 2, 1, 2, 2, 2, 2; 2, 2, 1, 1, 2, 1, 2, 2, 2, 1, 2, 2, 2, 1; 1, 2, 1, 1, 2, 2, 2, 1, 1, 1, 2, 2, 2, 1; 1, 2, 2, 1, 1, 2, 2, 1, 1, 1, 1, 2, 2, 1; 1, 2, 2, 2, 2, 1, 2, 1, 1, 2, 2, 1, 1, 2; 1, 2, 1, 1, 1, 1, 1, 1, 2, 2, 1, 2, 2, 2; 2, 2, 2, 2, 2, 1, 1, 1, 1, 1, 2, 1, 1, 2; 1, 2, 1, 1, 2, 2, 1, 2, 2, 1, 2, 1, 1, 1; 2, 2, 2, 1, 2, 2, 1, 1, 2, 2, 1, 2, 2, 1; 2, 2, 1, 1, 1, 2, 1, 1, 2, 2, 2, 1, 1, 2; 2, 2, 1, 2, 2, 2, 2, 1, 2, 2, 1, 1, 1, 2; 1, 1, 2, 1, 2, 2, 2, 1, 1, 2, 2, 1, 1, 2; 2, 1, 1, 2, 2, 2, 1, 1, 1, 2, 2, 2, 2, 2; 1, 1, 2, 1, 1, 1, 1, 2, 2, 2, 2, 1, 2, 2; 1, 1, 2, 2, 1, 2, 2, 1, 2, 1, 2, 1, 1, 2}

续表

参数	取值
A_u^r	{1, 3, 2, 1, 2, 2, 2, 3, 2, 1, 3, 2, 2, 2; 2, 1, 3, 2, 2, 3, 3, 2, 2, 1, 3, 2, 3, 3; 3, 1, 2, 3, 2, 2, 1, 2, 2, 2, 3, 3, 2, 2; 2, 2, 2, 1, 3, 3, 3, 2, 3, 1, 1, 2, 1, 2; 3, 3, 2, 3, 2, 1, 2, 2, 3, 3, 2, 2, 3, 3; 2, 3, 2, 2, 3, 2, 2, 2, 2, 2, 2, 1, 2, 2}
$A_{u,l}^r$	{0.9, 0.7, 0.5, 0.3, 0.0, 0.1, 0.3, 0.9, 0.3, 1.0, 0.1, 0.3, 0.1, 0.0; 0.9, 0.4, 0.0, 0.0, 0.3, 0.4, 0.3, 0.4, 0.8, 1.0, 0.5, 0.0, 0.4, 0.4; 0.5, 0.2, 0.1, 0.0, 0.4, 0.1, 0.7, 0.8, 0.3, 0.3, 0.3, 0.4, 0.5, 0.3; 0.5, 0.8, 0.5, 0.9, 0.9, 0.4, 0.9, 0.7, 0.6, 0.7, 0.0, 0.1, 0.8, 0.6; 0.2, 0.1, 0.9, 0.5, 0.1, 0.8, 0.3, 0.5, 1.0, 1.0, 0.4, 0.3, 0.5, 0.1; 0.6, 0.3, 0.3, 0.0, 0.4, 0.6, 0.4, 0.1, 0.9, 0.9, 0.1, 0.0, 0.1, 0.5; 0.7, 0.0, 0.1, 0.9, 0.4, 0.7, 0.7, 0.1, 0.6, 0.5, 0.7, 0.9, 0.7, 0.5; 0.6, 0.4, 0.7, 0.6, 0.3, 0.2, 0.9, 0.8, 0.3, 0.4, 0.5, 1.0, 0.5, 0.8; 0.7, 0.0, 0.3, 0.4, 0.1, 0.9, 0.4, 0.7, 0.2, 0.3, 0.8, 0.1, 0.7, 0.3; 0.8, 0.6, 0.6, 0.0, 0.8, 0.7, 0.8, 0.0, 0.5, 0.4, 0.2, 0.2, 0.2, 0.6; 0.1, 0.2, 1.0, 0.8, 0.7, 0.3, 0.7, 0.0, 0.6, 0.6, 0.7, 0.4, 0.2, 0.6; 0.6, 0.0, 0.4, 0.3, 0.9, 0.8, 0.1, 0.4, 0.1, 0.7, 1.0, 1.0, 0.6, 1.0; 0.1, 0.8, 0.4, 0.5, 0.1, 0.5, 0.5, 0.2, 0.2, 0.8, 0.2, 0.3, 0.5, 0.3; 0.3, 0.8, 0.3, 0.3, 0.1, 0.0, 0.9, 0.4, 0.9, 1.0, 0.7, 0.4, 0.5, 0.6; 0.6, 0.9, 0.4, 0.9, 0.2, 0.9, 0.4, 0.2, 0.9, 0.4, 0.3, 0.9, 0.5, 0.6; 0.4, 0.2, 0.0, 0.2, 0.4, 0.8, 0.4, 0.5, 0.2, 0.8, 0.2, 0.7, 0.3, 0.2; 0.2, 0.2, 0.9, 0.6, 0.9, 0.1, 0.5, 0.1, 0.5, 0.8, 0.1, 0.2, 0.9, 0.2; 0.3, 0.7, 0.2, 0.3, 0.7, 0.1, 1.0, 0.0, 0.5, 0.2, 0.1, 0.3, 0.1, 0.4; 0.9, 0.3, 0.6, 0.5, 0.5, 0.8, 0.2, 0.2, 0.5, 0.5, 0.7, 0.6, 0.1, 0.2; 0.2, 0.6, 0.2, 0.8, 0.2, 0.3, 0.6, 0.8, 0.1, 0.5, 0.2, 0.8, 0.6, 0.9; 1.0, 0.8, 0.4, 0.2, 0.0, 0.6, 0.6, 1.0, 0.6, 0.2, 0.1, 0.9, 0.1, 0.2; 0.3, 0.3, 0.4, 0.0, 0.5, 0.1, 0.0, 0.3, 0.8, 1.0, 0.9, 0.1, 0.2, 0.5; 0.6, 0.8, 0.8, 0.3, 0.1, 0.7, 0.9, 0.5, 0.5, 0.9, 0.0, 0.8, 0.6, 0.5; 0.9, 0.1, 0.8, 0.7, 0.1, 1.0, 0.0, 0.5, 0.9, 1.0, 0.1, 0.0, 0.1, 0.6;}

续表

参数	取值
$A^r_{u,l}$	{0.1, 0.9, 0.0, 0.5, 0.2, 0.4, 0.3, 0.6, 0.2, 0.0, 0.5, 0.6, 0.3, 0.8; 0.7, 0.4, 0.6, 0.3, 0.1, 0.6, 0.5, 0.5, 0.4, 0.5, 0.8, 0.9, 0.5, 0.6; 0.6, 0.4, 0.5, 0.0, 0.0, 0.6, 0.6, 0.9, 0.9, 0.8, 0.6, 0.8, 0.3, 1.0; 0.8, 0.1, 0.7, 0.5, 0.4, 0.5, 0.8, 0.7, 0.1, 0.6, 0.2, 0.5, 0.0, 0.7; 0.5, 0.8, 0.1, 0.1, 0.2, 0.1, 0.3, 0.3, 0.5, 0.8, 0.0, 0.9, 0.9, 0.4; 0.3, 0.8, 0.9, 0.9, 0.6, 0.7, 1.0, 0.9, 0.2, 0.9, 0.9, 0.1, 0.5, 0.2; 0.7, 0.6, 0.8, 0.0, 0.9, 0.2, 0.5, 0.3, 0.6, 0.0, 0.1, 0.4, 0.5, 0.3; 0.8, 0.6, 0.6, 0.4, 0.9, 0.5, 0.9, 0.6, 0.5, 0.8, 1.0, 0.0, 0.2, 0.3; 0.7, 0.5, 0.1, 0.7, 0.8, 0.3, 0.6, 0.5, 0.7, 0.1, 0.8, 0.6, 0.0, 1.0; 0.5, 0.1, 0.2, 0.0, 0.7, 0.8, 1.0, 0.4, 0.6, 0.3, 1.0, 0.4, 0.2, 0.6; 0.8, 0.3, 1.0, 0.4, 0.1, 0.1, 0.3, 0.2, 0.6, 0.1, 0.9, 0.1, 0.9, 0.2; 0.7, 0.9, 0.4, 0.6, 0.6, 0.3, 1.0, 0.5, 0.8, 0.1, 1.0, 0.6, 1.0, 0.9; 0.5, 0.0, 0.0, 0.9, 0.5, 0.4, 0.6, 0.3, 0.5, 0.1, 0.9, 0.5, 0.4, 0.5; 0.2, 0.6, 0.1, 0.3, 0.8, 0.8, 0.3, 0.1, 0.0, 0.9, 0.1, 0.9, 0.3, 0.1; 0.4, 0.3, 0.6, 0.6, 0.4, 0.5, 0.9, 0.9, 0.9, 0.7, 0.2, 0.6, 0.5, 0.8; 0.1, 0.9, 0.6, 0.3, 0.8, 0.6, 0.9, 0.0, 0.9, 0.7, 0.6, 0.1, 0.5, 0.7; 0.9, 0.0, 0.6, 0.4, 1.0, 0.2, 0.8, 0.4, 0.5, 1.0, 0.2, 0.4, 0.1, 0.8; 0.8, 0.9, 0.2, 0.5, 0.2, 0.4, 0.8, 0.2, 0.1, 0.2, 0.7, 0.3, 0.5, 0.2; 0.9, 0.8, 0.2, 0.4, 0.9, 0.3, 0.4, 0.0, 0.0, 0.9, 0.7, 0.2, 0.6, 0.1; 0.9, 0.5, 0.2, 0.3, 0.6, 0.7, 0.5, 0.7, 0.9, 0.4, 0.2, 0.8, 0.0, 0.6; 0.3, 0.7, 0.7, 0.7, 0.2, 0.4, 0.1, 0.6, 0.4, 0.6, 0.3, 0.9, 0.3, 0.3; 0.4, 0.8, 0.0, 0.2, 0.5, 0.1, 0.3, 0.4, 0.8, 0.4, 0.3, 0.1, 0.6, 0.3; 0.3, 0.1, 0.5, 0.8, 0.2, 0.1, 1.0, 0.9, 0.4, 0.9, 0.1, 0.6, 0.8, 0.3; 0.3, 0.4, 0.9, 0.4, 0.3, 0.6, 0.6, 0.2, 0.1, 1.0, 0.9, 0.8, 0.8, 0.8; 0.8, 0.1, 0.3, 0.2, 0.0, 0.7, 0.5, 0.7, 0.9, 0.0, 0.0, 0.1, 0.8, 0.9; 0.9, 0.1, 0.9, 0.4, 0.3, 0.7, 0.0, 0.7, 1.0, 0.5, 0.4, 0.6, 0.8, 0.3;}

续表

参数	取值
$A^{r}_{u,l}$	{0.5, 0.5, 1.0, 0.6, 0.0, 0.6, 0.6, 0.5, 0.8, 0.2, 0.6, 0.2, 0.6, 0.2; 0.1, 0.6, 0.0, 0.9, 0.3, 1.0, 0.2, 1.0, 0.3, 0.0, 0.2, 0.6, 0.0, 0.4; 0.5, 0.0, 0.9, 0.5, 0.4, 0.8, 0.4, 0.9, 0.1, 0.6, 0.6, 0.1, 0.5, 0.0; 0.2, 0.3, 0.2, 0.4, 0.2, 0.1, 0.7, 0.1, 0.6, 1.0, 0.4, 0.6, 0.2, 0.5; 0.9, 0.0, 0.2, 0.9, 0.2, 0.4, 0.1, 0.9, 0.1, 0.7, 0.3, 0.7, 0.3, 0.6; 0.3, 0.8, 0.7, 0.3, 0.7, 0.7, 0.1, 0.2, 0.7, 0.4, 0.4, 0.3, 0.7, 0.7; 0.3, 0.8, 0.6, 0.5, 0.1, 0.4, 0.4, 0.6, 0.1, 0.2, 0.5, 0.3, 0.6, 0.4; 0.3, 0.1, 0.6, 0.6, 0.5, 0.9, 0.9, 0.6, 0.3, 0.0, 0.3, 0.9, 0.3, 0.3; 0.8, 0.9, 0.1, 0.8, 0.5, 0.4, 0.6, 0.1, 0.3, 0.8, 0.8, 0.5, 0.4, 0.8; 0.0, 0.6, 0.6, 0.3, 0.1, 0.4, 0.5, 1.0, 0.4, 0.8, 1.0, 0.0, 0.6, 0.6; 1.0, 0.2, 0.1, 0.5, 0.9, 0.6, 0.3, 0.1, 0.3, 0.4, 0.5, 0.6, 1.0, 0.2; 0.5, 1.0, 0.9, 0.5, 0.6, 0.4, 0.3, 0.9, 0.1, 0.7, 0.5, 0.7, 0.4, 0.4; 0.5, 0.5, 0.2, 0.4, 1.0, 0.8, 1.0, 0.3, 0.6, 0.5, 0.4, 0.5, 0.6, 0.0; 0.6, 0.2, 0.2, 0.7, 0.9, 0.1, 0.1, 0.9, 0.3, 0.2, 0.0, 0.9, 0.7, 0.6; 0.1, 0.8, 0.4, 0.1, 0.7, 0.2, 0.6, 0.5, 0.4, 0.3, 0.3, 0.4, 0.1, 0.1; 0.7, 0.0, 0.8, 0.8, 0.2, 0.1, 0.3, 0.2, 0.1, 0.1, 0.6, 0.3, 0.7, 0.3; 1.0, 0.8, 0.2, 0.6, 0.4, 0.4, 0.3, 0.6, 0.8, 0.6, 0.3, 0.0, 0.5, 0.9; 1.0, 1.0, 0.5, 0.7, 0.8, 0.5, 0.2, 0.4, 0.4, 0.8, 0.7, 0.2, 0.8, 0.5; 1.0, 0.1, 0.5, 0.1, 0.3, 0.9, 0.5, 0.7, 0.7, 0.6, 0.5, 0.9, 0.2, 0.2; 0.0, 0.4, 0.6, 0.5, 0.3, 0.7, 0.8, 0.2, 0.0, 0.2, 0.6, 0.6, 0.6, 0.3; 0.4, 0.4, 0.3, 0.3, 0.0, 0.2, 0.7, 0.4, 1.0, 0.5, 0.7, 0.4, 0.6, 0.1; 0.3, 0.5, 0.2, 0.4, 0.2, 0.2, 0.6, 0.0, 0.0, 0.0, 1.0, 0.1, 1.0, 0.1; 0.3, 0.9, 0.5, 0.2, 0.6, 0.7, 0.8, 0.6, 0.3, 0.2, 0.7, 0.5, 0.6, 1.0; 0.8, 0.7, 0.4, 0.2, 0.9, 0.8, 0.2, 0.9, 0.1, 0.6, 0.5, 0.7, 0.9, 0.6; 0.1, 0.2, 0.7, 0.2, 0.9, 0.8, 0.3, 0.1, 0.8, 0.2, 0.6, 0.2, 0.7, 0.4; 0.8, 0.9, 0.7, 0.7, 0.9, 0.7, 0.4, 0.4, 1.0, 0.7, 0.9, 0.8, 0.3, 0.3; 0.1, 0.1, 0.2, 0.6, 0.9, 0.3, 0.0, 0.9, 0.3, 0.2, 0.1, 0.4, 0.9, 0.7;}

续表

参数	取值
$A^r_{u,l}$	0.9, 0.5, 0.2, 0.5, 0.5, 0.5, 0.2, 0.3, 0.9, 0.4, 0.1, 0.7, 0.2, 0.7; 0.9, 0.8, 0.1, 0.5, 0.0, 0.6, 0.6, 0.4, 0.4, 0.4, 0.2, 0.1, 0.6, 0.1; 0.4, 0.0, 0.6, 0.7, 0.1, 0.8, 0.0, 1.0, 0.4, 0.5, 0.5, 0.6, 0.7, 0.0; 0.4, 0.1, 1.0, 0.1, 0.4, 0.6, 0.3, 0.5, 0.8, 0.2, 0.6, 0.9, 0.3, 1.0; 1.0, 0.9, 0.7, 0.4, 0.1, 0.7, 0.9, 0.5, 0.4, 1.0, 0.4, 0.0, 0.5, 0.2; 0.3, 0.5, 1.0, 0.2, 0.7, 0.9, 0.7, 0.8, 0.2, 0.7, 0.5, 0.3, 0.3, 0.5; 0.6, 0.6, 0.8, 0.3, 0.7, 0.1, 0.4, 0.6, 0.6, 0.9, 0.1, 0.1, 0.1, 0.7; 0.4, 0.4, 0.3, 0.3, 0.0, 0.2, 0.7, 0.4, 1.0, 0.5, 0.7, 0.4, 0.6, 0.1; 0.3, 0.5, 0.2, 0.4, 0.2, 0.2, 0.6, 0.0, 0.0, 0.0, 1.0, 0.1, 1.0, 0.1; 0.3, 0.9, 0.5, 0.2, 0.6, 0.7, 0.8, 0.6, 0.3, 0.2, 0.7, 0.5, 0.6, 1.0; 0.8, 0.7, 0.4, 0.2, 0.9, 0.8, 0.2, 0.9, 0.1, 0.6, 0.5, 0.7, 0.9, 0.6; 0.1, 0.2, 0.7, 0.2, 0.9, 0.8, 0.3, 0.1, 0.8, 0.2, 0.6, 0.2, 0.7, 0.4; 0.8, 0.9, 0.7, 0.7, 0.9, 0.7, 0.4, 0.4, 1.0, 0.7, 0.9, 0.8, 0.3, 0.3; 0.1, 0.1, 0.2, 0.6, 0.9, 0.3, 0.0, 0.9, 0.3, 0.2, 0.1, 0.4, 0.9, 0.7; 0.9, 0.5, 0.2, 0.5, 0.5, 0.5, 0.2, 0.3, 0.9, 0.4, 0.1, 0.7, 0.2, 0.7; 0.9, 0.8, 0.1, 0.5, 0.0, 0.6, 0.6, 0.4, 0.4, 0.4, 0.2, 0.1, 0.6, 0.1; 0.4, 0.0, 0.6, 0.7, 0.1, 0.8, 0.0, 1.0, 0.4, 0.5, 0.5, 0.6, 0.7, 0.0; 0.4, 0.1, 1.0, 0.1, 0.4, 0.6, 0.3, 0.5, 0.8, 0.2, 0.6, 0.9, 0.3, 1.0; 1.0, 0.9, 0.7, 0.4, 0.1, 0.7, 0.9, 0.5, 0.4, 1.0, 0.4, 0.0, 0.5, 0.2; 0.3, 0.5, 1.0, 0.2, 0.7, 0.9, 0.7, 0.8, 0.2, 0.7, 0.5, 0.3, 0.3, 0.5; 0.6, 0.6, 0.8, 0.3, 0.7, 0.1, 0.4, 0.6, 0.6, 0.9, 0.1, 0.1, 0.1, 0.7
a^r_u	0.6, 0.4, 0.9, 0.2, 0.9, 0.0, 0.9, 0.6, 0.2, 0.3, 0.2, 0.1, 0.5, 0.3; 1.9, 1.7, 1.7, 1.4, 1.0, 1.5, 1.6, 1.5, 2.0, 1.1, 1.5, 1.5, 1.7, 1.4; 1.8, 1.6, 1.0, 1.2, 1.7, 1.7, 1.1, 1.8, 1.8, 1.2, 1.8, 1.8, 1.0, 1.8; 0.3, 0.5, 0.4, 0.7, 0.2, 0.8, 0.3, 0.7, 0.7, 0.5, 0.6, 0.2, 0.9, 0.5; 1.0, 0.4, 0.6, 1.0, 0.6, 0.1, 0.3, 0.3, 0.2, 0.9, 0.4, 0.3, 0.8, 1.0; 0.5, 0.5, 0.3, 0.1, 0.1, 0.4, 0.8, 0.6, 0.9, 0.4, 0.0, 0.6, 0.5, 0.1

续表

参数	取值
$a^r_{u,l}$	{0.1, 0.2, 0.7, 0.0, 0.1, 0.4, 1.0, 0.1, 0.5, 0.6, 0.3, 0.5, 0.6, 0.4; 0.6, 1.0, 0.3, 0.1, 0.6, 1.0, 0.9, 0.3, 0.8, 0.4, 0.5, 0.1, 0.6, 0.7; 0.0, 0.9, 0.7, 0.1, 0.7, 0.3, 0.5, 0.0, 0.6, 0.9, 0.5, 0.9, 0.6, 0.6; 0.4, 0.1, 0.9, 0.1, 0.4, 0.3, 0.9, 0.6, 0.2, 0.3, 0.7, 0.8, 0.7, 0.8; 0.5, 0.8, 0.1, 0.1, 0.1, 0.9, 1.0, 0.5, 0.9, 1.0, 0.9, 0.4, 0.0, 0.2; 0.6, 0.4, 0.2, 0.5, 0.7, 0.2, 0.8, 0.3, 0.7, 1.0, 0.6, 0.7, 0.0, 0.9; 0.3, 0.7, 0.0, 0.8, 1.0, 0.0, 0.9, 0.5, 0.9, 0.9, 0.4, 0.4, 0.9, 1.0; 0.6, 0.7, 0.8, 0.3, 0.6, 0.8, 0.7, 0.5, 0.1, 0.4, 0.3, 0.3, 0.5, 0.4; 0.3, 0.9, 0.4, 0.4, 0.9, 0.9, 0.9, 1.0, 0.5, 0.6, 0.5, 0.1, 0.9, 0.8; 0.8, 0.5, 1.0, 0.3, 0.5, 0.8, 0.1, 0.1, 0.2, 0.4, 0.2, 0.4, 0.3, 0.3; 0.6, 0.5, 0.3, 0.8, 0.9, 0.9, 0.8, 0.7, 0.7, 0.8, 0.9, 1.0, 0.3, 0.6; 0.1, 0.5, 0.4, 0.0, 0.3, 1.0, 0.9, 0.4, 0.5, 0.5, 0.8, 0.6, 0.6, 0.8; 0.1, 0.6, 0.2, 0.1, 0.7, 0.3, 0.4, 0.4, 0.7, 0.1, 0.7, 0.2, 0.9, 0.9; 0.6, 0.4, 0.8, 0.7, 0.6, 0.7, 0.1, 0.5, 0.9, 1.0, 0.5, 0.4, 0.1, 0.0; 0.2, 0.5, 0.4, 0.8, 1.0, 0.6, 0.7, 0.3, 0.0, 0.4, 0.4, 0.9, 0.4, 0.9; 0.5, 0.1, 0.4, 0.6, 0.8, 0.9, 0.4, 0.4, 0.6, 0.4, 0.5, 0.4, 0.9, 0.4; 0.3, 0.8, 0.8, 0.2, 0.2, 0.5, 0.9, 0.5, 0.4, 0.2, 0.9, 0.7, 0.1, 0.5; 1.0, 0.7, 0.9, 0.0, 0.5, 0.6, 1.0, 0.9, 0.2, 0.8, 0.6, 0.6, 0.9, 0.8; 0.0, 0.2, 0.4, 0.6, 0.4, 0.6, 0.5, 0.4, 0.6, 0.1, 0.8, 0.8, 0.1, 0.7; 0.4, 0.0, 0.5, 0.8, 0.4, 0.4, 0.3, 0.5, 0.6, 0.1, 1.0, 0.3, 0.4, 0.0; 1.0, 0.4, 0.8, 1.0, 0.7, 0.3, 0.4, 0.0, 0.2, 0.3, 0.1, 0.5, 0.4, 0.7; 0.9, 0.5, 0.6, 0.3, 0.7, 0.8, 0.8, 0.6, 0.8, 0.1, 0.4, 0.6, 0.0, 0.7; 0.9, 0.1, 0.6, 0.4, 0.1, 0.1, 0.2, 0.5, 0.9, 0.5, 0.7, 0.7, 0.2, 1.0; 0.9, 0.5, 0.9, 0.5, 0.6, 0.5, 0.3, 0.1, 0.9, 0.8, 0.0, 0.2, 0.1, 0.7; 0.1, 0.9, 0.1, 0.6, 1.0, 0.1, 0.6, 0.8, 0.7, 0.2, 0.1, 0.4, 0.3, 0.2; 1.0, 0.3, 0.8, 0.7, 1.0, 0.5, 0.5, 0.4, 0.2, 0.6, 0.8, 0.0, 0.1, 0.0;}

续表

参数	取值
$a^{r}_{u,l}$	{0.8, 0.3, 0.4, 0.8, 0.5, 0.0, 0.1, 0.8, 0.1, 0.8, 0.4, 0.6, 0.5, 0.5; 0.6, 1.0, 0.5, 0.4, 0.3, 0.5, 0.3, 0.4, 0.8, 0.1, 0.9, 1.0, 0.9, 0.3; 0.5, 0.8, 0.8, 0.4, 0.1, 0.6, 0.3, 0.7, 0.1, 0.6, 0.6, 0.8, 0.8, 0.3; 0.5, 0.7, 0.2, 0.7, 1.0, 0.8, 1.0, 0.8, 0.6, 0.2, 0.1, 0.6, 0.0, 0.2; 0.1, 0.6, 0.3, 0.8, 0.7, 0.4, 0.5, 0.8, 0.6, 0.7, 0.2, 0.9, 1.0, 0.3; 0.8, 0.2, 0.7, 0.6, 0.5, 0.8, 0.7, 1.0, 0.1, 0.6, 0.9, 0.5, 0.6, 0.5; 0.5, 0.2, 0.8, 0.0, 0.7, 1.0, 0.3, 0.3, 0.1, 0.7, 0.8, 0.6, 0.3, 0.4; 0.4, 0.1, 0.6, 1.0, 0.2, 0.2, 0.1, 0.7, 0.9, 0.1, 0.8, 0.5, 0.5, 0.6; 0.4, 0.3, 0.4, 0.1, 0.8, 0.3, 0.3, 0.9, 0.9, 0.0, 0.0, 0.1, 0.9, 0.6; 0.9, 0.3, 0.9, 0.2, 0.4, 0.8, 0.0, 0.4, 0.3, 0.3, 1.0, 0.5, 0.4, 0.0; 0.0, 0.5, 0.6, 0.8, 0.3, 1.0, 0.2, 0.9, 0.5, 0.4, 1.0, 0.7, 0.7, 0.7; 0.5, 0.5, 0.6, 0.4, 0.3, 0.8, 0.1, 0.4, 0.1, 0.2, 0.8, 0.2, 0.2, 0.9; 0.4, 0.2, 0.4, 0.3, 0.7, 0.4, 0.7, 0.1, 0.9, 0.1, 0.2, 0.2, 0.5, 0.3; 0.6, 0.2, 0.9, 0.3, 0.8, 0.7, 0.9, 0.7, 0.8, 1.0, 0.8, 0.9, 0.5, 0.0; 0.2, 0.9, 0.1, 0.6, 0.9, 0.1, 0.8, 0.4, 0.5, 0.8, 0.6, 0.9, 0.2, 0.5; 0.7, 0.7, 0.4, 0.4, 0.5, 0.6, 0.1, 0.3, 0.6, 0.8, 0.2, 0.3, 0.6, 0.0; 0.8, 0.5, 0.6, 0.4, 0.4, 0.3, 1.0, 0.3, 0.4, 0.9, 0.7, 0.9, 0.6, 0.2; 0.7, 0.3, 0.1, 0.7, 0.1, 0.2, 0.6, 0.3, 0.2, 0.0, 0.7, 0.0, 0.3, 0.3; 0.2, 0.9, 0.9, 0.8, 0.8, 0.6, 0.9, 0.5, 0.3, 0.4, 0.2, 0.6, 0.3, 0.2; 0.1, 0.4, 0.7, 0.1, 0.2, 0.1, 1.0, 0.4, 0.2, 0.3, 0.6, 0.8, 0.2, 0.3; 0.8, 0.3, 0.7, 0.1, 0.3, 0.1, 0.7, 0.3, 0.7, 0.7, 0.7, 0.6, 0.3, 0.0; 0.1, 0.8, 0.7, 0.5, 0.4, 0.5, 0.1, 0.2, 0.6, 0.5, 0.6, 0.1, 0.4, 0.4; 1.0, 0.5, 0.2, 0.3, 0.1, 0.8, 0.7, 0.9, 0.9, 0.9, 0.8, 0.6, 0.5, 0.4; 0.3, 0.7, 0.9, 0.8, 0.9, 0.2, 0.7, 0.6, 0.7, 0.4, 0.1, 0.9, 0.2, 0.1; 0.9, 0.9, 0.5, 0.2, 0.2, 0.6, 0.9, 0.5, 0.5, 0.5, 0.1, 0.5, 0.8, 0.7; 0.4, 0.6, 0.2, 0.7, 0.7, 0.9, 0.3, 0.7, 1.0, 0.3, 0.4, 0.7, 0.4, 0.5;}

续表

参数	取值
$a^{r}_{u,l}$	{0.7, 0.8, 0.2, 0.8, 0.8, 0.2, 0.1, 0.3, 0.7, 0.9, 0.6, 0.9, 0.4, 0.8; 0.9, 0.5, 0.3, 0.2, 0.7, 0.9, 0.0, 0.9, 0.6, 0.2, 0.2, 0.3, 0.1, 0.4; 0.6, 0.6, 0.8, 0.3, 0.1, 0.1, 0.0, 0.9, 0.0, 0.1, 0.3, 0.1, 0.4, 0.0; 0.5, 0.4, 0.9, 0.1, 0.6, 0.8, 0.6, 0.0, 0.3, 0.1, 0.8, 0.7, 0.5, 0.2; 0.5, 0.9, 0.0, 0.1, 0.3, 0.2, 0.1, 0.7, 0.9, 1.0, 0.4, 0.3, 0.3, 0.4; 0.4, 0.7, 0.8, 1.0, 0.6, 0.1, 0.6, 0.7, 0.3, 0.9, 0.4, 0.2, 0.3, 0.7; 0.2, 0.9, 1.0, 1.0, 0.3, 0.1, 0.2, 0.2, 0.9, 0.4, 0.6, 0.1, 0.8, 0.5; 0.2, 0.4, 0.2, 0.1, 0.0, 0.3, 0.4, 0.5, 0.3, 0.1, 0.4, 0.9, 0.6, 0.5; 0.8, 0.5, 0.4, 0.5, 0.1, 0.7, 0.6, 0.2, 0.3, 0.7, 0.4, 0.8, 0.5, 0.1; 0.0, 1.0, 0.3, 0.7, 0.5, 1.0, 0.8, 0.3, 0.1, 0.1, 0.5, 0.0, 0.2, 0.9; 0.2, 1.0, 0.9, 0.9, 0.9, 0.0, 0.8, 0.3, 0.6, 0.2, 0.2, 0.1, 0.4, 0.3; 0.3, 0.9, 0.4, 0.3, 0.6, 0.4, 0.8, 0.1, 0.1, 0.3, 1.0, 0.6, 0.8, 0.1; 0.0, 0.9, 0.5, 0.5, 0.7, 0.0, 0.0, 0.7, 0.5, 0.3, 0.2, 0.1, 0.1, 0.8; 0.3, 0.5, 0.0, 0.3, 0.7, 0.1, 0.8, 0.9, 0.7, 0.8, 0.1, 0.5, 0.1, 0.6; 0.5, 0.4, 0.1, 0.8, 0.7, 0.5, 0.8, 0.2, 0.9, 0.2, 0.9, 0.2, 0.2, 0.6; 0.2, 0.1, 0.3, 0.4, 0.0, 0.6, 0.3, 0.8, 0.7, 0.2, 0.1, 0.7, 0.4, 0.8; 0.6, 0.8, 0.1, 0.2, 0.9, 0.3, 0.3, 0.8, 0.1, 0.2, 0.7, 0.8, 0.5, 0.7; 0.1, 0.8, 0.2, 0.5, 0.2, 0.9, 0.7, 0.1, 0.9, 0.8, 1.0, 0.9, 1.0, 0.4; 0.8, 0.1, 0.7, 0.0, 0.2, 0.9, 0.3, 0.2, 0.5, 0.5, 0.8, 0.2, 0.0, 0.9; 0.3, 0.2, 0.2, 0.0, 0.6, 0.8, 1.0, 0.7, 0.2, 0.7, 0.9, 0.0, 0.5, 0.3; 0.1, 0.6, 0.5, 0.2, 0.8, 0.9, 0.5, 0.7, 0.3, 0.9, 0.3, 0.9, 0.2, 0.3; 0.6, 0.6, 0.0, 1.0, 0.9, 0.1, 0.1, 1.0, 0.3, 0.3, 0.7, 0.7, 0.8, 0.9; 0.9, 0.7, 0.1, 0.5, 0.6, 0.6, 0.9, 0.7, 0.2, 0.1, 0.7, 0.6, 0.9, 0.3; 0.9, 0.3, 0.6, 0.1, 1.0, 0.6, 0.8, 0.2, 0.1, 0.3, 0.4, 0.7, 0.8, 0.1; 0.7, 0.5, 0.8, 0.9, 0.6, 1.0, 0.0, 0.3, 0.3, 0.3, 0.5, 0.1, 0.6, 0.7; 0.4, 0.1, 1.0, 0.6, 0.5, 0.7, 0.5, 0.7, 0.8, 0.1, 0.1, 0.9, 0.5, 0.1;}

续表

参数	取值
$a^r_{u,l}$	{0.7, 0.2, 0.9, 0.3, 0.5, 0.9, 0.3, 0.1, 0.8, 0.9, 0.9, 0.3, 0.8, 0.8; 0.8, 0.9, 0.2, 0.3, 0.9, 0.6, 0.2, 0.4, 0.4, 0.4, 0.9, 0.4, 0.6, 0.6; 0.8, 0.3, 0.4, 0.1, 0.0, 0.3, 0.8, 0.5, 0.0, 1.0, 0.2, 0.7, 0.2, 0.5; 1.0, 0.1, 0.1, 0.1, 0.3, 0.8, 0.1, 0.2, 1.0, 1.0, 0.6, 0.3, 0.5, 0.0; 0.0, 0.7, 0.4, 0.1, 0.4, 0.1, 0.2, 0.9, 0.2, 0.1, 0.7, 0.4, 0.1, 0.4; 0.8, 0.2, 0.5, 0.6, 0.1, 0.4, 0.6, 0.4, 0.3, 0.8, 0.3, 0.2, 0.0, 0.2}
w^r_u	{0.15, 0.13, 0.02, 0.07, 0.13, 0.08, 0.20, 0.22}/∀ |U|=8/ {0.0377, 0.1132, 0.0755, 0.1509, 0.0189, 0.1698, 0.1887, 0.0377, 0.0566, 0.1510}/∀ |U|=10/ {0.0759, 0.0380, 0.1266, 0.0886, 0.1392, 0.0380, 0.1139, 0.0380, 0.0506, 0.1139, 0.1392, 0.0381}/∀ |U|=12/ {0.0642, 0.0917, 0.0275, 0.1284, 0.0092, 0.0917, 0.0275, 0.0275, 0.1193, 0.0459, 0.0092, 0.1284, 0.1101, 0.1194}/∀ |U|=14/

针对大规模算例（I9～I16），ETs 的紧迫程度、组织适用限制、执行和准备时间、碳排放量和应急费用的取值情况见附表 A－2。相似地，附表 A－2 直接给出了算例 I16 中执行和准备时间、碳排放量和应急费用的取值，算例 I9～算例 I15 的参数取值需根据其实际规模选择对应数量的参数。

由于算例 I16 包含了 40 个 EOs 和 40 个 ETs，决策变量的数量分别为 1600 和 64000。因此，包括 EOr 以顺序 l_r 执行 ETu_r 的平均准备时间（$s^r_{u,l}$），EOr 以顺序 l_r 执行/完成 ETu_r 的准备或移动过程中单位时间产生的碳排放量（$A^r_{u,l}$），在 EOr 上以顺序 l_r 执行 ETu_r 的平均准备时间的单位费率（$a^r_{u,l}$）在内的参数数量均为 64000。为增强本书的可读性，附表 A－2 中仅给出了上述三类参数中第 1 个 EO 和第 40 个 EO 的具体取值。

附表 A－2　　算例 I9～算例 I16 涉及参数的具体取值

参数	取值
cap_u^r	$cap_u^r=1/\forall u$，$r\neq 2$，3/； $cap_u^2=0/\forall u=\|U\|-2$，$\|U\|-1$，$\|U\|/$，否则，$cap_u^2=1/\forall u=1$，…，$\|U\|-3/$； $cap_u^3=0/\forall u=1$，2，3/，否则，$cap_u^3=1/\forall u=4$，…，$\|U\|/$
w_u^r	{0.0234，0.0467，0.0935，0.0421，0.0888，0.0047，0.0794，0.0327，0.0327，0.0421， 0.0187，0.0748，0.0561，0.0841，0.0140，0.0841，0.0374，0.0607，0.0514，0.0326}/ ∀ |U|=20/ {0.0387，0.0065，0.0215，0.0258，0.0065，0.0065，0.0215，0.0065，0.0495，0.0559， 0.0237，0.0473，0.0473，0.0108，0.0452，0.0409，0.0323，0.0301，0.0258，0.0495， 0.0473，0.0194，0.0108，0.0172，0.0581，0.0624，0.0323，0.0581，0.0645，0.0381}/ ∀ |U|=30/ {0.0397，0.0154，0.0423，0.0256，0.0154，0.0397，0.0243，0.0282，0.0307，0.0218 0.0499，0.0064，0.0051，0.0487，0.0218，0.0410，0.0243，0.0115，0.0179，0.0102 0.0026，0.0487，0.0333，0.0192，0.0243，0.0487，0.0230，0.0487，0.0499，0.0166 0.0141，0.0064，0.0192，0.0243，0.0384，0.0115，0.0269，0.0192，0.0026，0.0025}/ ∀ |U|=40/
p_u^r	{6，3，4，1，2，2，6，2，3，4，3，5，4，2，3，2，2，4，3，2，5，5，5，6，4，1，5，5，6，2，5，5，3，4，2，5，5，5，3，3； 2，2，1，2，2，3，2，3，1，1，3，1，3，2，1，1，1，3，2，2，2，3，1，3，2，1，2，3，2，2，2，3，1，2，2，2，2，2，2，2； 3，4，2，5，5，4，3，5，3，3，4，4，3，4，5，5，4，2，3，3，5，2，5，4，3，2，3，4，3，3，3，5，4，3，4，3，5，4，4，5； 1，4，4，3，5，4，4，6，3，2，6，6，4，2，5，5，4，3，5，4，6，5，3，2，2，4，6，4，4，3，2，5，2，6，3，5，5，2，2，2； 5，2，5，3，2，5，5，4，3，2，5，2，4，1，6，2，3，4，4，5，4，3，2，3，5，2，5，4，4，5，4，5，1，5，4，6，4，5，5，3； 2，6，5，3，5，1，6，6，2，6，1，4，2，3，2，4，5，6，3，3，2，3，2，6，3，3，2，4，2，4，3，1，5，6，2，3，5，2，5，3； 1，2，1，3，5，5，3，3，3，5，3，3，3，6，3，1，1，3，3，3，5，5，5，5，5，4，5，3，3，5，4，3，4，5，4，3，5，5，2，3； 3，6，5，5，3，2，1，3，3，6，6，4，4，3，2，3，4，2，2，5，4，3，2，4，4，1，4，6，3，5，1，5，2，3，4，2，3，1，2，2； 5，3，4，6，3，4，6，2，5，5，4，2，1，4，6，4，3，5，2，5，3，2，3，3，4，4，5，6，1，3，2，3，2，3，3，2，3，6，3，4；}

续表

参数	取值
p_u^r	4, 4, 2, 4, 1, 3, 5, 2, 6, 4, 5, 4, 5, 2, 4, 3, 5, 3, 6, 3, 3, 1, 2, 4, 5, 1, 4, 6, 5, 3, 2, 2, 3, 3, 6, 4, 1, 4, 5, 3; 4, 3, 4, 5, 5, 6, 4, 2, 4, 3, 3, 4, 3, 6, 3, 1, 2, 5, 3, 6, 2, 4, 4, 3, 2, 5, 3, 5, 2, 4, 2, 6, 3, 1, 5, 4, 4, 5, 4, 1; 5, 3, 3, 3, 5, 4, 5, 5, 2, 4, 5, 5, 3, 2, 3, 4, 3, 5, 5, 5, 3, 6, 3, 5, 6, 1, 2, 4, 2, 3, 4, 5, 5, 2, 6, 6, 5, 2, 4, 3; 2, 5, 2, 4, 4, 3, 1, 5, 1, 2, 5, 4, 3, 2, 2, 4, 5, 2, 5, 4, 3, 5, 2, 3, 5, 5, 4, 3, 4, 5, 2, 3, 3, 5, 5, 4, 3, 4, 5, 1; 2, 5, 4, 5, 5, 5, 5, 1, 3, 4, 1, 1, 5, 2, 4, 2, 6, 6, 4, 5, 5, 6, 1, 3, 2, 4, 4, 3, 1, 2, 5, 2, 6, 6, 6, 3, 5, 3, 5, 4; 3, 3, 5, 4, 1, 3, 2, 2, 6, 2, 3, 5, 6, 5, 1, 1, 6, 3, 6, 4, 4, 3, 2, 2, 2, 5, 4, 1, 4, 3, 5, 6, 4, 5, 6, 5, 2, 2, 2, 1; 3, 2, 3, 3, 4, 4, 3, 1, 5, 2, 6, 6, 5, 4, 4, 3, 5, 2, 2, 5, 3, 4, 5, 3, 6, 5, 6, 4, 5, 2, 2, 1, 5, 6, 3, 2, 4, 5, 3, 2; 3, 4, 6, 5, 1, 1, 5, 2, 2, 4, 5, 3, 1, 3, 6, 1, 4, 6, 2, 6, 5, 1, 2, 4, 4, 5, 5, 2, 2, 6, 4, 2, 5, 5, 2, 5, 5, 4, 1, 5; 4, 3, 3, 1, 3, 4, 1, 2, 5, 4, 3, 5, 5, 1, 3, 6, 2, 5, 2, 2, 4, 5, 5, 2, 3, 1, 5, 2, 1, 5, 2, 3, 5, 2, 2, 2, 2, 4, 2, 6; 3, 4, 1, 4, 2, 1, 3, 2, 2, 3, 3, 6, 3, 3, 5, 4, 4, 5, 1, 1, 1, 3, 2, 5, 5, 4, 2, 1, 4, 5, 1, 4, 2, 1, 4, 2, 1, 1, 4, 5; 6, 4, 4, 6, 4, 2, 1, 3, 2, 3, 2, 4, 3, 3, 6, 4, 3, 5, 3, 5, 3, 4, 2, 4, 4, 4, 5, 3, 2, 2, 5, 4, 3, 2, 1, 3, 2, 3, 3, 3; 4, 5, 5, 3, 2, 1, 3, 2, 4, 2, 5, 5, 6, 3, 5, 6, 4, 4, 3, 4, 3, 1, 1, 5, 2, 5, 6, 5, 6, 4, 4, 4, 3, 2, 2, 4, 5, 1, 2, 3; 5, 1, 4, 4, 2, 2, 1, 4, 1, 5, 1, 4, 5, 2, 4, 3, 2, 6, 4, 4, 3, 5, 3, 5, 5, 2, 4, 2, 3, 3, 1, 2, 4, 1, 2, 4, 4, 4, 6, 2; 5, 1, 3, 1, 3, 5, 2, 3, 4, 3, 1, 6, 2, 5, 5, 3, 2, 4, 2, 4, 1, 2, 4, 2, 5, 5, 6, 4, 2, 2, 6, 4, 2, 3, 1, 2, 1, 3, 4, 2; 2, 2, 5, 1, 2, 3, 4, 2, 6, 2, 5, 2, 4, 1, 4, 4, 3, 6, 5, 6, 2, 4, 6, 2, 4, 4, 3, 4, 4, 5, 3, 1, 5, 5, 5, 5, 4, 6, 5, 4; 4, 1, 6, 3, 3, 2, 2, 6, 6, 5, 6, 5, 3, 2, 3, 2, 6, 3, 5, 1, 1, 4, 3, 3, 1, 3, 1, 1, 4, 2, 5, 3, 5, 2, 5, 4, 6, 5, 4, 4; 5, 6, 4, 5, 2, 6, 4, 5, 1, 3, 6, 5, 3, 3, 3, 3, 2, 4, 2, 1, 2, 2, 2, 3, 4, 3, 5, 5, 6, 1, 6, 6, 4, 3, 1, 5, 3, 1, 5, 3; 5, 2, 4, 4, 2, 2, 2, 5, 1, 5, 1, 3, 5, 2, 5, 2, 4, 2, 5, 1, 6, 3, 5, 4, 3, 3, 2, 3, 5, 5, 4, 6, 4, 5, 1, 1, 3, 2, 1, 5; 2, 5, 4, 4, 5, 5, 5, 4, 5, 5, 3, 4, 2, 2, 2, 3, 4, 5, 3, 3, 5, 2, 5, 4, 2, 2, 2, 2, 6, 1, 6, 2, 3, 2, 2, 1, 2, 6, 6, 5; 2, 5, 3, 6, 5, 3, 4, 5, 2, 2, 3, 6, 5, 5, 2, 5, 4, 3, 5, 3, 6, 2, 5, 5, 6, 4, 3, 2, 3, 2, 5, 3, 6, 1, 4, 3, 2, 5, 5, 3; 6, 3, 3, 4, 3, 4, 2, 3, 3, 3, 4, 1, 6, 1, 3, 6, 2, 5, 6, 4, 5, 4, 5, 5, 3, 5, 5, 1, 6, 3, 1, 2, 5, 1, 5, 3, 3, 3, 5, 3; 2, 4, 2, 2, 5, 4, 2, 2, 3, 4, 4, 2, 5, 1, 5, 3, 2, 5, 6, 5, 3, 6, 2, 6, 2, 4, 1, 5, 2, 2, 1, 5, 3, 2, 2, 1, 2, 3, 3, 5; 3, 3, 2, 3, 2, 5, 5, 6, 2, 4, 4, 5, 4, 1, 1, 2, 3, 3, 4, 5, 2, 4, 4, 1, 5, 1, 5, 5, 3, 4, 6, 6, 6, 5, 5, 2, 2, 1, 4, 2; 3, 5, 5, 5, 2, 4, 6, 5, 1, 3, 4, 4, 2, 1, 2, 4, 2, 2, 4, 3, 6, 1, 3, 5, 1, 2, 3, 4, 6, 2, 1, 3, 3, 3, 6, 2, 4, 3, 3, 3; 5, 5, 4, 3, 3, 6, 3, 2, 1, 3, 5, 3, 1, 6, 6, 4, 6, 4, 5, 2, 3, 4, 5, 4, 1, 3, 2, 2, 2, 4, 6, 2, 4, 5, 3, 5, 3, 6, 3, 5; 2, 2, 5, 5, 2, 1, 4, 2, 1, 3, 5, 4, 2, 3, 4, 2, 2, 3, 3, 3, 2, 6, 5, 3, 2, 4, 5, 4, 6, 2, 2, 2, 6, 3, 3, 1, 4, 5, 2, 5;

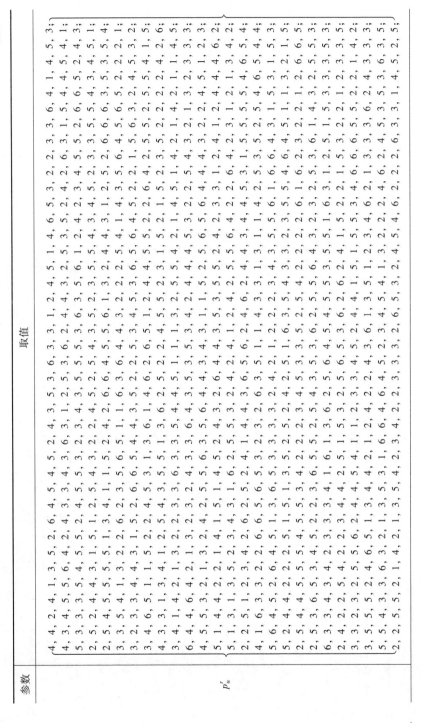

续表

参数	取值
p_u^r	$\begin{Bmatrix} 3, 4, 1, 2, 4, 3, 5, 3, 1, 3, 2, 3, 2, 6, 4, 4, 5, 4, 4, 2, 3, 3, 5, 5, 2, 3, 1, 3, 5, 5, 3, 2, 4, 2, 1, 1, 5, 2, 4, 5; \\ 1, 2, 3, 2, 5, 3, 2, 2, 5, 1, 5, 5, 5, 6, 2, 6, 2, 3, 2, 5, 3, 3, 4, 4, 3, 2, 3, 2, 6, 3, 2, 3, 5, 4, 1, 6, 3, 4, 2, 3; \\ 3, 5, 5, 5, 2, 4, 3, 2, 3, 1, 6, 5, 5, 6, 3, 4, 2, 2, 1, 6, 5, 6, 4, 5, 1, 6, 1, 5, 2, 6, 1, 5, 6, 4, 4, 1, 2, 4, 3, 2; \\ 3, 4, 5, 3, 5, 4, 4, 3, 2, 4, 1, 2, 6, 3, 3, 5, 6, 4, 1, 5, 3, 6, 6, 4, 6, 4, 4, 2, 5, 6, 4, 3, 4, 4, 5, 4, 3, 6, 2, 5; \\ 4, 4, 5, 1, 5, 2, 2, 2, 5, 2, 4, 1, 3, 4, 4, 5, 3, 3, 5, 6, 5, 3, 3, 4, 3, 3, 2, 2, 4, 2, 4, 4, 5, 5, 4, 4, 5, 3, 5, 4 \end{Bmatrix}$
A_u^r	$\begin{Bmatrix} 3, 1, 1, 1, 1, 2, 1, 1, 2, 1, 3, 2, 2, 2, 1, 1, 3, 2, 2, 3, 3, 3, 3, 1, 1, 2, 2, 2, 3, 2, 1, 2, 2, 2, 2, 3, 3, 2, 2, 3; \\ 3, 2, 1, 2, 1, 3, 3, 2, 2, 1, 3, 2, 3, 3, 2, 2, 2, 2, 1, 1, 1, 3, 2, 2, 3, 1, 2, 2, 2, 3, 3, 2, 2, 2, 2, 2, 2, 2, 2, 2; \\ 3, 1, 2, 1, 3, 2, 2, 2, 2, 2, 3, 3, 2, 2, 2, 2, 1, 3, 2, 2, 2, 2, 3, 1, 2, 2, 2, 3, 3, 1, 3, 3, 2, 2, 2, 2, 3, 2, 2, 2; \\ 2, 2, 2, 1, 3, 3, 3, 2, 3, 1, 1, 2, 1, 2, 1, 3, 2, 3, 1, 3, 1, 1, 2, 2, 2, 3, 2, 1, 2, 2, 2, 3, 1, 1, 3, 3, 1, 2, 2, 3; \\ 3, 3, 2, 3, 2, 1, 2, 2, 3, 3, 2, 2, 3, 3, 2, 1, 2, 2, 3, 2, 2, 3, 1, 2, 3, 3, 2, 1, 1, 2, 1, 1, 2, 3, 2, 1, 2, 1, 3, 2; \\ 2, 3, 2, 2, 3, 2, 2, 2, 2, 2, 2, 1, 2, 2, 2, 1, 2, 1, 2, 2, 3, 2, 2, 2, 2, 2, 2, 2, 2, 1, 1, 2, 2, 1, 1, 2, 1, 2, 3, 2; \\ 1, 3, 3, 1, 3, 1, 3, 2, 3, 1, 2, 2, 3, 2, 2, 2, 3, 1, 1, 2, 1, 2, 1, 1, 1, 1, 2, 2, 2, 1, 2, 2, 2, 2, 3, 3, 1, 2, 1, 2; \\ 2, 2, 3, 2, 2, 2, 2, 1, 1, 1, 3, 3, 1, 2, 3, 2, 2, 3, 2, 3, 1, 3, 3, 2, 2, 2, 3, 1, 2, 2, 3, 3, 2, 2, 3, 3, 2, 3, 1, 2; \\ 1, 1, 1, 2, 3, 1, 1, 3, 2, 2, 1, 2, 2, 1, 2, 3, 3, 1, 1, 2, 2, 2, 3, 2, 3, 3, 3, 1, 3, 2, 3, 1, 3, 2, 2, 2, 2, 1, 3, 3; \\ 3, 1, 3, 1, 3, 2, 2, 1, 3, 2, 2, 3, 2, 3, 2, 1, 2, 2, 2, 1, 2, 2, 2, 2, 2, 3, 2, 3, 1, 2, 2, 3, 2, 3, 1, 2, 1, 3, 1, 2; \\ 3, 1, 2, 2, 2, 1, 3, 2, 2, 2, 2, 2, 2, 2, 2, 3, 3, 2, 2, 3, 2, 2, 1, 3, 3, 2, 2, 2, 3, 2, 1, 3, 1, 2, 2, 2, 1, 2, 1, 2; \\ 1, 2, 2, 2, 2, 2, 2, 2, 2, 3, 3, 3, 1, 2, 3, 3, 2, 1, 2, 2, 1, 1, 1, 2, 2, 1, 3, 2, 3, 3, 1, 3, 2, 2, 3, 2, 2, 3, 3, 2; \\ 1, 3, 3, 3, 2, 2, 1, 1, 2, 1, 3, 1, 2, 2, 2, 3, 3, 3, 2, 2, 1, 2, 2, 1, 1, 2, 1, 3, 2, 2, 1, 2, 2, 2, 3, 2, 3, 3, 2, 2; \\ 2, 3, 2, 2, 2, 1, 3, 2, 3, 2, 2, 1, 3, 2, 2, 2, 1, 2, 3, 3, 2, 2, 3, 2, 1, 2, 3, 2, 1, 2, 1, 2, 2, 1, 1, 1, 1, 1, 2, 2; \\ 3, 2, 3, 2, 1, 2, 1, 2, 2, 2, 2, 2, 1, 3, 2, 1, 2, 2, 3, 1, 3, 3, 2, 1, 1, 2, 1, 3, 1, 2, 1, 1, 3, 2, 3, 1, 2, 2, 2, 2; \\ 3, 2, 2, 2, 3, 2, 1, 1, 2, 3, 1, 2, 3, 2, 2, 3, 2, 2, 1, 3, 2, 1, 2, 2, 3, 3, 1, 2, 2, 2, 2, 2, 2, 3, 1, 3, 1, 1, 2, 1; \\ 1, 2, 1, 2, 2, 2, 2, 3, 3, 1, 1, 2, 2, 1, 2, 1, 2, 2, 3, 2, 2, 2, 1, 1, 1, 2, 1, 3, 2, 2, 1, 2, 2, 3, 1, 2, 2, 3, 3, 2; \\ 2, 2, 1, 1, 3, 1, 2, 3, 3, 2, 2, 2, 2, 2, 2, 3, 3, 3, 1, 3, 2, 3, 2, 2, 3, 2, 1, 2, 3, 2, 1, 2, 3, 3, 2, 3, 1, 2, 3, 3; \\ 2, 3, 2, 2, 3, 1, 2, 3, 2, 1, 2, 2, 2, 1, 2, 2, 2, 1, 2, 3, 3, 1, 1, 2, 1, 2, 2, 3, 2, 1, 1, 2, 3, 1, 2, 2, 2, 3, 2, 3; \\ 1, 1, 2, 2, 1, 1, 2, 2, 2, 2, 2, 2, 1, 2, 2, 2, 3, 3, 2, 3, 2, 2, 2, 2, 2, 1, 2, 2, 1, 2, 2, 3, 2, 1, 2, 2, 1, 2, 2, 2; \end{Bmatrix}$

续表

参数	取值
A_u^r	2, 1, 2, 2, 2, 2, 2, 1, 2, 2, 2, 2, 1, 1, 2, 2, 2, 3, 2, 3, 1, 1, 1, 2, 1, 3, 3, 3, 3, 2, 2, 2, 2, 3, 3, 2, 2, 1, 1, 2; 2, 2, 3, 2, 2, 3, 2, 2, 2, 1, 2, 1, 3, 1, 3, 3, 2, 2, 2, 2, 2, 3, 3, 1, 3, 2, 1, 2, 2, 2, 2, 1, 3, 1, 1, 2, 2, 3, 3, 2; 2, 2, 1, 2, 3, 3, 2, 2, 2, 1, 2, 3, 2, 2, 3, 1, 1, 2, 2, 3, 2, 2, 2, 2, 2, 3, 2, 3, 2, 1, 1, 3, 3, 2, 2, 2, 3, 2, 3, 1; 1, 2, 2, 1, 2, 1, 3, 1, 1, 2, 2, 1, 1, 1, 2, 3, 1, 3, 2, 2, 2, 3, 3, 2, 1, 2, 1, 3, 3, 1, 2, 3, 2, 2, 3, 1, 2, 2, 1, 2; 2, 3, 1, 3, 2, 2, 3, 3, 3, 2, 1, 2, 3, 2, 1, 3, 1, 2, 2, 3, 2, 2, 1, 2, 1, 2, 2, 1, 1, 3, 2, 2, 1, 1, 2, 2, 2, 2, 1, 3; 2, 2, 2, 3, 3, 2, 2, 2, 3, 3, 2, 2, 2, 3, 3, 2, 2, 2, 2, 3, 2, 3, 1, 2, 3, 2, 3, 1, 3, 1, 2, 3, 2, 1, 2, 3, 2, 2, 3, 2; 3, 2, 2, 1, 3, 2, 1, 1, 2, 3, 2, 3, 1, 2, 2, 3, 2, 2, 3, 2, 2, 2, 1, 3, 2, 1, 2, 2, 3, 1, 3, 1, 1, 2, 2, 1, 2, 2, 2, 2; 1, 2, 2, 2, 2, 3, 3, 2, 2, 2, 2, 2, 1, 3, 2, 1, 3, 1, 1, 3, 2, 1, 2, 1, 3, 1, 3, 1, 2, 2, 2, 1, 2, 1, 1, 3, 3, 2, 2, 2; 3, 1, 3, 3, 2, 2, 2, 1, 1, 2, 2, 3, 2, 1, 3, 1, 2, 2, 2, 2, 2, 3, 2, 2, 2, 1, 2, 3, 2, 3, 2, 2, 3, 2, 2, 2, 2, 3, 3, 3; 3, 2, 2, 1, 1, 1, 2, 2, 2, 3, 1, 2, 1, 2, 2, 3, 1, 3, 1, 3, 1, 2, 2, 2, 2, 3, 2, 2, 2, 2, 2, 3, 3, 3, 2, 3, 2, 1, 1, 3; 2, 1, 2, 1, 1, 1, 3, 3, 3, 1, 2, 2, 1, 2, 2, 2, 2, 2, 2, 2, 2, 2, 3, 2, 2, 2, 3, 1, 1, 2, 3, 2, 1, 2, 2, 2, 2, 1, 3, 3; 1, 2, 1, 2, 1, 3, 2, 1, 1, 1, 2, 2, 1, 2, 1, 2, 3, 3, 1, 3, 2, 2, 2, 2, 1, 2, 2, 2, 3, 1, 1, 2, 2, 1, 2, 1, 2, 2, 1, 3; 1, 3, 2, 3, 1, 1, 2, 3, 2, 2, 2, 2, 2, 2, 2, 2, 2, 1, 2, 2, 3, 3, 2, 2, 2, 2, 1, 1, 3, 1, 2, 2, 2, 1, 3, 1, 2, 2, 2, 3; 1, 2, 1, 1, 3, 3, 1, 2, 2, 3, 2, 3, 2, 1, 2, 1, 1, 2, 3, 2, 2, 2, 3, 1, 1, 3, 2, 2, 2, 3, 2, 1, 3, 2, 1, 2, 1, 2, 2, 1; 3, 3, 1, 2, 1, 2, 3, 1, 2, 3, 2, 2, 3, 2, 1, 2, 1, 2, 3, 2, 1, 2, 1, 2, 1, 1, 3, 1, 1, 2, 2, 2, 2, 1, 3, 2, 3, 1, 1, 3; 3, 2, 2, 1, 3, 2, 2, 2, 2, 3, 1, 1, 1, 2, 3, 2, 1, 2, 1, 2, 2, 3, 2, 2, 2, 2, 2, 3, 2, 2, 3, 2, 2, 2, 3, 3, 1, 2, 2, 2; 2, 1, 1, 2, 1, 3, 2, 2, 1, 1, 2, 1, 1, 2, 2, 2, 2, 1, 3, 2, 2, 2, 2, 3, 2, 2, 2, 3, 1, 2, 2, 1, 3, 2, 1, 2, 1, 2, 3, 2; 2, 3, 3, 3, 2, 3, 2, 2, 2, 3, 2, 2, 2, 3, 2, 1, 2, 1, 2, 1, 2, 3, 1, 2, 1, 2, 2, 2, 3, 2, 2, 1, 2, 1, 1, 1, 2, 1, 2, 3; 2, 1, 2, 3, 3, 2, 1, 3, 1, 3, 2, 1, 1, 3, 2, 3, 2, 1, 1, 1, 3, 2, 2, 3, 2, 2, 2, 2, 2, 1, 3, 2, 1, 2, 2, 2, 1, 2, 2, 2; 2, 3, 2, 1, 1, 3, 2, 2, 1, 2, 3, 2, 2, 3, 2, 2, 1, 1, 2, 2, 1, 2, 2, 1, 3, 2, 2, 1, 2, 3, 2, 2, 3, 3, 2, 2, 2, 3, 1, 3
a_u^r	1.0, 0.6, 0.4, 0.4, 0.7, 0.6, 0.5, 0.9, 0.2, 0.3, 0.2, 0.1, 0.5, 0.3, 0.0, 0.9, 0.2, 0.1, 0.0, 0.5, 0.3, 0.7, 0.1, 0.9, 0.2, 0.4, 0.8, 0.0, 0.4, 0.3, 1.0, 0.3, 0.2, 0.9, 0.2, 0.4, 0.0, 0.2, 0.9, 0.8; 1.6, 1.9, 1.3, 1.2, 1.7, 1.5, 1.6, 1.5, 2.0, 1.1, 1.5, 1.5, 1.7, 1.4, 1.9, 1.2, 1.8, 1.1, 1.2, 1.7, 1.3, 1.6, 1.7, 2.0, 1.7, 1.9, 1.9, 1.0, 1.0, 1.7, 1.2, 2.0, 1.4, 1.5, 1.3, 1.5, 1.2, 1.1, 1.3, 1.9; 1.8, 1.6, 1.0, 1.5, 1.0, 1.0, 1.6, 1.7, 1.8, 1.2, 1.8, 1.8, 1.0, 1.8, 1.8, 1.6, 1.5, 1.4, 1.9, 1.8,

续表

参数	取值
a_u^r	1.6, 1.1, 1.8, 1.3, 1.3, 1.6, 1.5, 1.1, 1.4, 1.8, 1.2, 1.3, 1.4, 1.7, 1.9, 1.4, 1.6, 1.2, 1.4, 1.9; 0.3, 0.5, 0.4, 0.7, 0.2, 0.8, 0.3, 0.7, 0.7, 0.5, 0.6, 0.2, 0.9, 0.5, 0.2, 0.1, 0.4, 0.9, 1.0, 0.2, 0.5, 0.4, 0.1, 0.3, 0.6, 0.2, 0.1, 1.0, 0.4, 0.3, 0.8, 0.3, 0.6, 0.9, 0.4, 0.4, 0.4, 0.8, 0.6, 0.1; 1.0, 0.4, 0.6, 1.0, 0.6, 0.1, 0.3, 0.3, 0.2, 0.9, 0.4, 0.3, 0.8, 1.0, 0.1, 0.6, 0.6, 0.2, 0.7, 0.3, 0.8, 0.4, 0.2, 0.7, 0.7, 0.8, 0.7, 0.5, 0.2, 1.0, 0.5, 0.5, 0.1, 0.5, 0.3, 0.3, 0.9, 1.0, 0.4, 0.7; 0.5, 0.5, 0.3, 0.1, 0.1, 0.4, 0.8, 0.6, 0.9, 0.4, 0.0, 0.6, 0.5, 0.1, 0.7, 0.7, 0.6, 0.5, 0.9, 0.7, 0.3, 0.4, 0.7, 0.5, 0.8, 0.6, 0.6, 0.3, 0.0, 0.7, 0.9, 0.5, 0.5, 0.9, 0.1, 0.7, 0.6, 0.1, 0.6, 0.6; 0.5, 0.2, 0.1, 1.0, 0.2, 0.6, 0.6, 0.2, 0.2, 0.9, 0.4, 0.1, 0.2, 0.8, 0.4, 0.4, 0.9, 0.3, 0.9, 0.9, 0.4, 0.6, 0.6, 0.4, 0.2, 0.2, 0.2, 0.2, 0.4, 0.3, 0.1, 0.0, 1.0, 0.5, 0.7, 0.1, 0.2, 0.6, 0.1, 0.1; 0.3, 0.2, 0.6, 0.0, 0.7, 0.4, 0.5, 1.0, 0.0, 0.6, 0.4, 0.0, 0.9, 0.5, 0.1, 0.1, 0.8, 0.3, 0.0, 0.6, 0.5, 0.1, 0.4, 0.9, 0.9, 0.5, 0.8, 0.2, 0.2, 0.7, 0.5, 0.7, 0.1, 0.7, 0.5, 0.4, 0.9, 0.4, 0.8, 0.2; 0.8, 0.7, 0.4, 1.0, 0.3, 0.2, 0.2, 0.8, 0.6, 0.1, 0.4, 0.9, 0.9, 0.9, 0.5, 1.0, 0.6, 0.5, 0.3, 0.5, 0.1, 1.0, 0.7, 0.9, 0.9, 0.4, 0.3, 0.7, 0.9, 0.2, 0.8, 0.2, 0.7, 1.0, 0.3, 0.7, 0.6, 0.1, 0.6, 0.8; 0.2, 0.4, 0.6, 0.7, 0.1, 0.9, 0.2, 0.5, 0.6, 0.2, 0.8, 0.5, 0.0, 0.3, 0.8, 0.8, 0.5, 0.5, 0.6, 0.5, 0.3, 0.1, 0.4, 0.5, 0.2, 0.5, 0.4, 0.4, 0.7, 1.0, 0.6, 0.8, 0.3, 0.7, 0.9, 0.9, 0.3, 1.0, 0.9, 0.8; 0.2, 0.3, 0.9, 0.9, 0.3, 0.6, 0.4, 0.6, 0.5, 0.2, 0.2, 0.7, 0.4, 0.8, 0.1, 0.4, 0.5, 0.4, 0.3, 0.9, 0.2, 0.6, 0.7, 0.1, 0.8, 0.8, 0.0, 0.2, 0.8, 0.4, 0.2, 0.0, 0.0, 1.0, 0.2, 0.4, 0.1, 0.1, 0.9, 0.6; 0.8, 1.0, 0.6, 0.1, 0.4, 0.5, 0.7, 0.1, 0.6, 0.7, 0.3, 0.5, 0.7, 0.1, 0.2, 0.3, 0.2, 0.5, 0.6, 0.9, 0.8, 0.8, 0.6, 0.6, 0.3, 0.9, 0.6, 0.8, 0.3, 0.2, 0.6, 0.3, 0.2, 0.2, 0.7, 0.9, 0.9, 0.8, 0.3, 1.0; 0.7, 0.8, 0.8, 0.0, 1.0, 0.5, 0.4, 0.8, 0.6, 0.4, 0.2, 0.5, 0.7, 0.8, 0.6, 0.9, 0.0, 0.4, 0.8, 0.3, 0.7, 0.7, 0.7, 0.8, 0.7, 1.0, 0.3, 0.2, 0.5, 0.1, 0.5, 0.2, 0.5, 0.3, 0.4, 0.6, 0.0, 0.6, 0.1, 0.4; 0.8, 0.4, 0.5, 0.7, 0.0, 0.5, 0.6, 0.5, 0.4, 0.8, 0.3, 0.9, 0.0, 1.0, 0.4, 0.9, 0.2, 0.4, 0.0, 0.2, 0.2, 0.8, 0.7, 0.2, 0.1, 0.5, 1.0, 0.8, 0.7, 0.9, 0.7, 0.6, 0.6, 0.3, 0.7, 0.5, 1.0, 0.7, 0.1, 0.3; 0.7, 0.8, 0.1, 0.6, 0.3, 0.7, 0.2, 0.6, 0.4, 0.9, 0.4, 0.8, 0.0, 0.3, 1.0, 0.2, 0.0, 0.6, 0.2, 0.9, 0.6, 0.5, 0.6, 0.1, 1.0, 0.1, 0.8, 0.0, 0.5, 0.8, 0.9, 0.2, 0.1, 0.9, 0.4, 0.4, 0.4, 1.0, 0.6, 0.3; 0.3, 0.2, 0.5, 0.5, 0.6, 0.9, 0.6, 0.4, 0.9, 0.2, 0.6, 0.0, 0.8, 0.4, 0.4, 0.5, 0.6, 0.9, 0.4, 0.3,

续表

参数	取值
a_u^r	$\left\{\begin{array}{l} 0.5,\ 0.0,\ 0.1,\ 0.2,\ 0.2,\ 0.3,\ 0.5,\ 0.3,\ 0.1,\ 0.3,\ 0.5,\ 0.1,\ 0.5,\ 0.7,\ 0.1,\ 0.8,\ 0.9,\ 0.6,\ 0.0,\ 0.6; \\ 0.2,\ 0.3,\ 0.2,\ 0.3,\ 0.4,\ 0.6,\ 0.2,\ 0.7,\ 0.0,\ 0.6,\ 0.4,\ 1.0,\ 0.5,\ 0.0,\ 0.4,\ 0.1,\ 0.9,\ 0.3,\ 0.3,\ 0.5, \\ 0.4,\ 0.2,\ 0.2,\ 0.6,\ 0.8,\ 0.2,\ 0.7,\ 0.6,\ 0.3,\ 0.2,\ 0.4,\ 0.5,\ 0.4,\ 0.4,\ 0.4,\ 0.7,\ 0.2,\ 0.3,\ 0.8,\ 0.7; \\ 0.6,\ 0.5,\ 0.6,\ 0.1,\ 0.5,\ 0.9,\ 0.1,\ 0.6,\ 1.0,\ 0.5,\ 0.2,\ 0.2,\ 1.0,\ 0.6,\ 0.0,\ 1.0,\ 0.8,\ 0.6,\ 0.7,\ 0.8, \\ 1.0,\ 0.5,\ 0.9,\ 0.8,\ 0.9,\ 0.8,\ 1.0,\ 0.7,\ 0.9,\ 0.9,\ 0.8,\ 0.6,\ 0.9,\ 0.1,\ 0.9,\ 1.0,\ 0.0,\ 1.0,\ 0.3,\ 0.5; \\ 0.9,\ 0.9,\ 0.3,\ 0.2,\ 0.9,\ 0.1,\ 0.5,\ 0.5,\ 0.4,\ 0.5,\ 0.7,\ 0.4,\ 0.1,\ 0.6,\ 0.3,\ 0.5,\ 0.4,\ 0.2,\ 0.4,\ 0.8, \\ 0.2,\ 0.1,\ 0.6,\ 0.6,\ 0.0,\ 0.4,\ 0.2,\ 0.4,\ 0.2,\ 0.1,\ 0.3,\ 0.8,\ 0.2,\ 0.6,\ 0.9,\ 0.4,\ 0.1,\ 0.8,\ 0.1,\ 0.9; \\ 0.7,\ 0.0,\ 0.1,\ 0.7,\ 0.4,\ 0.2,\ 0.6,\ 0.6,\ 0.5,\ 0.9,\ 0.9,\ 1.0,\ 0.1,\ 0.8,\ 0.8,\ 0.9,\ 0.8,\ 0.7,\ 0.4,\ 0.3, \\ 0.2,\ 0.4,\ 0.4,\ 0.3,\ 0.1,\ 0.8,\ 0.5,\ 0.0,\ 0.2,\ 0.1,\ 0.4,\ 0.6,\ 0.5,\ 0.8,\ 0.6,\ 0.4,\ 0.2,\ 0.2,\ 0.0,\ 0.6; \\ 0.2,\ 1.0,\ 0.7,\ 0.4,\ 0.2,\ 0.6,\ 0.1,\ 0.1,\ 0.9,\ 0.5,\ 0.5,\ 0.6,\ 0.8,\ 0.5,\ 0.7,\ 0.6,\ 0.4,\ 0.8,\ 0.9,\ 0.3, \\ 0.1,\ 0.2,\ 0.3,\ 0.2,\ 0.3,\ 0.5,\ 0.2,\ 0.8,\ 0.6,\ 0.2,\ 0.1,\ 0.7,\ 0.5,\ 0.1,\ 0.5,\ 0.5,\ 0.2,\ 0.2,\ 0.7,\ 0.8; \\ 0.9,\ 1.0,\ 0.6,\ 0.2,\ 0.1,\ 0.4,\ 0.3,\ 0.3,\ 0.1,\ 0.3,\ 0.9,\ 0.9,\ 0.6,\ 0.3,\ 0.9,\ 0.1,\ 0.9,\ 1.0,\ 0.9,\ 0.2, \\ 0.1,\ 0.7,\ 0.4,\ 0.9,\ 0.1,\ 0.6,\ 0.7,\ 0.8,\ 0.3,\ 0.9,\ 0.0,\ 0.4,\ 0.8,\ 0.2,\ 0.6,\ 0.7,\ 0.0,\ 0.2,\ 0.4,\ 1.0; \\ 0.3,\ 0.2,\ 0.5,\ 0.2,\ 0.8,\ 0.8,\ 0.4,\ 0.1,\ 0.5,\ 0.2,\ 0.7,\ 0.7,\ 0.8,\ 0.8,\ 0.3,\ 0.3,\ 0.9,\ 0.4,\ 0.9,\ 0.8, \\ 0.8,\ 0.4,\ 0.2,\ 0.2,\ 0.1,\ 0.7,\ 0.0,\ 0.3,\ 0.4,\ 0.9,\ 0.8,\ 0.9,\ 0.8,\ 0.5,\ 0.3,\ 0.9,\ 0.4,\ 0.0,\ 0.2,\ 0.6; \\ 0.0,\ 0.5,\ 0.7,\ 0.8,\ 0.5,\ 0.6,\ 0.1,\ 0.9,\ 0.0,\ 1.0,\ 0.1,\ 0.4,\ 0.4,\ 0.8,\ 0.6,\ 0.1,\ 0.8,\ 0.8,\ 0.1,\ 0.8, \\ 0.3,\ 0.1,\ 0.9,\ 0.9,\ 0.9,\ 0.7,\ 0.5,\ 0.2,\ 0.6,\ 0.1,\ 0.9,\ 0.3,\ 0.3,\ 0.8,\ 0.7,\ 0.1,\ 0.7,\ 0.2,\ 0.0,\ 0.9; \\ 0.1,\ 0.9,\ 0.2,\ 0.2,\ 1.0,\ 0.0,\ 0.8,\ 0.4,\ 0.1,\ 0.4,\ 0.3,\ 0.3,\ 0.6,\ 0.9,\ 0.6,\ 0.5,\ 1.0,\ 0.5,\ 0.5,\ 0.8, \\ 1.0,\ 0.6,\ 0.2,\ 1.0,\ 0.6,\ 0.6,\ 0.0,\ 0.5,\ 0.3,\ 0.6,\ 0.7,\ 0.7,\ 0.4,\ 0.7,\ 0.7,\ 0.5,\ 0.4,\ 0.8,\ 0.9,\ 0.0; \\ 0.9,\ 0.3,\ 0.6,\ 0.1,\ 1.0,\ 0.7,\ 0.2,\ 0.3,\ 0.2,\ 0.0,\ 0.7,\ 0.5,\ 0.2,\ 0.7,\ 1.0,\ 0.3,\ 0.5,\ 0.5,\ 0.2,\ 0.5, \\ 0.9,\ 0.8,\ 0.4,\ 0.8,\ 0.1,\ 0.9,\ 0.7,\ 0.3,\ 0.5,\ 1.0,\ 0.9,\ 0.2,\ 0.5,\ 0.2,\ 0.5,\ 0.5,\ 0.0,\ 0.3,\ 0.3,\ 0.3; \\ 0.7,\ 0.2,\ 0.9,\ 0.1,\ 0.5,\ 0.2,\ 0.1,\ 0.6,\ 0.0,\ 0.3,\ 0.8,\ 0.4,\ 0.4,\ 0.2,\ 0.7,\ 0.9,\ 0.6,\ 0.9,\ 0.3,\ 0.2, \\ 0.6,\ 0.8,\ 0.8,\ 0.9,\ 0.4,\ 0.1,\ 0.3,\ 0.8,\ 0.8,\ 0.9,\ 0.0,\ 0.5,\ 0.6,\ 0.6,\ 0.9,\ 0.6,\ 0.6,\ 0.5,\ 0.3,\ 0.6; \\ 0.9,\ 0.2,\ 0.2,\ 0.3,\ 0.5,\ 0.4,\ 0.7,\ 0.9,\ 0.6,\ 0.4,\ 0.6,\ 0.1,\ 0.1,\ 0.1,\ 0.2,\ 0.5,\ 0.4,\ 0.6,\ 0.8,\ 0.9, \\ 0.4,\ 0.9,\ 0.1,\ 0.4,\ 0.4,\ 0.4,\ 0.8,\ 0.1,\ 0.7,\ 0.6,\ 0.3,\ 0.4,\ 0.8,\ 0.5,\ 0.4,\ 0.0,\ 0.0,\ 0.6,\ 0.1,\ 0.1; \end{array}\right\}$

续表

参数	取值
a_u^r	{0.4, 0.4, 0.3, 0.8, 0.1, 0.2, 0.3, 0.7, 0.4, 0.1, 0.2, 0.4, 0.9, 0.3, 0.2, 0.5, 0.9, 0.1, 0.1, 0.8, 0.2, 0.5, 0.4, 0.5, 0.8, 0.4, 0.8, 0.0, 0.8, 0.2, 0.7, 0.1, 0.1, 0.4, 0.5, 0.7, 1.0, 0.8, 0.4, 0.6; 0.1, 0.1, 0.4, 0.4, 0.4, 0.3, 0.0, 0.4, 0.2, 0.6, 1.0, 0.0, 0.3, 0.8, 0.0, 0.1, 0.3, 0.2, 1.0, 0.5, 0.7, 0.9, 0.1, 1.0, 0.5, 0.8, 0.9, 0.0, 0.2, 0.5, 0.9, 0.8, 0.7, 0.8, 0.4, 0.3, 0.8, 0.1, 0.0, 0.3; 0.9, 0.3, 0.9, 0.8, 0.7, 0.0, 0.2, 0.9, 0.2, 0.7, 0.8, 0.3, 0.7, 0.1, 0.8, 0.6, 0.7, 0.5, 0.4, 0.8, 0.3, 0.6, 0.6, 0.7, 0.4, 0.8, 0.2, 0.5, 0.1, 0.3, 1.0, 0.8, 0.6, 0.4, 0.4, 0.4, 0.5, 0.5, 0.1, 0.7; 0.9, 0.1, 0.0, 0.4, 0.1, 0.2, 0.4, 0.4, 0.8, 0.2, 0.5, 0.7, 0.2, 0.5, 0.0, 0.8, 0.9, 1.0, 0.9, 0.6, 0.7, 0.9, 0.9, 0.4, 0.2, 0.9, 0.7, 0.4, 0.3, 0.1, 0.5, 0.2, 0.4, 0.2, 0.9, 0.1, 0.2, 0.0, 0.6, 0.4; 0.8, 0.5, 0.9, 0.0, 0.2, 0.5, 0.1, 0.6, 0.8, 0.7, 0.2, 1.0, 0.6, 0.8, 0.1, 0.1, 0.6, 0.9, 0.4, 0.5, 0.4, 0.3, 0.4, 0.6, 0.9, 0.5, 0.7, 0.5, 0.1, 0.0, 0.5, 0.5, 0.4, 0.5, 0.4, 0.5, 0.9, 0.7, 0.7, 0.0; 0.4, 0.7, 0.9, 0.0, 0.0, 0.1, 0.0, 0.7, 0.1, 0.7, 0.6, 0.9, 0.7, 1.0, 0.1, 0.8, 0.3, 0.1, 1.0, 1.0, 0.1, 0.3, 0.9, 0.6, 0.2, 0.4, 0.0, 0.7, 1.0, 0.0, 0.2, 0.9, 0.5, 0.4, 0.8, 0.0, 0.8, 0.7, 0.5, 0.7; 1.0, 0.6, 0.5, 0.2, 1.0, 0.1, 0.9, 0.5, 0.2, 0.3, 0.2, 0.4, 1.0, 0.5, 0.9, 0.6, 0.5, 0.3, 0.9, 0.2, 0.1, 0.4, 0.4, 0.9, 0.6, 0.9, 0.4, 0.4, 0.9, 0.5, 0.5, 0.7, 0.1, 0.0, 0.6, 0.2, 0.3, 0.8, 0.5, 0.2; 0.6, 0.6, 0.5, 0.1, 1.0, 0.8, 0.5, 0.0, 0.2, 0.5, 0.2, 0.9, 0.1, 0.6, 0.5, 0.3, 0.8, 0.3, 0.0, 0.2, 0.3, 0.5, 0.6, 0.7, 0.4, 0.9, 0.4, 0.1, 0.2, 0.0, 0.9, 0.7, 1.0, 0.2, 0.7, 0.3, 0.3, 0.2, 0.9, 0.1; 0.5, 0.1, 0.4, 0.7, 0.5, 0.9, 0.8, 0.9, 0.7, 0.7, 0.0, 0.0, 0.6, 0.0, 0.3, 0.5, 0.7, 0.2, 0.8, 0.6, 0.2, 0.6, 0.5, 0.0, 0.8, 1.0, 1.0, 0.5, 0.5, 0.0, 0.2, 0.9, 0.7, 0.1, 0.8, 0.8, 0.7, 0.9, 0.3, 0.5; 0.5, 0.5, 0.8, 0.0, 0.1, 0.0, 0.7, 0.0, 0.1, 0.4, 0.9, 0.5, 0.3, 0.2, 0.1, 0.6, 0.2, 0.2, 0.7, 0.5, 0.7, 0.0, 0.9, 1.0, 0.1, 0.9, 0.4, 0.2, 0.8, 0.8, 0.2, 0.7, 1.0, 0.6, 0.2, 0.9, 0.9, 0.3, 0.2, 0.3; 0.6, 0.6, 0.2, 0.4, 0.6, 0.7, 0.5, 0.5, 0.0, 0.6, 0.1, 0.6, 0.2, 0.9, 0.5, 0.3, 0.1, 0.8, 0.2, 0.7, 0.5, 0.4, 0.3, 0.5, 0.2, 0.1, 0.9, 0.2, 0.0, 0.9, 0.1, 0.2, 0.7, 0.8, 0.9, 0.9, 1.0, 0.1, 0.4, 0.1; 0.2, 0.9, 0.8, 1.0, 0.6, 0.5, 0.2, 0.6, 0.3, 0.5, 0.3, 0.4, 0.9, 0.2, 0.3, 0.7, 0.1, 0.6, 0.8, 0.1, 0.5, 0.9, 0.2, 0.6, 0.0, 0.9, 0.7, 0.3, 0.5, 0.7, 0.2, 0.5, 0.8, 0.9, 0.5, 0.5, 0.1, 0.2, 0.7, 0.3}

续表

参数	取值
$s^{r}_{u,l}$	$\begin{Bmatrix} 1, 1, 1, 2, 2, 1, 1, 1, 1, 1, 1, 1, 2, 2, 1, 2, 1, 2, 2, 2, 1, 1, 2, 2, 2, 1, 1, 2, 2, 2, 1, 1, 2, 2, 1, 2, 2, 1, 1, 1; \\ 1, 2, 2, 1, 2, 2, 2, 2, 1, 2, 1, 1, 1, 2, 2, 2, 2, 1, 1, 1, 2, 1, 1, 2, 1, 2, 1, 1, 2, 1, 2, 1, 1, 2, 1, 2, 1, 1, 1, 1; \\ 2, 1, 1, 2, 2, 2, 1, 2, 2, 2, 1, 1, 2, 2, 1, 1, 2, 1, 2, 2, 1, 1, 2, 2, 2, 1, 1, 1, 2, 1, 2, 1, 1, 2, 1, 1, 2, 1, 2, 2; \\ 1, 1, 2, 1, 1, 1, 2, 1, 1, 2, 1, 1, 1, 2, 1, 1, 2, 2, 1, 2, 2, 2, 2, 1, 2, 1, 1, 2, 1, 2, 2, 2, 2, 2, 2, 1, 1, 1, 1, 1; \\ 2, 1, 1, 2, 1, 2, 1, 2, 2, 2, 1, 2, 2, 1, 1, 1, 1, 1, 2, 1, 1, 1, 1, 1, 2, 1, 1, 1, 2, 1, 1, 1, 1, 2, 2, 1, 2, 2, 1, 2; \\ 2, 1, 2, 2, 2, 1, 1, 1, 1, 1, 1, 1, 2, 2, 1, 1, 1, 1, 1, 1, 2, 1, 1, 2, 2, 2, 2, 2, 1, 1, 2, 2, 2, 2, 2, 1, 1, 1, 1, 2; \\ 1, 2, 2, 2, 2, 2, 2, 1, 2, 1, 2, 1, 1, 2, 2, 1, 2, 1, 1, 1, 2, 2, 2, 1, 2, 1, 2, 1, 1, 2, 2, 2, 1, 2, 1, 2, 1, 2, 2, 2; \\ 1, 1, 1, 2, 1, 2, 1, 1, 2, 2, 2, 2, 1, 1, 1, 2, 2, 2, 2, 1, 2, 1, 1, 1, 1, 1, 2, 2, 1, 1, 2, 2, 1, 1, 2, 1, 2, 2, 2, 1; \\ 1, 2, 1, 1, 1, 1, 1, 2, 2, 1, 2, 1, 2, 1, 1, 1, 1, 2, 1, 2, 2, 2, 1, 1, 1, 2, 2, 2, 2, 2, 2, 2, 1, 1, 1, 2, 2, 1, 1, 1; \\ 2, 2, 1, 1, 1, 2, 2, 2, 2, 1, 2, 1, 2, 1, 2, 1, 1, 1, 1, 2, 1, 2, 2, 1, 2, 2, 2, 2, 1, 2, 1, 1, 2, 2, 2, 2, 2, 1, 1, 1; \\ 2, 1, 2, 1, 1, 2, 2, 1, 2, 2, 2, 2, 1, 2, 2, 1, 2, 1, 1, 2, 1, 2, 1, 1, 2, 2, 2, 2, 1, 1, 2, 1, 1, 1, 2, 2, 1, 2, 2, 1; \\ 2, 2, 2, 2, 1, 2, 1, 1, 1, 1, 2, 2, 2, 2, 2, 1, 2, 1, 2, 2, 2, 2, 2, 1, 2, 2, 1, 2, 2, 2, 2, 2, 2, 2, 2, 2, 2, 1, 1, 2; \\ 1, 1, 1, 1, 1, 1, 2, 2, 2, 1, 1, 1, 2, 1, 1, 1, 2, 1, 1, 2, 2, 2, 1, 2, 2, 1, 2, 2, 1, 2, 1, 1, 1, 2, 2, 1, 1, 1, 2, 2; \\ 1, 2, 2, 1, 2, 2, 1, 1, 2, 1, 2, 1, 2, 2, 1, 2, 2, 2, 1, 1, 1, 1, 1, 1, 1, 1, 1, 1, 2, 1, 1, 1, 2, 1, 1, 2, 1, 1, 1, 2; \\ 2, 1, 1, 2, 2, 1, 1, 2, 2, 2, 2, 1, 2, 1, 2, 1, 2, 2, 2, 1, 1, 2, 1, 2, 2, 2, 1, 1, 2, 1, 1, 2, 1, 2, 2, 2, 1, 2, 2, 1; \\ 1, 2, 2, 2, 2, 2, 1, 2, 2, 1, 2, 2, 2, 1, 1, 2, 1, 2, 1, 1, 2, 2, 1, 1, 2, 2, 2, 2, 2, 2, 2, 1, 2, 1, 1, 2, 1, 1, 1, 1; \\ 1, 2, 2, 1, 1, 2, 1, 1, 1, 1, 2, 2, 1, 1, 1, 1, 2, 2, 2, 2, 2, 1, 2, 1, 1, 1, 1, 1, 2, 2, 1, 1, 2, 1, 2, 2, 2, 1, 2, 1; \\ 2, 1, 1, 1, 1, 2, 1, 2, 2, 1, 2, 1, 2, 2, 1, 1, 1, 1, 1, 2, 1, 2, 2, 2, 1, 2, 2, 1, 2, 1, 1, 2, 2, 1, 2, 1, 1, 2, 1, 2; \\ 1, 2, 1, 2, 2, 1, 1, 1, 1, 1, 1, 1, 2, 2, 2, 2, 1, 2, 1, 1, 1, 2, 1, 2, 2, 2, 1, 1, 2, 1, 2, 2, 2, 1, 1, 1, 1, 2, 2, 1; \\ 1, 2, 2, 1, 1, 2, 1, 2, 1, 1, 2, 1, 1, 1, 2, 1, 2, 2, 2, 2, 2, 1, 2, 2, 2, 1, 1, 2, 2, 2, 1, 2, 1, 2, 1, 1, 1, 1, 1, 2; \\ 2, 2, 2, 2, 2, 1, 1, 1, 2, 1, 1, 2, 1, 1, 2, 1, 1, 1, 1, 1, 1, 1, 2, 2, 1, 2, 1, 2, 2, 2, 2, 1, 1, 1, 2, 1, 2, 1, 1, 1; \\ 2, 2, 2, 2, 2, 2, 1, 2, 2, 1, 2, 2, 2, 1, 1, 1, 2, 2, 2, 1, 1, 1, 1, 2, 2, 1, 2, 2, 1, 2, 1, 1, 2, 1, 1, 1, 1, 2, 1, 2; \\ 1, 1, 1, 2, 1, 2, 2, 2, 1, 2, 2, 2, 2, 1, 2, 2, 2, 2, 2, 2, 2, 2, 2, 2, 1, 2, 2, 1, 1, 1, 2, 2, 2, 2, 1, 2, 1, 2, 2, 2; \\ 2, 1, 1, 2, 1, 2, 2, 2, 2, 1, 2, 1, 2, 2, 2, 1, 1, 2, 1, 2, 1, 1, 2, 1, 2, 1, 1, 2, 2, 1, 2, 1, 2, 1, 1, 2, 2, 1, 1, 1; \\ 1, 1, 2, 2, 2, 1, 1, 1, 2, 1, 1, 1, 1, 2, 2, 2, 2, 1, 2, 1, 1, 2, 1, 2, 1, 2, 1, 1, 2, 1, 1, 1, 1, 1, 2, 2, 1, 1, 1, 1; \\ 2, 1, 2, 1, 1, 2, 2, 2, 1, 2, 1, 1, 1, 2, 2, 2, 1, 1, 2, 1, 1, 2, 1, 1, 1, 2, 2, 1, 1, 1, 1, 1, 2, 2, 1, 2, 1, 2, 2, 2; \end{Bmatrix}$

续表

参数	取值
$s^{r}_{u,l}$	2, 1, 2, 1, 1, 2, 1, 2, 1, 2, 1, 2, 1, 1, 1, 1, 1, 2, 1, 1, 1, 2, 2, 2, 2, 2, 2, 1, 1, 2, 2, 2, 2, 1, 1, 1, 2, 1, 2, 2; 2, 2, 2, 1, 2, 1, 2, 2, 2, 1, 2, 2, 2, 1, 1, 2, 2, 2, 1, 2, 2, 2, 2, 2, 1, 1, 2, 1, 1, 2, 1, 1, 1, 2, 2, 2, 2, 1, 1, 1; 2, 2, 2, 2, 2, 1, 2, 1, 2, 1, 2, 2, 1, 2, 2, 1, 1, 1, 1, 1, 2, 1, 2, 1, 2, 2, 1, 2, 2, 2, 1, 1, 2, 2, 2, 2, 2, 2, 1, 2; 2, 1, 2, 2, 2, 1, 1, 2, 2, 1, 1, 1, 1, 1, 2, 2, 1, 1, 1, 1, 2, 2, 1, 2, 1, 2, 1, 2, 2, 1, 1, 2, 1, 2, 1, 2, 1, 2, 2, 2; 1, 2, 2, 1, 1, 2, 1, 2, 2, 1, 1, 2, 2, 2, 1, 1, 2, 1, 2, 2, 1, 1, 2, 1, 1, 1, 2, 2, 2, 1, 2, 2, 1, 1, 1, 1, 2, 2, 1, 2; 1, 2, 1, 2, 1, 1, 1, 2, 2, 1, 2, 2, 1, 2, 2, 2, 1, 2, 2, 2, 1, 1, 1, 2, 2, 1, 2, 2, 1, 2, 2, 2, 1, 2, 1, 1, 2, 2, 1, 2; 1, 1, 2, 2, 2, 1, 2, 2, 1, 2, 2, 2, 2, 1, 2, 1, 2, 2, 2, 1, 2, 1, 1, 2, 2, 1, 1, 1, 1, 2, 2, 1, 2, 2, 2, 2, 1, 1, 2, 2; 2, 1, 1, 2, 2, 1, 1, 2, 1, 1, 2, 2, 1, 2, 1, 2, 2, 1, 2, 1, 2, 2, 2, 2, 1, 2, 2, 1, 1, 1, 2, 2, 2, 1, 1, 1, 2, 2, 1, 1; 2, 2, 1, 2, 2, 2, 2, 1, 1, 2, 2, 1, 2, 1, 1, 1, 1, 1, 2, 2, 1, 1, 2, 1, 1, 1, 1, 1, 2, 2, 2, 2, 2, 2, 2, 2, 1, 2, 1, 2; 1, 2, 2, 1, 2, 2, 2, 1, 2, 1, 1, 1, 2, 1, 1, 2, 2, 1, 1, 1, 1, 1, 1, 2, 2, 1, 2, 2, 1, 2, 2, 2, 2, 1, 2, 2, 2, 1, 2, 1; 2, 1, 1, 2, 2, 1, 1, 2, 2, 1, 1, 1, 1, 2, 2, 2, 2, 2, 1, 1, 2, 2, 1, 1, 2, 1, 1, 1, 2, 2, 2, 2, 2, 2, 1, 2, 1, 1, 1, 1; 2, 2, 1, 1, 2, 1, 2, 1, 2, 2, 1, 2, 2, 1, 2, 1, 1, 2, 2, 2, 2, 1, 1, 1, 2, 1, 2, 1, 1, 1, 2, 1, 2, 2, 1, 1, 2, 2, 1, 1; 2, 1, 2, 1, 2, 1, 2, 2, 2, 1, 2, 2, 2, 2, 1, 1, 2, 2, 2, 1, 1, 2, 2, 1, 1, 2, 2, 1, 1, 1, 1, 2, 1, 1, 1, 1, 2, 1, 1, 1; 2, 2, 2, 2, 1, 2, 2, 2, 2, 1, 1, 1, 2, 1, 2, 1, 1, 2, 1, 1, 2, 1, 1, 1, 2, 2, 2, 1, 1, 2, 2, 2, 1, 1, 2, 2, 1, 2, 2, 1; …… 2, 1, 1, 2, 1, 2, 2, 1, 1, 2, 2, 2, 2, 2, 2, 1, 2, 2, 1, 1, 2, 1, 1, 1, 1, 2, 1, 2, 2, 2, 1, 2, 2, 1, 1, 2, 1, 2, 1, 2; 1, 1, 2, 1, 2, 2, 1, 2, 2, 1, 2, 1, 2, 2, 1, 1, 2, 1, 2, 1, 1, 1, 2, 1, 1, 1, 2, 1, 1, 1, 2, 2, 2, 2, 2, 1, 1, 2, 1, 2; 2, 1, 2, 2, 2, 1, 1, 2, 2, 1, 1, 2, 1, 1, 1, 2, 2, 2, 2, 1, 2, 1, 2, 1, 1, 2, 2, 1, 2, 1, 1, 2, 2, 1, 1, 2, 2, 2, 2, 2; 2, 1, 2, 2, 1, 1, 1, 2, 2, 1, 1, 1, 2, 2, 1, 1, 1, 1, 2, 1, 2, 2, 1, 1, 2, 2, 2, 2, 1, 2, 1, 2, 2, 2, 2, 2, 2, 1, 2, 1; 1, 2, 1, 1, 2, 1, 1, 2, 2, 1, 2, 2, 1, 2, 1, 2, 1, 1, 1, 2, 1, 2, 2, 2, 2, 1, 1, 2, 1, 2, 1, 1, 2, 2, 2, 2, 2, 1, 2, 2; 2, 1, 1, 1, 2, 2, 1, 1, 2, 2, 2, 2, 1, 2, 2, 2, 2, 2, 2, 2, 2, 2, 2, 2, 1, 1, 1, 2, 1, 1, 1, 1, 1, 2, 2, 1, 2, 2, 1, 2; 2, 2, 2, 1, 1, 2, 1, 1, 2, 1, 1, 1, 1, 2, 2, 1, 2, 2, 2, 1, 2, 1, 2, 1, 1, 2, 1, 1, 1, 1, 1, 1, 1, 2, 1, 2, 1, 2, 2, 2; 1, 1, 1, 2, 1, 1, 1, 1, 2, 2, 1, 2, 2, 2, 2, 2, 1, 2, 1, 1, 2, 2, 1, 1, 2, 2, 2, 1, 1, 1, 2, 1, 1, 1, 1, 2, 1, 2, 2, 2; 2, 2, 2, 1, 1, 1, 2, 2, 2, 1, 1, 2, 1, 1, 1, 1, 1, 1, 2, 1, 2, 1, 2, 2, 1, 2, 2, 2, 1, 1, 1, 2, 2, 2, 1, 2, 1, 2, 2, 2; 1, 2, 1, 1, 2, 2, 1, 1, 2, 2, 1, 2, 1, 2, 2, 2, 1, 1, 1, 2, 2, 1, 2, 1, 2, 2, 1, 1, 1, 2, 1, 2, 2, 1, 1, 1, 1, 1, 2, 2; 2, 1, 1, 2, 2, 2, 1, 1, 2, 1, 1, 1, 1, 1, 2, 2, 1, 2, 2, 2, 1, 1, 2, 1, 2, 1, 1, 1, 2, 1, 1, 1, 1, 2, 1, 1, 2, 1, 1, 2;

续表

参数	取值
$s^{r}_{u,l}$	2, 2, 2, 2, 1, 1, 2, 2, 2, 2, 1, 2, 2, 1, 2, 2, 1, 1, 2, 2, 1, 2, 1, 2, 2, 2, 2, 1, 1, 2, 2, 2, 1, 1, 1, 1, 1, 2, 1, 1; 2, 1, 2, 2, 2, 2, 1, 2, 2, 1, 1, 1, 1, 1, 2, 1, 2, 1, 1, 2, 2, 1, 1, 1, 1, 2, 2, 1, 1, 2, 2, 2, 1, 1, 2, 2, 1, 1, 2, 1; 2, 2, 1, 2, 1, 1, 2, 2, 2, 2, 1, 1, 1, 2, 2, 1, 2, 1, 2, 2, 1, 1, 1, 1, 2, 2, 1, 2, 1, 2, 2, 2, 2, 2, 1, 2, 2, 2, 1, 2; 1, 2, 2, 1, 1, 2, 1, 1, 2, 1, 1, 2, 1, 1, 1, 1, 1, 2, 2, 1, 1, 2, 2, 2, 2, 1, 2, 2, 2, 2, 2, 1, 1, 1, 1, 1, 2, 1, 1, 1; 2, 1, 1, 2, 2, 1, 1, 2, 2, 1, 1, 1, 1, 1, 1, 1, 2, 1, 2, 2, 2, 1, 1, 2, 2, 2, 2, 2, 1, 2, 1, 2, 1, 1, 1, 2, 2, 1, 2, 1; 2, 2, 2, 1, 1, 1, 2, 2, 2, 1, 2, 2, 2, 2, 1, 2, 1, 2, 2, 1, 2, 1, 2, 2, 2, 2, 2, 1, 1, 1, 1, 1, 2, 2, 1, 1, 2, 1, 1, 2; 1, 1, 1, 1, 2, 1, 1, 1, 2, 1, 2, 2, 2, 1, 1, 1, 2, 1, 1, 2, 2, 1, 1, 2, 2, 2, 2, 1, 1, 1, 2, 1, 1, 2, 1, 2, 2, 2, 1, 2; 1, 1, 1, 1, 2, 1, 1, 2, 2, 2, 2, 2, 1, 1, 1, 2, 1, 2, 1, 1, 2, 2, 1, 1, 1, 2, 2, 2, 2, 1, 2, 1, 1, 2, 1, 2, 1, 2, 1, 2; 2, 2, 1, 2, 1, 2, 2, 2, 2, 2, 2, 2, 1, 2, 1, 2, 1, 2, 1, 1, 2, 1, 1, 1, 1, 1, 1, 2, 2, 1, 2, 1, 1, 2, 2, 2, 2, 2, 1, 2; 2, 2, 1, 2, 2, 1, 1, 2, 2, 1, 1, 2, 2, 2, 2, 1, 1, 2, 2, 1, 1, 1, 2, 2, 1, 2, 1, 2, 1, 2, 1, 1, 1, 1, 1, 2, 2, 1, 2, 2; 2, 2, 2, 2, 2, 2, 1, 2, 2, 1, 2, 1, 1, 2, 2, 1, 1, 1, 2, 2, 1, 2, 1, 2, 1, 2, 2, 1, 2, 2, 2, 1, 1, 2, 1, 2, 1, 1, 2, 1; 1, 1, 2, 1, 2, 2, 2, 2, 1, 1, 1, 1, 1, 2, 2, 1, 2, 2, 2, 1, 2, 2, 2, 1, 2, 1, 2, 2, 1, 1, 1, 2, 2, 1, 1, 2, 1, 2, 2, 1; 2, 1, 1, 2, 1, 1, 1, 1, 2, 1, 1, 1, 1, 2, 1, 1, 2, 1, 1, 2, 2, 2, 1, 2, 2, 2, 1, 2, 2, 1, 1, 1, 1, 2, 2, 1, 2, 1, 2, 1; 2, 1, 2, 2, 2, 1, 2, 2, 1, 2, 1, 1, 1, 2, 1, 2, 2, 1, 1, 2, 1, 2, 2, 1, 2, 2, 1, 1, 1, 2, 2, 2, 2, 1, 1, 2, 1, 2, 2, 2; 1, 1, 1, 2, 2, 1, 2, 1, 1, 1, 1, 1, 1, 2, 2, 1, 1, 2, 1, 2, 2, 2, 1, 1, 1, 1, 2, 2, 1, 1, 1, 1, 1, 2, 1, 2, 1, 1, 1, 1; 1, 1, 2, 1, 2, 1, 2, 2, 2, 1, 1, 1, 2, 2, 1, 2, 2, 2, 1, 1, 2, 2, 2, 1, 2, 2, 2, 1, 1, 1, 1, 1, 1, 1, 2, 1, 1, 2, 1, 1; 1, 2, 1, 2, 2, 1, 1, 1, 2, 2, 2, 1, 2, 2, 2, 2, 2, 2, 2, 2, 1, 1, 1, 2, 1, 2, 1, 2, 1, 2, 2, 1, 2, 1, 2, 2, 1, 2, 1, 2; 1, 1, 1, 2, 1, 1, 2, 2, 2, 2, 1, 1, 2, 1, 1, 2, 1, 1, 1, 1, 1, 1, 2, 2, 1, 1, 1, 1, 2, 1, 1, 2, 1, 1, 1, 2, 1, 2, 1, 2; 2, 1, 1, 2, 2, 1, 2, 1, 2, 1, 2, 2, 1, 2, 1, 2, 1, 2, 1, 1, 2, 1, 2, 2, 2, 2, 1, 1, 1, 2, 1, 1, 1, 1, 2, 2, 2, 2, 2, 1; 2, 1, 2, 2, 1, 1, 1, 2, 2, 1, 1, 2, 2, 2, 1, 1, 2, 1, 2, 1, 1, 1, 2, 1, 2, 1, 1, 2, 2, 1, 1, 1, 1, 1, 1, 2, 1, 1, 2, 2; 2, 2, 1, 1, 2, 2, 1, 2, 2, 1, 2, 2, 2, 1, 2, 1, 1, 2, 1, 2, 1, 1, 1, 1, 2, 1, 1, 1, 2, 2, 2, 2, 1, 1, 2, 1, 2, 2, 2, 2; 1, 2, 1, 2, 2, 2, 2, 2, 2, 1, 1, 2, 2, 1, 1, 1, 1, 1, 1, 1, 1, 1, 1, 2, 2, 2, 2, 2, 1, 1, 1, 2, 1, 2, 2, 2, 2, 2, 1, 2; 1, 1, 2, 2, 1, 2, 1, 2, 1, 1, 1, 2, 2, 2, 2, 1, 1, 1, 2, 2, 2, 2, 2, 1, 1, 2, 1, 1, 1, 2, 2, 2, 1, 2, 2, 2, 1, 1, 1, 2; 2, 1, 2, 2, 2, 2, 2, 1, 2, 1, 2, 2, 2, 1, 1, 1, 2, 1, 1, 2, 1, 2, 1, 2, 1, 1, 2, 1, 1, 2, 2, 1, 1, 2, 2, 1, 1, 1, 2, 1; 1, 1, 1, 2, 2, 1, 2, 1, 1, 2, 1, 1, 1, 2, 2, 1, 1, 2, 2, 1, 1, 1, 1, 1, 2, 2, 2, 2, 2, 1, 1, 1, 2, 1, 1, 1, 2, 1, 1, 1; 2, 1, 1, 2, 2, 1, 1, 2, 2, 1, 1, 1, 1, 1, 1, 1, 1, 2, 1, 2, 2, 2, 1, 1, 1, 1, 1, 2, 1, 2, 2, 2, 1, 1, 1, 1, 2, 2, 2, 2;

续表

参数	取值
$s^{r}_{u,l}$	2, 1, 1, 2, 1, 2, 2, 1, 1, 1, 1, 1, 2, 1, 2, 1, 1, 2, 2, 1, 1, 1, 1, 2, 2, 1, 2, 1, 1, 2, 1, 2, 2, 2, 1, 1, 2, 1, 2, 2; 1, 2, 2, 1, 2, 2, 1, 2, 2, 1, 1, 2, 2, 2, 1, 1, 1, 1, 1, 1, 2, 2, 1, 2, 2, 1, 2, 1, 2, 1, 2, 1, 1, 1, 2, 2, 1, 2, 1, 1; 2, 2, 1, 2, 1, 1, 1, 2, 2, 2, 2, 1, 1, 1, 2, 1, 1, 1, 1, 1, 1, 1, 1, 1, 2, 1, 1, 2, 2, 1, 2, 2, 1, 2, 2, 1, 2, 2, 2, 2.
$A^{r}_{u,l}$	0.9, 0.7, 0.5, 0.3, 0.0, 0.1, 0.3, 0.9, 0.3, 1.0, 0.1, 0.3, 0.1, 0.0, 0.3, 0.4, 0.9, 0.5, 0.0, 0.4, 0.2, 0.8, 0.9, 1.0, 0.3, 0.6, 0.6, 0.1, 0.5, 0.5, 0.8, 0.9, 0.7, 0.4, 0.2, 0.4, 0.1, 0.7, 0.5, 0.2; 0.9, 0.4, 0.0, 0.0, 0.3, 0.4, 0.3, 0.4, 0.8, 1.0, 0.5, 0.0, 0.4, 0.4, 0.6, 0.7, 0.7, 0.5, 0.4, 0.5, 0.7, 0.8, 0.4, 0.0, 0.1, 0.2, 0.9, 0.2, 0.3, 0.0, 0.0, 0.5, 0.8, 0.9, 0.1, 0.4, 1.0, 0.6, 0.4, 0.6; 0.5, 0.2, 0.1, 0.0, 0.4, 0.1, 0.7, 0.8, 0.3, 0.3, 0.3, 0.4, 0.5, 0.3, 0.2, 0.8, 0.4, 0.4, 0.7, 0.9, 0.4, 0.5, 0.1, 0.9, 0.5, 0.4, 0.4, 0.5, 0.4, 0.2, 0.8, 0.5, 0.8, 0.5, 0.4, 0.8, 0.1, 0.7, 0.4, 0.7; 0.5, 0.8, 0.5, 0.9, 0.9, 0.4, 0.9, 0.7, 0.6, 0.7, 0.0, 0.1, 0.8, 0.6, 1.0, 0.1, 0.8, 0.9, 0.2, 0.2, 0.3, 0.7, 0.4, 0.3, 1.0, 0.7, 0.3, 0.5, 0.2, 0.7, 0.2, 0.1, 0.5, 0.6, 0.5, 0.4, 0.3, 0.3, 0.3, 0.1; 0.2, 0.1, 0.9, 0.5, 0.1, 0.8, 0.3, 0.5, 1.0, 1.0, 0.4, 0.3, 0.5, 0.1, 0.4, 0.7, 0.8, 0.7, 0.2, 0.2, 0.5, 0.0, 0.2, 0.3, 0.8, 0.4, 0.8, 0.0, 0.5, 0.7, 0.8, 0.2, 0.1, 0.7, 0.9, 0.9, 0.6, 0.7, 0.2, 0.2; 0.6, 0.3, 0.3, 0.0, 0.4, 0.6, 0.4, 0.1, 0.9, 0.9, 0.1, 0.0, 0.1, 0.5, 0.2, 0.2, 0.1, 0.8, 0.1, 0.4, 0.1, 0.2, 0.9, 0.5, 0.7, 0.5, 0.2, 0.7, 0.2, 0.8, 0.2, 0.5, 0.2, 0.3, 0.7, 0.4, 0.4, 0.4, 0.2, 0.9; 0.7, 0.0, 0.1, 0.9, 0.4, 0.7, 0.7, 0.1, 0.6, 0.5, 0.7, 0.9, 0.7, 0.5, 0.5, 0.1, 0.5, 0.0, 0.2, 0.9, 1.0, 0.3, 0.2, 0.6, 0.0, 0.4, 0.0, 0.5, 0.0, 0.1, 1.0, 0.3, 0.3, 0.2, 0.7, 0.2, 0.6, 0.2, 0.8, 0.3; 0.6, 0.4, 0.7, 0.6, 0.3, 0.2, 0.9, 0.8, 0.3, 0.4, 0.5, 1.0, 0.5, 0.8, 0.7, 0.3, 0.8, 0.2, 0.5, 0.1, 0.6, 0.8, 0.7, 0.3, 0.6, 1.0, 0.3, 0.4, 0.8, 0.2, 0.4, 0.4, 0.3, 0.0, 0.5, 0.2, 0.5, 0.5, 0.8, 0.3; 0.7, 0.0, 0.3, 0.4, 0.1, 0.9, 0.4, 0.7, 0.2, 0.3, 0.8, 0.1, 0.7, 0.3, 0.5, 0.5, 0.2, 0.1, 0.8, 0.1, 0.7, 0.6, 0.6, 0.2, 0.4, 0.9, 0.3, 0.8, 0.9, 0.9, 0.9, 0.2, 0.1, 0.5, 0.3, 0.0, 0.8, 0.3, 0.7, 0.1; 0.8, 0.6, 0.6, 0.0, 0.8, 0.7, 0.8, 0.0, 0.5, 0.4, 0.2, 0.2, 0.2, 0.6, 0.1, 1.0, 0.9, 0.6, 0.6, 0.4, 0.2, 0.3, 0.0, 0.8, 0.3, 0.6, 0.2, 0.7, 0.7, 0.7, 0.1, 0.7, 0.1, 0.9, 0.5, 0.2, 0.2, 0.8, 0.3, 0.9; 0.1, 0.2, 1.0, 0.8, 0.7, 0.3, 0.7, 0.0, 0.6, 0.6, 0.7, 0.4, 0.2, 0.6, 0.1, 0.6, 0.8, 0.8, 0.9, 0.8, 0.2, 0.6, 0.1, 0.6, 0.4, 0.5, 0.5, 0.3, 0.7, 0.9, 1.0, 0.3, 0.6, 0.2, 0.6, 0.6, 0.5, 0.5, 0.1, 0.8;

续表

参数	取值
$A^{r}_{u,l}$	0.6, 0.0, 0.4, 0.3, 0.9, 0.8, 0.1, 0.4, 0.1, 0.7, 1.0, 1.0, 0.6, 1.0, 0.6, 0.3, 0.1, 0.8, 0.6, 0.7, 0.4, 0.9, 0.2, 0.7, 0.3, 0.5, 0.9, 0.3, 0.7, 0.2, 0.9, 0.4, 1.0, 0.8, 0.1, 0.5, 0.6, 0.6, 0.9, 0.8; 0.1, 0.8, 0.4, 0.5, 0.1, 0.5, 0.5, 0.2, 0.2, 0.8, 0.2, 0.3, 0.5, 0.3, 0.9, 0.6, 0.4, 0.8, 0.4, 0.5, 0.0, 0.6, 0.1, 0.6, 0.3, 0.0, 0.8, 0.6, 0.6, 0.0, 0.7, 0.7, 0.1, 0.7, 0.9, 0.2, 0.5, 0.6, 0.8, 0.3; 0.3, 0.8, 0.3, 0.3, 0.1, 0.0, 0.9, 0.4, 0.9, 1.0, 0.7, 0.4, 0.5, 0.6, 0.1, 0.7, 0.6, 0.4, 0.8, 1.0, 0.5, 0.6, 0.6, 0.0, 0.3, 0.1, 0.0, 0.0, 0.5, 0.8, 0.8, 0.5, 0.0, 0.6, 0.9, 0.3, 0.2, 0.8, 0.0, 0.8; 0.9, 0.8, 0.9, 0.7, 0.3, 0.4, 0.8, 0.6, 0.1, 0.8, 0.5, 0.5, 0.8, 0.8, 0.6, 0.8, 0.1, 0.2, 0.4, 0.8, 0.8, 0.3, 0.5, 0.4, 0.8, 0.3, 0.1, 0.9, 0.0, 0.8, 0.0, 0.2, 0.7, 0.2, 0.4, 0.9, 0.9, 0.4, 0.6, 0.5; 1.0, 0.4, 0.4, 0.8, 0.8, 0.6, 0.2, 0.6, 0.9, 0.5, 0.2, 0.9, 0.5, 0.2, 0.7, 0.0, 0.7, 0.4, 0.5, 0.1, 0.6, 0.2, 0.1, 0.7, 0.0, 0.4, 0.9, 0.8, 0.7, 0.5, 0.7, 0.1, 0.6, 0.7, 0.0, 0.0, 0.8, 0.7, 0.4, 0.8; 0.9, 0.6, 1.0, 0.9, 0.8, 0.3, 0.3, 0.2, 0.6, 0.3, 0.6, 0.9, 0.8, 0.9, 1.0, 0.1, 0.2, 0.9, 0.4, 0.4, 0.4, 0.8, 0.1, 0.1, 0.1, 0.6, 0.6, 0.8, 1.0, 0.7, 0.8, 0.7, 1.0, 0.9, 0.1, 0.4, 0.2, 0.1, 0.4, 0.0; 0.4, 0.7, 0.8, 1.0, 0.1, 0.4, 0.3, 0.2, 0.1, 0.9, 0.8, 0.8, 0.2, 0.6, 0.6, 0.3, 0.7, 0.9, 0.7, 0.8, 0.9, 0.4, 0.2, 0.1, 0.6, 0.5, 0.6, 0.2, 1.0, 0.0, 0.4, 0.7, 0.4, 0.6, 0.6, 0.9, 0.1, 0.9, 0.7, 0.9; 0.9, 0.3, 0.7, 0.5, 0.6, 1.0, 0.7, 0.3, 0.0, 0.7, 0.1, 0.8, 0.5, 0.1, 0.2, 0.9, 0.7, 0.9, 0.3, 0.1, 0.4, 0.2, 0.8, 0.8, 0.8, 0.5, 0.6, 0.7, 0.3, 0.8, 0.3, 0.3, 0.3, 0.3, 0.4, 0.4, 0.7, 0.5, 0.9, 0.8; 1.0, 0.8, 0.0, 0.9, 0.4, 0.1, 0.1, 0.6, 0.1, 0.3, 0.4, 0.5, 0.6, 0.8, 0.7, 0.6, 0.4, 1.0, 0.7, 0.7, 0.2, 0.5, 0.5, 0.3, 1.0, 0.4, 0.1, 0.0, 0.1, 0.9, 0.6, 0.9, 0.7, 0.2, 0.9, 0.0, 0.7, 0.9, 0.7, 0.4; 0.6, 0.1, 0.1, 0.6, 0.7, 0.4, 0.1, 0.0, 0.9, 0.2, 0.0, 0.6, 0.5, 0.3, 0.1, 0.4, 0.3, 0.8, 0.9, 0.9, 0.4, 0.5, 0.3, 0.1, 0.6, 0.8, 0.3, 0.9, 0.4, 0.3, 0.0, 0.9, 0.4, 0.9, 0.2, 0.7, 0.7, 0.1, 0.0, 0.3; 0.3, 0.1, 0.2, 0.3, 0.2, 0.1, 0.7, 0.5, 0.1, 0.5, 0.2, 0.6, 0.1, 0.5, 0.9, 0.1, 0.3, 0.4, 0.5, 0.5, 0.9, 0.8, 0.2, 0.5, 0.9, 0.0, 0.4, 0.8, 0.6, 0.7, 0.5, 0.1, 0.4, 0.0, 0.3, 0.3, 0.9, 0.1, 0.2, 0.7; 0.6, 0.3, 0.2, 0.4, 0.5, 0.8, 0.7, 0.4, 0.6, 1.0, 0.6, 0.2, 0.0, 1.0, 0.2, 0.4, 0.1, 0.5, 0.9, 0.1, 0.5, 0.9, 0.2, 0.4, 0.2, 0.4, 0.1, 0.0, 0.4, 0.6, 0.6, 0.7, 0.0, 0.8, 0.8, 0.5, 0.5, 0.0, 0.5, 0.1; 0.7, 0.3, 1.0, 0.1, 0.7, 0.3, 0.9, 0.5, 0.1, 0.5, 0.3, 0.2, 0.7, 0.3, 0.7, 0.2, 0.3, 1.0, 0.2, 0.9, 0.4, 0.7, 0.3, 0.0, 0.9, 0.7, 0.8, 0.9, 0.4, 0.5, 0.5, 0.3, 0.9, 0.4, 0.3, 0.4, 0.6, 0.9, 0.2, 0.3;

续表

参数	取值
$A^{r}_{u,l}$	{1.0, 0.4, 1.0, 0.8, 0.7, 0.2, 1.0, 0.6, 0.1, 0.6, 0.2, 0.8, 0.6, 0.3, 0.9, 0.6, 0.9, 0.7, 0.4, 0.5, 0.9, 0.7, 0.8, 0.7, 0.8, 0.9, 0.1, 0.5, 0.3, 0.5, 0.2, 0.5, 0.3, 0.5, 0.0, 0.6, 0.7, 0.5, 0.3, 0.4; 0.4, 0.3, 0.1, 0.3, 0.9, 0.8, 0.9, 0.3, 0.3, 0.6, 0.2, 0.4, 0.3, 0.6, 0.6, 0.9, 0.5, 0.1, 0.5, 0.8, 0.1, 0.6, 0.2, 0.7, 0.4, 0.6, 0.7, 0.9, 0.7, 0.9, 0.7, 0.2, 0.6, 0.5, 0.6, 0.8, 0.9, 0.2, 0.2, 0.2; 1.0, 0.5, 0.0, 0.6, 0.5, 0.7, 0.2, 0.9, 0.5, 0.9, 0.3, 0.7, 0.7, 0.2, 0.4, 0.9, 1.0, 0.6, 0.7, 0.7, 0.1, 0.6, 0.7, 0.9, 0.2, 0.8, 0.9, 0.4, 0.7, 0.1, 0.3, 0.1, 0.2, 0.5, 0.5, 0.6, 0.3, 0.6, 0.5, 0.6; 0.4, 0.2, 0.5, 0.2, 0.5, 0.0, 0.3, 0.4, 0.8, 0.4, 0.7, 0.0, 0.1, 0.9, 0.0, 0.6, 0.4, 0.9, 0.9, 0.6, 0.9, 0.9, 0.5, 0.9, 0.2, 0.4, 0.2, 0.5, 0.4, 0.1, 0.4, 0.9, 0.5, 1.0, 0.6, 0.3, 0.7, 0.7, 0.9, 1.0; 0.1, 0.3, 0.3, 0.5, 0.0, 0.6, 0.1, 0.0, 0.6, 0.7, 0.2, 0.1, 0.2, 0.1, 0.4, 0.9, 0.5, 0.0, 0.2, 0.3, 1.0, 0.6, 0.6, 0.4, 0.2, 0.7, 0.1, 0.7, 0.7, 0.9, 0.9, 0.3, 0.7, 0.2, 0.9, 0.1, 0.2, 0.1, 0.5, 0.2; 0.5, 0.1, 0.7, 0.2, 0.4, 0.0, 0.2, 0.0, 0.3, 0.8, 0.6, 1.0, 0.8, 0.3, 0.3, 0.2, 0.9, 0.6, 0.5, 0.7, 1.0, 0.7, 0.7, 0.3, 0.0, 0.1, 0.7, 0.7, 0.2, 0.4, 0.7, 0.3, 0.9, 0.7, 1.0, 0.4, 0.8, 0.4, 0.7, 0.2; 0.9, 0.8, 0.1, 0.3, 0.3, 0.7, 0.4, 0.2, 0.9, 0.7, 0.0, 0.8, 0.6, 0.4, 0.4, 0.4, 0.3, 0.1, 0.5, 0.8, 0.0, 0.4, 1.0, 0.9, 0.9, 0.3, 0.2, 0.6, 0.3, 0.1, 0.1, 0.2, 0.8, 0.7, 0.2, 1.0, 0.6, 0.9, 0.0, 0.2; 0.2, 0.6, 0.2, 0.3, 0.2, 0.5, 0.5, 0.9, 0.9, 0.6, 0.1, 0.7, 0.2, 0.5, 0.1, 0.8, 0.5, 0.5, 0.1, 0.1, 0.3, 0.7, 0.5, 0.3, 0.1, 0.5, 0.9, 0.3, 0.4, 0.7, 0.3, 0.1, 0.2, 0.6, 0.8, 0.3, 0.5, 0.5, 0.6, 0.0; 0.9, 0.1, 0.2, 0.5, 0.5, 0.1, 0.9, 0.4, 0.5, 0.2, 0.5, 0.8, 0.9, 0.2, 1.0, 0.0, 0.9, 0.2, 0.9, 0.3, 0.8, 1.0, 0.8, 0.6, 0.8, 0.5, 0.9, 0.2, 0.4, 0.7, 0.8, 0.8, 0.3, 0.5, 0.7, 0.0, 0.4, 0.4, 1.0, 0.7; 0.8, 1.0, 0.3, 0.7, 0.5, 0.4, 0.7, 0.9, 0.2, 0.6, 0.3, 0.3, 0.4, 0.9, 0.8, 1.0, 0.2, 0.4, 0.7, 0.5, 1.0, 0.8, 0.3, 0.8, 0.5, 0.5, 0.8, 0.1, 0.7, 0.8, 0.9, 0.1, 0.7, 0.5, 0.1, 0.0, 0.9, 0.5, 0.3, 0.3; 0.8, 0.7, 0.6, 0.8, 0.8, 0.9, 0.2, 0.6, 0.1, 0.9, 0.5, 0.8, 0.6, 0.6, 0.8, 1.0, 0.4, 0.9, 0.1, 0.1, 0.0, 0.8, 0.1, 0.9, 0.1, 0.1, 0.6, 0.6, 0.6, 0.0, 1.0, 0.9, 0.4, 0.3, 0.6, 0.1, 0.3, 0.8, 1.0, 0.3; 0.4, 0.7, 0.7, 0.3, 0.0, 0.7, 0.4, 0.9, 0.4, 0.9, 0.8, 0.3, 0.8, 0.5, 0.0, 0.8, 0.8, 0.7, 0.8, 0.4, 0.5, 0.8, 0.1, 0.7, 0.0, 0.1, 0.7, 0.5, 0.2, 0.3, 0.4, 0.2, 0.4, 0.1, 0.9, 0.4, 0.2, 0.6, 0.5, 0.5; 0.0, 0.1, 0.6, 0.7, 0.4, 0.1, 0.1, 0.1, 0.7, 0.5, 1.0, 0.9, 0.8, 0.8, 0.8, 0.5, 0.5, 0.2, 0.8, 0.2, 0.2, 0.2, 0.3, 0.0, 0.8, 0.4, 0.7, 0.8, 0.3, 0.4, 0.1, 0.8, 0.7, 0.9, 0.2, 0.4, 0.1, 0.9, 0.8, 0.8;}

续表

参数	取值
$A^r_{u,l}$	0.5, 1.0, 0.2, 0.0, 0.1, 0.3, 0.8, 0.1, 0.0, 0.9, 0.3, 0.3, 0.9, 0.2, 0.9, 0.2, 0.6, 0.3, 0.1, 0.4, 0.1, 0.2, 0.2, 0.9, 0.8, 0.4, 0.8, 0.5, 0.3, 0.9, 0.6, 0.2, 0.3, 0.2, 0.5, 0.9, 0.6, 0.7, 0.8, 0.0; 0.1, 0.1, 0.6, 0.3, 0.8, 0.9, 0.2, 0.3, 1.0, 0.8, 0.9, 0.1, 0.8, 0.6, 0.5, 0.4, 0.2, 0.2, 0.3, 0.8, 1.0, 0.6, 0.9, 0.3, 0.7, 0.0, 0.5, 1.0, 0.4, 0.3, 0.7, 0.7, 0.7, 0.6, 0.1, 0.3, 0.4, 0.2, 0.0, 0.6; 0.3, 0.3, 0.9, 0.8, 0.2, 1.0, 0.2, 0.3, 0.6, 0.1, 0.3, 0.8, 0.6, 0.3, 0.5, 0.8, 0.6, 0.3, 0.1, 0.3, 0.2, 0.8, 0.5, 0.6, 0.6, 0.2, 0.1, 0.3, 0.8, 0.2, 1.0, 0.2, 1.0, 0.6, 0.4, 0.4, 0.1, 0.2, 0.2, 1.0; …… 0.4, 0.1, 0.1, 0.9, 0.6, 1.0, 0.4, 0.4, 0.1, 1.0, 0.0, 0.8, 0.1, 1.0, 0.5, 0.5, 0.2, 0.1, 0.9, 1.0, 0.2, 0.0, 0.7, 0.1, 1.0, 0.9, 0.1, 0.9, 0.7, 0.2, 0.1, 0.5, 0.9, 1.0, 0.2, 0.9, 0.9, 0.9, 0.4, 0.7; 0.2, 1.0, 0.8, 0.1, 0.4, 0.5, 0.3, 0.0, 0.8, 0.0, 0.8, 0.8, 0.4, 0.8, 0.1, 0.3, 0.9, 0.8, 0.2, 0.2, 0.7, 0.6, 0.6, 0.9, 0.6, 0.8, 0.7, 0.9, 0.4, 0.7, 0.1, 0.4, 0.5, 0.1, 0.2, 0.8, 0.7, 1.0, 0.4, 0.9; 0.4, 0.5, 0.8, 0.7, 0.4, 0.2, 0.4, 0.6, 0.1, 0.3, 0.1, 0.7, 0.5, 0.7, 0.9, 0.8, 0.4, 0.8, 0.1, 0.2, 0.7, 0.4, 0.6, 0.8, 0.8, 0.9, 0.2, 0.1, 0.4, 0.8, 0.4, 0.6, 0.8, 0.7, 0.3, 0.8, 0.6, 0.5, 0.3, 0.1; 0.4, 0.3, 0.5, 0.9, 0.3, 0.3, 0.3, 0.6, 0.2, 0.6, 0.1, 0.0, 0.7, 0.5, 0.1, 0.1, 0.1, 0.7, 0.2, 0.2, 0.7, 0.1, 0.3, 0.3, 0.9, 0.7, 0.6, 0.3, 0.1, 0.3, 0.7, 0.8, 0.8, 0.1, 1.0, 1.0, 0.5, 0.8, 0.9, 0.2; 0.1, 0.4, 0.3, 0.0, 0.9, 0.9, 0.9, 1.0, 0.7, 0.1, 0.7, 0.8, 0.4, 0.8, 0.6, 0.4, 0.3, 0.5, 0.9, 0.5, 0.9, 0.3, 0.6, 0.8, 0.4, 0.2, 0.9, 0.4, 0.2, 0.5, 0.3, 0.4, 0.1, 0.4, 0.2, 0.9, 0.6, 0.4, 0.7, 0.8; 0.0, 0.4, 0.7, 0.9, 0.3, 0.7, 1.0, 0.8, 0.2, 0.8, 0.7, 0.8, 0.6, 0.8, 0.9, 0.1, 0.4, 0.4, 0.3, 0.4, 0.9, 0.2, 0.5, 0.2, 0.7, 0.4, 0.0, 0.2, 0.1, 1.0, 0.9, 0.6, 0.6, 0.7, 0.5, 0.7, 0.8, 0.5, 0.6, 0.6; 0.4, 0.3, 0.1, 0.7, 0.2, 0.4, 0.5, 0.0, 0.8, 0.1, 1.0, 0.7, 0.8, 1.0, 0.3, 0.2, 0.1, 1.0, 0.3, 0.7, 0.9, 0.4, 0.9, 0.8, 0.6, 0.0, 0.3, 0.7, 0.5, 0.4, 0.7, 0.8, 0.6, 1.0, 1.0, 0.8, 0.8, 0.2, 0.9, 0.1; 0.1, 0.9, 0.4, 0.2, 0.3, 0.5, 0.0, 0.5, 0.5, 0.4, 0.3, 0.6, 0.6, 0.2, 0.5, 0.9, 0.9, 0.6, 0.9, 1.0, 0.0, 0.7, 0.2, 0.9, 0.5, 0.1, 0.4, 1.0, 0.8, 0.6, 0.4, 0.2, 0.0, 0.3, 0.1, 0.7, 0.3, 0.6, 0.0, 0.5; 0.5, 0.1, 0.5, 0.3, 0.3, 0.0, 0.2, 0.4, 0.1, 0.9, 0.1, 0.1, 0.0, 0.8, 0.9, 0.7, 0.6, 0.5, 0.7, 0.5, 0.1, 0.6, 0.7, 0.2, 0.4, 0.0, 0.3, 1.0, 0.7, 0.8, 0.3, 1.0, 0.0, 0.0, 0.6, 0.5, 0.1, 0.7, 0.3, 0.5; 0.2, 0.3, 0.0, 0.0, 0.7, 0.6, 0.5, 1.0, 0.6, 0.9, 0.4, 0.1, 0.8, 0.6, 0.8, 0.4, 0.4, 0.0, 0.6, 0.6,

续表

参数	取值
$A^r_{u,l}$	0.6, 0.5, 1.0, 0.5, 0.6, 0.7, 0.6, 0.9, 0.5, 0.4, 0.4, 0.3, 0.1, 0.2, 0.2, 0.6, 0.2, 0.6, 0.1, 0.4; 0.3, 0.9, 0.7, 0.6, 0.8, 0.3, 0.4, 0.2, 0.1, 0.3, 0.9, 1.0, 0.3, 0.6, 0.7, 0.6, 0.8, 0.8, 0.9, 0.3, 0.1, 0.2, 0.6, 0.3, 0.4, 0.5, 0.9, 0.7, 0.7, 0.5, 0.2, 0.0, 0.4, 0.6, 0.7, 0.1, 0.3, 0.6, 0.7, 0.4; 0.3, 0.1, 0.5, 0.3, 0.4, 0.1, 0.8, 0.1, 0.3, 0.7, 0.7, 0.2, 0.7, 0.3, 0.7, 0.8, 0.4, 0.4, 0.4, 0.7, 0.7, 0.2, 0.4, 0.5, 0.5, 0.7, 0.2, 0.8, 1.0, 0.5, 0.5, 0.9, 0.6, 0.8, 0.6, 0.1, 0.3, 0.8, 0.1, 0.4; 0.7, 0.5, 0.5, 0.9, 0.9, 0.5, 0.5, 0.9, 1.0, 0.8, 0.5, 0.6, 0.4, 0.1, 0.9, 0.9, 0.5, 0.2, 0.3, 0.7, 0.1, 0.3, 0.9, 0.4, 0.4, 0.7, 0.1, 1.0, 0.1, 0.4, 0.3, 0.2, 0.2, 0.7, 0.5, 0.0, 0.4, 0.5, 0.4, 0.1; 0.6, 0.4, 0.9, 0.8, 0.1, 0.7, 0.6, 0.0, 0.5, 0.1, 0.8, 0.3, 0.8, 0.7, 0.4, 0.6, 0.9, 0.5, 0.9, 0.8, 0.9, 0.7, 0.7, 0.6, 1.0, 0.4, 0.4, 0.9, 0.9, 0.4, 0.2, 0.7, 0.7, 0.9, 0.2, 0.8, 0.2, 0.2, 0.8, 0.9; 0.6, 0.8, 0.1, 0.4, 0.7, 0.7, 0.7, 0.1, 0.1, 0.9, 0.3, 0.8, 0.6, 0.9, 0.1, 0.9, 0.1, 0.4, 0.7, 0.5, 0.9, 0.4, 0.9, 0.3, 0.7, 0.6, 0.9, 0.3, 0.4, 0.5, 0.5, 0.9, 0.8, 0.7, 0.9, 0.2, 0.2, 0.2, 0.5, 0.4; 0.3, 0.4, 0.6, 0.5, 0.8, 0.8, 0.7, 0.6, 0.8, 0.5, 0.1, 0.8, 0.3, 0.4, 0.1, 0.7, 0.5, 0.2, 0.5, 0.9, 0.7, 0.5, 0.6, 0.3, 0.5, 0.3, 0.7, 0.3, 0.9, 0.8, 0.4, 0.8, 0.5, 0.7, 0.4, 0.5, 0.6, 0.6, 0.3, 0.5; 0.5, 0.9, 0.2, 0.4, 0.7, 0.8, 0.2, 0.1, 0.3, 0.7, 0.7, 0.7, 0.3, 0.2, 0.5, 0.2, 0.6, 0.8, 0.9, 0.6, 0.2, 0.7, 0.5, 0.6, 0.3, 0.6, 0.2, 0.5, 0.6, 0.1, 0.4, 0.6, 0.4, 1.0, 0.3, 0.2, 0.7, 0.7, 0.8, 0.7; 0.2, 1.0, 0.5, 0.9, 0.4, 0.9, 0.8, 0.7, 0.2, 0.1, 0.3, 0.9, 0.1, 0.7, 0.6, 0.9, 0.2, 0.2, 0.3, 0.6, 0.9, 0.3, 0.0, 0.6, 1.0, 0.4, 0.3, 0.3, 0.2, 0.1, 0.9, 0.4, 0.6, 0.2, 0.2, 0.9, 1.0, 0.9, 0.4, 0.3; 0.1, 0.2, 0.9, 0.7, 0.9, 0.9, 0.4, 0.1, 0.6, 0.4, 0.2, 0.3, 0.1, 0.5, 0.0, 0.9, 0.7, 0.2, 0.7, 0.9, 0.2, 0.2, 0.1, 0.8, 0.6, 0.0, 0.8, 0.9, 0.7, 1.0, 0.8, 0.6, 0.4, 0.9, 0.6, 0.9, 0.9, 0.9, 0.3, 0.5; 0.9, 0.2, 0.6, 0.2, 0.3, 0.4, 0.8, 0.1, 0.0, 0.5, 0.7, 1.0, 0.3, 0.4, 0.6, 0.6, 0.4, 0.3, 0.4, 0.0, 0.1, 0.4, 0.7, 1.0, 0.3, 0.6, 0.5, 0.8, 0.5, 0.3, 0.4, 0.1, 0.7, 0.7, 0.8, 0.9, 0.4, 0.4, 0.3, 0.3; 0.7, 0.7, 0.3, 0.7, 0.4, 0.7, 0.1, 0.5, 1.0, 0.6, 0.4, 0.0, 1.0, 0.4, 0.4, 0.2, 0.5, 1.0, 0.2, 0.0, 0.4, 0.6, 0.4, 0.2, 0.2, 0.0, 0.5, 0.6, 0.2, 0.1, 0.7, 0.9, 0.1, 0.2, 0.5, 0.1, 1.0, 0.7, 0.5, 0.4; 0.1, 0.6, 0.6, 0.0, 0.5, 0.5, 0.4, 0.9, 0.3, 0.5, 0.6, 0.6, 1.0, 1.0, 0.5, 0.4, 0.2, 0.6, 0.0, 0.3, 0.6, 0.5, 0.5, 0.2, 0.4, 0.2, 0.2, 0.2, 0.8, 0.3, 0.1, 0.7, 0.9, 0.0, 0.2, 0.6, 1.0, 0.3, 0.2, 0.7; 1.0, 1.0, 1.0, 0.7, 0.2, 0.6, 0.6, 0.4, 0.0, 0.2, 0.3, 0.3, 0.5, 0.1, 0.8, 0.0, 0.4, 0.2, 0.7, 0.9,

续表

参数	取值
$A^{r}_{u,l}$	{0.9, 0.4, 0.3, 0.4, 0.5, 0.5, 0.1, 0.3, 0.5, 0.3, 0.9, 0.2, 0.5, 0.9, 0.2, 0.5, 0.2, 0.9, 0.1, 0.7; 0.9, 0.8, 0.6, 0.6, 0.6, 0.0, 0.6, 0.8, 0.1, 0.8, 0.3, 0.5, 0.7, 0.3, 0.6, 0.6, 0.4, 0.3, 0.5, 1.0, 0.4, 1.0, 0.8, 0.6, 0.3, 0.3, 0.8, 0.2, 0.5, 0.9, 0.1, 0.5, 0.3, 0.2, 0.2, 0.6, 0.6, 0.0, 0.2, 0.1; 0.9, 0.1, 0.8, 0.3, 0.0, 0.0, 0.7, 0.0, 0.9, 0.1, 0.3, 0.7, 0.2, 0.6, 0.6, 0.6, 1.0, 0.1, 0.7, 0.7, 0.8, 0.2, 0.5, 0.8, 0.6, 0.0, 0.6, 0.5, 0.5, 0.5, 0.5, 0.5, 0.0, 0.7, 0.7, 0.2, 0.5, 0.2, 1.0, 0.4; 0.7, 0.5, 0.9, 0.7, 0.3, 0.2, 1.0, 0.6, 0.8, 0.9, 0.7, 0.2, 0.1, 0.2, 0.3, 0.5, 0.7, 0.8, 0.7, 0.3, 0.9, 0.6, 0.7, 0.4, 0.2, 0.6, 0.2, 0.1, 0.1, 0.9, 0.6, 0.0, 0.0, 0.5, 0.5, 0.5, 0.7, 0.7, 0.5, 0.5; 0.3, 0.7, 0.1, 0.2, 0.4, 0.3, 0.5, 0.2, 1.0, 0.1, 0.8, 0.9, 0.3, 0.4, 0.7, 0.9, 0.1, 1.0, 0.4, 0.6, 0.7, 1.0, 0.1, 0.2, 0.7, 0.0, 0.3, 0.1, 0.7, 1.0, 0.7, 0.3, 0.5, 0.7, 0.8, 0.1, 0.3, 0.2, 0.7, 0.9; 0.2, 0.2, 0.9, 0.6, 0.3, 0.3, 0.2, 0.6, 0.2, 0.1, 1.0, 0.7, 0.3, 0.5, 0.5, 0.5, 0.1, 1.0, 0.9, 0.8, 0.1, 0.6, 0.4, 1.0, 0.6, 0.2, 0.3, 0.8, 0.3, 0.4, 0.4, 0.0, 0.6, 0.5, 0.2, 0.5, 0.1, 0.7, 0.5, 0.9; 0.4, 0.4, 0.1, 0.4, 0.5, 0.1, 0.4, 0.5, 0.9, 0.6, 0.3, 0.8, 0.9, 0.1, 0.8, 0.1, 0.6, 0.1, 0.9, 0.2, 0.7, 0.5, 0.0, 0.6, 1.0, 0.3, 0.9, 0.8, 0.6, 0.7, 0.1, 0.5, 1.0, 0.5, 0.5, 0.5, 0.4, 0.5, 0.3, 0.6; 0.3, 0.4, 0.2, 0.6, 0.2, 0.8, 0.3, 0.1, 0.9, 0.6, 0.4, 0.2, 0.5, 0.9, 0.4, 0.2, 0.2, 0.3, 0.6, 0.3, 0.5, 0.6, 0.2, 0.4, 0.0, 1.0, 0.0, 0.4, 0.3, 0.8, 0.5, 0.5, 0.4, 0.1, 0.7, 0.9, 0.6, 0.8, 0.8, 0.4; 0.7, 0.7, 0.2, 0.7, 0.7, 0.7, 0.9, 0.6, 0.2, 0.2, 0.4, 0.4, 0.8, 0.6, 0.4, 0.4, 0.3, 0.7, 0.9, 0.0, 1.0, 0.6, 0.1, 0.2, 0.7, 0.5, 0.7, 0.6, 0.7, 0.0, 0.7, 0.1, 0.8, 0.4, 0.9, 0.2, 0.4, 0.3, 0.1, 0.5; 0.9, 0.7, 0.8, 0.8, 0.3, 0.9, 0.7, 1.0, 0.6, 0.6, 0.2, 0.0, 0.9, 0.7, 0.3, 0.6, 0.1, 0.2, 0.7, 0.6, 0.6, 0.4, 0.3, 0.7, 0.2, 0.3, 0.6, 0.9, 0.5, 0.3, 0.2, 0.2, 0.2, 0.4, 0.8, 0.2, 0.1, 0.5, 0.5, 1.0; 0.0, 0.1, 0.8, 1.0, 0.2, 0.5, 0.3, 0.3, 0.1, 0.6, 0.6, 0.1, 0.0, 0.8, 0.2, 0.2, 0.9, 0.2, 0.1, 0.3, 0.6, 0.7, 0.1, 0.4, 0.0, 0.3, 0.2, 0.3, 0.3, 0.7, 0.1, 0.5, 0.2, 0.3, 0.0, 0.2, 0.3, 0.8, 0.6, 0.6; 0.4, 0.3, 0.5, 0.7, 0.3, 0.8, 0.4, 0.8, 0.4, 0.4, 0.1, 0.4, 0.1, 0.8, 0.7, 0.6, 0.6, 0.4, 0.8, 0.0, 0.4, 0.5, 1.0, 0.1, 0.0, 0.8, 0.1, 0.2, 0.8, 0.3, 0.7, 1.0, 0.6, 0.1, 0.3, 0.8, 0.8, 0.6, 0.6, 0.4; 0.0, 0.8, 0.4, 0.4, 1.0, 0.4, 1.0, 0.1, 0.9, 0.5, 0.3, 0.3, 1.0, 0.9, 0.7, 0.7, 0.6, 0.4, 0.1, 0.3, 0.7, 0.9, 0.3, 0.3, 0.8, 0.1, 0.1, 0.8, 0.1, 0.8, 0.6, 0.1, 0.5, 1.0, 0.6, 0.3, 0.1, 0.5, 0.2, 0.4; 0.9, 0.2, 0.1, 0.1, 0.7, 0.6, 0.2, 0.3, 0.5, 0.1, 0.9, 0.7, 0.6, 0.7, 0.6, 0.0, 0.8, 1.0, 0.1, 0.1,

续表

参数	取值
$A^r_{u,l}$	$\left\{\begin{array}{l} 0.5, 0.0, 0.7, 0.7, 0.3, 1.0, 0.5, 0.8, 0.6, 0.7, 0.4, 0.7, 0.8, 0.7, 1.0, 0.3, 0.9, 0.8, 0.7, 0.6; \\ 0.8, 0.1, 0.0, 0.2, 1.0, 0.5, 0.3, 0.4, 0.7, 0.8, 0.2, 0.1, 0.7, 0.5, 0.3, 0.7, 0.6, 0.2, 0.3, 0.5, \\ 0.9, 0.9, 0.3, 0.6, 0.6, 0.9, 0.8, 0.4, 0.1, 0.2, 0.7, 0.8, 0.6, 0.5, 0.8, 0.9, 0.1, 0.6, 0.8, 0.7; \\ 0.7, 0.8, 0.9, 0.4, 0.9, 0.5, 1.0, 0.6, 0.4, 0.9, 0.7, 0.1, 0.5, 0.7, 0.7, 0.1, 0.9, 0.9, 0.6, 0.1, \\ 0.4, 0.8, 0.5, 0.2, 0.8, 0.1, 1.0, 0.9, 0.5, 0.1, 0.0, 0.1, 0.3, 0.1, 0.8, 0.1, 0.8, 0.4, 0.3, 0.7; \\ 0.7, 0.7, 0.8, 0.6, 0.5, 0.1, 0.0, 0.8, 0.9, 0.9, 0.4, 0.8, 0.4, 1.0, 0.0, 1.0, 0.4, 0.8, 0.3, 0.9, \\ 0.2, 0.4, 0.9, 0.7, 0.3, 0.8, 0.4, 0.7, 0.4, 0.9, 0.7, 0.3, 0.8, 0.8, 0.2, 0.9, 0.3, 1.0, 0.4, 0.0; \\ 0.9, 0.3, 0.3, 0.4, 0.5, 0.1, 0.3, 0.2, 1.0, 0.2, 0.3, 0.3, 0.4, 0.1, 0.6, 1.0, 0.0, 0.8, 0.3, 0.2, \\ 0.2, 0.9, 0.5, 0.1, 0.9, 0.0, 0.8, 0.0, 0.9, 0.5, 0.8, 0.6, 0.1, 0.4, 0.5, 0.8, 0.0, 0.9, 0.9, 0.4. \end{array}\right\}$
$a^r_{u,l}$	$\left\{\begin{array}{l} 0.1, 0.2, 0.7, 0.0, 0.1, 0.4, 1.0, 0.1, 0.5, 0.6, 0.3, 0.5, 0.6, 0.4, 0.3, 0.8, 0.5, 0.1, 0.7, 0.6, \\ 0.5, 0.7, 0.0, 0.3, 0.3, 0.6, 0.6, 0.4, 0.1, 0.0, 0.7, 0.5, 0.1, 0.4, 0.4, 0.6, 0.2, 0.4, 0.4, 0.1; \\ 0.6, 1.0, 0.3, 0.1, 0.6, 1.0, 0.9, 0.3, 0.8, 0.4, 0.5, 0.1, 0.6, 0.7, 0.0, 0.3, 0.1, 0.0, 0.3, 0.4, \\ 0.2, 0.9, 0.4, 0.9, 0.2, 0.4, 0.5, 0.2, 0.3, 0.4, 0.5, 0.4, 0.2, 1.0, 0.5, 0.9, 0.6, 0.8, 0.6, 0.3; \\ 0.0, 0.9, 0.7, 0.1, 0.7, 0.3, 0.5, 0.0, 0.6, 0.9, 0.5, 0.9, 0.6, 0.6, 0.3, 0.3, 0.4, 0.8, 0.5, 0.8, \\ 0.4, 0.7, 1.0, 0.0, 0.1, 0.7, 0.5, 1.0, 0.0, 0.8, 0.6, 0.5, 0.0, 0.4, 0.1, 0.6, 0.0, 0.8, 0.8, 0.8; \\ 0.4, 0.1, 0.9, 0.1, 0.4, 0.3, 0.9, 0.6, 0.2, 0.3, 0.7, 0.8, 0.7, 0.8, 0.3, 0.7, 0.0, 0.6, 0.9, 0.7, \\ 0.9, 0.3, 0.0, 0.9, 0.3, 0.6, 0.7, 0.6, 0.3, 0.5, 0.4, 0.4, 0.4, 0.3, 0.8, 0.0, 0.5, 0.1, 0.3, 0.8; \\ 0.5, 0.8, 0.1, 0.1, 0.1, 0.9, 1.0, 0.5, 0.9, 1.0, 0.9, 0.4, 0.0, 0.2, 0.6, 0.9, 0.8, 0.9, 0.5, 0.2, \\ 0.7, 0.3, 0.3, 0.1, 0.4, 0.9, 0.3, 0.1, 0.9, 0.3, 0.5, 0.3, 0.8, 0.3, 0.9, 0.4, 0.0, 0.5, 0.7, 0.7; \\ 0.6, 0.4, 0.2, 0.5, 0.7, 0.2, 0.8, 0.3, 0.7, 1.0, 0.6, 0.7, 0.0, 0.9, 1.0, 0.8, 0.7, 0.9, 0.1, 0.2, \\ 0.3, 1.0, 0.5, 0.5, 0.6, 0.7, 0.7, 0.7, 0.8, 1.0, 0.4, 0.0, 0.1, 0.6, 0.9, 0.0, 0.1, 1.0, 0.0, 0.0; \\ 0.3, 0.7, 0.0, 0.8, 1.0, 0.0, 0.9, 0.5, 0.9, 0.9, 0.4, 0.4, 0.9, 1.0, 0.1, 0.1, 0.1, 0.1, 0.1, 0.2, \\ 1.0, 0.1, 0.5, 0.9, 0.1, 0.7, 0.2, 0.1, 0.1, 0.9, 0.7, 0.0, 1.0, 1.0, 0.2, 0.0, 0.3, 0.4, 0.7, 0.1; \\ 0.6, 0.7, 0.8, 0.3, 0.6, 0.8, 0.7, 0.5, 0.1, 0.4, 0.3, 0.3, 0.5, 0.4, 0.7, 0.3, 1.0, 0.6, 0.4, 0.4, \\ 0.2, 0.4, 0.5, 0.4, 0.2, 0.3, 0.4, 0.3, 0.8, 0.7, 0.1, 0.9, 0.6, 0.3, 0.9, 0.6, 0.5, 0.3, 0.2, 0.2; \end{array}\right\}$

续表

参数	取值
$a^{r}_{u,l}$	{0.3, 0.9, 0.4, 0.4, 0.9, 0.9, 0.9, 1.0, 0.5, 0.6, 0.5, 0.1, 0.9, 0.8, 0.1, 0.9, 0.8, 0.7, 0.8, 0.7, 0.1, 1.0, 0.2, 0.7, 0.3, 0.6, 0.7, 0.9, 0.8, 0.8, 0.7, 0.5, 0.1, 0.3, 0.1, 0.2, 0.6, 0.1, 0.8, 0.7; 0.8, 0.5, 1.0, 0.3, 0.5, 0.8, 0.1, 0.1, 0.2, 0.4, 0.2, 0.4, 0.3, 0.3, 0.3, 0.1, 0.9, 0.7, 0.2, 0.7, 0.7, 0.1, 0.9, 0.0, 0.3, 0.3, 0.0, 0.5, 0.4, 0.5, 1.0, 0.2, 0.5, 0.9, 0.5, 0.2, 0.9, 0.0, 0.1, 0.9; 0.6, 0.5, 0.3, 0.8, 0.9, 0.9, 0.8, 0.7, 0.7, 0.8, 0.9, 1.0, 0.3, 0.6, 1.0, 0.3, 0.8, 0.7, 0.7, 1.0, 0.0, 0.4, 0.0, 0.7, 0.7, 0.2, 0.7, 0.4, 0.6, 0.1, 0.4, 0.5, 0.0, 0.6, 0.2, 0.4, 0.3, 0.7, 0.8, 0.4; 0.1, 0.5, 0.4, 0.0, 0.3, 1.0, 0.9, 0.4, 0.5, 0.5, 0.8, 0.6, 0.6, 0.8, 0.2, 0.2, 0.6, 0.2, 0.8, 0.4, 1.0, 0.6, 0.1, 0.6, 0.8, 0.2, 1.0, 0.6, 0.2, 0.5, 0.8, 0.2, 0.4, 0.4, 0.9, 0.6, 1.0, 0.5, 0.6, 0.7; 0.1, 0.6, 0.2, 0.1, 0.7, 0.3, 0.4, 0.4, 0.7, 0.1, 0.7, 0.2, 0.9, 0.9, 0.7, 0.8, 0.1, 0.1, 0.5, 0.4, 0.6, 0.8, 0.9, 0.3, 0.3, 0.1, 0.1, 0.6, 0.6, 0.5, 0.4, 0.5, 0.3, 0.1, 0.7, 0.7, 0.4, 0.5, 0.2, 0.8; 0.6, 0.4, 0.8, 0.7, 0.6, 0.7, 0.1, 0.5, 0.9, 1.0, 0.5, 0.4, 0.1, 0.0, 0.1, 0.4, 0.9, 0.3, 0.3, 0.7, 0.7, 0.7, 0.8, 0.7, 0.1, 0.8, 0.8, 0.4, 1.0, 0.2, 0.7, 0.2, 0.8, 0.1, 0.2, 0.5, 1.0, 0.9, 0.3, 0.4; 0.3, 0.1, 0.3, 0.9, 0.8, 0.1, 0.9, 0.5, 0.5, 0.8, 0.7, 0.3, 0.0, 0.5, 0.9, 0.6, 1.0, 0.1, 0.1, 0.0, 0.2, 0.2, 0.4, 0.0, 0.8, 0.4, 0.7, 0.3, 0.9, 0.8, 0.0, 0.9, 0.2, 1.0, 1.0, 1.0, 1.0, 0.2, 0.4, 0.9; 0.5, 0.4, 0.7, 0.9, 0.5, 0.5, 0.2, 0.4, 0.4, 0.6, 0.0, 0.1, 0.3, 0.3, 0.1, 1.0, 0.0, 0.8, 0.7, 0.0, 0.7, 0.4, 0.7, 0.3, 0.5, 0.3, 0.9, 0.1, 0.3, 0.5, 0.4, 0.3, 0.3, 0.9, 0.8, 0.4, 0.2, 0.7, 0.4, 0.8; 0.3, 0.8, 0.5, 0.5, 1.0, 0.6, 0.6, 0.5, 0.7, 0.7, 0.6, 1.0, 0.7, 0.6, 0.4, 0.1, 0.4, 0.7, 1.0, 0.6, 0.5, 0.1, 0.6, 0.8, 0.4, 0.9, 0.6, 0.3, 0.9, 0.7, 0.1, 0.6, 0.2, 0.3, 0.3, 0.3, 0.2, 0.1, 0.6, 0.5; 1.0, 0.0, 0.9, 0.8, 0.4, 0.6, 0.2, 0.6, 0.4, 0.2, 0.5, 0.8, 0.8, 0.9, 0.2, 0.7, 0.4, 0.1, 0.8, 0.2, 0.0, 0.6, 0.6, 0.8, 0.5, 0.2, 0.3, 0.5, 0.1, 0.4, 0.3, 0.2, 0.2, 0.3, 0.5, 0.4, 0.5, 0.2, 0.2, 0.2; 0.5, 0.3, 0.1, 1.0, 0.8, 0.3, 0.5, 0.2, 0.9, 0.7, 0.8, 0.2, 0.6, 0.3, 0.6, 0.4, 0.7, 0.9, 0.7, 0.4, 0.4, 0.0, 0.5, 0.6, 0.1, 0.1, 0.8, 0.9, 0.9, 0.6, 0.4, 0.2, 0.2, 0.7, 0.5, 0.9, 0.2, 1.0, 0.4, 0.7; 0.0, 0.7, 0.0, 1.0, 0.4, 0.1, 0.3, 0.1, 0.3, 0.1, 0.9, 0.4, 0.7, 0.8, 0.8, 0.2, 0.5, 0.6, 0.9, 0.1, 0.9, 0.6, 0.1, 0.2, 0.1, 0.6, 0.5, 1.0, 0.5, 0.4, 0.9, 0.0, 1.0, 0.2, 0.4, 0.6, 0.1, 0.4, 0.5, 0.5; 0.8, 0.3, 0.2, 0.4, 0.3, 0.2, 0.7, 0.4, 0.9, 0.9, 0.5, 0.5, 0.3, 0.2, 1.0, 0.1, 0.3, 0.3, 0.4, 0.5, 0.3, 0.1, 0.7, 0.1, 0.9, 0.9, 0.2, 0.6, 0.5, 0.8, 0.7, 0.6, 0.6, 0.9, 0.4, 0.4, 0.1, 0.4, 0.5, 0.6;}

续表

参数	取值
$a^{r}_{u,l}$	0.2, 0.1, 0.7, 0.1, 0.4, 0.7, 0.2, 0.7, 0.8, 0.6, 0.1, 0.1, 0.2, 0.7, 0.8, 0.9, 1.0, 0.8, 0.6, 0.9, 0.5, 0.4, 1.0, 0.6, 0.6, 0.1, 0.5, 0.1, 0.7, 0.3, 0.2, 0.1, 0.7, 0.4, 0.9, 0.4, 0.0, 0.3, 0.3, 0.2; 0.3, 0.8, 0.2, 0.1, 0.8, 0.5, 0.5, 0.1, 0.4, 0.5, 0.0, 0.2, 0.7, 1.0, 0.0, 1.0, 0.5, 0.7, 0.1, 0.2, 0.6, 0.5, 0.5, 0.1, 0.9, 0.1, 0.7, 0.7, 0.8, 0.1, 0.7, 0.6, 0.2, 0.6, 0.3, 0.1, 0.4, 0.7, 0.5, 0.5; 0.3, 0.1, 0.2, 0.5, 0.2, 0.7, 0.6, 0.0, 1.0, 0.8, 1.0, 0.2, 0.7, 0.6, 0.5, 0.8, 0.4, 0.3, 0.7, 0.7, 0.9, 1.0, 0.2, 0.3, 0.0, 0.8, 0.5, 0.0, 0.3, 0.9, 1.0, 0.8, 0.9, 0.9, 0.2, 0.7, 0.7, 0.7, 0.1, 0.3; 0.4, 0.8, 0.7, 0.4, 0.9, 0.9, 0.3, 0.6, 0.4, 0.0, 0.2, 0.2, 0.6, 0.3, 0.6, 0.5, 0.7, 0.5, 0.7, 1.0, 0.4, 0.0, 0.9, 0.4, 0.8, 0.5, 0.0, 0.2, 0.7, 0.2, 0.7, 0.4, 0.6, 0.6, 0.0, 0.3, 0.5, 0.4, 0.9, 0.0; 0.2, 0.1, 0.4, 0.8, 0.0, 0.6, 0.1, 0.8, 0.1, 0.5, 0.6, 0.3, 0.3, 0.1, 0.1, 1.0, 0.1, 0.5, 0.1, 0.9, 0.8, 0.1, 0.5, 0.7, 1.0, 0.4, 0.7, 0.7, 0.9, 0.6, 0.7, 0.3, 0.6, 0.2, 0.6, 0.0, 1.0, 0.3, 0.2, 0.5; 0.6, 0.8, 0.2, 0.6, 0.7, 0.0, 0.0, 0.6, 0.2, 0.5, 0.7, 0.2, 0.1, 0.1, 0.9, 0.3, 0.1, 0.8, 0.5, 0.7, 0.3, 0.3, 0.7, 0.4, 0.5, 0.1, 0.1, 0.3, 0.0, 0.2, 0.6, 0.2, 0.2, 0.2, 0.1, 0.9, 0.2, 0.4, 0.9, 0.4; 0.1, 0.8, 0.3, 0.1, 0.4, 0.3, 0.3, 0.5, 0.0, 0.1, 0.6, 0.7, 0.6, 0.2, 0.0, 1.0, 0.1, 0.9, 0.6, 0.8, 0.6, 0.7, 0.9, 0.5, 0.7, 0.4, 0.5, 0.0, 0.1, 0.1, 0.7, 0.9, 0.5, 0.7, 0.9, 0.6, 0.3, 0.8, 0.3, 0.6; 0.1, 0.1, 0.3, 0.4, 0.1, 0.2, 0.2, 0.9, 1.0, 0.7, 0.9, 0.4, 0.4, 0.9, 0.8, 0.8, 0.4, 0.3, 0.8, 0.8, 0.3, 0.1, 0.3, 0.7, 0.5, 0.5, 0.7, 0.7, 0.6, 0.7, 0.9, 0.5, 0.1, 0.4, 0.4, 0.2, 0.6, 0.6, 1.0, 0.4; 0.9, 0.4, 0.7, 0.1, 0.7, 0.7, 0.5, 0.8, 0.3, 0.6, 0.8, 1.0, 0.7, 0.3, 0.6, 0.1, 0.1, 0.7, 0.6, 0.8, 0.0, 0.1, 0.9, 0.7, 0.6, 0.6, 0.1, 0.4, 0.7, 0.3, 0.5, 0.5, 0.9, 0.0, 0.7, 0.6, 0.3, 0.3, 0.7, 0.9; 0.2, 0.6, 0.5, 0.2, 0.7, 0.8, 0.2, 0.5, 0.4, 0.7, 0.5, 0.6, 0.1, 0.2, 0.2, 0.4, 0.5, 0.8, 0.7, 0.9, 0.1, 0.3, 0.1, 0.2, 0.8, 0.4, 0.5, 0.9, 0.1, 0.8, 0.3, 1.0, 0.5, 0.5, 0.6, 0.2, 0.7, 0.9, 0.8, 0.1; 0.9, 0.3, 0.5, 0.7, 0.1, 0.2, 0.5, 0.8, 0.5, 0.1, 0.2, 0.1, 0.1, 0.3, 0.3, 0.7, 0.3, 0.5, 0.2, 0.5, 1.0, 0.5, 0.8, 0.8, 0.2, 0.6, 1.0, 0.3, 1.0, 0.9, 1.0, 0.1, 0.7, 0.7, 0.7, 0.8, 0.0, 1.0, 0.8, 0.4; 0.6, 0.5, 0.3, 0.0, 0.5, 0.8, 0.2, 0.6, 0.5, 0.1, 0.5, 0.0, 0.6, 0.4, 0.3, 0.8, 0.0, 0.4, 0.1, 0.3, 1.0, 0.8, 0.8, 0.5, 0.2, 0.8, 0.5, 0.6, 0.5, 0.8, 0.4, 0.8, 0.4, 0.6, 0.6, 0.1, 0.4, 0.6, 0.1, 0.4; 0.7, 0.3, 0.8, 0.9, 0.3, 0.9, 0.4, 0.6, 0.3, 0.2, 0.8, 0.5, 0.5, 0.4, 0.8, 0.6, 0.2, 0.4, 0.2, 0.7, 0.8, 0.2, 0.5, 0.6, 0.9, 0.6, 0.6, 1.0, 0.4, 0.8, 0.3, 0.9, 0.2, 0.9, 0.7, 0.4, 1.0, 0.3, 0.1, 0.3;

续表

参数	取值
$a_{u,l}^{r}$	0.4, 0.4, 0.5, 1.0, 0.1, 0.7, 0.3, 0.2, 0.4, 0.7, 0.5, 0.4, 0.9, 0.8, 0.3, 0.8, 0.8, 0.2, 0.7, 0.6, 1.0, 0.5, 0.2, 0.7, 0.5, 0.1, 0.2, 0.5, 0.9, 0.7, 0.3, 1.0, 0.2, 0.5, 0.3, 0.2, 0.0, 0.1, 0.0, 0.7; 0.5, 0.1, 0.8, 0.3, 0.2, 0.2, 0.8, 0.1, 0.6, 0.4, 0.8, 0.5, 0.0, 0.5, 0.0, 0.9, 0.7, 0.6, 0.8, 0.6, 0.7, 0.8, 1.0, 0.8, 0.5, 0.6, 0.3, 0.4, 0.3, 0.3, 0.7, 0.6, 0.3, 0.4, 0.4, 0.7, 0.2, 0.4, 0.3, 0.1; 0.5, 0.3, 0.2, 0.8, 0.8, 0.4, 0.6, 0.6, 0.0, 0.5, 0.4, 0.1, 0.1, 0.5, 0.1, 0.7, 0.9, 0.9, 0.6, 0.5, 0.7, 0.5, 0.6, 0.1, 1.0, 0.6, 0.7, 0.0, 0.6, 0.4, 0.4, 1.0, 0.9, 0.6, 0.6, 0.7, 0.1, 0.5, 0.0, 0.9; 0.8, 0.3, 0.9, 0.7, 0.9, 0.6, 0.1, 0.1, 0.9, 0.0, 0.4, 0.2, 0.8, 0.8, 0.4, 0.7, 0.2, 0.4, 0.9, 0.7, 0.5, 0.7, 0.5, 0.8, 0.1, 0.5, 0.1, 0.7, 0.4, 0.2, 0.1, 0.8, 0.3, 0.2, 0.6, 1.0, 0.9, 0.3, 0.7, 0.4; 0.9, 1.0, 0.9, 0.5, 0.3, 0.7, 0.8, 0.1, 1.0, 0.4, 0.4, 0.6, 0.1, 0.7, 0.5, 0.7, 0.3, 0.4, 0.5, 0.6, 0.6, 0.4, 0.7, 0.5, 0.4, 0.6, 1.0, 0.2, 0.2, 0.5, 0.3, 0.2, 0.9, 0.5, 0.6, 0.5, 0.6, 0.6, 0.5, 0.5; 0.6, 0.8, 0.3, 0.2, 0.6, 0.6, 0.1, 0.2, 0.5, 0.3, 0.9, 0.0, 0.5, 0.1, 0.7, 0.7, 0.3, 0.4, 0.8, 0.1, 0.2, 0.1, 0.8, 0.2, 0.8, 0.3, 0.8, 0.2, 1.0, 0.0, 0.9, 0.2, 0.0, 0.9, 0.4, 0.1, 0.0, 0.8, 0.7, 0.5; …… 0.8, 0.6, 0.8, 0.7, 0.2, 0.1, 0.0, 0.3, 0.1, 0.7, 0.2, 0.2, 0.1, 0.7, 0.5, 0.8, 0.5, 0.3, 0.2, 0.5, 0.1, 0.1, 0.2, 0.9, 0.1, 0.3, 0.2, 0.5, 0.9, 0.8, 0.8, 0.2, 0.5, 0.1, 1.0, 0.0, 0.4, 0.7, 0.9, 0.8; 1.0, 1.0, 0.0, 1.0, 0.3, 0.2, 0.6, 0.5, 0.8, 0.1, 0.5, 0.4, 0.7, 0.9, 0.3, 0.7, 0.2, 0.7, 0.1, 0.5, 0.2, 0.5, 0.1, 0.1, 0.8, 0.6, 0.3, 0.6, 0.5, 0.4, 0.8, 0.3, 0.0, 0.4, 0.4, 1.0, 0.7, 0.3, 0.3, 0.9; 0.6, 0.6, 0.0, 0.6, 0.4, 0.4, 0.4, 0.4, 0.2, 0.6, 0.0, 0.9, 0.3, 0.6, 1.0, 0.8, 0.0, 0.3, 0.0, 0.4, 0.9, 0.9, 0.8, 0.0, 0.6, 0.9, 0.4, 0.8, 0.7, 0.2, 0.3, 0.7, 0.6, 0.8, 0.9, 1.0, 0.7, 0.4, 0.7, 0.5; 0.0, 0.3, 0.3, 0.4, 0.2, 0.8, 0.1, 0.5, 0.8, 0.7, 0.4, 0.1, 0.7, 0.6, 0.1, 0.3, 0.2, 0.6, 0.4, 0.0, 0.4, 0.2, 0.3, 0.7, 0.2, 0.7, 0.7, 0.3, 0.7, 0.8, 0.3, 0.7, 0.2, 0.5, 0.5, 0.7, 0.4, 0.1, 0.9, 0.8; 0.6, 0.4, 0.9, 0.1, 0.4, 0.1, 0.4, 0.8, 0.5, 0.2, 0.3, 0.8, 0.6, 0.4, 0.9, 0.8, 0.4, 0.5, 0.4, 0.9, 1.0, 0.6, 0.1, 0.3, 0.2, 0.6, 0.8, 0.6, 0.2, 0.4, 1.0, 0.9, 0.0, 0.4, 0.7, 0.3, 0.6, 0.8, 0.8, 0.9; 1.0, 0.4, 0.7, 0.0, 0.9, 1.0, 0.5, 0.4, 0.8, 0.5, 0.6, 0.4, 0.6, 0.5, 0.4, 0.8, 0.0, 0.5, 0.8, 0.6, 0.5, 0.9, 0.9, 0.2, 0.4, 0.7, 0.2, 0.4, 0.7, 0.3, 0.0, 0.3, 0.8, 0.8, 0.1, 0.2, 0.2, 0.4, 0.7, 0.2; 0.7, 0.2, 0.2, 0.5, 1.0, 0.4, 0.5, 0.3, 0.7, 0.9, 0.4, 0.7, 0.5, 0.5, 0.3, 0.6, 0.0, 0.7, 0.1, 0.2,

续表

参数	取值
$a_{u,l}^{r}$	{0.7, 0.9, 0.0, 0.6, 0.5, 0.4, 0.2, 0.6, 0.1, 0.4, 0.4, 0.2, 0.6, 0.6, 0.1, 0.9, 0.4, 0.4, 0.7, 1.0; 0.3, 0.1, 0.6, 0.2, 0.7, 1.0, 0.8, 0.5, 0.8, 0.9, 0.7, 0.3, 0.6, 0.9, 0.1, 0.5, 0.5, 0.7, 0.7, 0.4, 0.7, 0.8, 0.2, 1.0, 0.3, 0.9, 0.2, 0.5, 0.4, 0.1, 0.6, 0.8, 0.5, 0.0, 0.2, 0.0, 0.5, 0.8, 0.5, 0.2; 0.9, 0.9, 1.0, 0.4, 0.1, 0.2, 0.5, 0.8, 0.7, 0.6, 0.7, 0.3, 0.7, 0.8, 0.1, 0.2, 0.6, 0.0, 0.4, 0.7, 0.9, 0.1, 0.3, 0.6, 0.8, 0.3, 0.5, 0.0, 0.3, 0.1, 0.2, 0.7, 0.9, 0.4, 0.5, 0.8, 0.8, 0.5, 0.1, 0.5; 0.0, 0.7, 0.6, 0.4, 0.5, 0.1, 0.9, 0.5, 0.3, 0.4, 0.8, 0.5, 0.3, 0.9, 0.4, 0.4, 0.4, 0.1, 0.4, 0.2, 0.6, 0.8, 0.1, 0.5, 0.5, 0.2, 0.5, 0.9, 0.6, 0.8, 0.5, 0.1, 0.2, 0.0, 0.6, 0.9, 0.1, 0.2, 0.0, 0.8; 0.4, 0.5, 0.8, 0.2, 0.1, 0.5, 0.5, 0.6, 0.4, 0.6, 0.9, 0.9, 0.7, 0.2, 0.8, 0.1, 0.9, 0.2, 0.2, 0.3, 1.0, 0.4, 0.3, 0.2, 0.1, 0.2, 0.7, 0.3, 0.2, 0.1, 0.9, 0.3, 0.2, 0.2, 0.7, 0.1, 0.2, 0.1, 0.7, 0.2; 0.2, 0.2, 0.1, 0.5, 0.2, 0.9, 0.7, 1.0, 0.7, 0.4, 0.7, 0.4, 0.9, 0.3, 0.2, 0.7, 0.3, 0.1, 0.5, 0.5, 0.2, 0.2, 0.3, 0.2, 0.4, 0.6, 0.0, 0.3, 0.6, 0.3, 0.6, 0.4, 0.6, 0.2, 0.1, 1.0, 0.8, 0.0, 0.9, 0.7; 1.0, 0.8, 0.2, 0.5, 0.8, 0.8, 0.5, 0.1, 0.2, 0.0, 0.1, 0.4, 0.4, 0.0, 0.3, 0.6, 0.8, 0.5, 0.5, 0.5, 0.4, 0.9, 0.6, 0.8, 0.8, 0.8, 0.7, 0.3, 0.0, 0.9, 0.6, 0.3, 0.6, 0.9, 0.7, 0.8, 0.2, 0.5, 0.7, 0.1; 0.4, 0.2, 0.8, 0.1, 0.1, 0.2, 0.7, 0.6, 0.8, 0.7, 0.5, 0.9, 0.7, 1.0, 0.1, 0.3, 0.2, 0.6, 0.6, 0.4, 0.5, 0.2, 0.0, 0.7, 0.6, 0.0, 0.9, 0.4, 0.1, 0.8, 0.4, 0.6, 0.6, 0.3, 0.7, 0.1, 0.9, 0.1, 0.0, 0.2; 0.7, 0.2, 0.7, 0.1, 0.9, 0.3, 0.2, 0.6, 0.4, 0.2, 0.4, 0.4, 0.2, 0.5, 0.1, 0.3, 0.2, 0.7, 0.1, 0.4, 0.1, 0.3, 0.8, 0.9, 0.0, 0.4, 0.5, 0.8, 0.3, 0.7, 0.2, 0.6, 0.5, 0.2, 0.3, 0.5, 0.6, 0.8, 0.1, 0.9; 0.5, 0.2, 0.8, 0.5, 0.1, 0.2, 0.4, 0.5, 0.1, 0.2, 0.9, 0.2, 0.4, 0.7, 0.5, 0.3, 0.1, 0.3, 0.9, 0.9, 0.4, 1.0, 0.3, 0.2, 0.9, 0.3, 0.8, 0.4, 0.3, 0.6, 0.8, 0.3, 0.4, 0.0, 0.8, 0.7, 0.3, 0.3, 0.4, 0.2; 0.6, 0.0, 0.6, 0.6, 0.6, 0.3, 0.6, 0.4, 0.9, 0.0, 0.6, 0.8, 0.4, 0.7, 0.8, 0.7, 0.2, 0.3, 0.4, 0.9, 0.6, 0.7, 0.8, 0.1, 0.4, 0.1, 1.0, 0.4, 0.6, 0.5, 0.0, 0.2, 0.1, 0.3, 0.4, 0.9, 0.1, 0.4, 0.3, 0.3; 0.8, 0.5, 0.1, 0.2, 0.2, 0.1, 0.5, 0.4, 0.1, 0.9, 0.8, 0.9, 0.3, 0.7, 1.0, 0.9, 0.7, 0.1, 0.1, 0.9, 1.0, 0.1, 0.0, 0.4, 0.7, 0.7, 0.7, 0.8, 0.5, 0.7, 0.4, 0.5, 0.1, 0.9, 0.6, 0.9, 0.9, 1.0, 0.1, 0.9; 0.8, 1.0, 0.3, 0.2, 0.5, 0.2, 0.7, 0.8, 0.2, 0.6, 0.2, 0.6, 0.7, 0.7, 0.4, 0.1, 0.5, 0.8, 0.4, 0.9, 0.6, 0.1, 0.9, 0.6, 0.7, 0.6, 0.9, 0.5, 0.3, 0.7, 0.9, 0.9, 0.2, 0.2, 0.7, 0.7, 0.4, 1.0, 0.6, 0.3; 0.7, 0.1, 0.1, 0.3, 0.9, 0.2, 0.8, 0.6, 0.1, 0.3, 0.7, 0.4, 0.9, 0.4, 0.9, 0.3, 0.1, 0.9, 0.9, 0.7,

续表

参数	取值
$a^{r}_{u,l}$	0.5, 0.2, 1.0, 0.9, 0.8, 0.4, 0.2, 1.0, 0.8, 0.6, 0.2, 1.0, 0.6, 0.1, 0.5, 0.9, 0.5, 0.6, 0.6, 0.7; 1.0, 0.9, 1.0, 0.3, 0.4, 0.8, 0.7, 0.4, 0.5, 0.9, 0.6, 0.3, 0.7, 1.0, 0.3, 0.7, 0.6, 0.2, 0.7, 0.4, 0.5, 0.6, 0.4, 0.1, 0.2, 0.1, 0.0, 0.7, 0.4, 0.7, 0.5, 0.5, 0.4, 0.3, 0.2, 0.2, 0.5, 0.5, 0.1, 0.3; 0.7, 0.0, 0.2, 1.0, 0.3, 0.8, 0.7, 0.9, 0.9, 0.1, 0.1, 0.6, 0.2, 0.3, 0.1, 0.7, 0.9, 0.6, 0.9, 0.2, 0.6, 0.6, 0.0, 0.3, 0.7, 0.2, 0.9, 0.7, 0.7, 0.3, 0.7, 0.6, 0.2, 0.1, 0.2, 0.7, 0.1, 0.4, 0.3, 0.1; 0.5, 0.1, 0.9, 1.0, 0.9, 0.0, 0.7, 0.9, 0.4, 0.1, 0.8, 0.5, 0.6, 0.3, 0.7, 0.1, 0.9, 0.7, 0.1, 0.9, 0.1, 0.8, 0.8, 0.2, 0.5, 0.4, 0.4, 0.3, 0.8, 0.4, 0.7, 0.0, 0.3, 0.8, 0.8, 0.2, 0.9, 0.8, 0.7, 0.8; 0.8, 1.0, 0.1, 0.2, 0.6, 0.4, 0.3, 0.1, 0.3, 0.5, 0.7, 0.9, 0.8, 0.8, 0.5, 0.9, 0.6, 0.9, 0.4, 0.0, 0.2, 0.2, 0.2, 0.7, 1.0, 0.4, 0.5, 0.7, 0.2, 0.2, 0.2, 0.9, 0.4, 0.3, 0.9, 0.0, 0.6, 0.6, 1.0, 0.7; 0.3, 0.7, 0.3, 0.7, 0.5, 0.1, 0.8, 0.8, 0.1, 0.3, 0.7, 0.3, 0.3, 0.0, 0.1, 0.6, 0.1, 0.2, 0.8, 1.0, 0.9, 0.7, 0.5, 0.1, 0.3, 0.5, 0.3, 0.5, 0.6, 0.7, 0.6, 0.2, 0.6, 0.4, 0.2, 0.4, 0.6, 0.6, 0.8, 0.1; 0.4, 0.5, 0.7, 0.8, 0.5, 0.3, 0.9, 0.8, 0.7, 0.4, 0.6, 0.3, 0.0, 0.5, 0.5, 0.6, 0.4, 0.7, 0.7, 0.2, 0.1, 0.5, 0.2, 0.1, 0.6, 0.7, 0.8, 0.4, 0.5, 0.8, 0.0, 0.5, 0.3, 0.3, 0.8, 0.8, 0.9, 1.0, 0.9, 0.6; 0.8, 0.2, 0.8, 0.7, 0.8, 0.6, 0.6, 0.2, 0.7, 1.0, 0.7, 0.7, 0.5, 1.0, 0.0, 0.7, 0.8, 0.1, 0.8, 0.3, 0.4, 0.2, 0.6, 0.8, 0.5, 1.0, 0.1, 0.8, 0.2, 0.4, 0.2, 0.3, 0.3, 0.3, 0.5, 0.6, 0.6, 1.0, 0.3, 0.5; 0.5, 0.4, 1.0, 0.9, 0.2, 0.2, 0.7, 0.6, 0.9, 0.1, 0.6, 0.8, 0.9, 0.3, 0.5, 0.8, 0.2, 0.3, 0.7, 0.7, 0.8, 0.1, 0.3, 0.4, 0.3, 1.0, 0.0, 0.7, 0.0, 0.5, 0.4, 0.7, 0.5, 0.9, 0.2, 0.3, 0.9, 0.6, 0.4, 0.5; 0.4, 0.3, 0.6, 0.3, 0.7, 0.3, 0.2, 0.6, 0.1, 0.7, 0.5, 0.9, 0.2, 0.5, 0.4, 1.0, 0.0, 0.0, 0.3, 0.5, 0.6, 0.0, 0.1, 0.5, 0.0, 0.1, 0.6, 0.5, 0.8, 0.2, 0.8, 0.6, 0.7, 0.9, 0.2, 1.0, 0.1, 0.9, 0.9, 0.6; 0.0, 0.6, 0.1, 0.2, 0.8, 0.2, 0.0, 0.6, 0.7, 0.9, 0.7, 0.8, 0.8, 0.0, 1.0, 0.6, 1.0, 0.5, 0.2, 0.6, 0.5, 0.4, 0.3, 0.9, 0.4, 0.9, 0.8, 0.4, 0.9, 0.3, 0.7, 0.1, 0.7, 0.2, 0.0, 0.2, 0.1, 0.7, 0.3, 0.9; 0.4, 0.8, 0.8, 1.0, 0.3, 1.0, 0.8, 0.7, 0.6, 0.0, 1.0, 0.7, 0.5, 0.3, 0.0, 0.6, 0.1, 0.7, 0.8, 0.7, 0.4, 0.5, 0.9, 0.0, 0.8, 0.8, 0.9, 0.9, 0.8, 0.2, 0.1, 0.1, 1.0, 0.1, 0.1, 0.8, 0.8, 0.2, 0.8, 0.3; 0.4, 0.4, 0.2, 0.2, 0.2, 0.0, 0.0, 0.1, 0.1, 0.7, 0.2, 0.8, 0.6, 0.2, 0.3, 0.0, 0.9, 0.5, 0.1, 0.1, 0.1, 0.2, 0.9, 0.5, 1.0, 0.8, 0.2, 0.5, 0.4, 0.1, 0.6, 0.6, 0.1, 0.3, 0.2, 0.1, 0.4, 0.9, 0.0, 0.5; 0.3, 0.9, 0.0, 0.5, 1.0, 0.4, 0.3, 1.0, 0.5, 0.3, 0.3, 0.7, 0.1, 0.1, 1.0, 0.8, 0.8, 0.4, 0.2, 0.5,

续表

参数	取值
$a^{r}_{u,l}$	{0.4, 1.0, 0.1, 0.1, 0.1, 0.4, 0.4, 0.3, 0.7, 0.2, 0.4, 0.1, 0.9, 0.0, 0.5, 0.9, 0.5, 0.8, 0.8, 0.1; 0.9, 0.6, 0.5, 0.7, 0.9, 0.0, 0.4, 1.0, 0.1, 0.4, 0.7, 0.4, 0.3, 0.6, 0.2, 0.8, 0.2, 0.7, 0.9, 0.1, 0.8, 0.2, 0.3, 0.6, 0.1, 0.9, 0.9, 0.2, 0.4, 0.0, 0.4, 0.7, 0.8, 1.0, 0.3, 0.1, 0.7, 0.2, 0.3, 0.3; 0.4, 0.2, 1.0, 1.0, 0.0, 0.0, 0.0, 0.9, 0.1, 0.2, 0.3, 0.1, 0.7, 1.0, 0.7, 0.6, 0.3, 0.5, 0.8, 0.6, 0.5, 0.2, 0.4, 0.9, 0.4, 0.0, 0.6, 0.3, 0.3, 0.1, 0.0, 0.2, 0.5, 0.7, 0.5, 0.8, 0.7, 0.3, 0.0, 0.2; 0.0, 0.8, 0.0, 0.5, 0.2, 0.6, 0.5, 0.2, 1.0, 0.2, 0.9, 0.9, 0.6, 0.8, 0.2, 0.9, 0.9, 0.9, 0.7, 0.2, 0.7, 0.9, 0.6, 0.5, 0.8, 0.0, 0.5, 0.2, 0.2, 0.0, 0.2, 0.4, 0.7, 0.2, 0.7, 0.6, 0.6, 0.1, 0.1, 0.0; 0.2, 1.0, 0.5, 0.9, 1.0, 0.0, 1.0, 0.1, 0.5, 0.1, 0.7, 0.1, 0.7, 0.1, 0.9, 0.2, 0.2, 1.0, 0.6, 0.2, 0.5, 1.0, 0.3, 1.0, 0.9, 0.7, 0.8, 0.2, 0.9, 0.4, 0.3, 0.9, 0.3, 0.3, 0.6, 0.9, 0.3, 0.6, 0.2, 0.9; 0.8, 0.1, 0.6, 0.0, 0.5, 0.7, 0.4, 0.7, 0.2, 0.9, 0.3, 0.3, 0.9, 0.9, 0.5, 1.0, 0.8, 0.9, 0.2, 0.9, 0.4, 0.9, 0.6, 0.8, 0.1, 0.3, 0.8, 0.2, 0.7, 0.3, 1.0, 0.0, 0.4, 0.5, 0.6, 0.6, 0.2, 0.8, 0.1, 0.5; 1.0, 0.1, 0.5, 0.3, 0.3, 0.5, 0.0, 0.6, 0.0, 0.2, 0.5, 0.4, 0.4, 0.6, 0.1, 0.0, 0.3, 0.7, 0.5, 0.6, 0.7, 0.2, 0.4, 0.8, 0.7, 0.7, 0.9, 0.3, 0.2, 0.2, 0.2, 0.2, 0.5, 0.5, 0.5, 0.0, 0.9, 1.0, 0.6, 0.2; 1.0, 0.6, 0.5, 0.5, 0.5, 0.8, 0.3, 0.2, 0.2, 1.0, 0.7, 0.5, 0.0, 0.6, 0.4, 0.6, 0.1, 1.0, 1.0, 0.0, 0.5, 0.1, 0.1, 0.1, 0.2, 0.6, 0.7, 0.8, 0.6, 0.2, 0.2, 0.4, 0.8, 0.6, 0.2, 0.1, 0.6, 0.9, 0.9, 0.9}

附录 B：应急组织指派双层决策算例涉及参数的具体取值

针对纵向“府际”关系视角下任务导向的应急组织指派问题，对小规模（I1 ~ I8）和大规模（I9 ~ I16）算例而言，ETs 的紧迫程度、组织适用限制、执行和准备时间、碳排放量和应急费用的具体取值与附录 A 中描述的相同，此处不再赘述。特别地，任务导向的应急组织指派双层规划模型还涉及服务效用（$\alpha^r_{u,l}$）。针对小规模算例（I1 ~ I8）和大规模算例（I9 ~ I16），EOr 以顺序 l_r 执行 ETu_r 的效用取值见附表 B－1。

附表 B－1　算例 I1 ~ 算例 I16 的服务效用的具体取值

参数	取值
$\alpha^r_{u,l}$	{0.6, 0.3, 0.3, 0.6, 0.7, 0.1, 0.2, 1.0, 0.5, 0.7, 0.6, 0.4, 1.0, 0.8, 0.8, 0.1, 0.4, 0.9, 0.8, 1.0, 0.7, 0.4, 0.8, 0.9, 0.7, 0.8, 0.7, 0.4, 0.7, 0.2, 0.7, 0.7, 0.3, 0.2, 0.1, 0.8, 0.7, 0.3, 1.0, 0.2; 0.5, 0.2, 0.5, 0.3, 0.7, 0.9, 0.4, 0.4, 0.3, 0.3, 0.2, 0.7, 0.5, 1.0, 0.1, 0.5, 1.0, 0.3, 0.6, 0.2, 0.8, 0.3, 0.5, 0.7, 0.9, 1.0, 0.5, 0.1, 0.1, 0.3, 0.8, 0.3, 0.8, 0.2, 0.9, 0.3, 0.2, 0.3, 0.6, 0.5; 0.5, 0.2, 0.1, 0.0, 0.4, 0.1, 0.7, 0.8, 0.3, 0.3, 0.3, 0.4, 0.5, 0.3, 0.2, 0.8, 0.4, 0.4, 0.7, 0.9, 0.4, 0.5, 0.1, 0.9, 0.5, 0.4, 0.4, 0.5, 0.4, 0.2, 0.8, 0.5, 0.8, 0.5, 0.4, 0.8, 0.1, 0.7, 0.4, 0.7; 0.5, 0.8, 0.5, 0.9, 0.9, 0.4, 0.9, 0.7, 0.6, 0.7, 0.0, 0.1, 0.8, 0.6, 1.0, 0.1, 0.8, 0.9, 0.2, 0.2, 0.3, 0.7, 0.4, 0.3, 1.0, 0.7, 0.3, 0.5, 0.2, 0.7, 0.2, 0.1, 0.5, 0.6, 0.5, 0.4, 0.3, 0.3, 0.3, 0.1; 0.2, 0.1, 0.9, 0.5, 0.1, 0.8, 0.3, 0.5, 1.0, 1.0, 0.4, 0.3, 0.5, 0.1, 0.4, 0.7, 0.8, 0.7, 0.2, 0.2, 0.5, 0.0, 0.2, 0.3, 0.8, 0.4, 0.8, 0.0, 0.5, 0.7, 0.8, 0.2, 0.1, 0.7, 0.9, 0.9, 0.6, 0.7, 0.2, 0.2; 0.6, 0.3, 0.3, 0.0, 0.4, 0.6, 0.4, 0.1, 0.9, 0.9, 0.1, 0.0, 0.1, 0.5, 0.2, 0.2, 0.1, 0.8, 0.1, 0.4,

续表

参数	取值
$\alpha_{u,l}^{r}$	{0.1, 0.2, 0.9, 0.5, 0.7, 0.5, 0.2, 0.7, 0.2, 0.8, 0.2, 0.5, 0.2, 0.3, 0.7, 0.4, 0.4, 0.4, 0.2, 0.9; 0.7, 0.0, 0.1, 0.9, 0.4, 0.7, 0.7, 0.1, 0.6, 0.5, 0.7, 0.9, 0.7, 0.5, 0.5, 0.1, 0.5, 0.0, 0.2, 0.9, 1.0, 0.3, 0.2, 0.6, 0.0, 0.4, 0.0, 0.5, 0.0, 0.1, 1.0, 0.3, 0.3, 0.2, 0.7, 0.2, 0.6, 0.2, 0.8, 0.3; 0.6, 0.4, 0.7, 0.6, 0.3, 0.2, 0.9, 0.8, 0.3, 0.4, 0.5, 1.0, 0.5, 0.8, 0.7, 0.3, 0.8, 0.2, 0.5, 0.1, 0.6, 0.8, 0.7, 0.3, 0.6, 1.0, 0.3, 0.4, 0.8, 0.2, 0.4, 0.4, 0.3, 0.0, 0.5, 0.2, 0.5, 0.5, 0.8, 0.3; 0.7, 0.0, 0.3, 0.4, 0.1, 0.9, 0.4, 0.7, 0.2, 0.3, 0.8, 0.1, 0.7, 0.3, 0.5, 0.5, 0.2, 0.1, 0.8, 0.1, 0.7, 0.6, 0.6, 0.2, 0.4, 0.9, 0.3, 0.8, 0.9, 0.9, 0.9, 0.2, 0.1, 0.5, 0.3, 0.0, 0.8, 0.3, 0.7, 0.1; 0.8, 0.6, 0.6, 0.0, 0.8, 0.7, 0.8, 0.0, 0.5, 0.4, 0.2, 0.2, 0.2, 0.6, 0.1, 1.0, 0.9, 0.6, 0.6, 0.4, 0.2, 0.3, 0.0, 0.8, 0.3, 0.6, 0.2, 0.7, 0.7, 0.7, 0.1, 0.7, 0.1, 0.9, 0.5, 0.2, 0.2, 0.8, 0.3, 0.9; 0.1, 0.2, 1.0, 0.8, 0.7, 0.3, 0.7, 0.0, 0.6, 0.6, 0.7, 0.4, 0.2, 0.6, 0.1, 0.6, 0.8, 0.8, 0.9, 0.8, 0.2, 0.6, 0.1, 0.6, 0.4, 0.5, 0.5, 0.3, 0.7, 0.9, 1.0, 0.3, 0.6, 0.2, 0.6, 0.6, 0.5, 0.5, 0.1, 0.8; 0.6, 0.0, 0.4, 0.3, 0.9, 0.8, 0.1, 0.4, 0.1, 0.7, 1.0, 1.0, 0.6, 1.0, 0.6, 0.3, 0.1, 0.8, 0.6, 0.7, 0.4, 0.9, 0.2, 0.7, 0.3, 0.5, 0.9, 0.3, 0.7, 0.2, 0.9, 0.4, 1.0, 0.8, 0.1, 0.5, 0.6, 0.6, 0.9, 0.8; 0.1, 0.8, 0.4, 0.5, 0.1, 0.5, 0.5, 0.2, 0.2, 0.8, 0.2, 0.3, 0.5, 0.3, 0.9, 0.6, 0.4, 0.8, 0.4, 0.5, 0.0, 0.6, 0.1, 0.6, 0.3, 0.0, 0.8, 0.6, 0.6, 0.0, 0.7, 0.7, 0.1, 0.7, 0.9, 0.2, 0.5, 0.6, 0.8, 0.3; 0.3, 0.8, 0.3, 0.3, 0.1, 0.0, 0.9, 0.4, 0.9, 1.0, 0.7, 0.4, 0.5, 0.6, 0.1, 0.7, 0.6, 0.4, 0.8, 1.0, 0.5, 0.6, 0.6, 0.0, 0.3, 0.1, 0.0, 0.0, 0.5, 0.8, 0.8, 0.5, 0.0, 0.6, 0.9, 0.3, 0.2, 0.8, 0.0, 0.8; 0.9, 0.8, 0.9, 0.7, 0.3, 0.4, 0.8, 0.6, 0.1, 0.8, 0.5, 0.5, 0.8, 0.8, 0.6, 0.8, 0.1, 0.2, 0.4, 0.8, 0.8, 0.3, 0.5, 0.4, 0.8, 0.3, 0.1, 0.9, 0.0, 0.8, 0.0, 0.2, 0.7, 0.2, 0.4, 0.9, 0.9, 0.4, 0.6, 0.5; 1.0, 0.4, 0.4, 0.8, 0.8, 0.6, 0.2, 0.6, 0.9, 0.5, 0.2, 0.9, 0.5, 0.2, 0.7, 0.0, 0.7, 0.4, 0.5, 0.1, 0.6, 0.2, 0.1, 0.7, 0.0, 0.4, 0.9, 0.8, 0.7, 0.5, 0.7, 0.1, 0.6, 0.7, 0.0, 0.0, 0.8, 0.7, 0.4, 0.8; 0.9, 0.6, 1.0, 0.9, 0.8, 0.3, 0.3, 0.2, 0.6, 0.3, 0.6, 0.9, 0.8, 0.9, 1.0, 0.1, 0.2, 0.9, 0.4, 0.4, 0.4, 0.8, 0.1, 0.1, 0.1, 0.6, 0.6, 0.8, 1.0, 0.7, 0.8, 0.7, 1.0, 0.9, 0.1, 0.4, 0.2, 0.1, 0.4, 0.0; 0.4, 0.7, 0.8, 1.0, 0.1, 0.4, 0.3, 0.2, 0.1, 0.9, 0.8, 0.8, 0.2, 0.6, 0.6, 0.3, 0.7, 0.9, 0.7, 0.8, 0.9, 0.4, 0.2, 0.1, 0.6, 0.5, 0.6, 0.2, 1.0, 0.0, 0.4, 0.7, 0.4, 0.6, 0.6, 0.9, 0.1, 0.9, 0.7, 0.9; 0.9, 0.3, 0.7, 0.5, 0.6, 1.0, 0.7, 0.3, 0.0, 0.7, 0.1, 0.8, 0.5, 0.1, 0.2, 0.9, 0.7, 0.9, 0.3, 0.1,}

续表

参数	取值
$\alpha^{r}_{u,l}$	0.4, 0.2, 0.8, 0.8, 0.8, 0.5, 0.6, 0.7, 0.3, 0.8, 0.3, 0.3, 0.3, 0.3, 0.4, 0.4, 0.7, 0.5, 0.9, 0.8; 1.0, 0.8, 0.0, 0.9, 0.4, 0.1, 0.1, 0.6, 0.1, 0.3, 0.4, 0.5, 0.6, 0.8, 0.7, 0.6, 0.4, 1.0, 0.7, 0.7, 0.2, 0.5, 0.5, 0.3, 1.0, 0.4, 0.1, 0.0, 0.1, 0.9, 0.6, 0.9, 0.7, 0.2, 0.9, 0.0, 0.7, 0.9, 0.7, 0.4; 0.6, 0.1, 0.1, 0.6, 0.7, 0.4, 0.1, 0.0, 0.9, 0.2, 0.0, 0.6, 0.5, 0.3, 0.1, 0.4, 0.3, 0.8, 0.9, 0.9, 0.4, 0.5, 0.3, 0.1, 0.6, 0.8, 0.3, 0.9, 0.4, 0.3, 0.0, 0.9, 0.4, 0.9, 0.2, 0.7, 0.7, 0.1, 0.0, 0.3; 0.3, 0.1, 0.2, 0.3, 0.2, 0.1, 0.7, 0.5, 0.1, 0.5, 0.2, 0.6, 0.1, 0.5, 0.9, 0.1, 0.3, 0.4, 0.5, 0.5, 0.9, 0.8, 0.2, 0.5, 0.9, 0.0, 0.4, 0.8, 0.6, 0.7, 0.5, 0.1, 0.4, 0.0, 0.3, 0.3, 0.9, 0.1, 0.2, 0.7; 0.6, 0.3, 0.2, 0.4, 0.5, 0.8, 0.7, 0.4, 0.6, 1.0, 0.6, 0.2, 0.0, 1.0, 0.2, 0.4, 0.1, 0.5, 0.9, 0.1, 0.5, 0.9, 0.2, 0.4, 0.2, 0.4, 0.1, 0.0, 0.4, 0.6, 0.6, 0.7, 0.0, 0.8, 0.8, 0.5, 0.5, 0.0, 0.5, 0.1; 0.7, 0.3, 1.0, 0.1, 0.7, 0.3, 0.9, 0.5, 0.1, 0.5, 0.3, 0.2, 0.7, 0.3, 0.7, 0.2, 0.3, 1.0, 0.2, 0.9, 0.4, 0.7, 0.3, 0.0, 0.9, 0.7, 0.8, 0.9, 0.4, 0.5, 0.5, 0.3, 0.9, 0.4, 0.3, 0.4, 0.6, 0.9, 0.2, 0.3; 1.0, 0.4, 1.0, 0.8, 0.7, 0.2, 1.0, 0.6, 0.1, 0.6, 0.2, 0.8, 0.6, 0.3, 0.9, 0.6, 0.9, 0.7, 0.4, 0.5, 0.9, 0.7, 0.8, 0.7, 0.8, 0.9, 0.1, 0.5, 0.3, 0.5, 0.2, 0.5, 0.3, 0.5, 0.0, 0.6, 0.7, 0.5, 0.3, 0.4; 0.4, 0.3, 0.1, 0.3, 0.9, 0.8, 0.9, 0.3, 0.3, 0.6, 0.2, 0.4, 0.3, 0.6, 0.6, 0.9, 0.5, 0.1, 0.5, 0.8, 0.1, 0.6, 0.2, 0.7, 0.4, 0.6, 0.7, 0.9, 0.7, 0.9, 0.7, 0.2, 0.6, 0.5, 0.6, 0.8, 0.9, 0.2, 0.2, 0.2; 1.0, 0.5, 0.0, 0.6, 0.5, 0.7, 0.2, 0.9, 0.5, 0.9, 0.3, 0.7, 0.7, 0.2, 0.4, 0.9, 1.0, 0.6, 0.7, 0.7, 0.1, 0.6, 0.7, 0.9, 0.2, 0.8, 0.9, 0.4, 0.7, 0.1, 0.3, 0.1, 0.2, 0.5, 0.5, 0.6, 0.3, 0.6, 0.5, 0.6; 0.4, 0.2, 0.5, 0.2, 0.5, 0.0, 0.3, 0.4, 0.8, 0.4, 0.7, 0.0, 0.1, 0.9, 0.0, 0.6, 0.4, 0.9, 0.9, 0.6, 0.9, 0.9, 0.5, 0.9, 0.2, 0.4, 0.2, 0.5, 0.4, 0.1, 0.4, 0.9, 0.5, 1.0, 0.6, 0.3, 0.7, 0.7, 0.9, 1.0; 0.1, 0.3, 0.3, 0.5, 0.0, 0.6, 0.1, 0.0, 0.6, 0.7, 0.2, 0.1, 0.2, 0.1, 0.4, 0.9, 0.5, 0.0, 0.2, 0.3, 1.0, 0.6, 0.6, 0.4, 0.2, 0.7, 0.1, 0.7, 0.7, 0.9, 0.9, 0.3, 0.7, 0.2, 0.9, 0.1, 0.2, 0.1, 0.5, 0.2; 0.5, 0.1, 0.7, 0.2, 0.4, 0.0, 0.2, 0.0, 0.3, 0.8, 0.6, 1.0, 0.8, 0.3, 0.3, 0.2, 0.9, 0.6, 0.5, 0.7, 1.0, 0.7, 0.7, 0.3, 0.0, 0.1, 0.7, 0.7, 0.2, 0.4, 0.7, 0.3, 0.9, 0.7, 1.0, 0.4, 0.8, 0.4, 0.7, 0.2; 0.9, 0.8, 0.1, 0.3, 0.3, 0.7, 0.4, 0.2, 0.9, 0.7, 0.0, 0.8, 0.6, 0.4, 0.4, 0.4, 0.3, 0.1, 0.5, 0.8, 0.0, 0.4, 1.0, 0.9, 0.9, 0.3, 0.2, 0.6, 0.3, 0.1, 0.1, 0.2, 0.8, 0.7, 0.2, 1.0, 0.6, 0.9, 0.0, 0.2; 0.2, 0.6, 0.2, 0.3, 0.2, 0.5, 0.5, 0.9, 0.9, 0.6, 0.1, 0.7, 0.2, 0.5, 0.1, 0.8, 0.5, 0.5, 0.1, 0.1,

续表

参数	取值
$\alpha^{r}_{u,l}$	0.3, 0.7, 0.5, 0.3, 0.1, 0.5, 0.9, 0.3, 0.4, 0.7, 0.3, 0.1, 0.2, 0.6, 0.8, 0.3, 0.5, 0.5, 0.6, 0.0; 0.9, 0.1, 0.2, 0.5, 0.5, 0.1, 0.9, 0.4, 0.5, 0.2, 0.5, 0.8, 0.9, 0.2, 1.0, 0.0, 0.9, 0.2, 0.9, 0.3, 0.8, 1.0, 0.8, 0.6, 0.8, 0.5, 0.9, 0.2, 0.4, 0.7, 0.8, 0.8, 0.3, 0.5, 0.7, 0.0, 0.4, 0.4, 1.0, 0.7; 0.8, 1.0, 0.3, 0.7, 0.5, 0.4, 0.7, 0.9, 0.2, 0.6, 0.3, 0.3, 0.4, 0.9, 0.8, 1.0, 0.2, 0.4, 0.7, 0.5, 1.0, 0.8, 0.3, 0.8, 0.5, 0.5, 0.8, 0.1, 0.7, 0.8, 0.9, 0.1, 0.7, 0.5, 0.1, 0.0, 0.9, 0.5, 0.3, 0.3; 0.8, 0.7, 0.6, 0.8, 0.8, 0.9, 0.2, 0.6, 0.1, 0.9, 0.5, 0.8, 0.6, 0.6, 0.8, 1.0, 0.4, 0.9, 0.1, 0.1, 0.0, 0.8, 0.1, 0.9, 0.1, 0.1, 0.6, 0.6, 0.6, 0.0, 1.0, 0.9, 0.4, 0.3, 0.6, 0.1, 0.3, 0.8, 1.0, 0.3; 0.4, 0.7, 0.7, 0.3, 0.0, 0.7, 0.4, 0.9, 0.4, 0.9, 0.8, 0.3, 0.8, 0.5, 0.0, 0.8, 0.8, 0.7, 0.8, 0.4, 0.5, 0.8, 0.1, 0.7, 0.0, 0.1, 0.7, 0.5, 0.2, 0.3, 0.4, 0.2, 0.4, 0.1, 0.9, 0.4, 0.2, 0.6, 0.5, 0.5; 0.0, 0.1, 0.6, 0.7, 0.4, 0.1, 0.1, 0.1, 0.7, 0.5, 1.0, 0.9, 0.8, 0.8, 0.8, 0.5, 0.5, 0.2, 0.8, 0.2, 0.2, 0.2, 0.3, 0.0, 0.8, 0.4, 0.7, 0.8, 0.3, 0.4, 0.1, 0.8, 0.7, 0.9, 0.2, 0.4, 0.1, 0.9, 0.8, 0.8; 0.5, 1.0, 0.2, 0.0, 0.1, 0.3, 0.8, 0.1, 0.0, 0.9, 0.3, 0.3, 0.9, 0.2, 0.9, 0.2, 0.6, 0.3, 0.1, 0.4, 0.1, 0.2, 0.2, 0.9, 0.8, 0.4, 0.8, 0.5, 0.3, 0.9, 0.6, 0.2, 0.3, 0.2, 0.5, 0.9, 0.6, 0.7, 0.8, 0.0; 0.1, 0.1, 0.6, 0.3, 0.8, 0.9, 0.2, 0.3, 1.0, 0.8, 0.9, 0.1, 0.8, 0.6, 0.5, 0.4, 0.2, 0.2, 0.3, 0.8, 1.0, 0.6, 0.9, 0.3, 0.7, 0.0, 0.5, 1.0, 0.4, 0.3, 0.7, 0.7, 0.7, 0.6, 0.1, 0.3, 0.4, 0.2, 0.0, 0.6; 0.3, 0.3, 0.9, 0.8, 0.2, 1.0, 0.2, 0.3, 0.6, 0.1, 0.3, 0.8, 0.6, 0.3, 0.5, 0.8, 0.6, 0.3, 0.1, 0.3, 0.2, 0.8, 0.5, 0.6, 0.6, 0.2, 0.1, 0.3, 0.8, 0.2, 1.0, 0.2, 1.0, 0.6, 0.4, 0.4, 0.1, 0.2, 0.2, 1.0; …… 0.4, 0.1, 0.1, 0.9, 0.6, 1.0, 0.4, 0.4, 0.1, 1.0, 0.0, 0.8, 0.1, 1.0, 0.5, 0.5, 0.2, 0.1, 0.9, 1.0, 0.2, 0.0, 0.7, 0.1, 1.0, 0.9, 0.1, 0.9, 0.7, 0.2, 0.1, 0.5, 0.9, 1.0, 0.2, 0.9, 0.9, 0.9, 0.4, 0.7; 0.2, 1.0, 0.8, 0.1, 0.4, 0.5, 0.3, 0.0, 0.8, 0.0, 0.8, 0.8, 0.4, 0.8, 0.1, 0.3, 0.9, 0.8, 0.2, 0.2, 0.7, 0.6, 0.6, 0.9, 0.6, 0.8, 0.7, 0.9, 0.4, 0.7, 0.1, 0.4, 0.5, 0.1, 0.2, 0.8, 0.7, 1.0, 0.4, 0.9; 0.4, 0.5, 0.8, 0.7, 0.4, 0.2, 0.4, 0.6, 0.1, 0.3, 0.1, 0.7, 0.5, 0.7, 0.9, 0.8, 0.4, 0.8, 0.1, 0.2, 0.7, 0.4, 0.6, 0.8, 0.8, 0.9, 0.2, 0.1, 0.4, 0.8, 0.4, 0.6, 0.8, 0.7, 0.3, 0.8, 0.6, 0.5, 0.3, 0.1; 0.4, 0.3, 0.5, 0.9, 0.3, 0.3, 0.3, 0.6, 0.2, 0.6, 0.1, 0.0, 0.7, 0.5, 0.1, 0.1, 0.1, 0.7, 0.2, 0.2, 0.7, 0.1, 0.3, 0.3, 0.9, 0.7, 0.6, 0.3, 0.1, 0.3, 0.7, 0.8, 0.8, 0.1, 1.0, 1.0, 0.5, 0.8, 0.9, 0.2;

续表

参数	取值
$\alpha^r_{u,l}$	0.1, 0.4, 0.3, 0.0, 0.9, 0.9, 0.9, 1.0, 0.7, 0.1, 0.7, 0.8, 0.4, 0.8, 0.6, 0.4, 0.3, 0.5, 0.9, 0.5, 0.9, 0.3, 0.6, 0.8, 0.4, 0.2, 0.9, 0.4, 0.2, 0.5, 0.3, 0.4, 0.1, 0.4, 0.2, 0.9, 0.6, 0.4, 0.7, 0.8; 0.0, 0.4, 0.7, 0.9, 0.3, 0.7, 1.0, 0.8, 0.2, 0.8, 0.7, 0.8, 0.6, 0.8, 0.9, 0.1, 0.4, 0.4, 0.3, 0.4, 0.9, 0.2, 0.5, 0.2, 0.7, 0.4, 0.0, 0.2, 0.1, 1.0, 0.9, 0.6, 0.6, 0.7, 0.5, 0.7, 0.8, 0.5, 0.6, 0.6; 0.4, 0.3, 0.1, 0.7, 0.2, 0.4, 0.5, 0.0, 0.8, 0.1, 1.0, 0.7, 0.8, 1.0, 0.3, 0.2, 0.1, 1.0, 0.3, 0.7, 0.9, 0.4, 0.9, 0.8, 0.6, 0.0, 0.3, 0.7, 0.5, 0.4, 0.7, 0.8, 0.6, 1.0, 1.0, 0.8, 0.8, 0.2, 0.9, 0.1; 0.1, 0.9, 0.4, 0.2, 0.3, 0.5, 0.0, 0.5, 0.5, 0.4, 0.3, 0.6, 0.6, 0.2, 0.5, 0.9, 0.9, 0.6, 0.9, 1.0, 0.0, 0.7, 0.2, 0.9, 0.5, 0.1, 0.4, 1.0, 0.8, 0.6, 0.4, 0.2, 0.0, 0.3, 0.1, 0.7, 0.3, 0.6, 0.0, 0.5; 0.5, 0.1, 0.5, 0.3, 0.3, 0.0, 0.2, 0.4, 0.1, 0.9, 0.1, 0.1, 0.0, 0.8, 0.9, 0.7, 0.6, 0.5, 0.7, 0.5, 0.1, 0.6, 0.7, 0.2, 0.4, 0.0, 0.3, 1.0, 0.7, 0.8, 0.3, 1.0, 0.0, 0.0, 0.6, 0.5, 0.1, 0.7, 0.3, 0.5; 0.2, 0.3, 0.0, 0.0, 0.7, 0.6, 0.5, 1.0, 0.6, 0.9, 0.4, 0.1, 0.8, 0.6, 0.8, 0.4, 0.4, 0.0, 0.6, 0.6, 0.6, 0.5, 1.0, 0.5, 0.6, 0.7, 0.6, 0.9, 0.5, 0.4, 0.4, 0.3, 0.1, 0.2, 0.2, 0.6, 0.2, 0.6, 0.1, 0.4; 0.3, 0.9, 0.7, 0.6, 0.8, 0.3, 0.4, 0.2, 0.1, 0.3, 0.9, 1.0, 0.3, 0.6, 0.7, 0.6, 0.8, 0.8, 0.9, 0.3, 0.1, 0.2, 0.6, 0.3, 0.4, 0.5, 0.9, 0.7, 0.7, 0.5, 0.2, 0.0, 0.4, 0.6, 0.7, 0.1, 0.3, 0.6, 0.7, 0.4; 0.3, 0.1, 0.5, 0.3, 0.4, 0.1, 0.8, 0.1, 0.3, 0.7, 0.7, 0.2, 0.7, 0.3, 0.7, 0.8, 0.4, 0.4, 0.4, 0.7, 0.7, 0.2, 0.4, 0.5, 0.5, 0.7, 0.2, 0.8, 1.0, 0.5, 0.5, 0.9, 0.6, 0.8, 0.6, 0.1, 0.3, 0.8, 0.1, 0.4; 0.7, 0.5, 0.5, 0.9, 0.9, 0.5, 0.5, 0.9, 1.0, 0.8, 0.5, 0.6, 0.4, 0.1, 0.9, 0.9, 0.5, 0.2, 0.3, 0.7, 0.1, 0.3, 0.9, 0.4, 0.4, 0.7, 0.1, 1.0, 0.1, 0.4, 0.3, 0.2, 0.2, 0.7, 0.5, 0.0, 0.4, 0.5, 0.4, 0.1; 0.6, 0.4, 0.9, 0.8, 0.1, 0.7, 0.6, 0.0, 0.5, 0.1, 0.8, 0.3, 0.8, 0.7, 0.4, 0.6, 0.9, 0.5, 0.9, 0.8, 0.9, 0.7, 0.7, 0.6, 1.0, 0.4, 0.4, 0.9, 0.9, 0.4, 0.2, 0.7, 0.7, 0.9, 0.2, 0.8, 0.2, 0.2, 0.8, 0.9; 0.6, 0.8, 0.1, 0.4, 0.7, 0.7, 0.7, 0.1, 0.1, 0.9, 0.3, 0.8, 0.6, 0.9, 0.1, 0.9, 0.1, 0.4, 0.7, 0.5, 0.9, 0.4, 0.9, 0.3, 0.7, 0.6, 0.9, 0.3, 0.4, 0.5, 0.5, 0.9, 0.8, 0.7, 0.9, 0.2, 0.2, 0.2, 0.5, 0.4; 0.3, 0.4, 0.6, 0.5, 0.8, 0.8, 0.7, 0.6, 0.8, 0.5, 0.1, 0.8, 0.3, 0.4, 0.1, 0.7, 0.5, 0.2, 0.5, 0.9, 0.7, 0.5, 0.6, 0.3, 0.5, 0.3, 0.7, 0.3, 0.9, 0.8, 0.4, 0.8, 0.5, 0.7, 0.4, 0.5, 0.6, 0.6, 0.3, 0.5; 0.5, 0.9, 0.2, 0.4, 0.7, 0.8, 0.2, 0.1, 0.3, 0.7, 0.7, 0.7, 0.3, 0.2, 0.5, 0.2, 0.6, 0.8, 0.9, 0.6, 0.2, 0.7, 0.5, 0.6, 0.3, 0.6, 0.2, 0.5, 0.6, 0.1, 0.4, 0.6, 0.4, 1.0, 0.3, 0.2, 0.7, 0.7, 0.8, 0.7;

续表

参数	取值
$\alpha^{r}_{u,l}$	{0.2, 1.0, 0.5, 0.9, 0.4, 0.9, 0.8, 0.7, 0.2, 0.1, 0.3, 0.9, 0.1, 0.7, 0.6, 0.9, 0.2, 0.2, 0.3, 0.6, 0.9, 0.3, 0.0, 0.6, 1.0, 0.4, 0.3, 0.3, 0.2, 0.1, 0.9, 0.4, 0.6, 0.2, 0.2, 0.9, 1.0, 0.9, 0.4, 0.3; 0.1, 0.2, 0.9, 0.7, 0.9, 0.9, 0.4, 0.1, 0.6, 0.4, 0.2, 0.3, 0.1, 0.5, 0.0, 0.9, 0.7, 0.2, 0.7, 0.9, 0.2, 0.2, 0.1, 0.8, 0.6, 0.0, 0.8, 0.9, 0.7, 1.0, 0.8, 0.6, 0.4, 0.9, 0.6, 0.9, 0.9, 0.9, 0.3, 0.5; 0.9, 0.2, 0.6, 0.2, 0.3, 0.4, 0.8, 0.1, 0.0, 0.5, 0.7, 1.0, 0.3, 0.4, 0.6, 0.6, 0.4, 0.3, 0.4, 0.0, 0.1, 0.4, 0.7, 1.0, 0.3, 0.6, 0.5, 0.8, 0.5, 0.3, 0.4, 0.1, 0.7, 0.7, 0.8, 0.9, 0.4, 0.4, 0.3, 0.3; 0.7, 0.7, 0.3, 0.7, 0.4, 0.7, 0.1, 0.5, 1.0, 0.6, 0.4, 0.0, 1.0, 0.4, 0.4, 0.2, 0.5, 1.0, 0.2, 0.0, 0.4, 0.6, 0.4, 0.2, 0.2, 0.0, 0.5, 0.6, 0.2, 0.1, 0.7, 0.9, 0.1, 0.2, 0.5, 0.1, 1.0, 0.7, 0.5, 0.4; 0.1, 0.6, 0.6, 0.0, 0.5, 0.5, 0.4, 0.9, 0.3, 0.5, 0.6, 0.6, 1.0, 1.0, 0.5, 0.4, 0.2, 0.6, 0.0, 0.3, 0.6, 0.5, 0.5, 0.2, 0.4, 0.2, 0.2, 0.2, 0.8, 0.3, 0.1, 0.7, 0.9, 0.0, 0.2, 0.6, 1.0, 0.3, 0.2, 0.7; 1.0, 1.0, 1.0, 0.7, 0.2, 0.6, 0.6, 0.4, 0.0, 0.2, 0.3, 0.3, 0.5, 0.1, 0.8, 0.0, 0.4, 0.2, 0.7, 0.9, 0.9, 0.4, 0.3, 0.4, 0.5, 0.5, 0.1, 0.3, 0.5, 0.3, 0.9, 0.2, 0.5, 0.9, 0.2, 0.5, 0.2, 0.9, 0.1, 0.7; 0.9, 0.8, 0.6, 0.6, 0.6, 0.0, 0.6, 0.8, 0.1, 0.8, 0.3, 0.5, 0.7, 0.3, 0.6, 0.6, 0.4, 0.3, 0.5, 1.0, 0.4, 1.0, 0.8, 0.6, 0.3, 0.3, 0.8, 0.2, 0.5, 0.9, 0.1, 0.5, 0.3, 0.2, 0.2, 0.6, 0.6, 0.0, 0.2, 0.1; 0.9, 0.1, 0.8, 0.3, 0.0, 0.0, 0.7, 0.0, 0.9, 0.1, 0.3, 0.7, 0.2, 0.6, 0.6, 0.6, 1.0, 0.1, 0.7, 0.7, 0.8, 0.2, 0.5, 0.8, 0.6, 0.0, 0.6, 0.5, 0.5, 0.5, 0.5, 0.5, 0.0, 0.7, 0.7, 0.2, 0.5, 0.2, 1.0, 0.4; 0.7, 0.5, 0.9, 0.7, 0.3, 0.2, 1.0, 0.6, 0.8, 0.9, 0.7, 0.2, 0.1, 0.2, 0.3, 0.5, 0.7, 0.8, 0.7, 0.3, 0.9, 0.6, 0.7, 0.4, 0.2, 0.6, 0.2, 0.1, 0.1, 0.9, 0.6, 0.0, 0.0, 0.5, 0.5, 0.5, 0.7, 0.7, 0.5, 0.5; 0.3, 0.7, 0.1, 0.2, 0.4, 0.3, 0.5, 0.2, 1.0, 0.1, 0.8, 0.9, 0.3, 0.4, 0.7, 0.9, 0.1, 1.0, 0.4, 0.6, 0.7, 1.0, 0.1, 0.2, 0.7, 0.0, 0.3, 0.1, 0.7, 1.0, 0.7, 0.3, 0.5, 0.7, 0.8, 0.1, 0.3, 0.2, 0.7, 0.9; 0.2, 0.2, 0.9, 0.6, 0.3, 0.3, 0.2, 0.6, 0.2, 0.1, 1.0, 0.7, 0.3, 0.5, 0.5, 0.5, 0.1, 1.0, 0.9, 0.8, 0.1, 0.6, 0.4, 1.0, 0.6, 0.2, 0.3, 0.8, 0.3, 0.4, 0.4, 0.0, 0.6, 0.5, 0.2, 0.5, 0.1, 0.7, 0.5, 0.9; 0.4, 0.4, 0.1, 0.4, 0.5, 0.1, 0.4, 0.5, 0.9, 0.6, 0.3, 0.8, 0.9, 0.1, 0.8, 0.1, 0.6, 0.1, 0.9, 0.2, 0.7, 0.5, 0.0, 0.6, 1.0, 0.3, 0.9, 0.8, 0.6, 0.7, 0.1, 0.5, 1.0, 0.5, 0.5, 0.5, 0.4, 0.5, 0.3, 0.6; 0.3, 0.4, 0.2, 0.6, 0.2, 0.8, 0.3, 0.1, 0.9, 0.6, 0.4, 0.2, 0.5, 0.9, 0.4, 0.2, 0.2, 0.3, 0.6, 0.3, 0.5, 0.6, 0.2, 0.4, 0.0, 1.0, 0.0, 0.4, 0.3, 0.8, 0.5, 0.5, 0.4, 0.1, 0.7, 0.9, 0.6, 0.8, 0.8, 0.4;}

续表

参数	取值
$\alpha^{r}_{u,l}$	{0.7, 0.7, 0.2, 0.7, 0.7, 0.7, 0.9, 0.6, 0.2, 0.2, 0.4, 0.4, 0.8, 0.6, 0.4, 0.4, 0.3, 0.7, 0.9, 0.0, 1.0, 0.6, 0.1, 0.2, 0.7, 0.5, 0.7, 0.6, 0.7, 0.0, 0.7, 0.1, 0.8, 0.4, 0.9, 0.2, 0.4, 0.3, 0.1, 0.5; 0.9, 0.7, 0.8, 0.8, 0.3, 0.9, 0.7, 1.0, 0.6, 0.6, 0.2, 0.0, 0.9, 0.7, 0.3, 0.6, 0.1, 0.2, 0.7, 0.6, 0.6, 0.4, 0.3, 0.7, 0.2, 0.3, 0.6, 0.9, 0.5, 0.3, 0.2, 0.2, 0.2, 0.4, 0.8, 0.2, 0.1, 0.5, 0.5, 1.0; 0.0, 0.1, 0.8, 1.0, 0.2, 0.5, 0.3, 0.3, 0.1, 0.6, 0.6, 0.1, 0.0, 0.8, 0.2, 0.2, 0.9, 0.2, 0.1, 0.3, 0.6, 0.7, 0.1, 0.4, 0.0, 0.3, 0.2, 0.3, 0.3, 0.7, 0.1, 0.5, 0.2, 0.3, 0.0, 0.2, 0.3, 0.8, 0.6, 0.6; 0.8, 0.7, 0.1, 0.5, 0.3, 0.5, 0.4, 0.4, 0.2, 0.3, 0.2, 0.9, 0.7, 0.9, 0.2, 0.9, 0.8, 0.6, 0.4, 0.3, 0.8, 0.2, 0.1, 0.8, 0.7, 0.7, 0.6, 0.4, 0.4, 0.8, 0.3, 0.8, 0.8, 0.9, 0.5, 0.6, 1.0, 0.4, 0.1, 0.9; 0.6, 0.4, 1.0, 0.2, 0.7, 0.6, 0.4, 0.1, 0.5, 0.4, 0.2, 0.7, 0.4, 0.8, 0.7, 0.6, 0.2, 1.0, 0.3, 0.9, 0.2, 0.4, 0.1, 0.6, 0.2, 0.5, 0.7, 0.3, 0.7, 0.4, 0.6, 0.7, 0.9, 0.8, 0.7, 0.8, 0.4, 0.6, 0.6, 0.5; 0.3, 0.2, 0.5, 0.2, 0.8, 1.0, 0.6, 0.5, 0.1, 0.8, 1.0, 0.1, 0.9, 0.5, 0.7, 0.8, 0.5, 0.9, 0.9, 0.6, 0.1, 0.2, 0.2, 0.6, 0.1, 0.6, 0.9, 0.4, 0.4, 1.0, 0.9, 0.7, 1.0, 0.8, 0.3, 0.7, 0.2, 0.3, 0.7, 0.5; 0.8, 0.1, 0.0, 0.2, 1.0, 0.5, 0.3, 0.4, 0.7, 0.8, 0.2, 0.1, 0.7, 0.5, 0.3, 0.7, 0.6, 0.2, 0.3, 0.5, 0.9, 0.9, 0.3, 0.6, 0.6, 0.9, 0.8, 0.4, 0.1, 0.2, 0.7, 0.8, 0.6, 0.5, 0.8, 0.9, 0.1, 0.6, 0.8, 0.7; 0.7, 0.8, 0.9, 0.4, 0.9, 0.5, 1.0, 0.6, 0.4, 0.9, 0.7, 0.1, 0.5, 0.7, 0.7, 0.1, 0.9, 0.9, 0.6, 0.1, 0.4, 0.8, 0.5, 0.2, 0.8, 0.1, 1.0, 0.9, 0.5, 0.1, 0.0, 0.1, 0.3, 0.1, 0.8, 0.1, 0.8, 0.4, 0.3, 0.7; 0.7, 0.7, 0.8, 0.6, 0.5, 0.1, 0.0, 0.8, 0.9, 0.9, 0.4, 0.8, 0.4, 1.0, 0.0, 1.0, 0.4, 0.8, 0.3, 0.9, 0.2, 0.4, 0.9, 0.7, 0.3, 0.8, 0.4, 0.7, 0.4, 0.9, 0.7, 0.3, 0.8, 0.8, 0.2, 0.9, 0.3, 1.0, 0.4, 0.0; 0.9, 0.3, 0.3, 0.4, 0.5, 0.1, 0.3, 0.2, 1.0, 0.2, 0.3, 0.3, 0.4, 0.1, 0.6, 1.0, 0.0, 0.8, 0.3, 0.2, 0.2, 0.9, 0.5, 0.1, 0.9, 0.0, 0.8, 0.0, 0.9, 0.5, 0.8, 0.6, 0.1, 0.4, 0.5, 0.8, 0.0, 0.9, 0.9, 0.4}

附录 C：救援物资分配多目标决策算例涉及参数的具体取值

基准算例 I1 包括 2 个 RDCs（成都火车北站/编号 1、成都双流国际机场/编号 2）、3 个 EDPs（汶川/编号 1、茂县/编号 2 和北川/编号 3）和 9 个 ASAs 的数据子集（或算例）。假设每个 EDP 均包含 1 个 SRA、TTA 和 TSA，且 SRAs 的编号分别为 1、2 和 3；TTAs 的编号为 4、5 和 6；TSAs 的编号分别为 7、8 和 9。相关参数取值见附表 C－1。

附表 C－1　　算例 I1 涉及参数的具体取值

参数	取值
Q_i^1，D_j^1，D_k^2	$Q_i^1=90/\forall i=1,2/$；$D_1^1=150$，$D_j^1=120/\forall j=2,3/$；$D_k^2=50/\forall k=1,4,7/$，$D_k^2=40/\forall k=2,5,8,3,6,9/$
t_{ijm}^1，t_{jkm}^2	$t_{ij2}^1=\begin{Bmatrix}2.7, 2.2, 2.7;\\ 2.2, 2.4, 2.6\end{Bmatrix}$；$t_{jk2}^2=\begin{Bmatrix}1.8, 1.1, 1.9, 1.7, 1.2, 1.2, 1.6, 1.5, 1.4;\\ 1.7, 1.5, 1.7, 1.8, 1.5, 1.4, 1.8, 1.9, 2.0;\\ 2.0, 1.4, 1.6, 1.9, 1.9, 1.8, 1.4, 1.3, 1.5\end{Bmatrix}$
A_{ijm}^1，A_{jkm}^2	$A_{ij2}^1=\begin{Bmatrix}1.4, 1.5, 1.3;\\ 1.5, 1.9, 1.6\end{Bmatrix}$；$A_{jk2}^2=\begin{Bmatrix}2.8, 1.9, 1.4, 2.7, 1.8, 2.0, 2.5, 2.6, 1.9;\\ 1.7, 1.4, 2.5, 2.8, 3.0, 1.9, 2.7, 2.0, 1.2;\\ 2.9, 1.8, 2.8, 3.0, 1.7, 1.6, 1.2, 1.5, 1.8\end{Bmatrix}$

续表

参数	取值
a_{ijm}^1，a_{jkm}^2	$a_{ij2}^1 = \begin{Bmatrix} 1.8, 1.1, 1.3; \\ 1.3, 1.7, 1.1 \end{Bmatrix}$；$a_{jk2}^2 = \begin{Bmatrix} 0.7, 0.1, 0.7, 0.6, 0.4, 0.5, 0.5, 0.8, 0.9; \\ 0.9, 0.1, 0.2, 0.5, 0.8, 0.7, 0.6, 0.4, 0.8; \\ 0.3, 0.3, 0.8, 0.7, 0.6, 0.5, 0.9, 0.9, 0.3 \end{Bmatrix}$
w_j^1，w_k^2	$w_1^1 = 0.5$，$w_2^1 = 0.2$，$w_3^1 = 0.3$； $w_k^2 = 0.125 / \forall k = 1, 2, 3, 4, 5, 6/$，$w_k^2 = 0.083 / \forall k = 7, 8, 9/$
η_j^1，η_k^2	$\eta_j^1 = \eta_k^2 \in [0, 180/390) / \forall j \in J, k \in K/$，且将其设置为 0.35

基准算例 I7 在 I1 的基础上，将 RDCs、EDPs 和 ASAs 分别从 2、3 和 9 增加到 3、10 和 30，各 RDC 的库存数量从 90 千套增加到 100 千套，各 EDP 的需求数量从 120 千套（编号为 1 的 EDP 除外，由于其在算例 I1 中的取值已经达到下限）增加到最大值 150 千套。

特别地，由于风险可接受度系数与总库存数量和总需求数量密切相关，故 I1 中设定的 0.35 不能直接用。结合预置库存总量为 300 千套，EDPs 的需求总量为 1500 千套，通过计算可知，算例 I7 的风险可接受度的取值范围为［0，0.20］。若未特别说明，算例 I7 与算例 I1 的所有设置规则相同，相关参数具体取值见附表 C－2。特别地，为了保证在可接受的计算时间内采用 PGSA 和 IPGSA 获得满意解，算例 I8 的风险可接受度系数将由 0.15 调整为 0.13。

附表 C－2　　算例 I7 涉及参数的具体取值

参数	取值
Q_i^1，D_j^1，D_k^2	$Q_i^1=100/\forall i=1, 2, 3/$； $D_j^1=150/\forall j=1, 2, 3, 4, 5, 6, 7, 8, 9, 10/$；$D_k^2=50/\forall k=1, \cdots, 30/$
w_j^1，w_k^2	$w_1^1=0.075$，$w_2^1=0.05$，$w_3^1=0.05$，$w_4^1=0.15$，$w_5^1=0.225$， $w_6^1=0.025$，$w_7^1=0.05$，$w_8^1=0.175$，$w_9^1=0.125$，$w_{10}^1=0.075$； $w_k^2=0.0486/\forall k=1, 2, \cdots, 19, 20/$，$w_k^2=0.028/\forall k=21, 22, \cdots, 29, 30/$
η_j^1，η_k^2	$\eta_j^1=\eta_k^2\in[0, 300/1500)/\forall j\in J, k\in K/$，且将其设置为 0.15
t_{ijm}^1，t_{jkm}^2	$t_{ij2}^1=\left\{\begin{matrix} 2.3, 3.0, 2.8, 2.9, 2.1, 2.7, 2.7, 2.4, 2.4, 2.8; \\ 2.0, 2.2, 2.8, 2.3, 2.8, 2.9, 2.4, 2.5, 2.5, 2.7; \\ 2.1, 2.1, 2.0, 2.0, 2.2, 2.5, 2.9, 2.4, 2.6, 2.3 \end{matrix}\right\}$ $t_{jk2}^2=\left\{\begin{matrix} 1.1, 1.6, 1.5, 1.5, 1.3, 2.0, 1.8, 1.6, 1.8, 1.6, 1.5, 1.7, 1.7, 1.7, 1.5, \\ 1.2, 1.8, 1.9, 1.9, 1.7, 1.4, 1.4, 1.6, 1.5, 1.7, 1.9, 1.1, 1.3, 1.7, 1.5; \\ 1.1, 1.6, 1.6, 1.1, 1.6, 1.4, 1.2, 1.7, 1.3, 1.8, 1.9, 1.4, 1.1, 1.5, 1.0, \\ 1.7, 1.0, 1.7, 1.1, 1.6, 1.6, 1.8, 1.7, 1.8, 1.9, 1.4, 1.4, 1.1, 1.0, 1.1; \\ 1.7, 1.2, 1.3, 1.4, 1.6, 1.7, 1.8, 1.7, 1.9, 1.8, 1.7, 1.8, 1.7, 1.8, 1.9, \\ 1.1, 1.4, 1.9, 1.1, 1.4, 1.4, 2.0, 1.2, 2.0, 1.0, 1.6, 1.4, 1.3, 1.2, 1.8; \\ 1.1, 1.3, 1.2, 1.7, 1.5, 1.3, 1.1, 1.1, 1.3, 1.8, 1.5, 1.8, 1.3, 1.8, 1.1, \\ 1.8, 1.1, 1.0, 1.5, 1.3, 1.1, 1.6, 1.8, 1.0, 1.4, 1.8, 1.8, 1.5, 1.9, 1.4; \\ 1.5, 1.3, 1.4, 1.0, 1.7, 1.3, 1.8, 1.6, 1.9, 1.7, 1.9, 1.7, 1.5, 1.5, 1.2, \\ 1.8, 1.2, 1.3, 1.2, 1.7, 2.0, 1.9, 1.2, 1.2, 1.9, 1.6, 1.8, 1.1, 1.8, 1.8; \\ 1.5, 1.3, 1.2, 1.6, 1.8, 1.9, 1.2, 1.3, 1.2, 1.9, 1.4, 1.6, 1.1, 1.8, 2.0, \\ 1.3, 1.4, 1.7, 1.1, 1.3, 1.7, 1.6, 1.1, 1.6, 1.5, 1.6, 2.0, 1.4, 1.0, 1.6; \\ 1.3, 1.2, 1.6, 1.1, 1.6, 2.0, 1.0, 1.9, 1.1, 1.8, 1.1, 1.8, 1.2, 1.1, 1.1, \\ 1.5, 1.4, 1.3, 1.7, 1.0, 1.5, 1.8, 1.7, 1.0, 1.4, 1.2, 1.6, 1.6, 1.9, 1.3; \\ 1.7, 1.0, 1.0, 1.1, 2.0, 1.0, 2.0, 1.9, 1.8, 1.1, 1.7, 1.7, 1.7, 1.6, 1.4, \end{matrix}\right\}$

续表

参数	取值
t_{ijm}^1，t_{jkm}^2	$t_{jk2}^2 = \left\{ \begin{matrix} 1.8,\ 1.5,\ 1.7,\ 1.9,\ 1.4,\ 1.1,\ 1.3,\ 1.8,\ 1.7,\ 2.0,\ 1.5,\ 1.0,\ 2.0,\ 1.6,\ 1.3; \\ 1.4,\ 1.2,\ 1.3,\ 1.2,\ 1.4,\ 1.3,\ 1.1,\ 1.8,\ 1.4,\ 1.1,\ 1.1,\ 1.5,\ 1.4,\ 1.3,\ 1.4, \\ 2.0,\ 1.5,\ 1.9,\ 1.6,\ 1.1,\ 1.9,\ 1.9,\ 1.6,\ 1.7,\ 1.3,\ 1.6,\ 1.4,\ 1.6,\ 1.4,\ 1.4; \\ 1.7,\ 1.5,\ 1.2,\ 1.5,\ 1.0,\ 1.8,\ 1.6,\ 1.1,\ 1.3,\ 1.5,\ 1.8,\ 1.4,\ 1.6,\ 1.9,\ 1.1, \\ 1.6,\ 1.8,\ 1.9,\ 1.9,\ 1.8,\ 1.0,\ 1.0,\ 1.1,\ 1.9,\ 1.4,\ 1.1,\ 1.6,\ 1.9,\ 1.2,\ 1.5 \end{matrix} \right\}$
A_{ijm}^1，A_{jkm}^2	$A_{ij2}^1 = \left\{ \begin{matrix} 1.8,\ 1.8,\ 1.7,\ 2.4,\ 2.0,\ 2.4,\ 1.7,\ 2.3,\ 1.5,\ 3.0; \\ 1.5,\ 1.5,\ 2.6,\ 2.9,\ 1.6,\ 1.6,\ 2.6,\ 1.9,\ 2.8,\ 1.1; \\ 1.1,\ 1.5,\ 2.1,\ 2.7,\ 2.5,\ 2.7,\ 2.3,\ 2.8,\ 2.7,\ 1.4 \end{matrix} \right\}$ $A_{jk2}^2 = \left\{ \begin{matrix} 1.6,\ 1.8,\ 1.6,\ 2.8,\ 2.6,\ 2.0,\ 2.5,\ 1.4,\ 2.3,\ 2.7,\ 2.3,\ 1.7,\ 1.9,\ 2.5,\ 2.1, \\ 2.2,\ 2.8,\ 1.8,\ 2.8,\ 1.5,\ 2.9,\ 1.8,\ 2.5,\ 2.8,\ 2.5,\ 1.8,\ 1.6,\ 2.0,\ 2.0,\ 1.0; \\ 1.2,\ 1.3,\ 2.5,\ 1.0,\ 3.0,\ 3.0,\ 2.0,\ 1.6,\ 1.6,\ 2.3,\ 1.9,\ 2.0,\ 2.9,\ 2.8,\ 1.4, \\ 2.9,\ 2.2,\ 1.6,\ 2.7,\ 1.7,\ 2.4,\ 2.7,\ 1.7,\ 2.5,\ 2.8,\ 1.6,\ 1.2,\ 1.4,\ 2.6,\ 3.0; \\ 2.2,\ 2.7,\ 1.1,\ 1.9,\ 1.9,\ 2.2,\ 1.3,\ 2.3,\ 2.2,\ 2.1,\ 1.4,\ 1.8,\ 2.1,\ 2.6,\ 1.7, \\ 1.9,\ 1.8,\ 2.7,\ 2.8,\ 2.2,\ 2.5,\ 2.3,\ 1.3,\ 1.0,\ 1.6,\ 1.8,\ 2.6,\ 1.6,\ 1.1,\ 2.3; \\ 2.7,\ 2.7,\ 2.1,\ 2.9,\ 2.8,\ 2.3,\ 2.3,\ 1.3,\ 2.1,\ 2.5,\ 1.9,\ 1.3,\ 2.1,\ 1.1,\ 2.2, \\ 2.8,\ 2.4,\ 2.4,\ 2.6,\ 1.8,\ 1.9,\ 1.5,\ 2.2,\ 1.2,\ 2.6,\ 1.1,\ 1.7,\ 2.8,\ 2.7,\ 1.5; \\ 2.3,\ 2.2,\ 1.3,\ 1.3,\ 2.3,\ 2.0,\ 2.0,\ 1.2,\ 2.0,\ 2.3,\ 1.5,\ 2.3,\ 1.2,\ 1.1,\ 1.9, \\ 1.5,\ 2.9,\ 2.9,\ 2.5,\ 1.1,\ 1.2,\ 1.9,\ 2.4,\ 2.8,\ 1.4,\ 2.2,\ 2.0,\ 2.4,\ 1.8,\ 2.2; \\ 1.3,\ 2.7,\ 1.4,\ 1.5,\ 1.6,\ 2.9,\ 1.4,\ 2.8,\ 1.6,\ 2.8,\ 2.8,\ 1.5,\ 2.6,\ 2.2,\ 2.7, \\ 2.1,\ 2.1,\ 2.5,\ 1.3,\ 1.8,\ 2.3,\ 2.8,\ 2.2,\ 2.4,\ 1.7,\ 1.2,\ 1.2,\ 3.0,\ 1.1,\ 2.1; \\ 1.1,\ 2.1,\ 2.4,\ 2.4,\ 1.7,\ 2.0,\ 1.5,\ 2.2,\ 2.1,\ 2.8,\ 2.8,\ 2.3,\ 1.8,\ 2.7,\ 2.2, \\ 2.2,\ 1.5,\ 1.7,\ 2.2,\ 1.5,\ 1.9,\ 1.8,\ 1.7,\ 2.3,\ 2.4,\ 2.3,\ 1.8,\ 2.5,\ 1.9,\ 2.4; \\ 1.7,\ 1.5,\ 1.5,\ 2.8,\ 2.4,\ 1.4,\ 2.4,\ 2.5,\ 2.5,\ 2.7,\ 2.1,\ 2.0,\ 1.7,\ 2.5,\ 2.0, \\ 1.4,\ 2.2,\ 1.1,\ 2.3,\ 1.4,\ 2.7,\ 2.2,\ 2.0,\ 1.0,\ 2.3,\ 3.0,\ 2.9,\ 1.4,\ 2.2,\ 2.4; \\ 2.5,\ 1.4,\ 2.8,\ 1.8,\ 1.4,\ 1.5,\ 1.4,\ 2.4,\ 2.3,\ 2.3,\ 3.0,\ 1.4,\ 1.5,\ 2.4,\ 3.0, \\ 1.8,\ 1.5,\ 2.3,\ 1.4,\ 2.3,\ 1.8,\ 1.7,\ 2.3,\ 2.5,\ 1.0,\ 2.5,\ 1.3,\ 2.4,\ 2.0,\ 2.8; \\ 1.7,\ 1.5,\ 2.7,\ 1.4,\ 2.0,\ 2.4,\ 1.3,\ 1.4,\ 1.3,\ 2.7,\ 1.6,\ 3.0,\ 2.4,\ 2.9,\ 2.3, \\ 1.3,\ 2.7,\ 1.9,\ 1.8,\ 2.0,\ 1.3,\ 2.7,\ 3.0,\ 1.4,\ 1.4,\ 2.1,\ 1.1,\ 1.4,\ 2.5,\ 1.8 \end{matrix} \right\}$

续表

参数	取值
a^1_{ijm}，a^2_{jkm}	$a^1_{ij2}=\begin{Bmatrix}1.5, 1.8, 1.4, 2.0, 1.6, 1.9, 1.5, 2.0, 1.9, 1.9;\\ 1.9, 1.9, 1.9, 2.0, 1.3, 1.7, 1.6, 1.2, 1.4, 1.2;\\ 1.6, 2.0, 1.6, 1.7, 1.1, 1.7, 1.0, 1.3, 1.8, 1.3\end{Bmatrix}$ $a^2_{jk2}=\begin{Bmatrix}0.4, 0.1, 0.3, 0.1, 0.4, 0.8, 0.2, 0.9, 0.2, 0.1, 0.9, 0.9, 0.2, 0.4, 0.7,\\ 1.0, 0.0, 0.6, 0.3, 0.4, 0.5, 1.0, 0.9, 0.8, 0.3, 0.7, 0.5, 1.0, 0.4, 0.2;\\ 0.8, 0.9, 0.1, 0.6, 0.8, 0.7, 0.4, 0.0, 0.9, 0.8, 0.0, 0.2, 0.2, 0.6, 0.8,\\ 0.8, 0.5, 0.9, 1.0, 0.3, 1.0, 0.9, 0.6, 0.6, 0.4, 0.2, 0.3, 0.5, 0.7, 0.1;\\ 0.6, 0.8, 0.9, 0.3, 0.6, 0.6, 0.9, 0.3, 1.0, 0.9, 0.4, 1.0, 0.9, 0.9, 0.8,\\ 0.4, 0.0, 0.7, 0.4, 1.0, 0.3, 0.5, 0.7, 0.5, 0.0, 0.2, 0.3, 0.2, 0.2, 0.4;\\ 0.4, 0.6, 1.0, 0.9, 0.1, 0.7, 0.3, 0.4, 0.3, 0.2, 0.9, 0.2, 0.0, 0.5, 0.0,\\ 0.6, 0.9, 0.8, 0.5, 0.3, 0.7, 0.5, 0.6, 0.2, 0.2, 0.7, 0.5, 0.0, 0.9, 0.3;\\ 0.3, 0.9, 0.4, 0.0, 0.2, 0.8, 0.1, 0.7, 1.0, 0.6, 0.5, 0.1, 0.5, 0.6, 0.8,\\ 0.0, 0.2, 0.8, 0.4, 0.7, 0.7, 0.6, 0.1, 0.1, 0.1, 0.7, 1.0, 0.6, 0.1, 0.7;\\ 0.1, 0.4, 0.7, 0.6, 0.7, 0.6, 0.4, 0.3, 0.3, 1.0, 0.8, 0.2, 1.0, 0.8, 0.7,\\ 0.2, 0.3, 0.9, 0.5, 0.6, 1.0, 0.1, 0.5, 0.4, 0.7, 1.0, 0.1, 0.5, 0.1, 0.1;\\ 0.2, 0.7, 0.5, 0.0, 0.1, 0.7, 0.5, 0.8, 0.3, 1.0, 0.6, 0.0, 0.8, 0.0, 0.0,\\ 0.6, 1.0, 0.6, 0.8, 0.9, 0.4, 1.0, 0.5, 0.6, 0.8, 1.0, 0.7, 0.2, 0.9, 0.3;\\ 0.4, 0.6, 0.1, 1.0, 0.9, 0.5, 0.5, 0.0, 0.5, 0.7, 0.4, 0.8, 0.2, 0.9, 0.1,\\ 0.4, 0.7, 0.8, 0.0, 1.0, 0.6, 0.2, 0.6, 0.1, 0.4, 0.6, 0.3, 0.7, 0.1, 0.3;\\ 0.1, 0.8, 0.9, 0.5, 0.9, 0.5, 0.7, 0.0, 0.2, 1.0, 0.2, 0.8, 1.0, 0.1, 0.3,\\ 1.0, 0.7, 0.8, 0.5, 0.3, 1.0, 0.4, 0.4, 0.2, 0.4, 0.6, 0.2, 0.7, 0.9, 0.7;\\ 0.2, 0.6, 0.8, 1.0, 0.5, 0.6, 0.3, 0.6, 0.0, 0.5, 0.2, 0.1, 0.4, 0.6, 0.2,\\ 1.0, 0.0, 0.3, 0.4, 1, 0, 0.6, 0.7, 0.7, 0.9, 0.0, 0.9, 0.1, 0.1, 0.6, 0.9\end{Bmatrix}$

附录 D：救援物资分配双层决策算例涉及参数的具体取值

基准算例 I1 包括 2 个 RDCs（成都火车北站/编号 1、成都双流国际机场/编号 2）、3 个 EDPs（汶川/编号 1、茂县/编号 2 和北川/编号 3）和 9 个 ASAs 的数据子集（或算例）。假设每个 EDP 均包含 1 个 SRA、TTA 和 TSA，且 SRAs 的编号分别为 1、2 和 3；TTAs 的编号为 4、5 和 6；TSAs 的编号分别为 7、8 和 9。相关参数取值见附表 D－1。

附表 D－1　　算例 I1 涉及参数的具体取值

参数	取值
Q_i^1，D_j^1，D_k^2	$Q_i^1=90/\forall i=1, 2/$；$D_1^1=150$，$D_j^1=120/\forall j=2, 3/$； $D_k^2=50/\forall k=1, 4, 7/$，$D_k^2=40/\forall k=2, 5, 8, 3, 6, 9/$
t_{ijm}^1，t_{jkm}^2	$t_{ij2}^1=\begin{Bmatrix}2.7, 2.2, 2.7; \\ 2.2, 2.4, 2.6\end{Bmatrix}$；$t_{jk2}^2=\begin{Bmatrix}1.8, 1.1, 1.9, 1.7, 1.2, 1.2, 1.6, 1.5, 1.4; \\ 1.7, 1.5, 1.7, 1.8, 1.5, 1.4, 1.8, 1.9, 2.0; \\ 2.0, 1.4, 1.6, 1.9, 1.9, 1.8, 1.4, 1.3, 1.5\end{Bmatrix}$
A_{ijm}^1，A_{jkm}^2	$A_{ij2}^1=\begin{Bmatrix}1.4, 1.5, 1.3; \\ 1.5, 1.9, 1.6\end{Bmatrix}$；$A_{jk2}^2=\begin{Bmatrix}2.8, 1.9, 1.4, 2.7, 1.8, 2.0, 2.5, 2.6, 1.9; \\ 1.7, 1.4, 2.5, 2.8, 3.0, 1.9, 2.7, 2.0, 1.2; \\ 2.9, 1.8, 2.8, 3.0, 1.7, 1.6, 1.2, 1.5, 1.8\end{Bmatrix}$

续表

参数	取值
a^1_{ijm}，a^2_{jkm}	$a^1_{ij2}=\begin{Bmatrix}1.8, & 1.1, & 1.3; \\ 1.3, & 1.7, & 1.1\end{Bmatrix}$；$a^2_{jk2}=\begin{Bmatrix}0.7, & 0.1, & 0.7, & 0.6, & 0.4, & 0.5, & 0.5, & 0.8, & 0.9; \\ 0.9, & 0.1, & 0.2, & 0.5, & 0.8, & 0.7, & 0.6, & 0.4, & 0.8; \\ 0.3, & 0.3, & 0.8, & 0.7, & 0.6, & 0.5, & 0.9, & 0.9, & 0.3\end{Bmatrix}$
w^1_j，w^2_k	$w^1_1=0.5$，$w^1_2=0.2$，$w^1_3=0.3$； $w^2_k=0.125/\forall k=1, 2, 3, 4, 5, 6/$，$w^2_k=0.083/\forall k=7, 8, 9/$
η^1_j，η^2_k	$\eta^1_j=\eta^2_k\in[0, 180/390)/\forall j\in J, k\in K/$，且将其设置为0.34

基准算例 I7 在算例 I1 的基础上，将 RDCs、EDPs 和 ASAs 分别从 2、3 和 9 增加到 3、10 和 30，各 RDC 的库存数量从 90 千套增加到 100 千套，各 EDP 的需求数量从 120 千套（编号为 1 的 EDP 除外，由于其在算例 I1 中的取值已经达到最大下限）增加到最大值 150 千套。特别地，由于风险可接受系数与总库存数量和总需求数量密切相关，故 I1 中设定的 0.35 不能直接用。结合预置库存总量为 300 千套，EDPs 的需求总量为 1500 千套，通过计算可知，算例 I7 的风险可接受度的理论取值范围为［0，0.20］。尽管如此，在实际中，当风险可接受度超过 0.1 后，双层规划模型则无解；经过多次测试，选择 0.02、0.03、0.04、0.05、0.06、0.07、0.08 和 0.10 八个数据点来确定大规模算例的风险可接受度的最佳值。若未特别强调，算例 I7 与算例 I1 的设置规则相同，相关参数具体取值见附表 D－2。特别地，为保证在可接受的计算时间内采用不同求解策略获得救援物资分配满意方案，算例 I2 中预置库存数量的实际取值为 99 千套，算例 I6 中风险可接受度的实际取值为 0.29。

附表 D－2 算例 I7 涉及参数的具体取值

参数	取值
Q_i^1, D_j^1, D_k^2	$Q_i^1=100/\forall i=1, 2, 3/$; $D_j^1=150/\forall j=1, 2, 3, 4, 5, 6, 7, 8, 9, 10/$; $D_k^2=50/\forall k=1, \cdots, 30/$
w_j^1, w_k^2	$w_1^1=0.075$, $w_2^1=0.05$, $w_3^1=0.05$, $w_4^1=0.15$, $w_5^1=0.225$, $w_6^1=0.025$, $w_7^1=0.05$, $w_8^1=0.175$, $w_9^1=0.125$, $w_{10}^1=0.075$; $w_k^2=0.0486/\forall k=1, 2, \cdots, 19, 20/$, $w_k^2=0.028/\forall k=21, 22, \cdots, 29, 30/$
η_j^1, η_k^2	$\eta_j^1=\eta_k^2\in[0, 300/1500)/\forall j\in J, k\in K/$，且将其设置为 0.08
t_{ijm}^1, t_{jkm}^2	$t_{ij2}^1=\left\{\begin{array}{l}3.0, 2.4, 2.1, 2.9, 2.6, 2.4, 3.0, 2.2, 2.7, 2.6;\\ 2.4, 2.1, 2.0, 2.4, 2.2, 2.7, 2.4, 2.8, 2.7, 2.6;\\ 2.2, 3.0, 2.3, 2.9, 2.2, 2.4, 2.1, 2.6, 2.2, 2.0\end{array}\right\}$ $t_{jk2}^2=\left\{\begin{array}{l}1.7, 1.3, 1.7, 1.4, 1.6, 1.0, 1.9, 1.8, 1.7, 1.8, 1.4, 1.6, 1.6, 1.5, 1.3,\\ 1.2, 1.5, 1.2, 1.8, 2.0, 1.0, 1.5, 1.1, 1.8, 2.0, 1.1, 1.9, 1.0, 1.7, 1.8;\\ 1.5, 1.9, 1.9, 1.6, 1.1, 1.2, 1.2, 1.0, 1.1, 1.6, 1.9, 1.4, 1.4, 2.0, 1.9,\\ 1.7, 2.0, 1.8, 1.3, 1.7, 1.2, 1.3, 1.7, 1.5, 1.4, 1.6, 1.8, 1.6, 1.6, 1.6;\\ 1.5, 1.1, 1.7, 2.0, 1.4, 2.0, 1.3, 1.9, 1.5, 1.4, 1.2, 1.1, 1.3, 1.7, 1.8,\\ 1.7, 1.0, 1.8, 1.9, 1.8, 1.0, 1.4, 1.7, 1.7, 1.2, 1.3, 1.7, 1.5, 1.6, 1.2;\\ 1.2, 1.8, 1.8, 1.9, 1.1, 1.2, 1.1, 1.5, 1.2, 1.9, 1.1, 1.0, 1.6, 1.8, 1.3,\\ 1.2, 1.3, 1.2, 1.5, 1.9, 1.6, 1.1, 1.4, 1.1, 1.5, 1.4, 2.0, 1.8, 1.5, 1.9;\\ 1.1, 1.4, 1.9, 1.9, 1.7, 1.6, 1.3, 1.9, 1.1, 1.7, 1.6, 1.8, 1.4, 1.7, 1.8,\\ 1.3, 1.6, 2.0, 1.5, 1.3, 1.6, 1.4, 1.8, 1.4, 1.5, 1.7, 2.0, 1.3, 1.8, 1.7;\\ 2.0, 1.0, 1.4, 1.7, 1.3, 1.2, 1.7, 1.6, 1.6, 1.7, 1.0, 1.3, 1.5, 1.2, 1.7,\\ 1.9, 1.3, 1.7, 1.1, 1.8, 1.1, 1.6, 1.4, 1.8, 1.5, 1.5, 1.9, 1.4, 1.4, 2.0;\\ 1.0, 2.0, 1.2, 1.7, 1.6, 1.7, 1.4, 1.6, 1.8, 1.0, 1.1, 2.0, 1.7, 1.2, 1.4,\\ 1.1, 1.3, 1.3, 1.3, 1.2, 1.3, 1.1, 1.9, 1.1, 1.9, 1.4, 1.0, 1.3, 1.7, 1.8;\\ 1.5, 1.7, 1.9, 1.1, 1.3, 1.0, 1.2, 1.7, 1.7, 1.9, 1.6, 1.1, 1.9, 1.8, 1.3,\end{array}\right\}$

续表

参数	取值
t_{ijm}^1，t_{jkm}^2	t_{jk2}^2 = {1.5，2.0，1.7，1.8，1.4，1.5，1.6，1.3，1.7，1.5，1.6，1.3，1.1，1.5，1.4; 1.8，1.8，1.7，1.1，1.0，1.6，1.3，1.9，2.0，1.3，1.8，1.9，1.6，1.9，1.9， 1.5，1.7，1.6，1.0，1.4，1.6，1.5，1.4，1.9，1.8，1.8，1.4，1.6，1.9，1.9; 1.7，1.2，1.7，1.1，1.4，1.7，1.9，1.8，1.5，1.8，1.4，2.0，2.0，1.9，1.4， 1.5，1.2，1.8，1.9，1.9，1.6，1.6，1.1，1.9，1.5，1.2，1.9，1.8，1.9，1.3}
A_{ijm}^1，A_{jkm}^2	A_{ij2}^1 = {2.3，2.3，1.2，1.8，1.6，2.4，1.6，2.8，2.7，1.8; 2.0，2.4，2.7，2.2，2.1，1.7，1.9，2.4，2.8，2.4; 1.0，2.3，1.9，1.9，1.2，2.6，1.6，1.5，1.7，1.8} A_{jk2}^2 = {2.1，2.1，1.8，1.8，2.0，2.3，2.9，2.4，1.8，2.7，1.3，1.1，1.2，1.3，1.6， 1.6，1.0，2.1，1.2，1.3，2.3，2.7，2.9，2.1，3.0，2.1，2.0，1.7，1.9，2.0; 1.1，2.8，1.1，1.9，2.7，1.8，2.2，2.6，2.8，2.9，1.4，1.5，2.8，2.2，2.0， 2.2，2.6，2.1，1.4，1.9，1.9，2.9，2.2，2.4，2.4，1.7，2.0，2.1，1.3，2.1; 2.4，1.9，2.7，2.5，1.7，1.9，1.8，2.6，2.5，1.9，2.4，2.9，2.6，2.4，1.2， 1.8，2.2，1.9，1.1，1.5，2.7，1.0，2.7，1.2，2.3，2.0，1.4，2.1，1.2，2.3; 2.2，1.1，1.1，1.3，1.0，1.9，2.7，2.2，2.0，2.7，1.2，2.8，1.2，2.0，1.3， 2.1，1.0，2.5，2.7，2.8，3.0，2.0，1.5，1.2，2.0，2.2，2.5，1.2，2.3，2.0; 1.3，2.9，2.2，1.9，2.9，2.3，1.9，2.7，2.1，2.1，2.4，1.7，1.5，2.2，2.7， 1.8，1.2，1.9，1.6，1.8，2.7，1.8，1.8，1.7，1.3，1.5，1.2，1.9，1.5，1.6; 1.8，1.2，2.0，2.5，1.5，2.6，1.1，1.8，1.0，1.4，1.0，1.4，1.3，1.5，1.3， 1.3，2.2，2.8，2.9，1.4，2.0，1.8，2.0，1.5，1.1，1.9，1.3，1.1，2.9，1.9; 2.9，2.5，1.0，2.4，2.4，2.3，2.1，1.4，2.5，1.5，1.7，2.8，2.7，1.8，1.6， 2.2，2.8，2.8，2.2，1.7，2.7，1.9，2.8，1.1，2.1，2.4，1.4，1.7，1.4，1.6; 1.8，2.1，1.1，2.1，1.5，1.5，1.5，1.3，2.9，2.9，2.6，2.5，1.4，1.7，1.4， 1.0，1.6，2.4，2.3，2.1，1.9，1.6，2.0，2.5，2.5，2.2，2.5，2.3，1.2，2.0; 1.7，1.2，1.3，1.4，2.3，1.9，2.4，1.5，1.0，2.1，1.6，2.9，2.8，1.8，1.0， 2.3，2.7，2.9，1.1，1.9，2.2，2.4，2.4，2.3，2.5，1.7，2.2，1.2，1.1，3.0; 1.6，2.2，2.9，1.4，1.4，1.7，2.9，1.8，1.5，1.3，1.8，1.7，1.3，1.9，1.2， 2.2，1.0，2.1，2.6，1.5，1.9，2.1，1.1，2.0，2.3，1.4，2.7，2.9，2.7，2.0}

续表

参数	取值
a^1_{ijm}, a^2_{jkm}	$a^1_{ij2}=\left\{\begin{matrix}1.3, 1.7, 1.2, 2.0, 1.6, 1.6, 1.2, 1.1, 1.3, 1.9;\\ 1.9, 1.7, 1.7, 1.2, 1.6, 1.8, 1.4, 2.0, 1.1, 1.3;\\ 1.5, 1.1, 1.7, 1.6, 1.5, 1.8, 1.9, 1.8, 1.3, 1.5\end{matrix}\right\}$ $a^2_{jk2}=\left\{\begin{matrix}0.8, 0.1, 0.1, 0.3, 0.5, 1.0, 0.7, 0.3, 0.3, 0.9, 0.9, 0.6, 0.3, 0.1, 0.8,\\ 0.6, 0.9, 0.1, 0.6, 0.3, 0.8, 0.2, 0.4, 0.4, 0.8, 0.7, 0.2, 0.3, 0.1, 0.7;\\ 0.6, 0.2, 0.1, 0.5, 0.9, 0.6, 0.0, 0.1, 0.8, 0.5, 0.4, 0.8, 0.4, 0.5, 0.7,\\ 0.9, 0.3, 0.7, 1.0, 0.1, 0.6, 0.4, 0.3, 0.3, 0.8, 1.0, 0.2, 0.8, 0.2, 1.0;\\ 0.8, 0.4, 0.7, 0.5, 0.8, 0.4, 0.1, 0.6, 0.9, 0.2, 0.4, 0.7, 0.0, 0.9, 0.8,\\ 0.6, 0.2, 0.5, 0.5, 1.0, 0.9, 1.0, 0.7, 0.4, 0.9, 0.5, 0.2, 0.4, 0.7, 0.6;\\ 0.8, 1.0, 1.0, 0.5, 1.0, 0.1, 0.1, 0.3, 0.6, 0.5, 0.9, 0.5, 0.4, 0.5, 0.7,\\ 0.0, 0.8, 0.1, 0.5, 0.3, 0.4, 0.7, 0.2, 0.3, 0.2, 0.2, 0.3, 0.9, 0.5, 0.4;\\ 0.2, 1.0, 0.4, 0.8, 0.6, 0.4, 0.9, 0.8, 0.5, 0.8, 0.9, 0.4, 0.3, 0.6, 0.9,\\ 0.7, 0.4, 0.7, 1.0, 0.5, 0.5, 0.3, 0.1, 0.2, 0.1, 0.5, 0.0, 0.9, 0.6, 0.0;\\ 0.0, 0.2, 0.5, 0.1, 0.0, 0.7, 0.4, 0.8, 0.4, 0.4, 0.0, 0.0, 0.1, 0.6, 0.2,\\ 0.8, 0.9, 1.0, 0.5, 0.2, 0.2, 0.5, 0.8, 0.3, 0.5, 0.6, 0.9, 0.2, 0.7, 0.6;\\ 0.4, 0.9, 0.4, 0.2, 0.6, 0.6, 0.3, 0.8, 1.0, 1.0, 0.1, 0.2, 0.0, 0.6, 0.1,\\ 0.4, 0.9, 0.5, 0.4, 0.2, 0.4, 1.0, 0.1, 0.5, 0.9, 0.0, 0.7, 1.0, 0.3, 0.1;\\ 0.7, 0.9, 0.6, 0.9, 0.2, 0.8, 0.3, 0.4, 0.2, 0.8, 0.6, 0.7, 0.8, 0.1, 1.0,\\ 0.5, 0.8, 0.7, 0.8, 0.2, 0.5, 0.6, 0.9, 0.8, 0.9, 0.6, 0.6, 0.9, 0.0, 0.9;\\ 0.4, 0.0, 0.7, 0.2, 0.1, 0.6, 0.3, 0.3, 0.4, 0.4, 0.4, 0.6, 0.2, 0.2, 0.1,\\ 0.3, 0.8, 0.2, 0.7, 0.7, 0.8, 0.8, 0.3, 0.3, 0.5, 0.3, 0.8, 0.8, 0.6, 0.3;\\ 0.7, 0.2, 0.5, 0.4, 0.5, 1.0, 0.8, 1.0, 0.2, 0.5, 0.1, 0.8, 0.6, 0.9, 1.0,\\ 0.9, 0.4, 0.0, 0.5, 0.2, 0.2, 0.3, 0.1, 0.7, 0.7, 0.5, 0.3, 0.8, 0.6, 1.0\end{matrix}\right\}$

后　　记

时光飞逝，转眼间已毕业三年半。回顾二十三年的求学生涯和三年半的工作经历，收获满满，无论未来的人生路将怎样前行，这些必将是我的宝贵财富。既然选择的远方，便只顾风雨兼程。带着对未来的憧憬，带着这份感恩的心，在专著出版之际，向老师、前辈、同门、家人和朋友致以最诚挚的谢意！

感谢我的导师李从东教授！感谢李老师在科研道路上的悉心指导，在生活上的关心和帮助，我将铭记于心！李老师对学术的严谨态度、对工作的敬业精神、对生活的乐观态度，都是我学习的榜样，也一直影响着我。李老师渊博的学识、敏锐的洞察力、严谨的逻辑思维让我尤为佩服和敬仰！在学术上遇到瓶颈时，李老师总会安慰和鼓励我，让我信心倍增。非常感谢李老师在这七年的研究生学习中让我接受了规范的学术训练，为我提供了很好的平台，让我有机会不断提高自己的学术素养。再华丽的词汇也表达不完我对李老师的崇敬之意，再多的语言也不能穷尽我对您发自肺腑的感谢。唯有道一句：李老师，谢谢您！您的师恩，铭记于心，永不忘记！

感谢质量管理课题组的何桢教授！感谢何老师在科研道路上对我的指导和关心！谢谢何老师能让我加入质量管理课题组，能让我在这片肥沃的土壤里吸收养分！尽管我没有从事质量管理相关课题研究，但我早已将自己视为咱们课题组的一分子，您就是我在天津大学管理与经济学部的第二导师。何老师在学术上严谨的态度、在工作上一丝不苟的精神都潜移默化地影响着我。何老师渊博的学识让我特别敬佩，也让我受益匪浅。何老师严谨踏实的科研作风、对学术研究孜孜不倦的态度，激励着我不断前进。加入质量管理课题组，给了我家一般的温暖，我很珍惜这段经历。何老师，谢谢您！

感谢我的学术启蒙导师杨琴教授！相识十四年，杨老师始终就像大姐姐一样，无论是在科研工作中还是生活上都给予我很大的帮助！谢谢杨老师把我带上科研这条道路，没有您当初的指导和鼓励，我可能不会读研究生，更不会有现在的一点成绩。杨老师严谨的治学态度、谦逊朴实的品质、默默付出不求回报的奉献精神，都让我由衷地佩服！无论是在求学阶段，还是在工作后，当我在学术和生活中遇到困难时，杨老师总会引导、鼓励和安慰我，都能让我尽快走出低谷，迈向新的台阶。即使相隔千里，也不能阻断这份师生情，我会特别珍惜！杨老师，谢谢您！

感谢在科研道路上提供帮助的各位老师们！感谢香港大学黄国全教授，感谢林雪平大学（Linköping University）刘阳教授和唐讴教授，感谢暨南大学屈挺教授，感谢西南交通大学的马祖军教授，感谢南华大学谢天教授，感谢南京航空航天大学的陈剑副教授，感谢贵州大学的陈刚副教授，感谢东北财经大学刘峰副教授！谢谢你们！

感谢学术领域的前辈们！感谢欧洲工商管理学院法国分校 Van Wassenhove 教授、德国卡尔斯鲁厄大学 Fiedrich 教授、美国里士满大学 Altay 教授、台湾交通大学 Sheu 教授、美国西北大学 Balcik 教授、挪威艾哈德大学 Comes 教授、德国卡塞尔大学 Gold 教授、芬兰汉肯商（经济）学院 Kovacs 教授、德国杜伊斯堡艾森大学 Klumpp 教授、加利福利亚州立大学贝克斯菲尔德分校 Gunasekaran 教授、德国帕德博恩大学 Schryen 教授、法国蒙彼利埃高等商学院 Dubey 副教授、美国北佛罗里达大学 Kuzn 助理教授和 Laura Laguna – Salvadó 博士！感谢东南大学赵林度教授、西南交通大学马祖军教授、大连理工大学王旭坪教授、东北大学樊治平教授、北京航空航天大学赵秋红教授、山东大学张江华教授、国防科技大学刘亚杰研究员！感谢615团队对BOX理论进行研究的所有老师和同门！

感谢提供帮助的同门、同学、朋友和学生！感谢华南理工大学本科生李洋志！谢谢师弟提供的技术支持，每次和你讨论编程的思路，总能碰撞出好的想法。记得有一段时间，我们经常在凌晨两三点讨论如何解决编程遇到的问题，我都记不清熬夜的次数了，你把我的事情当成了自己的事情！我很感动，也很感激。谢谢你一直以来提供的帮助。师弟，谢谢你！感谢湘潭大学张帆顺博士（师弟）！无论在什么时候需要你提供帮助，你总会先处理我的事情。尽管有时候你不知道我在说什么，你也愿意静静地听我说完，因为你知道这个时候我特别需要倾诉、反馈和讨论。在我沮丧的时候，也会来鼓励和安慰我，真的很谢谢你！尽管年龄上有差距，但好像并没有存在代沟。我很幸运，能遇到你这个知己，且行且珍惜，不负韶光！师弟，谢谢你！感谢我的同门小莉师姐、文博师弟、志伟师弟、小春师妹！感谢我的博士同学芹姐、谢磊、威姐！谢谢你们提出的宝贵修改建议！感谢我的研究生刘萌洁，谢谢你在本书校对过程中付出的努力。

最后，要特别感谢我的家人！感谢我的父母！尽管你们的知识、地位和财富都很有限，但你们仍然给我提供了好的读书环境，尽可能地满足我的需求，总想把最好的留给我。是你们时常教导我要踏实做人，本分做事。是你们让我懂得“滴水之恩，当涌泉相报”的道理。你们那份无私的爱，奉献的精神，一直感染着我。感谢我的妻子！谢谢你一直以来的鼓励与支持！每次和你讨论问题后，我总能有所获，你总会给我带来新的灵感。在遇到问题的时候，你也会一起帮我找解决的办法。谢谢你一直以来的陪伴！感谢我的姐姐、姐夫！我很幸运能和你们成为一家人！每当我遇到困难时，你们总是鼓励我，成为我坚强的后盾。我亲爱的姐姐、姐夫，谢谢你们！无论未来我在哪里，你们永远都是我最亲的家人！

本书能够顺利出版，还要特别感谢重庆工商大学以及管理科学与工程学院的领导和老师对我的支持和帮助！感谢经济科学出版社应用经济分社社长李雪、责编袁溦的鼎力支持！由于资料与作者水平有限，不足之处在所难免。恳请各位专家、学者和读者谅解，并批评指正！

曹策俊

2022年7月